스포츠 커뮤니케이션 인사이트

스포츠 커뮤니케이션

SPORT COMMUNICATION INSIGHT

인사이트

한국소통학회 기획 ㅣ 김기한·유상건 엮음

강진호·김기한·김지훈·방신웅·봉미선·서재철·성호준·
신동일·유상건·이명선·이준성·임남헌·장원석·편현웅 지음

한울
아카데미

차례

서문

    이 책은 스포츠와 미디어, 커뮤니케이션, 저널리즘 그리고 다양한 사회
문화 현상이 만나는 교차점에 대한 여러 학자들의 연구를 모은 국내 '최초
의' 학문적 성과물이다. 각 장의 저자들은 그동안 본인의 관심과 독특한 관
점 아래 꾸준히 연구를 진행해 왔는데, 이번에 처음으로 스포츠 커뮤니케이
션이라는 우산 아래 모여 성과를 나눌 수 있게 되어 그 의의가 크다.

    스포츠 커뮤니케이션은 '풍부한 해석과 설명이 가능(필요)한' 매우 독특
하면서도 흥미로운 연구 분야다. 그러나 그동안 국내에서는 본격적으로 탐
구하는 연구자가 많지 않았고, 이들이 모여 조직적으로 논의할 만한 장場도
없었던 것이 사실이다. 그렇기 때문에 산발적으로 진행되었던 연구들은 자
연히 개별화, 고립화, 파편화되는 경향이 있어 이를 큰 맥락에서 하나로 묶
어 정리하고 체계화할 수 없었는데, 이번에 전기를 마련했다고 평가한다.

    책을 기획하고 집필하는 과정에서 각각의 연구를 집필 의도와 내용에 따
라 커뮤니케이션, 사회적 기능, 콘텐츠 그리고 산업과 기술이라는 4개 파트
로 나누었다. 첫 파트에서는 스포츠 커뮤니케이션 연구에 대한 개괄적인 설
명과 함께 디지털 시대의 스포츠와 커뮤니케이션 관계가 어떻게 변화할지,
그리고 스포츠의 미디어화에 대한 내용을 담았다. 스포츠는 물론이고 스포

츠 미디어도 수많은 사람의 이용과 지지를 받기 때문에 반드시 공적인 영역에서도 검토되어야 할 것이다. 스포츠 자체의 공공성과 이를 확산하는 미디어의 역할과 기능, 스포츠 방송의 공정성과 보편적 시청권 문제, 그리고 언택트 시대의 스포츠를 통한 소통이라는 시기적절한 연구를 두 번째로 만날 수 있다. 그다음에는 스캔들, 스포츠 위기, 젠더 등 흥미를 끌 만한 주제를 다뤘다. 특히 스포츠 PR과 홍보뿐 아니라 스포츠 내의 성(불)평등, 방송 언어에 관심 있는 독자들이 관심 갖고 읽을 수 있을 것으로 기대한다. 마지막 부분에서는 스포츠와 미디어를 산업과 기술이라는 관점에서 바라본다. 프로스포츠 산업은 미디어에 의해 어떤 영향을 받는지, 컴퓨터가 스포츠 저널리즘에 가져온 변화는 무엇인지, 스포츠 시청자들이 갖는 독특한 수요, 데이터 활용을 통한 프로스포츠의 발전 방향 등을 점검했다.

지난 2016년 한국소통학회Korea Speech, Media and Communication Association에 스포츠와 소통연구회가 만들어 진 후 특별 세미나와 봄/가을 학술대회에 별도의 세션을 통해 연구 성과들이 공유되었다. 한국소통학회가 기획하고 연구 회원들이 주도한 작지만 의미 있는 결실인 이 책의 성과가 관심 있는 많은 연구자와 독자에 의해 앞으로 더욱 풍성해 지리라 기대한다.

저자들을 대신해 김기한·유상건
2022년 3월

Part 1 스포츠와 커뮤니케이션

Chapter 1

스포츠 커뮤니케이션 연구[*]
주요 개념과 주제, 그리고 미래를 위한 제언

유상건

1. 서론

스포츠는 지리적으로 그리고 동시에 가장 많은 사람의 이목이 집중되는 이벤트다. 2008 베이징올림픽 경기는 47억 명이 시청했는데 이는 전 세계 인구의 70%에 달하고(Rowe, 2011), 2018 평창 동계올림픽에 참가한 92개 국가는 1976 몬트리올올림픽 참가국과 같은 숫자다(Rowe, 2019). 물론 코로나바이러스감염증-19(코로나-19)라는 팬데믹 상황에서 벌어진 지난 도쿄올림픽의 경우는 다소 상황이 달랐다. 로이터 통신 보도에 따르면 NBC 방송망과 스트리밍 서비스를 포함한 디지털 플랫폼의 프라임타임 미국 내 시청

---

[*] 이 장은 한국소통학회(Korea Speech, Media and Communication Association) 스포츠와 커뮤니케이션 연구회 창립선언문과 연구회 특별 세미나(2019년 가을) 자료 등을 참고로 작성되었다.

자 수는 런던올림픽의 절반에 그쳤으며 리우올림픽의 2670만 명보다 1120만 명이 적은 1550만 명에 그치기도 했다(Richwine, 2021). 그러나 미디어(특히 방송)가 스포츠 중계에 투입하는 금액을 고려할 때 여전히 미디어에게 스포츠는 중요하다는 것을 알 수 있다. 한 예로 미국 미식축구리그NFL는 매주 5개의 네트워크를 통해 중계되는데. ESPN이 맺은 계약금은 1년에 20억 달러로 경기당 1억 2000만 달러를 쏟아 붓는다. 이는 '매주 해리포터 영화를 찍는 금액'과 맞먹는다(Kirk et al., 2014). 일반적으로 스포츠는 '경쟁과 규칙이 있는 신체활동'으로 정의되고 있지만 그 개념은 학자에 따라 다양하게 받아들여지고 있다. 그러나 분명한 것은 우리의 삶에 확고하게 자리 잡은 하나의 관습이 되었으며 사회 구성원의 개인적·조직적 행위이면서 동시에 거대한 산업을 이루고 있다는 사실이다. 크로토우와 호인즈(Croteau and Hoynes, 2003)는 "우리는 매스미디어에 의해 잠식된 사회에 살고 있다"라고 했는데, 확실히 어디에나 편재遍在해 있는 디지털 미디어로 인해 미디어는 공기만큼 많아졌다고 할 수 있다. 인간의 삶에 반드시 공기가 필요하다면 미디어에는 콘텐츠 제공이라는 측면은 물론 산업적 발전을 위해서도 스포츠가 절대적으로 필요하다. 이는 반대의 경우도 마찬가지다. 스포츠도 미디어를 절대적으로 필요로 한다(Boyle, 2006). 스포츠와 미디어는 특정한 지점에서는 상호충돌 가능성이 존재하기도 하지만, 확실히 공생관계symbiosis를 이루고 있다고 평가할 수 있다. 그리고 스포츠와 커뮤니케이션의 교차점 crossroad에서는 무수히 많은 현상이 벌어지고 있고 이들 현상은 연구자들의 해석과 설명을 기다리고 있다. 공생관계를 이루고 있는 스포츠와 미디어는 서로 영향을 주고받으며 폭발적으로 성장해 왔고 문화적·사회적·정치적·경제적으로도 설명 가능성이 풍부한 탐구대상이다. 그러나 로렌스 웨너 Laurence Wenner가 지적했듯이 사회학이나 심리학, 철학 분야가 스포츠에 대한 연구를 지속적으로 수행해 온 데 반해 커뮤니케이션 분야의 성과는 상대적으로 빈약한 것이 사실이다(Wenner, 1989). 그렇기 때문에 더욱 스포츠와 커뮤니케이션이 만나는 바로 그 지점에서 발생하는 다층적 현상을 학문적·실제적으로 이해하려는 스포츠 커뮤니케이션 연구는 무궁무진한 가능성을 펼칠 것으로 기대된다.

2. 스포츠 커뮤니케이션 연구의 시작

앞에서 지적했듯이 커뮤니케이션 분야에서 스포츠 연구의 역사는 짧고, 스포츠 학자들 또한 커뮤니케이션에 대한 관심의 역사가 길지 않다. 웨너는 1989년도에 발간된 기념비적인 그의 책(『미디어, 스포츠, 사회Media, Sports, and Society』)에서 커뮤니케이션 학자들의 스포츠 연구를 촉구하며 '처녀비행a maiden voyage'이라는 용어를 사용했다. 그는 사회학자나 심리학자, 철학자들은 스포츠에 대한 연구를 간헐적이지만 지속적으로 수행해 온 데 반해 커뮤니케이션 학자들은 스포츠에 관한 자신들의 연구를 '부끄러운 짓shameless behavior'으로 치부했다고 지적했다. 그러나 '누가 이겼고 전술은 무엇이었나'를 밝히는 것 외의 분야를 연구하자는 그의 제안에 16명의 학자들이 호응해 방송, 문화, 수사학, 약물, 조직, 성, 수용자 등 오늘날 다루는 많은 주제에 대해 선구적인 성과물을 모았다. 웨너는 스포츠와 커뮤니케이션에 관한 최초의 연구서를 발표한 후 꼭 10년만인 1998년 『미디어 스포츠MediaSport』를 내놓았다. 특히 웨너는 '미디어 스포츠MediaSport'는 '스포츠와 커뮤니케이션의 문화적 융합'이라 규정했다(wenner, 1998: xiii).

송해룡과 최동철(2001: 11)은 "미디어스포츠는 매스미디어에 의해서 각색되고 편집되어 수용자(시청자 혹은 독자)에게 전달되는 스포츠 기사와 보도 프로그램의 내용"이라고 규정했다. 김원제(2005: 38)는 "미디어에 의한 스포츠의 매개, 즉 미디어에 의해 중재된 스포츠mediated sport 현상을 통칭"하는 것으로 바라본다. 또는 "미디어를 통해 간접적으로 스포츠 팬에게 전달되는 스포츠에 관한 지식이나 정보 그리고 경기장면 등의 모든 메시지에 관련된 것을 의미하며 미디어와 스포츠의 결합물로 생겨난 개념"으로 미디어스포츠를 정의했다(김원제, 2004: 206). 따라서 이익주(2009)는 미디어스포츠는 텍스트에 대한 해석과 영향력이 중요하다고 강조했다. 미디어스포츠는 스포츠라는 콘텐츠가 미디어에 의해 취재, 편집, 보도의 과정을 거치는 과정에서 상징과 해석, 인코딩과 디코딩, 선택과 강조 등이 이루어지고, 이 과정을 거치며 '스포츠 경기라는 의미 이상의 것'이 되는 특성이 있다. 결국 '미디어스포츠는 미디어에 의해 매개되는 과정에서 콘텐츠화되어 문화적·상징적 의미가 증폭된 스포츠'로 정의될 수 있다.

스포츠 커뮤니케이션 연구는 이후 폭발적으로 진행되지는 않았지만, 점진적으로 그 존재감을 드러내기 시작한 것으로 보인다. 트루질로(Trujillo, 2003)의 에피소드는 지금으로서는 생경하게 느껴질 정도다. 그는 1987년 스피치 커뮤니케이션 학회에서 스포츠 관련 연구를 발표하며 받았던 격려를 「스포츠 커뮤니케이션 사례 연구Case Studies in Sport Communication」에 털어놓았다. 당시 커뮤니케이션 학자가 다루기에 스포츠는 정치나 사회적 이슈에 비해 '별 볼일 없는frivolous' 주제에 불과하다고 여겼기에 '과감히' 이를 학회에서 발표한 용기를 보인 그에게 많은 동료들이 지지를 표했다고 한다. 물론 발표가 끝난 후 의기투합한 이들은 곧바로 술집으로 달려가 자축했다고 한다.

스포츠와 관련한 최초의 연구논문은 1934년 ≪저널리즘 퀴털리Journalism Quarterly≫에 등장한 신문 스포츠 면의 속어slang에 관한 윌러드 라이딩스Willard Ridings의 연구다(Trujillo, 2003). 라이딩스는 1934년 1~2월까지 미국 내 11개 신문의 스포츠 면을 검토한 후 많은 은어가 사용되고 있음을 발견했다. 스포츠계에서 통용되던 용어jargon들이 '스포츠면의 은어'로 지면에 등장하는데, 예를 들어 '스포츠 기자'를 'pencil pusher'로, '레슬링 선수'를 'muscle bender'로 사용하거나, 홈경기를 치르는 팀home team을 'homesters'

라는 별도의 용어를 만들어 지칭하는 사례들을 발견했다. 스포츠와 관련한 라이딩스의 언어학적 연구는 마이클 릴Michael Real의 스포츠가 갖는 문화적 영향력에 관한 연구로 확장되었다. 릴이 1975년 「슈퍼볼: 신화적 장관Super Bowl: Mythic spectacle」을 ≪커뮤니케이션 저널Journal of Communication≫에 발표한 이후 특히 텔레비전 스포츠의 영향력과 의미에 대한 연구가 이어졌다. ≪커뮤니케이션 저널≫은 1977년 스포츠만을 주제로 한 연구 성과를 묶어냈고, 이후 1980년대 들어 ≪방송 저널Journal of Broadcasting≫과 ≪크리티컬 스터디즈 인 매스커뮤니케이션Critical Studies in Mass Communication≫, ≪쿼털리 저널 오브 스피치Quarterly Journal of Speech≫ 등이 스포츠 팬의 시청동기, 텔레비전 시장, 스포츠 기사 작성, 문화 등 다양한 측면에서 스포츠를 다룬 연구 성과를 담아냈다(Abeza, O'Reilly and Nadeau, 2014). 1980년대 이후 꾸준히 지속된 연구 성과들은 1990년대까지 이어졌고 2000년대 들어 마침내 관련 연구에 집중하는 저널들이 나타났다. 이에 대해 서술하기 전에 몇 가지 개념을 검토할 필요가 있다.

3. 미디어 스포츠와 스포츠 커뮤니케이션의 개념, 그리고 전략적 스포츠 커뮤니케이션 모델

웨너에 의해 촉발된 스포츠와 미디어에 관한 선구적인 연구 성과들은 연구에 대한 기본적인 방향을 제시하고 있다. 우선 〈그림 1-1〉은 한 사회에서 미디어와 스포츠가 어떤 관계를 형성하는지를 풀이하고 있다. '미디어 스포츠 생산 복합체media sports production complex' 내에서 스포츠 기자가 생산한 미디어 스포츠 콘텐츠는 수용자들에 의해 가치를 인정받고 소비된다. 이는 또한 미디어 조직과 스포츠 조직과 긴밀한 관계를 맺으며 사회와 상호작용하게 된다.

〈그림 1-1〉 미디어와 스포츠, 사회관계 상호작용 모델

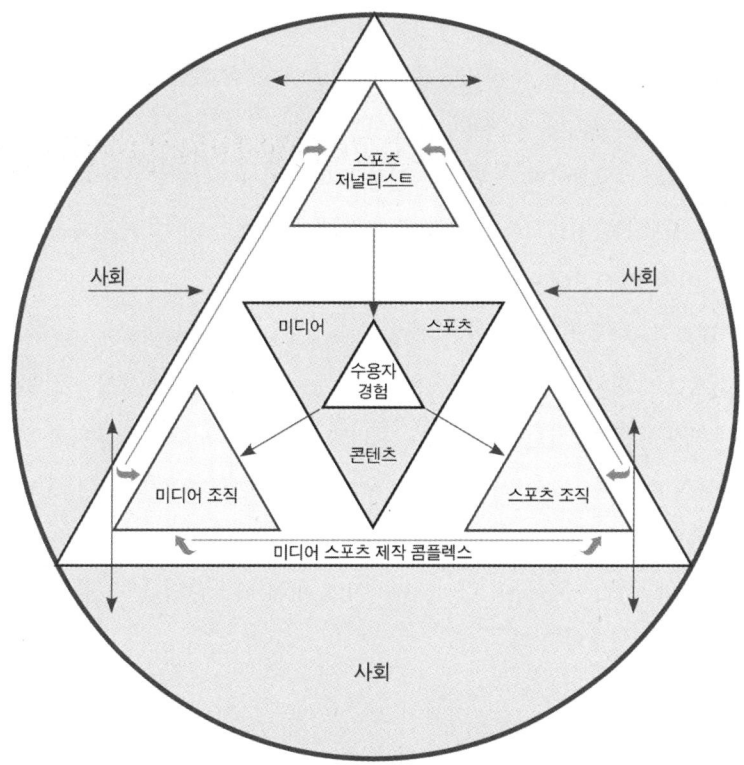

자료: Wenner(1989: 25).

　웨너가 제시한 모델은 사회 속에서 스포츠, 미디어와 관계를 맺은 스포츠, 스포츠 콘텐츠와 수용자의 역관계 등을 보여줌으로써 향후 어떠한 내용의 연구가 이루어질 수 있는지를 제안한다. 이는 킨케마와 해리스(Kinkema and Harris, 1998)에 의해 좀 더 구체적으로 진술된다. 이들은 스포츠와 미디어의 관계를 논의할 때 다음 세 가지 영역에 집중된다고 밝힌다. 미디어 스포츠의 제작production of mediated sport texts, 미디어 스포츠 텍스트message or content of mediated sport texts, 미디어 스포츠와 수용자의 상호작용audience interaction with mediated sport texts. 이 중 '미디어 스포츠의 제작'과 관련된 영역에서

는 정치, 경제학적 맥락과 기술적인 발전을 주로 다룰 수 있다. 미디어 내에서 벌어지는 권력관계와 이데올로기적인 요소는 지면과 방송의 내용을 결정짓는 매우 중요한 요소로 작동하기 마련이다. 동시에 특히 스포츠 중계의 질을 결정지을 수 있는 기술적 진보는 끊임없이 발전하면서 또 끊임없이 콘텐츠 제작에 영향을 미친다. 스포츠 방송의 질을 향상시키는 데 결정적으로 기여한 것은 슬로우 비디오나 클로즈 업, 새로운 능력을 가진 카메라의 등장 등이 중요한 변수임을 생각하면 이는 당연하게 느껴진다. 이와 함께 세계화라는 요소의 의미도 제작과 관련해 더욱 커지고 있다고 할 수 있다. '미디어 스포츠 텍스트'로는 7개의 주제가 제시되는데, 지리적인 측면(세계적·국가적·지역적)과 함께 인종 관계, 젠더 관계, 상업화commercialism, 승리와 성공winning and success, 그리고 약물과 폭력문제 등이 제시된다. 마지막으로 '미디어 스포츠와 수용자의 상호작용' 영역에서는 수용자에게 미치는 다양한 영향effects research을 주제로 연구가 진행될 수 있다고 제안한다. 이용과 충족 이론을 비롯해 미디어 스포츠가 수용자들의 폭력에 대한 인식에 어떤 영향을 미치는지, 드라마틱한 스포츠 중계는 수용자들에게 어떤 즐거움을 제공하는지, 혹은 스포츠 중계를 보는 팬은 텔레비전을 시청하는 일반인들과 사회적으로 어떤 행동양식을 보이는지 등 사회적·이데올로기적 맥락에서 추구할 주제가 다양하다.

1990년대의 초창기 연구 이후 2000년대 들어서면서 괄목한 만한 연구들이 속속 등장하는데, 이는 스포츠 산업이 폭발적으로 확대되면서 이에 대한 정교한 개념화와 체계화가 필요하기 때문이었던 것으로 보인다. 무엇보다도 스포츠 커뮤니케이션의 개념을 밝히고자 하는 시도가 이루어졌다. 스포츠 커뮤니케이션의 정의는 미국 블루밍턴bloomington시에 위치한 인디애나 대학Indiana University에서 함께 근무했던 4명의 교수에 의해 제시되었다. 이들은 폴 피더슨Paul Pedersen, 킴벌리 마일록Kimberly Miloch, 파멜라 로첼라 Pamela Laucella 그리고 래리 필딩Larry Fielding이다. 특히 대표적인 관련 교과서

〈그림 1-2〉 스포츠 커뮤니케이션 개념의 구성 요소

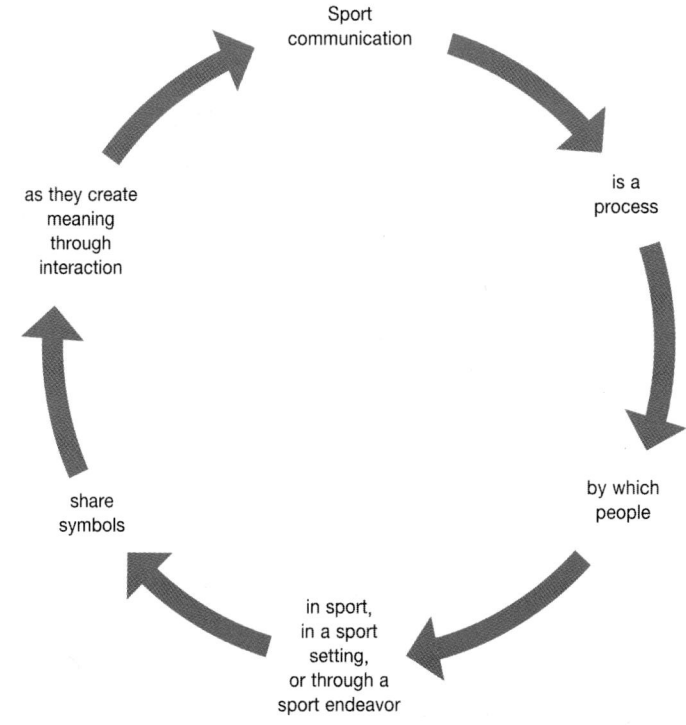

로 인정받고 있는 『전략적 스포츠 커뮤니케이션Strategic Sport Communication』
에 따르면 스포츠 커뮤니케이션은 "스포츠 활동이나 스포츠 환경, 또는 스
포츠 관련 행위 중 상호작용을 통해 의미가 생성된 상징을 공유하는 과정
sport communication is a process by which people-in sport, in a sport setting, or through a sport
endeavor-share symbols as they create meaning through interaction"으로 정의되었다
(Pedersen et al., 2017: 82).

　스포츠 커뮤니케이션의 개념과 함께 스포츠와 커뮤니케이션 현상의 독
특함을 한눈에 보여 주는 것이 '전략적 스포츠 커뮤니케이션 모델SSCM:
Strategic Sport Communication Model'이다. 〈그림 1-3〉에 나타난 각 요소component

〈그림 1-3〉 전략적 스포츠 커뮤니케이션 모델

들이 어떻게 구성되어 있는지 보여줌으로써 전반적인 모습을 보여 준다.

첫 번째 요소는 스포츠 현장에서 나타나는 개인과 조직 커뮤니케이션으로 이루어져 있다. 개인 커뮤니케이션은 개인 내 또는 개인 간, 작은 그룹 내에서 이루어지는 스포츠 커뮤니케이션이다. 우리는 스포츠라는 드라마를 보면서 종종 감동에 빠지거나 사색을 하기도 하는 등 사적이고 개별적인 행위를 한다. 때로는 자기 내부에서 터져 나오는 생각이나 의견을 페이스북이나 인스타그램 같은 미디어를 통해 표출하기도 한다. 개인과 개인 간 이루어지는 스포츠 커뮤니케이션 활동이라면 아마도 이런 것일 것이다. 하루 전날 열린 국가대표 축구대표팀의 월드컵 예선전을 보고 그 다음날 직장에 출근해 복도 한 켠에 있는 정수기 앞에서 당신의 동료와 열변을 토하는 장면을 상상해도 좋다. 조직 커뮤니케이션은 역시 조직 내에서 또는 조직과 조직 사이에서 이루어지는 스포츠 커뮤니케이션이다. 당신이 휠라Fila의 신제품 개발 담당자라고 한다면 새로 출시할 신발의 기능과 색상, 디자인, 가격 등을 놓고 조직 구성원과 치밀하게 토론할 것이다. 이와 같은 커뮤니케이션 행위를 통해 조직은 한발 더 성공을 향해 나아갈 수 있다. 물론 이는 당신 회사의 글로벌 라이벌과도 커뮤니케이션해야 한다는 것을 의미한다. 소위 '적과의 동침'을 위해 그들의 전략과 계획, 구상을 파악할 수도 있다. 또는 스포츠 구단이나 미디어, 소비자 등과의 긴밀한 커뮤니케이션이 필요할 것이다.

두 번째 요소는 미디어 스포츠 커뮤니케이션으로 스포츠 매스미디어와 소셜 미디어로 이루어져 있다. 이 요소는 미디어를 통해 재현되며 동시에 이 과정에서 재구성, 재해석, 재정의되는 과정을 거치게 된다. 미디어는 매개체를 뜻하는 'medium'의 복수형이다. 여기에는 신문과 방송, 잡지는 물론 인터넷으로 통칭될 수 있는 디지털 미디어를 포함한다. 한 조사에 따르면 미국의 18~36세의 성인은 하루에 평균적으로 18시간은 다양한 미디어를 사용한다고 한다. 이는 웹서핑은 물론 영화를 보고, 라디오를 들으며, 신문이나 책을 읽고, 텔레비전을 보고 비디오 게임을 할 뿐 아니라 SNS를 하고 e메일을 보내는 행위를 모두 포함한다. 그렇기 때문에 이 분야에서 종사하는 직업은 매우 다양한데, 스포츠 기자, 칼럼니스트, 사진기자는 물론 스포츠 방송의 영역도 공중파와 케이블, 종편을 포함하고 영화, 라디오 등 영역이 다양하다(Pedersen et al., 2021: 98~99). 스포츠 현장에서는 소셜 미디어의 중요성 또한 간과할 수 없는데 디지털 미디어를 통한 상호작용은 기자뿐 아니라 칼럼니스트 등의 저널리스트들에게 매우 중요하며, 이는 미디어 풍경을 완전히 바꿔놓았다고 할 수 있다.

마지막 요소는 스포츠 커뮤니케이션의 서비스와 지원으로 구성되어 있다. 스포츠 관련 통합integrated 마케팅 커뮤니케이션을 비롯해 스포츠 PR과 위기관리 커뮤니케이션, 관련 연구 등을 포함한다. 스포츠 구단에서 끊임없이 발생하는 것이 스캔들이고 이를 적절하게 다룰 수 있는 위기관리의 전문가들이 절대적으로 필요하다. 수백억 원의 구단 운영비와 100억 원의 계약

금과 연봉을 받는 선수들을 관리해야 하는 구단과 리그에는 절대적으로 필요한 요소다. 또한 국내 일부 스포츠용품 시장은 코로나-19 상황을 맞아 오히려 더 확대되기도 했다. 대표적으로 골프와 등산, 홈트레이닝 분야가 호황을 맞았는데 앞으로도 스포츠 상품을 소비자와 연결하는 스포츠 PR 전문가의 역할은 더욱 부각될 수밖에 없다.

4. 스포츠와 커뮤니케이션 관련 연구 저널의 등장과 최신 흐름

특정 분야의 연구가 집적되면 그 성과를 담고 연구를 독려할 장이 필요하다. 마침내 2006년 스포츠와 미디어에 초점을 맞춘 최초의 저널인 ≪스포츠 미디어 저널Journal of Sports Media≫이 창간되었다. 미시시피대학University of Mississippi의 브래드 슐츠Brad Schultz를 편집장으로 네브라스카대학University of Nebraska에서 출판된 이 저널은 '문화에 끼치는 스포츠 미디어의 실제와 가치, 영향'을 탐구할 것을 표방한다. 2008년 이후에는 봄, 가을 연 2회씩 논문을 싣고 있다. 지난 2021년 봄 호까지 200편의 논문이 발표되었다.

이듬해 인디애나대학의 피더슨을 편집장으로 휴먼 키네틱스사Human Kinetics에서 ≪국제 스포츠 커뮤니케이션 저널IJSC: International Journal of Sport Communication≫이 등장하며 본격적인 경쟁체제를 알린다. ≪국제 스포츠 커뮤니케이션 저널≫은 아카데믹한 연구와 현장에서 벌어지는 실천적인 문제에 대한 해결책까지 아우르는 빙대한 영역을 다루는데, 편집신은 스포츠 매니지먼트, 홍보, 커뮤니케이션 정책, 역사, 미디어, 심리학, 텔레커뮤니케이션, 문화연구, 스포츠마케팅, 국제 커뮤니케이션, 젠더, 저널리즘, PR, 커뮤니케이션 이론, 뉴 미디어 등 다양한 배경을 갖고 있다. 창간호부터 연 4회씩 발간하고 있다. 특히 학자들의 연구 성과와 함께 매 호 케이스 스터디와 커뮤니케이션 관련 산업의 현장 인터뷰, 학생들의 연구, 서평 등을 싣는 것이 특징이다. 상대적으로 발 빠르게 현장의 변화를 반영하는데, 2020년에는 '스포츠와 코로나 바이러스 위기'를 주제로 스페셜 이슈를 발간했고, 2021년까지 총 582편의 연구가 게재되었다.

이어서 2013년에는 웨너를 좌장으로 한 ≪커뮤니케이션과 스포츠C&S: Communication and Sport≫가 연구 리그에 합류했다. 창간호는 '스포츠와 만나는 개인과 사회, 문화의 다양한 맥락'에 대한 이해를 추구한다고 밝혔는데, 자신만의 관점과 시각 아래 연구를 진행해 온 16명의 대표 학자들의 회고와 전망reflections을 담았다. 이들은 개리 웨넬Garry Whannel, 데이비드 로우David Rowe, 마이클 릴Michael Real, 로버트 벨라미Robert Bellamy, 피더슨, 닉 트루질로Nick Trujillo, 웨인 원타Wayne Wanta, 레이몬드 보일Raymond Boyle, 데이비드 앤드류스David Andrews, 아서 레이니Arthur Raney 등이다.

특정 분야에 대한 학문적 연구가 진행되면 될수록 연구자들은 그에 따른 '발전과 진화'에 대해 조사하고자 한다(Hambrick, 2017). 햄브릭Hambrick이 1980년 1월부터 2015년 1월까지 36년간 북미 저널에 발표된 스포츠 커뮤니케이션 관련 연구를 조사한 결과 총 1283편이 발표된 것으로 확인되었다. 스포츠 커뮤니케이션 관련 3개 저널(≪스포츠 미디어 저널≫, ≪국제 스포츠 커뮤니케이션 저널≫, ≪커뮤니케이션과 스포츠≫) 외에도 커뮤니케이션 저널(≪커뮤니케이션연구Communication Studies≫, ≪저널리즘 앤 매스 커뮤니케이션 쿼털리Journalism & Mass Communication Quarterly≫, ≪매스 커뮤니케이션과 사회Mass Communication and Society≫)과 스포츠 매니지먼트 저널(≪스포츠 매니지먼트 저

〈표 1-1〉 미국의 3대 스포츠 커뮤니케이션 저널

저널	창간 연도	발행 논문 수(창간호~2021)	발행 횟수
≪스포츠 미디어 저널≫	2006년	200(*2021년 봄 호까지 공개)	연 2회
≪국제 스포츠 커뮤니케이션 저널≫	2008년	582	연 4회
≪커뮤니케이션과 스포츠≫	2013년	294	연 6회

닐Journal of Sport Management≫, ≪스포츠 매니지먼트 리뷰Sport Management Review≫)
이 조사에 포함되었다. 일견 당연해 보이지만 매우 흥미롭게도 연구의 숫자
는 시기에 따라 큰 편차를 보이고 있는데, 급격한 우상향의 모습을 보이고
있다. 1980년대에는 스포츠 커뮤니케이션 연구가 단 25편에 불과했으나
1990년대에 100편으로 늘어났고, 2000년대는 416편으로 늘어났으며, 이어
2010년부터 2015년 7월까지 발표된 논문은 742편으로 급증했다. 각 시기별
로 발표된 논문을 연구 영역으로 분류하면 젠더(312편), 미디어(188편), 스포
츠 소비(161편), 위기(114편), 산업(112편), 내셔널리즘(107편), 마케팅(82편),
인종(80편), 기타(65편), 올림픽/장애인올림픽(60편) 순이다. 이 중 가장 많이
연구된 상위 5개의 연구 영역을 살펴보면 젠더는 1980년대 단 3편의 연구에
서 시작해 32편(1990년대)-114편(2000년대)-163편(2010년대)으로 증가했으며
미디어는 5편-14편-74편-95편, 스포츠 소비는 2편-5편-30편-124편, 위기 3편
-12편-42편-57편, 산업 6편-4편-47편-55편으로 시기별로 차이를 보였다.

한국의 경우를 살펴보자. 한국에서 최초로 미디어 스포츠와 관련해 학술
지에 게재된 연구는 1974년 이경희가 신문 체육기사를 분석한 것이다(최영
환·최정웅·정현태. 2007). 최영환 등에 따르면 이후 체육기사나 스포츠의 문
화적 현상에 대해 분석한 석·박사 논문이 간헐적으로 나타났지만 1975
년~1990년까지 16년간 학술지에 발표된 연구는 단 한편도 없었다. 관련 논
문은 2000년대 들어 나타났는데 2003년 50편, 2004년 43편 등 2006년까지
177편이 발표됐다. 스포츠와 미디어와 관련해 주목할 만한 성과는 송해룡
(1993; 1999; 2008)에 의해 다양한 책으로 나타났다. 한편 국내에서는 스포츠
와 미디어, 커뮤니케이션의 관계를 연구하는 조직적이고 체계적인 노력은
미국에 비해 아직은 상대적으로 약한 것으로 보인다. 국내 스포츠와 미디어
연구의 장을 표방한 한국스포츠미디어학회Korean Society for Media and Sport가
2011년 창립되어 2013년까지 3회째 학술대회를 개최한 이후 연 2차례 세미
나 형식으로 모임을 진행하고 있다. 한국스포츠미디어학회는 스포츠나 언

론을 연구하는 학자 그룹과 스포츠 현장을 취재보도하는 기자가 회원의 절반을 차지하고 있는 것이 특징이다. 눈에 띄는 활동을 하는 연구집단은 한국소통학회의 '스포츠와 소통' 연구회로 2019년 이후 지속적인 연구를 하고 있다.

스포츠와 커뮤니케이션 분야가 주로 다룬 연구주제는 무엇일까? 아베자, 오릴리, 네이듀(Abeza, O'reilly and Nadeau, 2014)에 의하면 기존에 발표된 논문은 다양한 주제를 다뤄 왔다. 대표적으로 스포츠 매스미디어, 소셜 미디어, 젠더, PR과 홍보, 구단과 팀의 위기관리, 개인과 조직 커뮤니케이션 등에 대해 연구가 진행되었으며 스포츠 현상을 커뮤니케이션 이론을 통해 설명하고자 시도한 것으로 나타났다. 스포츠와 커뮤니케이션 연구 영역을 이해하기 위해서는 웨너, 킨케마, 해리스, 웨넬(Wenner, Kinkema, Harris, Whannel)이 제시한 내용을 참고할 만하다. 웨너(Wenner, 1989)는 그의 저서에서 크게 미디어 스포츠 수용자audience, 미디어 스포츠의 내용content, 제작 콤플렉스production complex(스포츠 미디어를 의미함), 3개의 연구 영역을 제시했다. 킨케마와 해리스(Kinkema and Harris, 1998)는 이를 미디어 스포츠의 제작(정치·경제적 맥락, 글로벌 이슈, 기술적 문제)과 내용(글로벌·국가적·지역적 관계, 인종, 젠더, 상업주의, 승리와 성공, 약물, 폭력), 수용자(미디어 효과, 이용과 충족, 이데올로기, 팬, 젠더와 스포츠 팬) 등으로 좀 더 세분화했다. 웨넬(Whannel, 2000)은 내용, 수용자, 그리고 특히 TV와 관련한 기호학적 접근 semiological approach의 필요성을 주장했다. 덧붙여 상업주의, 여성성과 남성성, 인종, 국가주의에 대한 논의가 필요하며 연구 경향으로는 세계화, 스포츠와 신체 등이 떠오른다고 지적했다.

서구의 경우 스포츠 커뮤니케이션 연구자들이 가장 많이 사용한 방법론은 서베이, 실험연구, 현상학, 케이스 스터디, 인터뷰, 내용 분석, 텍스트 분석, 주제 분석 등이다(Abeza, O'Reilly and Nadeau, 2014).

5. 결론

이 장에서는 스포츠 커뮤니케이션 연구의 출발점과 함께 주요 개념, 연구 주제와 이론, 방법론 등을 대략적으로 살펴봤다. 스포츠 커뮤니케이션은 연구 영역이 방대하고 연구자의 관심과 흥미, 배경에 따라 전개될 연구 내용이 풍부할 것으로 기대된다. 글로벌 관점에서만 보더라도 한국이라는 사회에서 벌어지고 있는 스포츠 현상은 연구 대상으로서 매력적이다. 스포츠 저널리즘에만 국한해도 독특한 점이 많다(Yoo, 2012). 스포츠는 흔히 '만국 공통어universal language'라고 하지만 한국 사회가 국제사회에서 갖는 위상과 독특한 역사적 경험에 따라 기록되고 분석되어야 할 내용이 많다. 예를 들어 한국의 스포츠 저널리즘은 '십자군 저널리즘crusador journalism', '치어리더 저널리즘cheer leader journalism', '크롭 더스트 저널리즘crop dust journalism' 등 외국과 비슷한 문제를 보이고 있다(유상건, 2020). 그러나 동시에 외국과 달리 제대로 된 탐사보도가 적으며 솔루션 저널리즘이라는 면에서 매우 취약한 모습을 보이고 있다. 특히 독일의 경우 스포츠 기자 단체가 자체적인 보도 가이드라인을 보유하고 있지만(Horky and Stelzner, 2015) 한국은 전혀 그렇지 못하다(유상건, 2021). 이와 같은 내부적인 모순을 갖고 있음에도 불구하고 전 세계적으로 유례가 없을 정도로 많은 스포츠 신문을 보유하고 있다. 따라서 스포츠 신문들의 온라인 시대에 요구되는 정보전달과 정론의 역할도 검토되어야 한다(김경호, 2020).

보편적인 이론과 결합하면서도 한국의 스포츠 상황을 제대로 보여 줄 독보적인 연구도 필요하다. 로우(Rowe, 2011)는 대만 여성 커뮤니케이션 학자의 야구에 대한 연구가 대만의 식민주의, 인종, 계급, 민족주의가 상호 침투하는 과정을 잘 보여 준다고 지적했다. 그는 "세계화라는 유연한 이론과 결합되어서…스포츠의 '기능적 하위체계'뿐만 아니라 개별 사회 및 세계 전반에 걸쳐 스포츠가 차지하는 위치와 역할을 설명할 수 있는지를 보여 주는

〈표 1-2〉 ≪국제 스포츠 커뮤니케이션 저널≫에 등장한 이론들(2017~2013)

이론	내용	이론이 적용된 사례
의제 설정	미디어는 대중의 생각을 규정(define)하거나 형성(shape)하는 능력을 갖고 있는 것으로 상정한다. 달리 말해 미디어는 사람들에게 무엇을 생각할지를 말하는 것이 아니라 무엇에 대해 생각해야 할지를 제시한다고 본다.	Angelini, Billings and MacArthur, 2012; Kozman, 2013
프레이밍	미디어는 특정 이슈의 현저성(saliency)뿐만 아니라 주제의 선정, 문장, 이미지를 선택함으로써 이슈의 특정 요소(attributes)가 갖고 있는 현저함을 결정해 대중이 이를 어떻게 받아들일지 영향을 미친다.	Buysse and Brocherding, 2010; Seltzer and Ditmore, 2009
준사회적 상호작용	미디어 소비자가 미디어에 등장하는 인물(personae)과 어떤 관계를 맺는지를 설명한다. 시청자는 미디어에 나타나는 인물을 계속 지켜봄으로써 친밀감을 느끼며 연대의식을 갖게 된다고 이해한다.	Frederick et al., 2012; Sanderson, 2008
성향론	스포츠를 즐길 때는 수용자의 경쟁(competition)과 경쟁의 결과(outcome)에 대한 성향이 작용한다고 상정한다. 예를 들어 승패가 나뉘는 것을 좋아하면 할수록 스포츠를 좋아한다고 생각한다.	Smith, 2012; Zhou, Xu and Ye, 2013
이용과 충족	미디어 이용자는 자신의 욕구(needs)를 충족시키는 미디어를 선택한다는 이론이다. 개인은 많은 선택사항 속에서 각자의 욕구를 만족시키고 각자의 목표를 달성하기 위해 커뮤니케이션을 이용한다.	Ruihley and Hardin, 2011; Kang, Lee and Lee, 2010
배양	현실(reality)에 대한 관점(views)은 기본적인 신념체계(basic sets of belief)를 형성하는 텔레비전에 의해 배양된다고 상정한다. 배양(cultivation)은 단지 특정한 내용에 노출된다기보다는 반복적으로 오랜 시간 노출됨으로써 만들어지는 결과다.	Yoo, Smith and Kim, 2013
사회정체성	개인은 자신과 타인을 사회(social world) 속에서 구분 짓기 위해 다양한 범주로 분류하고, 그 안에 위치 짓는다고 주장한다. 사회적 정체성은 개인이 갖고 있는 자기 인식(self-perception)의 일부분이라 할 수 있는데 이는 구성원으로서 갖는 감정적 중요함(emotional significance)이나 가치(value) 또는 특정한 하나의 집단이나 여러 집단의 소속감으로부터 형성된다.	Phua, 2010; Smith, Smith and Sanderson, 2012
자아범주화	특정 개인이 자신을 완전히 독립된 하나의 개체로 보거나 집단 구성원의 일원으로 바라보는 이중적인 속성을 설명한다. 자기 범주화(self-categorization)에 의해 자아에 대한 관념이 형성되는데, 개인의 인구학적 특성이나 개성, 신념 등에 따라 의식적으로 조직에 대한 유대관계(가볍거나 공식적인)를 맺게 된다.	Billings et al., 2009

이론	내용	이론이 적용된 사례
수월성	이 이론은 공중관계(public relations)가 가진 잠재력이 어떻게 조직에 기여할 수 있는지를 밝히는 원칙들(princ-iples)을 규명해 냈다. 커뮤니케이션 관리 분야의 15년간 사례 연구를 통한 성과물이다.	Stoldt, Miller and Vermillion, 2009

자료: Abeza et al.(2014: 305).

효과적인 예"(Rowe, 2011: 290)라고 극찬했다. 많은 사람이 스포츠 팬을 자처하는 한국에서도 설명이 필요한 많은 문제가 우리를 기다리고 있다. 한국인의 내셔널리즘이 국가대표 축구대표팀 경기의 관람행태에 미치는 영향은 어떠한지 우리는 대답을 찾지 못했다. 롯데 자이언츠와 기아 타이거즈의 팬심은 어떻게 다른지도 모른다. 로봇과 경쟁해야 할 한국 스포츠 기자의 내일이 어떤 모습이어야 할지도 그려보지 못했다. 글로벌 스포츠의 영향력은 언제나 한국의 스포츠 지형도에 결정적일까. 국제 스포츠 조직의 거버넌스와 관련해 대답한다면 그럴 가능성이 높다. 그러나 손흥민, 류현진 등 한국 출신의 국제적인 스포츠 스타가 외국의 미디어에 미치는 영향력을 고려할 때 반드시 일방적인 모습만은 아닐 것이다. 한때는 '아시아의 작은 나라' 출신으로 치부되었던 미국 LPGA 투어 한국 여자 골프선수들의 달라진 위상과 모습에 미국을 비롯한 세계의 미디어 반응과 보도 관점이 달라지고 있다. 특히 최근에는 미국 투어에 태국, 필리핀 등 동남아 국가 출신 선수들의 활약이 본격화되고 있다. 한국 선수들이 기존에 보여 준 성취가 이들의 도전에 긍정적인 영향력을 미쳤을 것으로 보인다. 과거에는 가능하지 않았던 'K-골프'의 영향력과 확장성에 대한 설명을 시도할 필요가 있다. 이런 점에서 글로벌 관점에서 우리만의 시각으로 바라 본 스포츠에 대한 연구가 더욱 적극적으로 시도되고 발굴되어야만 할 것이다.

이론은 "하나의 현상이 다른 현상과 어떻게 관련 있는지 예측하고 설명하는 진술"이다(Rosenberry and Vicker, 2009: 5). 밀러(Miller, 2005)는 세상에서 관찰되는 현상을 이해하고 설명하는 추상적인 관념의 총체를 이론이라고 정의했다. 커뮤니케이션 현상에서 발생하는 상징은 해석을 요구하며 (West and Turner, 2007) 커뮤니케이션 이론은 상징과 신호가 어떻게 만들어 지는지 뿐만 아니라 어떻게 작동하는지를 이해할 수 있도록 한다(Chaffee and Berger, 1987). 스포츠 커뮤니케이션 연구자들은 기존의 이론을 이용할 뿐만 아니라 스포츠를 통해 기존의 이론을 확장시켜야 한다(Slack, 1998). 스포츠 연구는 또한 커뮤니케이션 연구자들의 연구 영역을 넓힐 수 있다. 반대로 미디어에 대한 연구는 스포츠 분야의 연구를 풍요롭게 할 것이다. 나아가 스포츠와 커뮤니케이션 연구 성과는 단순히 두 분야에만 국한되지 않는다. 왜냐하면 스포츠 그 자체는 기존의 학문적 대상과 다른 독특한 성격을 갖고 있다. 스포츠에 내재된 가치(움직임이라는 역동성, 결과를 예측할 수 없는 불가측성, 그리고 아직은 본격적으로 발현되지 못한 해석의 잠재성을 생각한다면)는 우리의 상상을 뛰어넘는다. 스포츠는 '정해져 있지 않은 날것의 생생함unscripted and live'이 특징이다. 스포츠와 커뮤니케이션 연구가 앞으로 개척해 나갈 모습은 우리에게 달려 있다. 영역과 한계를 뛰어넘어 거침없이 질주할 도전이 심장을 뛰게 한다. 유, 스미스, 김(Yoo, Smith and Kim, 2013)이 지적했듯이 '스포츠 현상에 대한 탐구는 커뮤니케이션과 스포츠를 뛰어넘어 우리 사회를 해석하는 데 적용될 수 있는 새로운 이론을 만들어 낼 것으로 기대된다Inquiry into sporting phenomena is expected to yield new theories that can be applicable beyond communication and sport.'

자, 플레이 볼!

Abstract

Sport Communication Research

Several Concepts, Research Topics, and Suggestions for the Future

Sang Keon Yoo

Sport is a topic that cannot be left out from discussions on the field of journalism, media research, or the communication phenomena. However, there is a dearth of related research domestically. From the emergence of digital media came a 'Media Big Bang', and sport has become an area of interest for an ever increasing number of people, which calls for more attention to the topic from researchers. This chapter will give a brief introduction to existing research conducted on the topic of sport communication. It will look into research conducted overseas, with a focus on the United States, and look into a number of main research concepts and topics with further research potential. When research on a particular topic significantly accumulates, academic journals on the topic appear, and the emergence of academic journals such as *Journal of Sports Media, International Journal of Sport Communication*, and *Communication and Sport* demonstrates increasing academic interest on the topic. In Korea, organizations such as the *Korea Speech, Media and Communication Association*'s Sport and Communication Research Group, and the *Korean Society for Media & Sport* have emerged. Research on sport communication in Korea is now advancing in earnest.

Chapter 2

커뮤니케이션의 진화와 스포츠

김지훈

1. 서론: 커뮤니케이션의 탄생과 유형별 발전과정

1) 커뮤니케이션의 개념과 이론

커뮤니케이션이란 상당히 광범위하고 정교한 개념이다. 시장경제 시스템 안에서 '재화교환'의 조건으로서의 정보전달 과정을 의미하며, 커뮤니케이션의 목적은 소비자에게 커뮤니케이션의 목표 설정의 기초 위에서 의견, 사고, 행동과 지식에 영향을 주려는 최종적인 의도를 함유하는 정보전달에 있다.

일반적으로 스포츠 환경에서의 커뮤니케이션은 스폰서십Sponsorship, 광고 Public Relations가 있으며, 현대사회에서 이러한 스포츠와 커뮤니케이션의 만남에 대한 중요성은 커지고 있다. 스포츠와 커뮤니케이션의 만남 속에 최근 새로 도입된 것이 바로 스포츠 스폰서십이다. 아직 스포츠 스폰서십에 대한 개념 정리가 정확히 이루어지지 않았으며 전 세계적으로 다양한 문화의 환경 속에서 발전하고 있다.

커뮤니케이션은 어원적으로 '공통', '공유'라는 뜻의 라틴어인 '코뮤니스communis'에서 유래되었다. 문자 그대로 해석하면 '하나 또는 하나 이상의 유기체organism(사람, 동물 등)가 다른 유기체와 지식·정보·의견·신념·감정 등을 공유 또는 공통화하는 행동'을 뜻한다(Hybels and Weaver, 1986). 학자들은 커뮤니케이션에 대해 〈표 2-1〉과 같이 정의한다.

결국 커뮤니케이션이란 인간이 공동의 상징체계를 통해 서로 정보를 주고받는 사회문화적 행위를 의미하며, 더 나아가 '사회와 공동체를 구성하는 일종의 신경체계'라고 볼 수 있다. 만약 인간에게 새로운 생각을 끊임없이 전달하고, 변화시키며, 동화시키는 커뮤니케이션 능력이 없었더라면 아마도 언어, 예술, 스포츠 등과 같은 수많은 다양성이 존재하지 못했을 것이다. 인간은 커뮤니케이션 능력을 점차 강화시키기 위해 커뮤니케이션의 형태를 발전시켜 왔다. 이러한 커뮤니케이션에 대한 인간의 창의성과 다양성 추구에 따른 결과물이 바로 미디어다.

미디어의 단수 형태인 미디엄medium이란 단어는 라틴어 메디우스medius에서 유래된 단어로서 '중간'이란 뜻이다. 미디어는 송신자와 메시지, 수신자와 메시지 사이의 커뮤니케이션을 활성화시키는 기술적 과정이다. 즉, 커

〈표 2-1〉 커뮤니케이션에 대한 학자들의 정의

학자	정의
쿨리 (C. Cooley)	인간관계가 존재하고 발전하게 되는 기제(mechanism). 즉, 공간을 통해 상징을 전하고 그 상징을 보존하는 수단을 포함한 모든 마음의 상징
사피르 (E. Sapir)	인간이 갖고 있는 모든 문화 양태와 사회적 행위에는 명백히, 또는 함축적 의미에서 커뮤니케이션 행위를 수반
거브너 (G. Gerbner)	기호와 메시지 체계를 통한 사회적 상호 작용

자료: 성동규(2007).

뮤니케이션은 송신자와 수신자 간 정보를 교환하는 과정(한균태 외, 2006)으로 메시지의 전송을 통해 타인과 상호작용하는 일련의 활동이나 과정으로 표현되기도 한다. 이러한 커뮤니케이션 과정은 몇 가지 기본적인 구조와 요소를 가지고 있다.

세팅이란 커뮤니케이션이 이루어지는 공간으로, 때로 커뮤니케이션에 중대한 영향을 미친다. 송신자는 정보를 전달하려는 의도를 지닌 전달자communicator, 수신자는 정보를 전달받는 수용자audience, 채널은 정보가 담겨 있는 매체로 각종 미디어를 칭하기도 한다. 잡음은 메시지를 정확히 이해하는 데 방해가 되는 것을 말하며 피드백은 송수신자가 서로에게 반응하는 것을 말한다.

송신자는 한 명, 여러 명 혹은 조직이 될 수도 있다. 송신자는 메시지를 부호화encoding해서 수신자에게 보낸다. 부호화란 메시지를 유통될 수 있는 형식으로 전환하는 것을 말한다. 부호화 과정이 끝나면 메시지가 개인, 집단 혹은 조직 수신자에게 전달된다. 이러한 송수신 과정에서 메시지 전달 수단인 채널이 필요하다. 채널은 한 곳에서 다른 곳으로 메시지를 전달하기 위해 이용되는 전송체계transmission system로 메시지의 모든 특징을 전달하는 통로를 말한다. 채널과 유사한 의미로 사용되는 커뮤니케이션 용어에 미디어가 있다. 미디어는 메시지의 전달 수단이라는 점에서 채널과 비슷하나 언어적 혹은 비언어적 코드를 전달할 수 있다는 점에서 다를 수 있다. 채널을

〈그림 2-1〉 **커뮤니케이션 과정**

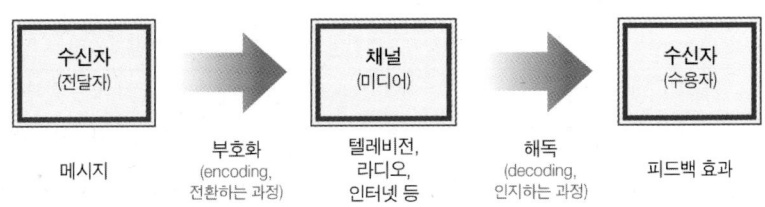

자료: 원영신·함은주(2010).

통해 전송된 메시지들은 수신되기 전에 해독되어야 한다. 예를 들어, 우리는 다른 사람과 커뮤니케이션을 할 경우 자신의 생각이나 아이디어를 소리로 전환시켜 채널을 통해 전달하면 수신자는 청각 신경기관을 통해 머릿속에서 의미 있는 것으로 인지할 수 있는 기호sign로 전환해 해독하게 된다. 해독은 수신자가 송신자의 생각과 아이디어를 인지하는 과정을 말한다. 마지막으로 수신자에게 전달된 정보가 초래하는 피드백feedback으로서 효과effect를 나타낸다. 즉, 커뮤니케이션의 목적은 소비자의 사고와 행동에 영향을 주려는 의도와 목표를 지닌 정보전달을 하는 것이다.

2) 커뮤니케이션 관련 이론

커뮤니케이션 기술의 급속한 발전에 따른 새로운 미디어가 인간 커뮤니케이션에 미칠 충격의 형태가 구체적으로 어떻게 나타날지 예측하는 것은 매우 어렵다. 그러나 그 충격이 매우 클 것이라는 측면에서는 이견이 없다. 이 때문에 기존의 커뮤니케이션 이론과 패러다임의 수정을 필요로 하는 관점을 주장한 사람이 바로 마셜 매클루언M. McLuhan이다.

매클루언은 다른 학자들과 달리 그의 이론이 당시에도 큰 관심을 끌었지만 그에 대한 정확한 평가는 제대로 이루어지지 않은 면이 많다. 오늘날 멀티미디어에 관한 이론적 소개는 거의 대부분 매클루언으로부터 출발하고 있다. 매클루언의 대표적 저서인 『미디어의 이해Understanding Media: 인간의 확장』이 1960년대 중반 출판되었을 때 당시 미국 대학생들은 성경 다음으로 이 책을 많이 지닐 정도로 인기가 있었다. 이 책에서 발견되는 그의 번뜩이는 천재성은 대학생들의 지적 호기심을 자극하기에 충분했다. 그리고 1980년대 들어서자마자 매클루언이 죽었을 때 캐나다 정부는 그의 업적을 기념하기 위해 그가 재직했던 토론토대학에 매클루언 연구소를 설립했다. 이처럼 그의 존재는 캐나다 정부가 자랑스럽게 생각할 정도였다.

〈표 2-2〉 매클루언의 핫·쿨미디어와 관련 스포츠 유형

구분	정의	매체 유형	스포츠 유형
핫미디어	많은 양의 정보를 제공하고 적은 참여를 필요로 하는 정세도(definition)가 높은 미디어	사진, 라디오, 영화, 세미나, 종이 등	정적 스포츠, 개인 스포츠, 기록 스포츠 등
쿨미디어	결여된 정보를 채우기 위해 수용자와 많은 양의 상호작용을 필요로 하는 낮은 정세도의 미디어	상형문자, 전화, 텔레비전, 강의, 카툰 등	동적 스포츠, 팀 스포츠, 득점 스포츠 등

자료: 임번장(2012).

한편 스포츠 미디어 관련 연구에서도 매클루언의 이론을 스포츠 상황in a sport setting에서 이해하려는 시도가 있었는데 주로 매체의 구분과 관련된 이론의 적용이었다. 예를 들어 매체를 핫미디어hot media와 쿨미디어cool media로 구분 짓는 매클루언의 매체이론을 바탕으로, 스포츠 미디어 혹은 미디어 스포츠를 핫미디어나 쿨미디어로 분류해 왔다. 하지만 이와 같은 연구는 스포츠 관련 미디어를 매체이론에 근거해 단편적으로 재분류한 것이며, 따라서 이 장에서는 매체이론을 근거로 한 미디어의 단순 분류가 아닌 스포츠의 소비가 일어나는 '스포츠 상황'에서의 매체이론의 작용과 이를 통해 드러나는 스포츠의 뉴미디어화 현상에 논하고자 한다.

매클루언의 매체이론은 정보의 밀도를 의미하는 정밀성 혹은 명료성과 정보 수용자의 참여를 바탕으로 분류된다(Kim, Ahn and Mench, 2008). 핫미디어는 높은 정밀성과 명료성이 있는 정보가 미디어로부터 전달되어, 인간의 단일 감각이 확장되고 따라서 미디어 수용자의 역할은 제한되는 미디어를 의미한다. 반면 쿨미디어는 미디어를 통해 전달되는 정보의 밀도나 정밀도가 낮아 인간의 다양한 감각이 균형적으로 동원되어, 미디어 수용자의 높은 참여도가 예상되는 매체다(Kim, Ahn and Mench, 2008). 즉, 매체이론의 핵심은 정보의 정밀도와 미디어 수용자의 참여에 대한 반비례관계의 성립이다. 그렇다면 미디어를 통한 정보전달과 이에 대한 수용자의 반응이 매체

이론에 부합하며 복합적으로 나타나는 상황이 스포츠에도 존재한다. 즉, 정보의 단순 유통과 전달을 넘어 정보의 생산-유통-소비가 동시에 진행되는 스포츠 상황은 바로 스타디움이나 소위 '아레나arena'로 불리는 실내 경기장 내에서의 스포츠 미디어 소비다. 스타디움이나 실내 경기장의 대표적인 미디어로는 전광판과 같은 대형 스크린이 예가 될 수 있다. 또한 스크린을 통해 전달되는 영화가 높은 정밀도로 인해 핫미디어로 분류된 것처럼(Kang, 1999) 경기장의 대형 스크린 역시 태생적으로 핫미디어의 성향을 내포한다. 하지만 경기장 중앙에 위치한 대형 스크린의 특성은 자연스레 관객들의 시선을 빼앗아 미디어로서의 존재감을 스스로 나타낸다. 또한 스크린의 높은 주목도는 실제 경기장면보다 스크린을 통해 유통되는 화면의 경기장면에 주목하게 해 관중들이 실제 경기장면을 놓치는 상황을 자주 발생시킨다. 즉, 경기를 직접 관람하기 위해 경기장을 찾았지만 원래의 방문 목적을 잊게 할 만큼 경기장 내 스크린의 주목도와 역할은 매우 큰 것이다. 뿐만 아니라 전통적으로 핫미디어로 분류되는 대형 스크린이 스타디움이나 실내 경기장, 즉 '공간'의 개념과 융합되면서 핫미디어와 쿨미디어의 조화로운 공존에 대한 가능성을 시사하고 있다. 즉, 스크린의 매체적 성향으로는 핫미디어의 성향을 보이지만, 극장과 같은 제한된 공간이 아닌 오픈된 공간에서의 스크린은 극장 스크린에 비해 정보의 정밀성이 하락되어 쿨미디어의 성향 역시 내포한다(Park, 2012). 뿐만 아니라 최근 들어 대형 스크린을 통해 전달되는 내용에는 기존의 단순 경기 정보와 선수들에 의해 생산된 경기장면뿐만 아니라 관중들의 적극적 참여 및 관중들이 주인공이 되는 키스타임과 같은 다양한 이벤트성 정보까지 포함된다. 이는 미디어 수용자의 참여가 대폭 높아지면서 매체의 속성 역시 핫미디어에서 쿨미디어로의 전환 혹은 공존 현상이 나타나고 있는 것이다.

3) 신문

신문은 인쇄매체로 대표되는 매스미디어의 한 형태로서, 그 기원은 로마 제국의 '악타 세나투스Acta Senats'와 '악타 듀르나 포풀리 로마니Acta Diurna Populi Romani'까지 거슬러 올라간다. 이는 원로원의 의사록과 평민원의 발표문을 담은 것으로서 당시 원시적인 형태의 신문은 백성을 다스리기 위한 관보의 성격을 띠고 있었다. 로마 시대 이후에는 서양의 귀족들 사이에 뉴스의 교환이 성행해 편지 형태의 서한신문이 나오게 되었다. 그것은 지금처럼 일반 독자가 아닌 상류 사회의 정보 교환 수단으로 시작되었다.

12세기 이후 '르네상스', '종교 개혁', '터키군의 침입', '신대륙 발견' 등 역사적으로 중요한 사건이 잇따르면서 일반인들도 뉴스에 대한 관심이 더욱 높아지게 되었으며, 이러한 관심은 본격적인 근대 신문을 탄생시켰다.

근대적 신문이 출현한 것은 구텐베르크Gutenberg의 활판 인쇄술이 발명된 1445년 이후이며, 이때부터 빠른 시간 내에 활자를 통해 다량의 인쇄를 할 수 있었기 때문이다. 인쇄술이 발달하기 전 초기 신문의 형태는 손으로 쓰는 필사본이었다. 손으로 일일이 베껴 쓰는 것이므로 당연히 그 양이 한정

〈표 2-3〉 인쇄매체의 발달과정

연대	발달과정
기원전 3500	진흙 판에 문자를 기록
2500	파피루스(이집트)
기원후 100	종이(중국)
1445	활자 인쇄술[독일 구텐베르크]
1600	세계 최초 주간신문 ≪렐라치온(Relation)≫
1660	세계 최초 일간신문 ≪라이프치거 짜이퉁≫
1883	한국 최초의 신문 ≪한성순보≫

자료: 원영신·함은주(2010).

<그림 2-2> 한국 최초의 신문인 ≪한성순보≫(왼쪽)와 1896년 최초의 민간신문인 ≪독립신문≫

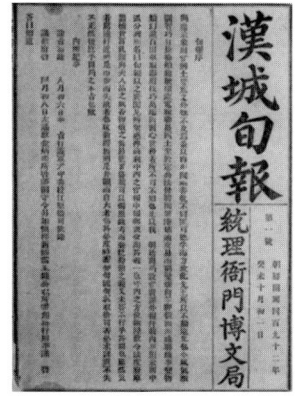

될 수밖에 없었다. 한편 교통 및 통신의 발달로 우편제도가 형성되어 신문의 배달이 체계화되면서 신문은 매일 제작이 가능하게 되었고, 이러한 대량생산과 배급체제의 효율화에 힘입어 세계 최초의 일간신문인 ≪라이프치거 짜이퉁Leipziger Zeitung≫이 독일에서 발행되기 시작했다.

한국 최초의 신문은 1883년 국가 주도로 창간된 ≪한성순보≫다. 모두 한문으로 쓰였고 열흘에 한 번 간행되었다. 이후 1896년 4월 7일 ≪독립신문≫이 순한글로 발행되었다.

4) 잡지

잡지의 어원은 본래 '창고store house'라는 뜻을 가진 네덜란드어 'maga-zien'에서 비롯되었으며, 17세기 프랑스의 출판업자가 신간 소개를 위해 발행한 카탈로그에서 알려지기 시작해 독립된 정기간행물로 발전했다. 정기간행물로서 본격적인 잡지의 역사가 시작된 것은 1704년 영국에서 다니엘 디포Daniel Daefoe가 발행한 ≪리뷰The Review≫였으며, 19세기에 노예 문제, 진화론, 여성 역할 등을 다루면서 대중화되었다.

〈그림 2-3〉 대조선 일본 유학생 친목회가 발행한
한국 최초의 잡지 ≪친목회회보≫

자료: 문화재청 국가문화유산포털.

잡지는 신문에 비해 전문화된 것으로 정보를 분석하거나 사회적 여론을 형성하는 기능을 가지며, 전문화된 독자나 마니아 등을 형성하고 있다.

한국 잡지의 효시는 1896년 2월 도쿄에 있었던 '대조선 일본 유학생 친목회'에서 발행한 ≪친목회회보≫였다. 이후 ≪대조선독립협회 회보≫, ≪조선그리스도인회보≫ 등이 잇달아 창간되지만 1908년 11월 육당 최남선에 의해 창간된 ≪소년≫을 한국 최초의 월간 잡지로 인정하고 있다. 이후 1920년대부터 잡지 문화가 활발해지기 시작했으나 일제강점기와 전쟁 동원에 항거하다 발매 반포를 금지 당하는 등 심하게 탄압을 받기도 했다. ≪개벽≫(1920), ≪창조≫(1921), ≪신동아≫(1931), ≪비판≫(1931), ≪조광≫(1931) 등은 당시의 대표적인 잡지였다.

제2차 세계대전이 끝날 무렵인 1950년대 잡지들은 대부분 대중의 기호에 맞는 다양한 내용을 다룬 종합지였으며, 문화적 통합자로서뿐만 아니라 전국적 여론의 형성자로서 주도적 역할을 했다. 이후 잡지는 사회적 이슈에 대해 사회 비판 기능을 충실히 수행하기 위해 상세한 정보를 바탕으로 해석하고 흐름을 이해시켜 주며, 해설자로서 중요한 역할을 담당하고 있다. 최근의 잡지는 낚시와 골프, 바둑과 같은 취미생활을 다루는 것을 비롯해 스포츠 선수와 연예인, 오락, 시사 문제를 다루는 잡지 등 대중매체 가운데 가장 다양한 장르와 특정한 대상들을 겨냥한 것들이 있다. 예를 들면 스포츠 잡지의 경우 사냥, 경마, 낚시, 골프, 축구, 야구, 농구 등 다양한 종목의 내용을 다루고 있으며, 스포츠 신문의 특성상 다루지 못하는 시즌 전망, 연봉에 따른 선수들의 이적 등 심층적인 기사도 전문적으로 다루고 있다.

5) 텔레비전

텔레비전은 그리스어의 'tele(멀리, 멀리 있다)'와 라틴어의 'vision(보다, 시청하다)'의 합성어로서 보통 TV라 칭한다. 즉, 현장에서 일어나는 상황을 먼 곳까지 생생하게 재현해 준다는 의미의 기술상 용어로서 세계 공통의 커뮤니케이션 수단으로 활용되고 있다.

초창기 텔레비전은 1925년 영국 런던에서 존 베어드John Logie Baird가 만든 초보적 수준의 기계식 텔레비전이었다. 이후 러시아 태생의 미국인 블라디미르 즈보르킨Vladimir Kosma Zworykin이 전자식 텔레비전 촬영용 진공관인 아이코노스코프Iconoscope를 발명했다. 이후 미국 RCARadio Corporation of America 의 데이비드 사노프David Sarnoff 사장이 상업화하기 위해 1939년 세계박람회에서 공개했고, 1941년 미국연방통신연맹FCC: Federal Communications Commission 은 방송국을 인가했다. 이어서 미국은 RCA 방식을 바탕으로 한 새로운 컬러텔레비전 규격인 NTSC방식을 채택했는데, 이것은 흑백과 컬러가 서로 호환되는 편리한 텔레비전 시스템이었다. 그러나 프랑스에서는 SECAM방식을 채택했고 영국과 독일은 PAL방식으로 방송을 시작했다. 따라서 세계 텔레비전 시스템은 3개로 분할되어 있으며 한국은 미국과 같은 NTSC방식을 쓰기 때문에 유럽용 수상기로는 한국 방송을 볼 수 없으며, 기존의 아날로그 텔레비전 시스템에서는 다른 방식 간 호환이 불가능하다.

한국에 텔레비전이 보급되기 시작한

〈그림 2-4〉 즈보르킨이 개발한
아이코노스코프

자료: 김홍희(1992).

<그림 2-5> 한국 텔레비전 세대 발전과정

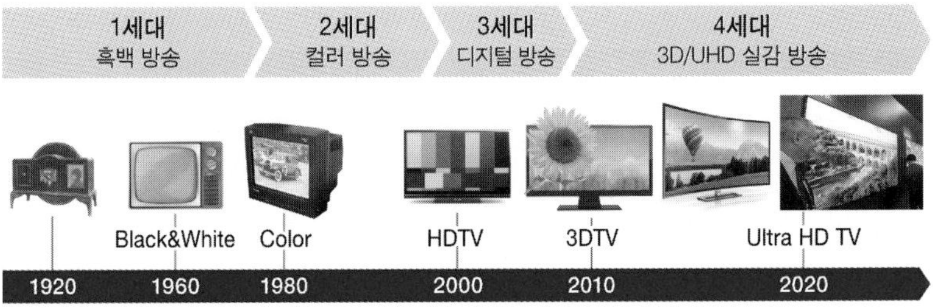

자료: 김성랑(2015: 54~61).

계기는 1945년 최초의 민영방송인 CBS 기독교방송이 설립되면서부터이고, 1948년 대한민국 정부 수립과 함께 방송국이 정부의 공보처 산하로 들어가면서 국영방송의 시대가 열렸다. 1956년 미국의 텔레비전 산업이 진출해 한국에 RCA 보급회사KORCAD를 만들어 방송을 시작했으며, 한국의 텔레비전은 1961년 국영방송인 KBS TV의 개국을 시작으로 1964년 삼성이 만든 최초의 민영 상업방송인 TBC TV 개국, 1969년 민간 상업방송인 MBC TV 개국으로 이어졌다.

이러한 3개 방송국은 1970년대 본격적인 TV 시대를 이끌며 상업적 경쟁 체제에 들어섰으나, 1980년대 들어 5공화국의 출범과 함께 공익적 공영체제로 변화시킨다는 명목으로 TBC는 폐국되어 KBS-2TV로 바뀌게 되었으며, KBS가 MBC 본사의 주식을 70% 소유하게 됨에 따라 실질적인 언론 탄압이 가능하게 되었다. 1991년 SBS 출범 이후 김영삼 정부는 지역 균형 발전과 정보 통로의 지역 차 해소라는 명제하에 선진 방송 계획안을 내놓았고, 1995년 부산·대구·광주 등 1차 민방에 이어 1년 후인 1996년 2차로 인천·울산·전주·청주 등 전국 8개 지역에 네트워크를 갖추었다. 1990년대 이후로는 케이블, 위성TV 방송 등 새로운 방송매체가 도입되었으며, 2001년 이후에는 디지털 지상파방송 시작, 디지털 위성방송 출범 등 방송환경이 급격하게 변화하고 있다. 또 디지털화의 추진으로 HDTV가 등장하며, KBS,

MBC, SBS는 주당 고화질HD 프로그램을 방송했다. 이처럼 21세기의 방송 환경은 급격한 변화를 겪고 있으며, 첨단정보통신을 바탕으로 한 새로운 매체가 도입되는 등 다매체·다채널, 뉴미디어 경쟁 시대에 놓여 있다.

6) 라디오

라디오 방송의 초석을 마련한 것은 마르케세 굴리엘모 마르코니Marchese G. Marconi의 무선전신 발명이었다. 이후 새뮤얼 핀리 브리즈 모스Samuel Finley Breese Morse가 유선전신을 통해 전보 메시지를 최초로 송출했고, 1875년 그레이엄 벨Graham Bell이 전화를 발명함으로써 인간의 목소리를 전달할 수 있게 되었다.

최초 방송전파가 발사된 것은 1920년 1월 미국 워싱턴의 아나고스티아Anacosita 해군 비행장에서 실시한 군악대 연주 방송이었으며, 같은 해 11월 웨스팅하우스Westinghouse사의 실험국이었던 KDKA국(피츠버그)이 개국해 제29대 워런 하딩Warren Gamaliel Harding 대통령 선거 결과 속보를 방송한 것이 정규 라디오 방송의 시초다. KDKA라는 방송국이 개설되자마자 미국 전역에서는 방송에 관한 관심과 인기가 최고조에 달하며, 급속도로 증가해 2개월도 안 되어 30여 개의 라디오에 관한 방송 면허가 통과되었다. 이후 1922년에는 라디오 방송사 수가 무려 200개가 늘어났으며 1923년 초에는 576개국이나 되었다. 방송국 수가 급격하게 증가함에 따라 네트워크로 각 방송국을 연결하게 되었으며, 1926년대에 최초의 네트워크인 NBC가 창설되었고, 1927년에 CBS가 세워졌다.

또한 1922년 영국과 프랑스도 라디오 방송을 시작했으며, 1923년에는 독일, 1925년에는 일본에서 정규 방송국이 출범했다.

일제강점기였던 한국에서도 1926년 일본인이 사단법인 경성방송국JODK을 개국해 1927년 2월 16일 정규 방송을 시작했으며, 일본어와 한국어를 교

〈그림 2-6〉 한국 라디오 발전과정

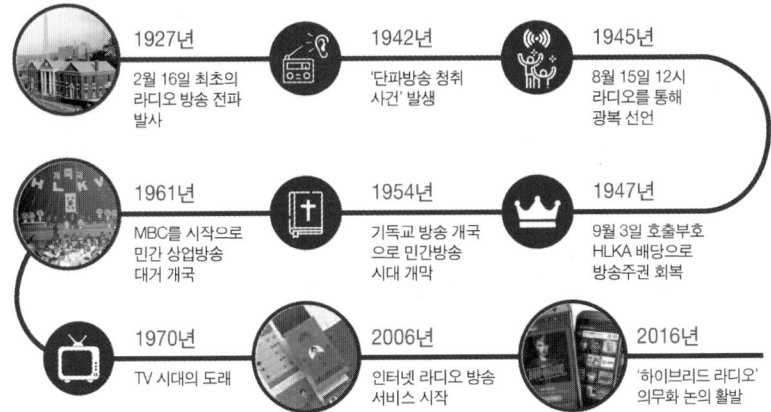

1927년
2월 16일 최초의 라디오 방송 전파 발사

1942년
'단파방송 청취 사건' 발생

1945년
8월 15일 12시 라디오를 통해 광복 선언

1961년
MBC를 시작으로 민간 상업방송 대거 개국

1954년
기독교 방송 개국으로 민간방송 시대 개막

1947년
9월 3일 호출부호 HLKA 배당으로 방송주권 회복

1970년
TV 시대의 도래

2006년
인터넷 라디오 방송 서비스 시작

2016년
'하이브리드 라디오' 의무화 논의 활발

자료: 전숙희(2017).

대로 방송하던 경성방송도 조선방송협회로 개칭한 이후 한국어 방송을 시작했다.

1930년대 대공황기의 라디오는 전 세계적으로 일반 서민들에게 빈곤한 생활 속에서도 기댈 수 있는 유일한 낙이었으며, 귀한 재산 목록으로서 TV가 등장하기 전인 1950년대까지 라디오의 전성기는 계속되었다. 일제 강점기하에 국영 체제로 유지하던 한국의 라디오 방송은 전쟁 동원을 위한 수단으로 악용되기도 했으나, 1954년 최초의 민간 라디오 방송국인 CBS가 설립되면서 더욱 다양화되고 활성화되었다. 라디오는 얼굴은 볼 수 없지만 차분하고 명확한 어조로 뉴스를 진행하고, 진지하고 흥분된 어조로 스포츠 중계를 하고, 힘차고 호소력 있는 어조로 정치적인 선거운동을 하는 것 외에도 감성을 파고드는 노래와 라디오 드라마 등으로 대중의 사랑을 독차지하며 대중문화의 소통도구로 활용되었다.

그러나 라디오 환경은 1980년 이후 언론 통폐합으로 축소되었다가 1990년 '방송법' 개정에 의한 민영방송 허용으로 다시 증가되기도 했으나, 현재 인터넷 기반으로 넘어가는 추세라고 할 수 있다. 2006년 시도된 인터넷 기반 라디오 방송은 현재 KBS의 '콩', MBC의 'mini', SBS의 '고릴라' 등 인터넷 라디오 방송이 병행되고 있다. 플랫폼의 변화로 '보이는 라디오'라는 신개념 라디오를 선보였으며, 시청자 사연 역시 엽서, 팩스에서 문자, 인터넷으로 자리를 옮겼다. 최근에는 PC뿐만 아니라 애플리케이션을 통해 모바일로도 이용할 수 있다.

7) 케이블 TV

여러 미디어 가운데 우리에게 친숙한 것 중 하나인 케이블 TV는 방송과 통신의 융합으로 텔레비전 방송의 다매체·다채널 시대를 열기 시작했다. 당초 케이블 TV는 미국에서 난시청 지역을 해소하기 위한 지역 공시청 안테나로 시작되었으나, 기존의 프로그램을 재전송하는 기능에 그치지 않고 프로그램 자체 제작, 지역의 공지사항 등 필요한 정보를 다채널로 제공하면서 지역 정보통신망 형태로 발전하기 시작했다.

미국의 경우 1972년 '오픈 스카이open sky' 정책으로 국제 간 통신을 위해 쓰던 위성을 국내 재전송으로 사용 가능하게끔 하고, 1979년 위성안테나를 개방한 이후 지상파방송과 차별화되는 케이블 고유 채널을 가능하게 해 주었다. 미국에서 가장 큰 케이블 방송으로서 스포츠 전문 채널인 ESPN이 시작되면서 국제적인 스포츠 방송망을 형성하게 되었으며, 21세기 들어 더욱더 두드러진 성장을 계속하고 있다.

한국에도 2001년 MBC-ESPN이 개국되어 미국 메이저리그MLB 중계방송을 전달해 주었으며, 국내 프로야구를 비롯해 프로농구, 프로배구 등의 국내 스포츠 붐을 조성해 왔다.

최근에는 홈쇼핑 서비스, 원격제어 서비스, 케이블 전화 서비스 등 각 영역별로 특화된 채널을 확보하면서 국내에서도 상당한 시청자를 확보하고 있다.

〈표 2-4〉 인쇄매체와 전파매체 간 스포츠 보도의 차이

인쇄매체(신문/잡지)	전파매체(라디오/텔레비전)
뉴스와 정보 강조	오락 강조
지난 이벤트의 요약(정리) 제공	스포츠 실황 중계(play-by-play) 이미지와 서사 제공
명확한 정보와 자료 제공	실시간 액션(action) 재현 제공
신뢰 유지가 성공의 기초	과장(hype)의 생성이 성공의 기초
비하인드 스토리에 중점	액션과 영웅적 플레이에 중점
스포츠와 스포츠 명사(personality or celebrity or star)에 대한 비평 제공	스포츠와 스포츠 명사에 대한 지지 제공

자료: 미디어스포츠플러스(2012).

2001년 이전까지만 해도 스포츠 채널은 단 3개의 채널(MBC-ESPN, SBS SPORTS, SBS골프)뿐이었지만 2001년 '방송법' 제정 이후 PPProgram Provider or Program Prodution 등록제가 실시되면서 등록과 폐업을 거듭해 현재 스포츠 채널은 KBS N Sports, J골프, Xports 등이 증가했으며, 대한체육회 가맹 종목인 바둑과 당구를 스포츠에 포함할 경우 스포츠 채널은 이보다 더욱 많다고 볼 수 있다. 또한 SBS 미디어넷 소속의 E-Entertainment Television과 KBS Prime도 간간히 스포츠를 중계하고 있어 내용적인 면에서 스포츠 채널의 수는 이보다 더 많다고 볼 수 있다.

8) 스마트폰

현재의 이동통신 산업에서 스마트폰의 정의는 '개방형 운영체제Open Operating System가 탑재된 이동통신 단말'로 정의하는 것이 일반적이다. 이렇게 볼 때 개방형 운영체제를 어떻게 정의하는가에 따라 여러 가지 분류가 존재할 수 있지만, 현재 시장에서 주로 사용되고 있는 개방형 운영체제를 꼽을 때 심비안Symbian, 윈도우 모바일Windows Mobile, 안드로이드Android, RIM

Research In Motion, LIMO, OS X 그리고 일부 Web OS 등을 지칭하는 것이 일반적이다. 당연히 이동통신 단말 시장이 스마트폰으로 진화해감에 따라 이들 개방형 운영체제 사이에 치열한 각축전이 벌어지고 있는 상황이며, 미래 상황을 예측하기 어려운 만큼 그 경쟁이 가속화되고 있는 상황이다. 이러한 개방형 운영체제의 특징을 볼 수 있다. 현재 시장에서 스마트폰의 대명사로 불리는 아이폰iPhone의 경우 2007년도에 애플Apple에 의해 출시되면서 스마트폰 시장의 방향 자체에 매우 큰 반향을 불러일으킨 스마트폰의 대표 격이라 할 수 있다. 맥Mac과 아이팟iPod 등을 통해 오랫동안 축적된 기술이 집약된 제품으로 현재까지도 그 열풍을 이어가고 있는 스마트폰의 기준이라고도 할 수 있는 제품인 것이다. 아이폰의 경우 기존의 아이튠즈iTunes와 앱스토어AppStore를 통해 사용자, 제조사 그리고 애플리케이션 개발자Application Developer 간 공생을 통한 확고한 생태계가 구축되어 있다는 사실이 가장 큰 특징이라고 할 수 있을 것이다. 이미 전 세계 이동통신 산업 자체가 구글의 안드로이드에 지대한 관심과 노력을 투입하고 있는 상황이 사실상 꽤나 오래된 상태이고, 앞으로도 한동안은 이러한 상태가 지속될 것으로 보는 시각이 많다. 업계의 많은 사람이 공감하고 또 누구도 부인하기 힘든 사실 하나는 애플이 전 세계 스마트폰 시장의 성장 자체를 일정 부분 앞당겨 놓았다는 점일 것이다.

스마트폰의 역사는 길게는 1991년 HP에서 PDA라는 명칭을 사용하며, HP95LX라는 개인용 미니 휴대 컴퓨터를 발표하면서 시작되었다고 볼 수 있으나, 당시는 통신모듈이 탑재되지 않은 MS-DOS 기반의 LOTUS-123이라는 프로그램과 일정 관리 정도의 기능이

〈그림 2-7〉 세계 최초의 스마트폰
IBM 사이먼(Simon)

자료: 장윤정·김철우(2010).

탑재된 것에 불과했다. 2000년대 들어서면서 PDA에 통신모듈이 장착되면서 스마트폰이라는 말이 생겨나게 되었다. 당시 팜Palm에서 만든 터치 기반의 흑백 단말기는 대중적인 성공을 거두었다. 마이크로소프트사에서도 WinCE라는 모바일용 OS를 개발했고, 많은 단말기가 개발되었다. 그 외에 림Rim의 블랙베리BlackBerry와 노키아Nokia의 심비안 단말기가 상업적인 성공을 거두었다.

2007년 아이폰의 미국 출시 당시 단 74일 만에 100만 대 판매 기록을 달성했다. 당시까지 스마트폰 역사상 단일 단말장치로서 이 기록은 최고 기록이었다. 아이폰은 풀터치 스크린에 자판이 없고, 블루투스와 GPS모듈을 탑재한 이동형 단말기다. 기술적인 측면에서 보면 기존의 WinCE를 탑재한 HP의 단말장치나 블랙베리나 심비안에 비해 대단히 뛰어난 스펙이 아니었음에도 불구하고 놀라운 기록이 아닐 수 없다. 이는 아이폰 단말의 기술은 놀라운 것이 아니며, 아이폰과 결합된 어플리케이션의 집합인 앱스토어가 중요한 방점을 가진다는 말이다. 기존의 스마트폰, 특히 국내에서 가장 많이 사용하던 단말장치인 윈도우 모바일 계열과 가장 큰 차이였다. 기존의 윈도우 모바일의 경우는 많은 앱이 존재했으나 그 시장이 너무나 많이 산재해 있었고, 고급 사용자가 아닌 이상 어디에서 어떻게 다운받고 구매해야 하는지 쉽게 알 수 없다는 문제가 있었지만, 아이폰은 단말기의 기본 메뉴에서 곧바로 다양한 어플리케이션과 연결될 수 있고, 무엇보다 개발자들 또한 중간 과정을 거치지 않고 곧바로 소비자에게 어플리케이션을 판매할 수 있는 앱스토어를 통하게 된 것이다. 아이폰은 스마트폰의 이슈화를 이루는 역할을 했다.

2. 디지털사회와 커뮤니케이션

1) 디지털사회로의 진화

미디어 분야는 2000년대 들어 아날로그에서 디지털로의 전환이 시작되었고, IPTV, 이동방송 등 새로운 매체가 나타나기 시작했다. 2010년대 초반에는 유·무선 통신기술의 발달로 인터넷을 기반으로 한 스마트 미디어가 확산되었고, 2010년대 후반은 UHD와 가상현실VR/증강현실AR로 대표되는 실감 미디어가 등장했다.

현재의 미디어 환경은 매체 간 경계가 사라지고 시간과 장소에 관계없이 원하는 콘텐츠를 자유롭게 소비할 수 있는 형태로 발전했으며, 향후에는 미디어 분야에 5G, 빅데이터Big Data, 클라우드, 인공지능AI 등의 기술이 더해져 지능화 기반의 융합 미디어 시대가 될 것으로 전망된다.

최근 몇 년 동안 AI 기술은 딥러닝Deep Learning이라는 기계 학습Machine Learning을 통한 학습능력 향상, 정보통신 기술의 발전, 컴퓨팅 능력의 향상과 비용 하락 등으로 빠르게 성장하고 있다. AI 기술 자체의 고도화와 함께 빅데이터, 클라우드, 초고속 유·무선 통신 등의 기술이 기존의 미디어 영역에 본격적으로 적용되면서 콘텐츠의 기획-제작-편집-유통-소비에 이르는 미디어 가치사슬 전체에 영향을 미치고 있다. 이제 AI 기술은 다른 어떤 산업 분야보다도 빠르게 미디어 산업 영역 전반으로 확산되고 있다. 그리고 장래에는 AI 기술을 가진 사업자와 그렇지 못한 사업자와의 격차가 더 벌어져 미디어 생태계의 양극화가 더욱 심화될 것으로 보인다. 이제 미디어 분야에 AI 기술을 결합한 미디어 지능화는 선택이 아닌 필수로 인식되고 있다.

미디어는 매체, 단말 등의 특징에 따라 〈그림 2-8〉과 같이 3세대로 구분할 수 있으며, 이는 흑백 및 컬러 TV, SDStandard Definition·HDHigh Definition 등 단순 시청 위주의 1세대 미디어, UHD·스마트폰 등 고화질에 다양한 화면

〈그림 2-8〉미디어의 세대 구분

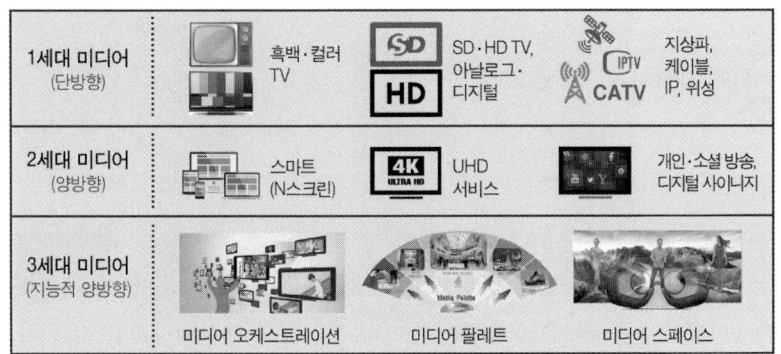

자료: 김지균(2017).

을 통해 시청자와 소통하는 2세대 미디어, 그리고 미디어와 미디어, 이용자와 주변 환경을 인지해 상호연동하는 실감·지능·융합형 시청각 서비스를 제공하는 3세대 미디어로 발전하고 있다.

3세대 미디어의 대표적인 서비스로 사용자가 다양한 미디어와 디바이스를 지휘하듯이 지능적으로 재배열, 재구성해 소비하는 미디어 오케스트레이션 서비스와 이용자의 상황 정보를 인식해 다양한 미디어를 지능적으로 융합·가공하고 제공하는 미디어 팔레트 서비스 그리고 혼합현실 입체 공간에서 촉각 및 후각 등 오감·감성 표현이 가능한 체감형 미디어 스페이스 서비스를 들 수 있다.

이 중에서 가장 스포츠 현장과 밀접하게 접목 가능한 영역은 미디어 스페이스로 미디어 공간(스페이스)에서 공간감, 입체감 등을 만족시킬 수 있는 초실감 체감형 미디어 서비스를 말한다. 스포츠 경기장은 물론이고 미술관, 박물관, 테마공원 등 현실 공간에서의 감각 경험과 실제감을 입체감 있게 전달할 수 있는 서비스다. 스포츠 현장에서의 자유로운 시점 이동 및 인터랙션이 가능한 초실감 체감형 미디어로 변화되고 있다.

2) 디지털사회와 커뮤니케이션

아날로그 시대에서의 미디어는 사회문화적 측면의 공익성을 강조했던 반면, 디지털 시대의 다매체·다채널 디지털 미디어는 문화적 다원주의 확보와 상업성에 주력하게 되며 커뮤니케이션compunication 환경과 네트워크형 사회구조를 갖게 되었다.

인간의 생존과 직접적으로 연관된 식량 생산을 주로 하던 농업사회에서는 토지가 자본의 개념이었으나, 산업혁명이 일어나고 수공업에서 탈피해 기계를 사용한 공산품이 생산됨에 따라 기술이 자본으로 등장하게 되었다. 또한 컴퓨터와 전기통신의 발달로 인한 디지털혁명을 통해 탄생된 정보사회를 거쳐 유비쿼터스혁명이 일어남에 따라 축적된 정보를 활용해 가치를 창출하는 지식이 자본으로서 가치를 인정받고 있다.

정보사회에 대한 최초의 학문적 접근은 1962년 미국의 경제학자 프리츠 마흐럽Fritz Machlup에 의해 이루어졌으며, 정보사회라는 용어는 1960년대 중반 일본의 학자들에 의해 처음 사용된 것으로 전해지고 있다.

1970년대부터 컴퓨터와 정보통신 기술이 대중화되기 시작하면서 정보사회라는 용어가 미래학자들에 의해 확산되기 시작했다. 대표적인 예로 엘빈 토플러Alvin Toffler는 '미래의 충격Future Shock', '제3의 물결The Third Wave', 존 나이스비트John Naisbitte는 '거시경향Mega Trends', 피터 드러커Peter Drucker는 '불연속성의 시대The age of Discontinuity'라는 상징적인 용어를 사용하며 21세기 사회 변화를 예측해 왔다. 특히 토플러는 『미래의 충격Future Shock』이라는 책을 통해 세상의 변화가 너무도 빠르고 모든 면에서 근본적인 변화가 이루어지고 있으며, 이러한 변화는 우리에게 새로운 역할을 수행하도록 강요하고, 우리를 새롭고도 아주 심한 정신적 질병의 위험에 직면하게 한다고 봤다. 이 새로운 질병을 '미래의 충격'이라고 표현했다. 또한 그의 유명한 저서인 『제3의 물결The Third Wave』을 통해 이미 세계는 산업혁명을 거쳐 디지털혁

〈그림 2-9〉 산업혁명·디지털혁명·유비쿼터스혁명

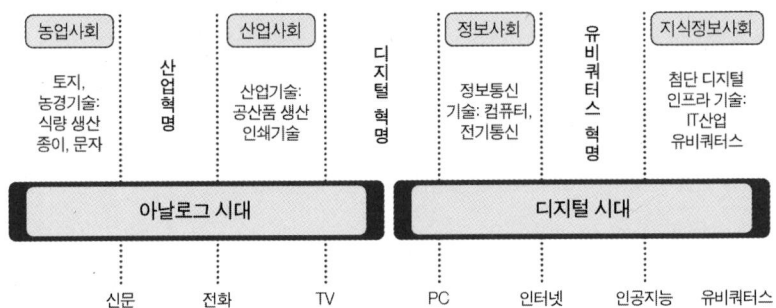

자료: 원영신·함은주(2010).

〈그림 2-10〉 국가별 광케이블 인프라와 현황 및 순위(2018)

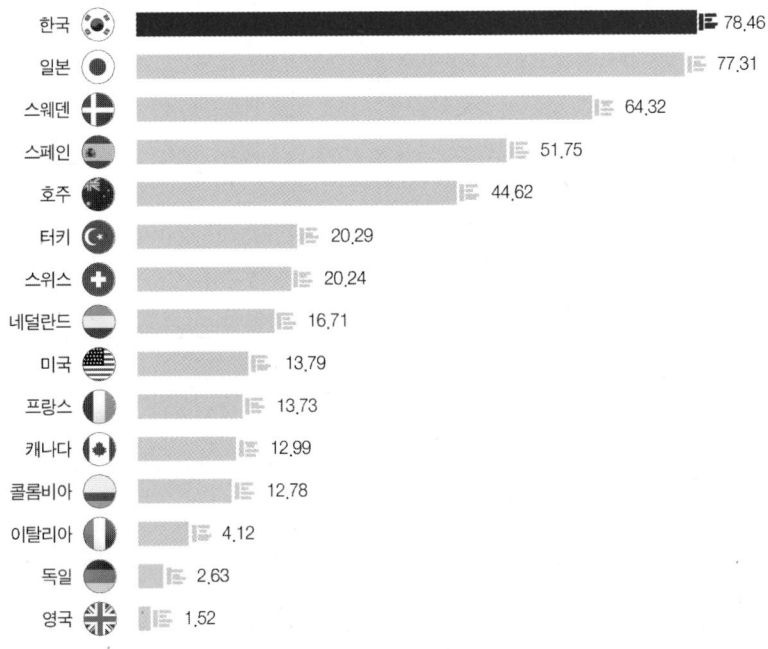

자료: 한국정보화진흥원(2020).

명으로 나아가고 있다고 말하고 있으며, 여기서 강조한 것은 농업혁명은 수천 년에 걸쳐 진행되었으나 산업혁명은 농업혁명에 비해 300년밖에 걸리지 않았다는 것이다. 하지만 제3의 물결은 20~30년 안에 역사의 흐름을 바꿔 변혁을 마무리 지을 수도 있다고 예견했다. 다른 정보사회학자들 역시 새로운 정보통신 기술에 기반한 뉴미디어 확산을 통해 산업사회와는 다른 새로운 사회가 도래할 것이라고 했다.

정보사회에 대한 예측은 1980년대 중반 선진국을 중심으로 가시화되기 시작했으며, 미국은 클린턴 정부가 출범한 1993년부터 IT산업을 중심으로 한 신경제 체제를 구축하기 위한 노력을 기울여왔다. 한국은 강력한 인터넷 인프라를 바탕으로 2000년대 이후 세계 IT산업에서 주도적인 역할을 수행하고 있다(김한수, 2020).

3. 스포츠와 커뮤니케이션 진화와 전략

1) 스포츠와 커뮤니케이션

스포츠는 산업적으로 경제적 파급 효과를 갖고 있으며, 사회적 소통과 정치적 함의, 새로운 문화 현상의 출현 등 긍정적인 영향력을 갖고 있다(유상건, 2020).

스포츠의 이러한 영향력은 현대사회의 첨예한 경쟁과 시장구조의 변화를 겪으면서 기업의 이윤 추구와 사회적 책임이라는 양면적 기능을 원활하게 수행하는 것을 점점 더 어렵게 만들고 있다. 기업 입장에서 이러한 문제를 해결하기 위해 중요한 것은 기업 이미지의 창출이라고 볼 수 있다. 특히 급속한 과학기술의 발달은 기업에 생산하는 제품이나 서비스의 차별화를 어렵게 하므로 기업의 정체성이나 이미지를 차별화하는 일은 점점 더 어려위지고 있는 실정이다. 오늘날 기업 커뮤니케이션 정책의 중요성이 더욱 높아지고 있는 것이 바로 이러한 현대사회의 변화 때문이며, 기업의 이미지 관리 전략의 중요성 또한 높아지고 있다.

이러한 기업 이미지 관리 전략 중에서도 스포츠를 이용한 기업 커뮤니케이션이 활성화되고 있다. 스포츠 산업의 발전과 스포츠 스타들의 출현, 대중의 여가 스포츠 참여 증가 등으로 스포츠가 미디어 콘텐츠로 각광 받기 시작하면서 기업의 '밝고, 역동적이며 긍정적인' 이미지를 위해 스포츠를 활용하는 사례도 증가하고 있다.

스포츠 산업이 급속한 발전을 이루면서 스포츠는 기업에 새롭고 다양한 방식의 마케팅을 가능하게 하는 수단으로 인식되었다. 그중에서도 스포츠 스폰서십은 기업의 마케팅 커뮤니케이션 믹스의 수단으로서 급속한 성장을 보이고 있다(Meenaghan, 1991).

기업은 스포츠가 갖는 마케팅 수단으로서의 가치를 높이 평가하고 있으며, 월드컵, 올림픽과 같은 메가 스포츠 이벤트와 전략적으로 밀접한 관계를 맺으려 노력하고 있다. 이는 기업의 궁극적 목적을 이윤의 획득 및 증가라고 볼 때 스포츠 스폰서십과 같은 수단을 통한 기업과 거대 스포츠 이벤트와의 전략적 관계 맺기는 이러한 기업의 궁극적 목적을 달성하게 한다고 인식하게 되었기 때문이다. 따라서 전 세계적으로 많은 기업 및 조직은 마케팅 전략으로서 스포츠 스폰서십에 대한 중요성을 인식하고 기업의 존재 이유인 이윤 추구를 위해 스포츠 스폰서십에 참여하고 있다. 이와 같은 스폰서십에 대한 관심은 국내에서도 마찬가지로 국내 기업과 스포츠 조직 또한 스폰서십을 마케팅 커뮤니케이션의 도구로서 매우 매력적으로 여기고 있다(박정환·장경로, 2007).

현대사회의 전 지구적 시장화와 신자유주의의 심화는 다국적 기업의 활성화 및 기업 간 경쟁의 심화를 가져왔고, 이러한 환경에서 우위를 점하기 위해 소비자에 대한 기업의 커뮤니케이션 행위가 기업경영에 있어서 무엇보다 중요시되고 있다. 이러한 의미에서 스포츠 스폰서십과 같은 스포츠를 이용한 커뮤니케이션은 기업의 효과적 홍보나 마케팅 수단으로 부각되고 있다.

이와 같은 기업들의 움직임은 기업 입장에서 스폰서십은 기업 상품의 촉진 및 판매, 그리고 브랜드 인지도 창출, 브랜드에 대한 호의적 태도, 구매 의도 등에 영향을 미침으로써 경쟁우위를 창출하는 기회를 기업에 제공하고 있기 때문이다(Pitt and Stotlar, 2007). 따라서 많은 기업들이 소비자와의 커뮤니케이션 도구로 스포츠를 이용하고 있다. 그리고 이러한 기업들은 기업의 이미지와 브랜드 인지도 및 브랜드 이미지의 향상과 함께 스포츠의 영향으로 촉발된 효과가 마지막으로 구매에까지 이어지기를 기대한다.

기술이 발달하고 소비자들의 욕구가 다양해짐에 따라 기업들이 소비자들을 대상으로 하는 광고의 효과가 떨어지기 시작했다. 특히 많은 소비자들이 TV 광고를 사치와 낭비를 조장한다거나 지금보다 줄여야 한다는 인식을 가지고 선택적으로 광고를 시청하게 되어 비용 대비 효과 측면에서 그 실효성이 떨어지게 되었다. 이러한 기업 환경의 변화에 따라 기업들은 새로운 마케팅 방법을 찾게 되었고 스포츠가 갖는 대중성과 국제성 등의 이점을 활용할 수 있는 스포츠마케팅에 눈을 돌리게 된 것이다.

팬들은 환상적인 경기, 스포츠 소프트웨어와 선수 기록을 제공하는 스포츠 사이트들을 방문할 수 있다. 마찬가지로 그들은 자신들이 좋아하는 팀과 운동선수들에 대한 사진을 보고 동영상을 즐기며 주요 기사들을 읽는다. 스포츠 수용자들은 인터넷상에서 서로 환상적인 게임을 하는 것처럼 진짜 아마추어 매니저들이 될 수 있다. 결과적으로 오늘날 상호 작용하는 컴퓨터 기술은 스포츠 관전의 경험을 구경꾼들과 참여자들이 각각 별개의 역할을 하나로 결합시키기 위한 잠재적 가능성을 제공하고 있다(McDaniel and Armstrong, 1994; Brand and Crandall, 1988).

인터넷의 한 가지 중요한 측면은 팬들과 상업 스포츠 회사에 모두 접근할 수 있는 가능성이다. 그 인기도 역시 웹상에서 출판사와 방송 네트워크 같은 전통적인 스포츠 미디어의 확장에서뿐만 아니라 방송과 인쇄 미디어의 웹사이트가 지역과 전국 수준으로 발전한 데서 보여 질 수 있다(Berniker, 1996; Mandese and Weiner, 1996). 이 모든 스포츠에 대한 관심의 확장은 미디어 발전에 의한 것이며, 스포츠에 대한 관심이 다양한 미디어 이용과 함께 다양한 커뮤니케이션 유형들을 만들어 내고 있는 것이다.

2) 스포츠 커뮤니케이션의 진화

최초 인쇄매체로서 스포츠 미디어와 미디어 스포츠가 출현한 것은 1733년 5월 5일 미국 신문 ≪보스턴 가제트Boston Gazette≫에 스포츠 기사가 실리면서부터라고 알려져 있다. 1830~1840년대에 신문 산업이 탄생했고, 이후 ≪페니 프레스Penny press≫라는 대중신문이 생겨나면서 독자들의 관심은 스포츠로 모아졌고, 신문사들은 스포츠를 기사화하기 시작했다. 근대 신문이 태동하게 된 배경에는 상공업과 무역의 발달, 계몽주의, 합리주의 등 근대적인 사상의 대두, 교육의 보급 등이 있다. 중세의 폐쇄성이 극복되면서 대중적인 커뮤니케이션 매체가 성립될 기반이 조성된 것이다(장건희, 2004). 1855년에는 신문에 처음 스포츠란이 생겨났으며, 19세기 중반에는 스포츠를 주요 콘텐츠로 고려하기 시작했다. 한국의 경우 1883년 ≪한성순보≫라는 근대적 신문이 탄생하며 스포츠가 신문과 첫 인연을 맺게 되지만 본격적으로 일간신문이 스포츠를 보도하기 시작한 것은 1920년 ≪조선일보≫와 ≪동아일보≫가 창간된 이후부터다. 스포츠 기사가 신문의 주요 내용으로 부상하면서 1969년에는 ≪일간스포츠≫가 창간되었고, 첫 해에 5만 부가 팔렸다. 이후 1973년 10만 부, 프로야구와 프로축구가 출범한 1980년대에는 100만 부가 발행되었다. 이어서 1988년 서울올림픽을 전후로 지면 증가와 함께 ≪스포츠 서울≫, ≪스포츠 조선≫ 등 여러 스포츠 전문지가 창간

〈표 2-5〉 스포츠와 미디어의 결합과정

연대	발전 및 변화
1770	• 1733년 5월 5일 미국 ≪보스턴 가제트≫에 스포츠 기사가 실린 것이 최초
1880	• 1855년 신문에 최초로 스포츠란이 생김
1920	• 라디오를 통해 스포츠 중계방송이 처음 실행(1928년 전국 조선 야구선수권대회 중계)
1930	• 텔레비전으로 스포츠 생중계(1936년 베를린올림픽 때 처음으로 스포츠 중계시작)
1940	• 최초로 국제대회 중계(1948년 런던올림픽)
1950	• TV 대중화 초기 • 스포츠와 미디어 간 동반자적 관계(Partnership) 형성
1960	• 스포츠 신문 보급 및 TV 대중화 • 스포츠와 미디어 간 공생관계 형성 • 스포츠 중계방송에 해설자 등장 • 스포츠를 고정 프로그램으로 편성 • 1960 로마올림픽: 국경을 넘어 다른 나라로 중계 • 1964 도쿄올림픽: 인공위성을 통한 중계방송 등장
1970	• 기업의 스포츠 커뮤니케이션 전략 도입 • 기업의 마케팅 전략을 위한 스포츠 광고 도입
1980	• 새로운 영상문화 출현과 더불어 쇼 스포츠 개념 등장 • 스포츠 프로그램에 대한 방송사의 경영가치 중시 인식 형성
1990	• 미디어 스포츠 간 스포츠 중계권 경쟁 초기 • 스포츠 프로그램에 대한 방송사의 높아진 가치 형성 • 케이블 스포츠 전문 채널 탄생
2000	• 사이버스포츠 산업발전 • TV 중계 중심에서 인터넷, 모바일 등 다양한 미디어를 통한 중계 발달 • 프로스포츠 국제화 시대 도래
2010	• DMB, 휴대 인터넷 와이브로의 대중화로 시공간을 초월한 스포츠 참여 확대 • 감성 자극의 미디어 스포츠 확대 • 미디어 스포츠가 스포츠마케팅 주도
2020	• 지능형 미디어와 스포츠 중계 • VR 기술을 활용한 스포츠 중계

자료: 원영신(2012).

되었다. 그러나 2001년 창간된 ≪굿데이≫가 2004년 폐간되었고, 1999년 창간된 ≪스포츠 투데이≫가 2006년 폐간되는 등 스포츠 전문지의 경영난

이 심각해지고 있다. 그나마 유지할 수 있는 것은 든든한 모 신문사를 가지고 있는 ≪스포츠 조선≫과 ≪동아일보≫를 모 신문사로 하는 ≪스포츠 동아≫ 정도다.

1920년대 라디오를 통해 스포츠 중계방송이 처음 실행된 이후 1936년 베를린올림픽에서 처음 텔레비전을 통한 스포츠 중계방송이 시작되었다. 육상과 수영 경기를 베를린과 독일의 몇 개 도시 강당에 장만해 놓은 수상기를 통해 중계방송하면서 관중을 열광시킬 수 있었으며, 이때부터 텔레비전에 의한 미디어 스포츠의 관심이 대두되기 시작했다. 1960 로마올림픽 경기는 국경을 넘어 다른 나라로 중계방송되었으며, 1964 도쿄올림픽에서는 인공위성을 통한 중계방송이 등장해 최초의 전 지구적 이벤트로 변화시켰다. 한국의 경우에는 1960년대 들어서면서 실업 스포츠가 활성화되면서 스포츠 붐이 일어났으며, 스포츠 기사와 프로그램에 대한 시청자들의 관심이 강하게 나타나기 시작했다. 이러한 관심은 스포츠 기사에 대한 대중화를 불러일으켰고, 스포츠 신문이 보급되기에 이르렀다. 1970년대에는 기업들의 마케팅 전략으로 스포츠 광고가 처음 도입되었으며, 1980년대에는 프로스포츠의 출범과 함께 1986 아시안게임, 1988 서울올림픽 개최 등 스포츠의 황금시대를 맞이하게 되었다. 이때부터 스포츠와 미디어는 근원적 공생관계symbiotic relationship로 서로의 존재를 위해 공존하는 불가분한 관계로 발전하게 되었으며, 앞으로 시공간을 초월하는 스포츠 참여로 미디어 스포츠가 스포츠마케팅을 주도하게 될 것으로 기대된다.

3) 스포츠 커뮤니케이션 전략

미래 스포츠 환경에서의 커뮤니케이션 전략은 상호 존중 속에서의 치열한 전략이 집중될 것으로 예측된다. 다매체·다채널 등의 미디어 발전은 텔레비전으로 하여금 확산된 스포츠를 좀 더 확산시킬 것이며, 스포츠 팬들에게 훨씬 더 많은 정보를 제공하는 등 더욱 효율적인 커뮤니케이션을 탄생시킬 것이다. 또한 텔레비전 중계방송은 미디어의 발전은 물론 스포츠 스스로의 발전에도 기여할 것으로 예측된다. 매체를 통한 스포츠 중계는 스포츠를 더욱 자극적이고 오락적으로 변화시키고 어느 정도 스포츠의 요소를 통제하고 있다. 광고를 위해 경기를 방해하거나 팬들에게 새로운 스포츠 경험을 고양시켜줄 것이고 대부분의 사람들은 텔레비전의 스포츠 경험을 즐겁게 수용할 것으로 예상된다. 또한 핫미디어보다는 쿨미디어가 선호될 것이며, 특히 모바일 중계 같은 뉴미디어를 통해 스포츠를 접하는 경향이 늘어날 것이다.

미래에는 스포츠가 텔레비전 방송국의 편의에 따라 더욱 영향을 받게 될 것으로 보이며, 텔레비전으로 인해 판정이나 규칙 위반의 재생 등이 가능해져 직무수행의 범위까지 변화시킬 수 있을 것으로 예측된다. 그리고 스포츠 관람자들은 시각적인 면보다 방송 중계자의 논평에 더욱 관심을 집중할 것이며 이러한 결과는 한 미디어에서 얻은 정보나 다른 미디어에서 얻은 정보가 서로 다를 때에는 신문과 같은 핫미디어의 내용에 좀 더 의존한다는 사실을 시사해 주는 것이다. 미래에 있어서 스포츠 수용자는 스포츠 쇼 연출자에 의해 좌우될 것이다. 이것은 여러 곳에 설치된 여러 대의 카메라로부터 들어오는 영상을 보면서 귀로 들어오는 정보를 계속 받아들여 가장 좋은 영상을 선택하고 즉석 재생의 삽입 시간을 결정하기도 할 것이다. 이와 같은 과정을 통해 확산 차원에서 실제 상황과 미디어 스포츠의 경험을 잘 소화시켜 나가게 될 것이다.

한편 새로운 미디어 형태가 생겨나면서 스포츠가 또 다른 참여 스포츠 계층을 형성하거나 하나의 시민 세력으로도 성장할 가능성이 있다. 이는 팬이 지지하는 팀에 대해 개입할 수 있으며, 변형된 뉴미디어 스포츠를 탄생시킬 수도 있을 것이며, 이와 관련된 미디어 스포츠 산업이 더불어 활성화될 것이다.

전략적인 스포츠 커뮤니케이션의 절차에는 세 가지 구성요소가 있다. 개인적이고 조직적인 스포츠 커뮤니케이션, 스포츠 매스미디어, 스포츠 커뮤니케이션 서비스 등이다. 이들 구성요소는 스포츠 커뮤니케이션 과정이라는 전략적인 관계 속에 서로 영향을 끼치고 있다. 성공적인 스포츠 커뮤니케이션을 이루기 위해서는 스포츠 커뮤니케이션 조직의 특성을 살펴보고 이를 미디어와 서비스를 통해 적절히 활용해야 한다.

21세기 스포츠는 세계화, 대중화에 힘입어 전 세계의 지리적·사회적·문화적·정치적·경제적인 벽을 넘어 세계인의 공통된 언어로서 현대인들의 마음속에 공유하는 기초적 커뮤니케이션 방법이라 할 수 있다. 세계 곳곳에서 개최되는 스포츠 경기가 전 세계로 전파됨으로써 스포츠와 미디어는 상호보완적이고 도움이 되는 활동이 된다. 따라서 스포츠 미디어가 효율적인 방향으로 발전한다는 것은 스포츠 측면에서는 미디어의 특성을 이해하고 스포츠가 미디어에 제공할 수 있는 혜택을 최대한 개발함을 의미하며, 미디어의 측면에서는 스포츠 세계에서 지향하고 있는 스포츠의 본질적 요소가 상실되지 않고 발전될 수 있도록 미디어가 가지고 있는 특성과 장점을 효율적으로 투입시킴을 의미하는 것이다.

따라서 스포츠와 미디어는 서로의 발전과 공동의 이익을 위해 합의된 방향으로의 노력이 있어야 할 것이다. 만약 스포츠의 본질을 상실해서 스포츠의 가치가 떨어지면 미디어 또한 엄청난 재원을 잃게 된다는 것을 알기 때문이다.

Abstract

Evolution of Communication and Sport

Development of Media and Sport Communication

Jihoon, Kim

With the development of media and communication, we are living in the era of 'global village'. In the future, the development of media will unite the world into a single market and enable communication among global members. Furthermore, with the development of media, humanity will have a big change in lifestyle. Advances in communication technology will change the way media exists which will ultimately accompany changes in human communication. Therefore, looking at and predicting the evolution of media as a tool for new communication will increase the competitiveness of our lives in future multimedia communication. As such, rapid development of communication combined with sports has changed existing sport and created new sport as well as burgeoning unprecedented type of culture. Hence, this chapter examines the footsteps of mankind's media technology and derive implication of the future media world, prior to the full-fledged meeting of communication and sport.

Chapter 3

결합태 이론 분석 접근

한국 스포츠-미디어화 연구

이명선

1. 서론: 한국 스포츠-미디어화 연구 새로운 접근

한국의 스포츠와 미디어는 지난 한 세기 동안 많은 변화와 발전을 거쳐 현재에 이르고, 한국 스포츠의 역동적인 발전 그리고 한국 미디어의 다양한 변화는 스포츠와 미디어 분야의 연구자들에 의해 연구되었고 항상 도전적인 관찰 대상으로 남아 있다. 기존의 한국 스포츠-미디어 연구자들의 분석에 적용된 주제, 이론, 방법론, 자료 등은 이 분야의 발전을 한층 더 발전시켰다. 동시에 연구자들은 최근 급속도로 진행되고 있는 미디어와 스포츠의 빠른 기술적인 확장과 융합 관련을 목격하고 있다. 이에 스포츠 미디어의 연구에 다양한 이론을 적용해 관찰하는 것을 이 장을 통해 제안하는 바다. 특히 노버트 엘리아스Norbert Elias의 사회학 이론인 결합태 사회학Figurational Sociology 또는 진행형 사회학Process Sociology 이론을 한국의 스포츠-미디어 연구에 적용하면서 스포츠 미디어 연구자들에게 다양한 관점을 제공하려는 목적으로 이 장을 시작하게 되었다.[1] 본 이론을 표현하는 두 가지 이름이 있지만, 여기서는 결합태 사회학이라는 이름을 사용하겠다. 이번 기회를 통해 본 이론을 소개하면서 관심 있는 연구자들에게 빠르고 다양하게 변화를 맞이하고 있는 한국 미디어-스포츠를 분석하고 연구하는 확장된 관점을 소개한다.

특히, 스포츠 미디어 문제 중에서 지난 한 세기를 거쳐 어떤 결합태와 진행Process의 흐름으로 한국 스포츠 미디어(신문, 라디오, 텔레비전, 인터넷, 소셜 미디어)가 발전되어 왔는지 연구할 수 있는 새로운 관점을 제안하려고 한다. 이러한 한국 스포츠-미디어화South Korean Sport-Mediatization를 실증적으로 설명하기 위해 엘리아스의 이론 중 중요 개념인 상호의존성Interdependent, 결합태, 권력Power, 스포츠화Spotization, 갈등의 축소와 다양성의 증가Diminishing Contrasts and Increasing Varieties의 개념을 인용해 한국 스포츠-미디어화의 다양한 연구 접근의 시야를 넓힐 수 있는 틀을 제공하려 한다.[2] 결과적으로 이 장을 통해 결합태 사회학 이론으로 한국 스포츠-미디어화를 바라보는 시선으로 확장하면서 기존의 연구에서 발견하지 못한 부분들을 관찰할 수 있게 하려는 목적이다. 이런 새로운 관점의 연구에 접근하기 위해서는 기본적으로 결합태 이론의 중요 개념을 다음과 같이 확인하는 것이 중요하다.

---

1 엘리아스는 문명화 과정(Civilising Process)을 통해 결합태 사회학 또는 진행형 사회학 이론을 확립했다. 이론의 이름은 두 가지로 불리기도 하지만 이론적 본질의 의미는 동일하다. 이 장에서는 결합태 사회학으로 사용하겠다.

2 결합태 학파의 조셉 맥과이어(Joseph Maguire, 1999)는 스포츠 사회학에 관련된 스포츠화 또는 스포츠 진행 과정(Spotization)을 통해 스포츠가 태동부터 현재까지 어떠한 결합태적 모습과 힘의 변동을 통해 변화되었는가를 보여 준다. 갈등의 축소와 다양성의 증가는 스포츠화의 진행 과정 중 스포츠 결합태와 힘의 이동 현상에서 새롭게 나타나거나 사라지는 개념을 의미한다. 이 두 개념을 통해 한국 스포츠와 미디어의 결합태 변동과 힘의 변동을 중점적으로 설명한다.

2. 결합태 이론의 중요 개념

결합태 사회학 이론은 엘리아스의 저작『문명화 과정The Civilising Process』을 중심으로 두 가지 주요 개념이 있는데, 바로 상호의존성의 지속적인 변화와 연결과 그 변화의 연결이 유기적 진행의 과정Process 그리고 상호의존성과 진행이 결합태를 분석하는 연구가 중심인 사회학 이론이다(Mennell and Goudsblom, 1998). 다시 말하면 인간의 변화와 함께 지속적인 타인과의 상호의존성의 발전 진행을 통해 사회를 관찰하는 연구이론이다.3 이 장에서는 지면상의 한계로 결합태 사회학의 모든 부분을 설명하기보다는 한국 스포츠 미디어 연구 접근에 우선적으로 필요한 결합태 개념 중 5가지, 상호연결성, 결합태, 의도적 또는 비의도적 연관성Intended and Unintended, 장구한 시간적 배경Long-term period, 마지막으로 권력을 소개하고자 한다. 이러한 중요 개념들이 한국 스포츠 미디어를 포괄적으로 분석하는 데 도움이 된다고 보인다.

이와 같은 기본적인 결합태 사회학의 개념들을 확인한 후에 좀 더 거시적으로 확장된 결합태 사회학의 개념 중 두 개 분야에서 첫 번째로 스포츠화를 통해 한국 스포츠 미디어화를 역사적으로 구분해 연구를 용이하게 할 수 있는 시야를 설정한다. 두 번째로 갈등의 축소와 다양성의 증가의 가장 폭넓은 개념을 통해 한 세기 동안 한국 스포츠와 미디어 결합태 변화의 연관성에 관한 연구 분석에 접근할 수 있는 관점을 설명하겠다. 결합태 사회학은 예측하지 못한 오랜 시간을 지난 인간의 상호의존성과 결합태를 통한 변화 예측이 어려운 권력의 흐름을 자유롭게 연구하는 현실적인 사회학 이론이다. 따라서 이와 같은 연구자의 자유와 현실적 환경을 통해서 결합태

---

3   여기서 상호연결과 진행은 단지 인간을 말하는 것이 아니라 그룹, 조직, 사회, 국가, 이념 등도 상호관계와 진행을 하며 결합태를 구성할 수 있다.

이론을 한국 스포츠 미디어 연구 분석에 적용하는 것은 흥미로울 것으로 생각된다. 이러한 결합태 개념이 한국 스포츠 미디어 연구에 어떤 방법으로 적용되는지는 간단하게 소개하며 설명하겠다.

1) 상호의존성과 결합태

첫 번째로 상호의존성과 결합태는 결합태 사회학의 가장 중요한 개념들이다. 결합태 이론의 가장 기본 단계인 상호의존성은 다음과 같다. 인간은 사회 구조 내에서 고립되어 있지 않다. 개인은 삶의 초기 단계부터 다른 인간에게 의존한다(Mennell and Goudsblom, 1998). 다른 말로 하면 인간은 사회 안에서 고립된 존재가 아니고 대부분 어떤 사람 또는 무엇에 서로 연결되어 있다는 것이다. 〈그림 3-1〉의 다이어그램 2와 같이 인간은 다양하게 타인, 조직, 구조 등과 상호연관성을 형성한다. 다시 말해 상호의존성은 결합태 사회학의 가장 중요하고 대표적인 개념이다(Dunning and Rojek, 1992: xiii). 이러한 상호의존 관계가 연결되고 확장되는 모습과 형상체가 결합태다(Dunning and Hughes, 2013).

따라서 이러한 상호의존으로 구성된 결합태는 사회의 다양한 사람과 사람, 조직과 조직, 사회와 사회, 또는 국가와 국가의 상호연결과 의존성을 통해 사회가 또는 한국 스포츠-미디어와 연결되어 있으면 단기적 또는 장기적으로 어떠한 변화가 진행되어 왔는지 등을 분석할 수 있는 환경이 제공될 수 있다. 한국 스포츠 미디어의 역사도 지난 한 세기 동안 다양하고 지속적인 사람, 조직, 기술 등의 상호의존성 기반에서 오늘날까지 발전되어 왔다. 이것은 다양하고 복잡한 인간 상호작용의 연결이며 집단, 조직, 사회, 국가 등으로도 연결되는 결합태의 연결 부분이다(Dunning and Hughes, 2013).

상호의존된 결합태의 흐름 분석을 통해 현실적인 한국 스포츠-미디어화의 다양한 면을 관찰하며 흥미로운 현상, 변화 그리고 미래의 모습을 분석

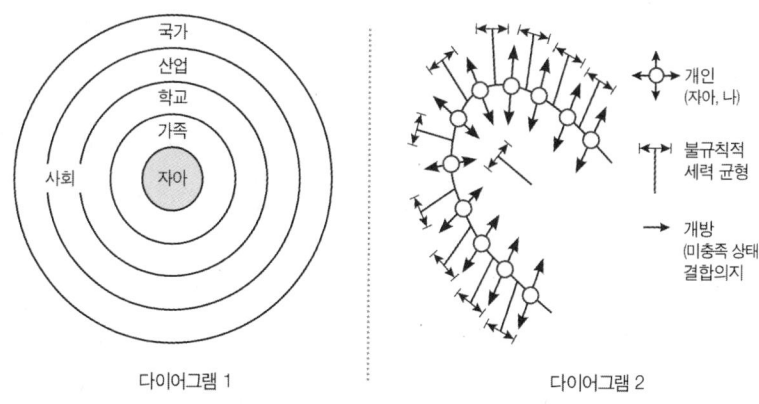
〈그림 3-1〉 결합태의 형성과정

국가
산업
학교
가족
자아
사회

다이어그램 1

개인
(자아, 나)

불규칙적
세력 균형

개방
(미충족 상태)
결합의지

다이어그램 2

할 수 있는 연구자의 다양한 위치를 확보할 수 있다고 생각한다. 예를 들어, 한국 스포츠-미디어화가 때로는 역사 속에서 수많은 상호의존적 결합태와 연결하면서 변화를 하고 있다고 가정하면 연구자들은 각각의 경우마다 흥미로운 결과를 발견할 수 있을 것이다. 이러한 학문적 발견이 지속해서 축척되는 과정이 한국 스포츠-미디어화 연구의 목적이 된다. 모든 사람을 비롯해 사회적 조직과 구조들은 〈그림 3-1〉의 다이어그램 1과 같이 작은 구조가 큰 구조에 둘러싸인 폐쇄적 관계가 아니다. 결합태는 역동적이고 어떤 힘으로 무엇과 상호연결될지는 정확하게는 예측할 수 없다.

〈그림 3-1〉의 다이어그램 2는 개방적이고 다양한 화살표의 방향으로 이동할 수 있고 그 변화에 따라 복수의 결합태가 형성된다고 설명한다(Elias, 1978). 사회 연구에서 개방적인 결합태 연구는 강제력으로 형성된 구조와 같은 것을 배제하고, 자유스럽고 자연스러운 다양한 결합태의 고유한 특성에 맞는 결합태 연구가 가능하다(Elias, 1978). 또한 결합태 연구는 연구자가 실증적 증거를 분석하는 도중 예상치 못한 결합태를 발견할 가능성을 제공한다.

이러한 결합태 연구의 특성을 한국 스포츠-미디어에 적용한다면 특정적 구조로 인해 보지 못하던 통찰적인 현상을 관찰하고 설명할 수 있을 것이다. 결합태의 연결과 흐름은 다음에서 설명하는 힘 또는 권력에 의해서 상호연결된다. 결합태는 긴 사회의 시간 동안 언제나 변할 가능성이 있고 고정적이지 않다(Loyal and Quilley, 2004; Mennell, 1992). 따라서 결합태 연구는 객관적으로 현실적인 현상을 자세히 연구할 기회를 제공해 준다. 이러한 상호의존성과 결합태의 현실적 사회 현상을 관찰하는 연구가 한국 스포츠-미디어의 수많은 외적인 상호의존성과 그 결과인 결합태를 통한 다양한 현상들을 살펴보는 기회가 될 것이라고 제안한다. 그동안의 한국 스포츠-미디어의 특정 구조와 문제들에 둘러싸여서 관찰되지 않았던 흥미로운 분야와 결과들이 연구 결과로 연결될 가능성이 폭넓게 보일 것으로 생각한다.

2) 의도적 또는 비의도적 환경과 장구한 시간적 환경

결합태 사회학 개념 중 하나인 '의도적 또는 비의도적' 접근에 대해서는 연구자가 심도 있게 고민해야 할 부분이다. 인간과 사회는 인간이 계획한 데로만 진행되지 않을 수도 있다. 인간 사회의 상호의존성과 결합태는 우리가 예측하지 못한 방향으로 흘러갈 수도 있고 변화가 상당히 심할 때도 있다(Dunning and Hughes, 2013; Elias, 1978). 예를 들면 1988년도에 서울에서 개최된 올림픽도 다른 각도에서 보면 1950년대 또는 1960년대에는 의도하지 못한 글로벌 스포츠 이벤트로 서울올림픽을 통해 한국 스포츠-미디어는 많은 발전을 맞이했다. 또한 한국 스포츠-미디어는 현재 제4의 기술적 변화 흐름, 예를 들어 정보기술IT과 빅데이터Big Data 등의 영향에 다양한 변화를 맞고 있다. 스포츠 측면에서 보면 이러한 미디어의 발전은 의도하지 못한 부분일 수도 있지만, 그 의도하지 않았던 미디어의 변화를 받아들이며 한국 스포츠-미디어는 때로는 의도적이면서도 비의도적인 변화의 흐름에 영향을 받으며 진행하고 있다. 한국 스포츠-미디어 한 세기를 관찰하다 보면 모든 현재까지의 진행 방향이 계획대로만 되지는 않았을 것이다. 따라서 결합태 안에서 나타나는 예측하지 못한 한국 스포츠-미디어의 다양한 상호의존적 결합태를 기반으로 하는 연구 분야들도 연구자들의 관찰 대상에 포함시켜야 할 것이고, 더 확장된 연구 결과가 보일 것으로 생각한다.

네 번째의 장구한 시간적 배경에 대해서는 오랜 시간의 흐름에서 나타나는 상호의존성과 결합태의 형성과정은 변화되고 진행적인 인간과 사회의 감정과 삶을 보여 준다(Mennell and Goudsblom, 1998). 한국 스포츠-미디어의 역사적 배경은 이미 한 세기를 넘어서고 있다. 100년의 스포츠-미디어 시간 속에는 단지 스포츠 활동만이 있는 것이 아니고, 스포츠 안에 녹아 있는 한국인의 정체성, 민족성, 이념성, 사회성, 정치성, 경제성 등 많은 한국인의 문화가 포함된다. 이와 같은 오랜 시간의 변화과정은 다양하고 많은 연구자의 서로 다른 한국 스포츠-미디어의 시간적 또는 역사적 배경의 공헌이 필요하다. 한 세기가 넘는 시간 안에서의 장구한 연구자들의 연구가 축적되는 연구적 배경의 프레임을 결합태 사회학 이론은 포함한다. 따라서 연구자들은 오랜 시간을 거쳐 나타난 한국 스포츠-미디어의 상호의존과 결합태의 형성 안에서 인간과 사회의 다양한 반복적인 패턴과 문제들을 시간적 또는 역사적 흐름을 통해 관찰하게 될 것이다.

3) 결합태 이론과 힘 또는 권력

엘리아스 학파의 결합태 연구에서 '권력'은 가장 중요한 요소다. 결합태가 변화 또는 이동하고 움직이는 동력의 원천은 자연과학에서 환경적인 공기, 바람, 열, 물 등에 연관되는 중력과 같이 사회구조 어디에서도 발견되는 사람, 조직, 사회, 국가 사이에서 사회, 문화, 정치, 경제에 상호연결되는 권력이다. 앞에서 언급한 장구한 시간 속의 계획 또는 계획되지 않은 인간과 사회의 상호의존성과 결합태의 흐름을 기반으로 연구자들이 중요하게 인식하는 것은 '권력'의 변화와 흐름이다. 결합태 사회학의 관점에서 '권력'의 의미를 강조하기 위해 엘리아스는 권력은 한 사람이 소유한 보석이 아니며 계속 바뀌면서 모든 사람이 소유할 수 있는 것이 아니라고 말했다(Elias, 1978). 권력은 한곳에 머무르지 않고 긴 시간을 통해 계속해서 누구의 소유도 아니고 주변 환경에 따라 의도하지 않은 결합태를 형성하며 다양한 방향으로 흐른다고 설명한다.

권력은 또한 예측하지 못한 역동적인 상호의존과 결합태의 흐름과 방향을 보여 주는 경우도 많다(Olofsson, 2000). 이러한 결합태 이론의 권력 개념을 한국 스포츠-미디어에 적용한다면 연구자가 스포츠 또는 미디어 연구의 특정 강제력으로 인해 관찰하지 못했던 결과들을 발견할 기회를 찾아볼 수 있을 것이다. 지난 한국 스포츠-미디어가 보여 준 '권력'의 흐름은 다양하다고 보인다. 한국 스포츠-미디어의 '권력'의 흐름의 한 세기 역사에서 가장 편한 예를 들면 봄, 여름, 가을에는 일반적으로 한국 스포츠-미디어는 프로야구 또는 프로축구와의 권력관계가 확장되고, 반면에 겨울철에는 실내스포츠인 농구 또는 배구 등과 상호의존적 권력을 이동한다. 또한 올림픽 시기에는 올림픽 게임에 그리고 축구 월드컵 기간에는 한국 스포츠-미디어는 각각의 이벤트에 권력을 집중하는 경향을 보인다. 특정 시기에는 정치와 깊은 상호관계를 맺고, 또한 어떤 시기에는 경제 또는 광고 등과 연관성이 있는 것을 볼 수 있다. 그리고 특정 글로벌 스포츠 대회의 경우 스포츠-미디어는 국민의 마음속에 내재해 있는 민족주의와도 관련성 있게 작용하는 것을 볼 수 있다. 또는 코로나바이러스감염증-19(코로나-19)의 경우 한국 스포츠-미디어에서는 보기 어려웠던 무관중 또는 경기 중지라는 권력이 없어지는 모습을 보이기도 한다.

따라서 결합태 사회학의 결합태 안의 '권력 개념'을 통해서 기존의 스포츠-미디어의 연구환경과 구조적 '권력'의 모순에서 벗어나 현실적인 스포츠 미디어의 상호의존적 그리고 결합태적 '권력'의 흐름을 관찰하면서 한국 스포츠-미디어의 흐름과 현상을 살펴볼 수 있는 흥미로운 시각이 될 수도 있다고 본다. 엘리아스는 권력은 예상하지 못한 곳으로 움직이고 항상 변한다고 했다(Elias, 1978). 한국 스포츠 미디어의 유지와 변화 속에서 시기마다 변하고 환경마다 변하는 스포츠 권력과 미디어의 권력 흐름, 특히 그 권력의 달콤함과 쓴맛을 경험하며 나타나고 변화하는 한국 스포츠-미디어에서의 권력에 관련된 연구는 많은 시사점을 전해 줄 것으로 생각한다. 이상으로 결합태 사회학으로 접근하는 한국 스포츠-미디어의 기본적 연구개념을 확인하고, 다음으로는 그 의미가 좀 더 확장된 스포츠화와 갈등의 축소와 다양성 증가의 개념을 알아보겠다.

4) 스포츠-미디어의 이론적 개념의 시작 '스포츠화'

결합태 사회학에서 스포츠화의 개념은 다음과 같다.[4] 이 개념은 스포츠의 역사를 태동부터 현재까지의 스포츠의 시기 변화를 역사적 기준으로 5개의 분류로 구분한 연구다(Elias and Dunning, 1986; Dunning, 1999; Maguire, 1999). 연구자들이 스포츠를 연구할 때 이러한 연구적 배경, 이론화, 개념화를 중심으로 시작하는 것이 중요하다고 생각한다. 여기 5Phase로 나뉜 스포츠의 역사적 구분은 스포츠의 다양한 분야들이 역사적 배경을 기반으로 각각 다양한 상호의존과 결합태의 모습을 연구자들에게 제시하고 스포츠 연구를 시작할 수 있는 출발점과 시기마다 현실적이고 실증적인 모습을 제공한다는 장점이 있다. 특히 결합태 학파의 스포츠화 개념은 독자들에게 스포츠가 우연적 또는 비우연적인 결합태적 구조와 다양한 권력 속에서 장구

---

4   스포츠화 개념은 역사적인 관점에서 5Phase로 나누어 진다. 1, 2Phase는 엘리아스와 에릭 더닝(Eric Dunning)으로부터 근대 이전 스포츠의 초기 형태를 보여 주고, 3, 4, 5Phase는 맥과이어의 근대와 현대 스포츠 구분으로 설명된다.

〈표 3-1〉 스포츠화 단계별 변화

단계	시기	내용
1 Phase	1500~1750년	당시 스포츠는 영국과 유럽 지역에 퍼져 있는 인간의 활동 또는 오락, 놀이와 같은 여우 사냥, 말 타기, 복싱 등과 같이 현대 스포츠의 시작과 같은 형식이었다.
2 Phase	1750~1870년	첫 번째 시기의 놀이와 오락이 주위 다른 지역과 나라들로 확산되는 시기다. 식민지로의 전파도 포함한다. 특히 영국의 식민지에 많이 확산되었다.
3 Phase	1870~1920년	영국과 유럽의 다른 지역에 스포츠 영향력이 가장 활발한 시기였다. 올림픽과 같은 국가 단위의 스포츠가 시작되었다.
4 Phase	1920~1960년	야구, 농구, 아이스하키, 배구와 같은 미국 스포츠의 영향력이 강한 시기였다. 영국과 유럽의 국제 스포츠 지배력이 조금씩 줄어들고 각 국가의 스포츠를 통한 민족주의적 정체성이 증가하기 시작했다.
5 Phase	1960~현재	서양의 스포츠 영향력이 도전을 받고, 동양의 스포츠가 서양으로 확산되는 시기다. 예를 들어 한국의 태권도와 일본의 유도 같은 종목이 기존의 서양에서 동양으로 오는 방향과 반대로 동양에서 서양으로 옮겨 가는 형태를 보인다.

한 세월을 통해 변화되고 진행되는 형태를 보여 준다(Dunning, 1999). 〈표 3-1〉은 스포츠화를 5Phase로 구분한 것이다(Maguire, 1999). 결합태 학파의 스포츠화는 상당히 많은 시간을 두고 연구해야 하지만 여기서는 간단히 다음과 같이 요점만을 설명하겠다.

〈표 3-1〉의 여러 형태의 상호의존과 결합태의 진행을 정리하자면 스포츠는 각 역사적 시기마다 지역 또는 국제적 정치, 경제, 문화, 이데올로기, 권력 등과 상호의존하는 동시에 결합태를 형성해 가며 발전하는 것을 보여 준다. 결합태 사회학파에 의하면 지난 5~6세기 동안 스포츠는 영국과 유럽 지역에서 나타난 놀이가 점차 발전해 다른 지역으로 확산하고 강대국의 식민지국으로 전파되었다. 그리고 유럽의 영향력을 대신해 미국의 스포츠가 자리를 차지하고 이러한 과정에서 다양한 국가가 스포츠 또는 국제적 스포츠 이벤트를 통한 정체성을 찾으려고 노력한다. 현재는 영국, 유럽, 그리고 미국의 서양 위주 스포츠의 권력에 아시아 국가들의 스포츠가 도전하는 과정

이다. 이러한 스포츠 역사의 구분은 스포츠 사회과학 연구자에게 폭넓은 기준이 되는 방향성을 제안하는 기준이 된다고 본다.

예컨대 스포츠 미디어 관련 연구자들에게는 스포츠-미디어의 역사에 대해 〈표 3-1〉의 4Phase와 5Phase는 중요한 의미가 있다. 우리가 흔히 사회에서 사용하는 미디어 중계 형식(신문, 라디오, 텔레비전, 인터넷, 소셜 미디어)이 이 시기에 출현해서 현재까지 사용되고 있다. 한국 스포츠-미디어를 분석할 때는 한국 미디어의 시기를 분류하고 각 시기에 한국 스포츠가 미디어에 표현된 자료들을 검토하는 과정에서 다양한 한국의 스포츠와 미디어의 상호관계가 형성되며 홍미 있는 자료들을 보여 줄 것이라고 예상된다. 이 부분에 대해서는 〈표 3-2〉에서 다시 설명하겠다. 다시 말하면 스포츠화 개념의 목적은 연구자들에게 광범위하게 얽혀 있는 한국 스포츠와 한국 미디어의 상호의존과 결합태의 실증적 자료들을 같은 테이블 위에 펼쳐 놓고 연구자들은 최대한 자유스러운 위치에서 다양한 자료들을 서로 연결하고 재해석되는 자료들을 관찰하는 연구방법의 한 개념이라고 볼 수 있다.

5) 갈등 축소와 다양성 증가

스포츠화를 통해서 결합태 이론 배경의 스포츠화 의미는 5단계의 구분을 제안하면서 한국 스포츠와 한국 미디어의 한 세기를 넘는 오랜 역사 속에서 매 시기마다 우연 또는 우연적이지 않은 결합과 권력의 변동을 알아보았다. 예를 들어 한국 스포츠-미디어는 한국의 역사, 사회, 문화, 정치, 경제 등과 상호작용을 맺으며 새롭게 생성되기도 하고, 이와 반대로 스포츠와 미디어에서 사라지는 다양한 현상을 보여 주고 있다. 이러한 스포츠화 안에서의 다양한 변화를 확인하는 개념 중 하나인 결합태 학파의 갈등의 축소와 다양성의 증가의 관점은 이러한 오랜 한국 스포츠-미디어 역사의 홍망을 그 시대의 여러 가지 결합태적 그리고 권력의 변동에 상호작용해서 설명한다고 생각한다.

　다양한 해석이 있지만 예를 들어, '갈등의 축소와 다양성의 증가'를 이해하는 방법은 다음과 같다. 스포츠와 미디어는 다른 분야다. 하지만 서로 간의 벽을 허물고 스포츠와 미디어는 스포츠-미디어라는 새로운 영역을 만들어 왔다. 예를 들면 스포츠의 권투나 격투기 운동에서 기존의 과격한 모습들이 줄고 선수들을 보호하는 보호장치와 같은 장비들이 증가하면서 위험을 제거해 나감으로써 선수들이 이러한 격투 운동을 계속할 수 있는 것이다 (García, 2018). 특정 지역의 오래전 잔인한 스포츠 활동과 남에게 해를 주는 체육활동은 점차 줄어들어서 사람들에게 안전하고 유익한 스포츠 활동으로 변했다.

　따라서 사람들에게 적합한 이 스포츠는 다른 지역의 사람들에게도 다양하게 확장되어 갔다. '갈등의 축소와 다양성의 증가'의 개념을 다시 정리하면 어떠한 스포츠와 미디어에서의 불필요한 경계선은 사라지고, 그 안에서 새로 발생하고 증가하는 다양성을 발견할 수 있게 하는 개념이라고 설명된다. 미디어의 경우에는 미디어화Mediatization의 오랜 시간의 흐름 속에서 특정 시기의 정치, 경제, 기술, 문화와 연결되면서 주로 사용된 미디어가 어느 시점을 지나면서 사람들이 더 편하고 현실적으로 쉽게 사용하는 미디어를 선택해서 사용하는 패턴이라고 할 수 있다(Schulz, 2004). 이렇듯 스포츠와 미디어에서 '갈등의 축소와 다양성의 증가'를 통한 변화의 흐름은 연구자들에게 빠르고 다양하게 변화 확장되는 스포츠-미디어 연구환경에 적절히 도움이 되는 개념이라고 생각한다.

　스포츠와 특정 권력의 변화는 오랜 시간 동안 규칙적 또는 규칙적이지 않게 다양한 방법으로 연관된다(Maguire et al., 2002). 〈표 3-2〉에서 예를 들면, 500년 전 서양의 스포츠인들은 20세기에 동양의 스포츠가 서양으로 확산되리라는 것을 전혀 인식하지 못했을 것이다. 하지만 스포츠 권력이 보여주는 것처럼 시대 권력의 균형과 변화는 언제든지 기득권과 이방인 같은 권력관계에서 사라지고 또는 생성되는 것이라고 본다(Maguire, 2004). 네그린(Negrine, 2008)은 미디어는 오랜 시간의 흐름을 넘어 다양하게 진화되어 간다고 표현한다. 예를 들어, 지난 한 세기의 역사를 넘어서는 한국 스포츠-미디어는 아마도 신문, 라디오, 텔레비전, 인터넷, 소셜 미디어와 같은 다양한 모습으로 발전, 진화했다. 그리고 미디어Medium마다 시대별로 특정 권력과 상호의존하며 결합태가 형성되고 긴 시간 발전하면서 그 영향력이 다른 미디어에 의해 도전 받는 '갈등의 축소와 다양성의 증가' 과정을 보여 줄 것이다. 그리고 이러한 연구는 단순하지 않기 때문에 순간마다 한국 스포츠-미디어 연구는 현상을 단적인 면으로 접근하기보다는 '다양한 관점Multidirectional'과 연관되는 상호작용과 결합태를 통해 스포츠-미디어의 '갈등의 축소와 다양성의 증가'를 알아보는 것이 좋은 방법일 것이다(Maguire, 2004).

3. 스포츠-미디어와 결합태 이론의 접근

스포츠와 미디어의 출발점은 각기 다르다. 스포츠 또는 체육활동은 인간이 몸을 움직이면서 어떤 'Play'를 하는 목적이었다(Crowther, 2007). 그리고 미디어는 커뮤니케이션Communication, 즉 인간의 기본적인 소통 메시지 전달과 습득방식에 과학기술을 사용한 것이다(McQuail, 2013; Narula 2006). 따라서 스포츠와 미디어는 인간의 가장 오래된 움직임과 표현이라고 볼 수 있다. 인간의 기본적인 활동 중 몸의 움직임인 체육과 말하기, 즉 소통은 가장 자연스러운 인류의 육체적 활동이라고 볼 수 있다.

하지만 여기서 말하는 미디어는 인간의 커뮤니케이션이 아닌 특정 근대적·기술적 영향으로 만들어진 미디어다. 스포츠-미디어 또는 스포츠-커뮤니케이션의 다른 점을 예를 들어 설명하면 다양한 가설이 있는 역사적 기록이지만 기원전 5세기경 마라톤 전투에서 필리피데스Philippides가 42.195km

를 달려서 사람들에게 아테네의 승전보를 알렸다는 것을 들 수 있다. 이러한 메시지 전달방식은 커뮤니케이션의 전통적인 인간 커뮤니케이션, 언어 커뮤니케이션, 대인 커뮤니케이션 또는 공중 커뮤니케이션이다. 만약 이 신화적 또는 역사적 시기에 신문, 라디오, 텔레비전, 인터넷, 또는 이동전화가 있었다면 필리피데스는 미디어를 통해 아테네 전쟁의 승리 소식을 알렸을 것이다. 이러한 부분에서 커뮤니케이션과 미디어의 차이점을 볼 수 있다. 마라톤 전투의 예시를 통한 커뮤니케이션과 미디어의 차이점을 인식하고 이 장에서는 스포츠와 미디어에 중점을 둔다.

스포츠와 미디어의 정의를 살펴보면 다양한 표현이 있지만, 스포츠는 사회적으로 생산된 문화적 패턴이다. 그리고 사회적 그리고 사회 안에 모여 있는 사람들의 집합적 활동이다(Maguire et al., 2002). 미디어의 대표적인 정의는 데브루(Devereux, 2013)의 표현처럼 미디어 텍스트는 사람들의 문화적인 생산품이며 사회, 문화 그리고 정치 등의 중요한 현상들을 포함한다. 스포츠와 미디어의 정의에서 공통점은 인간이 스포츠와 미디어를 사회적 또는 문화적으로 생산해 내는 것이다. 종합해 보면 스포츠와 미디어는 다양한 시대의 사람과 사회 모습을 반영한다고 할 수 있다. 이렇게 폭넓은 인간과 사회의 모습을 반영하는 스포츠와 미디어를 연구하는 것은 쉬운 작업이 아니다. 간단하게 스포츠-미디어 연구 이렇게 치부할 것이 아니고, 진중하고 엄격한 자세로 수많은 종류, 형식, 방법, 이론을 통해 다양하게 스포츠-미디어를 연구하는 자세가 필요하다고 볼 수 있다.

예를 들어, 국제축구연맹Fédération Internationale de Football Association에 가입되어 있는 국가대표팀은 현재 211개국이다. 211개국이 같은 축구를 하지만 그들은 그들만의 문화와 정체성에서 각기 다른 축구를 한다. 그리고 각국의 미디어들은 자신들만의 언어와 표현으로 축구를 그들의 미디어(신문, 라디오, 텔레비전, 인터넷)로 방송한다. 만약, 이것을 축구 한 종목이 아니고 모든 스포츠 종목으로 확장시킨다면 스포츠-미디어 텍스트의 양은 셀 수 없을 정도로 가득할 것이다. 각국의 스포츠-미디어 텍스트에는 그들 고유의, 정치, 경제, 문화, 사회의 다양한 흐름과 표현들이 포함되고 이러한 텍스트들은 연구자들에게 연구하고 풀어내기 부담스러운 자료의 양이 될 것이라고 본다. 하지만 세계 각처에 있는 스포츠-미디어 학자들은 꾸준히 자신들만의 고유한 방법, 이론, 증거들을 현실적으로 사용하며 어려움이 있어도 지속해서 연구하며 우리가 모르는 스포츠-미디어 세계의 현상 자료들을 알려주고 있다. 따라서 이러한 장구한 세월에서의 다양하고 복잡한 스포츠와 미디어의 모습에 연구 접근하는 것은 연구자들이 선택하고 사용하는 폭넓은 연구 이론과 접근법이 필요하다. 특히, 결합태 이론은 이러한 역사적인 시간개념과 방대한 크기의 연구범위, 그리고 연구자가 다양한 관점으로 연구주제를 분석할 수 있는 시각을 제공하기에 쉽지 않은 스포츠-미디어 연구에 적절하다고 생각한다.

4. 한국 스포츠-미디어화

한국 스포츠-미디어화를 연구하는 하나의 방법을 제안하면, 우선 스포츠와 미디어가 연결되어 출발하는 연구환경이 있다면 〈표 3-2〉 같은 스포츠화의 구분을 기준으로 상호연관된 시기와 미디어가 스포츠와 결합태적 다양한 권력관계와 연관된 구분으로 시작하는 방법이 중요하다고 생각된다. 이러한 역사적 또는 권력관계적 구분을 기반으로 한국 스포츠-미디어의 역사적 흐름에서 상호의존 개념과 연결되어 보이는 결합태를 관찰하며 '갈등의 축소와 다양성의 증가' 개념을 통해 현실적이고 실증적인 한국 스포츠-미디어 연구가 가능하다고도 볼 수 있다.

스포츠화처럼 미디어를 미디어화로 구분해 보면 일반적인 방법으로 알려진 유럽과 북미 한 세기 동안의 미디어 발전사로 보이는 신문, 라디오, 텔

<표 3-2> 한국 스포츠-미디어화와 단계 구분

단계	시기	내용
1 Phase	1920년~현재 신문 & 스포츠	20세기 초반 이후 근대적 신문으로부터 출발
2 Phase	1927년~현재 라디오 & 스포츠	1920년도 이후 라디오 방송 대중화
3 Phase	1960년~현재 텔레비전 & 스포츠	1960년도 이후 텔레비전 방송 대중화 시작
4 Phase	1990년~현재 인터넷 & 스포츠	1990년도 이후 인터넷 상업화와 대중화 시작
5 Phase	2000년~현재 모바일과 소셜 미디어 & 스포츠	2000년도 이후 스마트 이동전화 대중화
6 Phase	현재와 미래 스포츠 미디어 & 스포츠	스포츠-미디어와 상호연결이 확대되면서 급격히 변화하고 진화하는 인터넷 베이스를 기반으로 하는 분야인 인공지능(AI), 증강현실(AR), 디지털 텍스트 메시지(Digital Text Message), 사물인터넷(IoT), 메타버스(Metaverse), 가상세계(Virtual Worlds), 가상현실(VR) 등.

레비전, 그리고 인터넷의 흐름이다(Washbourne, 2010; Warner, 2009). 한국
도 시기는 조금씩 늦지만 이와 비슷한 형태로 신문, 라디오, 텔레비전, 인터
넷 등에서 유사한 미디어 역사 흐름을 보여 준다(한국언론정보학회, 2011).
한국 미디어화의 구분을 〈표 3-2〉와 같이 6Phase로 구분하면 한국 미디어
역사에 스포츠의 역사를 상호연결하면 한국 스포츠-미디어화의 흐름을 연
구하는 데 적합한 모형이 될 것이다. 여기서는 지면상 스포츠와 미디어에서
미디어화 기준을 주고 스포츠를 대입하는 방법으로 설명하겠다.

〈표 3-2〉의 1Phase부터 3Phase의 상황을 보면 이 시기에는 신문, 라디
오, 텔레비전 3개의 미디어를 통해 스포츠 소식이 전해졌다. 1950년 후반부
터 1960년대는 텔레비전의 출현이 있었지만, 라디오가 가장 전성기인 시대
였다(임종수, 2007). 그리고 1970년 후반부터는 한국의 텔레비전 보급률이
1979년 78.5%였다(이상길, 2019). 이러한 미디어 환경으로 보면 한국 미디

어 중계 패턴도 미디어의 발전 흐름과 같이 신문, 라디오, 텔레비전의 순서로 진행된 것으로 볼 수 있다. 1936년 베를린올림픽에서 손기정의 금메달 획득 모습은 신문을 통해 당시 국민들에게 전해졌다(손환·하정희, 2013). 한국 스포츠의 초기 주요 열광 소식 중에서 1960년대 1970년대 김기수 선수의 한국 최초 프로권투 챔피언, 여자 탁구의 구기 종목 최초 세계 탁구 선수권 우승, 광복 후 몬트리올올림픽에서 양정모의 최초 금메달 소식 등은 당시 신문, 라디오, 텔레비전 중계를 통해서 한국의 스포츠 팬들에게 전해졌다(정준영, 2011).

하지만 4Phase 이후 1990년대부터 출현한 인터넷 관련 미디어들과 이후 스마트폰 미디어와 같은 기술들이 나타나면서 기존의 올드미디어(신문, 라디오, 텔레비전)의 사용이 감소하고 뉴미디어(인터넷과 스마트 미디어) 사용이 증가하는 현상을 볼 수 있다(Chun, Fisher and Keenan, 2004). 그리고 1980년대 후반 세계화와 이에 관련된 미디어의 세계화도 중요하게 관찰되는 요소다. 뉴미디어는 이용자들이 직접 관심 있는 자료들을 능동적으로 찾고 기존의 올드미디어보다 빠른 속도로 정보를 수집할 수 있는 장점 등을 포함하고 있다(Van, 2004). 또한 뉴미디어는 광고와 마케팅 패턴이 올드미디어와는 다른 점들이 있다(Spurgeon, 2007).

예를 들어, 1990년대 이후 뉴미디어 출현 이후 전 세계의 스포츠 환경이 달라지고 스포츠 뉴스의 양이 상당히 증가했다(Lefever, 2012). 이것은 앞에서 언급한 것처럼 이 시기의 다양한 결합태적 요소인 뉴미디어, 세계화(정치, 경제, 문화), 스포츠인들의 이주와 귀화 같은 역동적인 스포츠-미디어의 환경이다. 한국의 예를 보면, 1980년대 초반 한국 프로스포츠 발전, 1988년 서울올림픽 이후 2002년 월드컵, 박지성, 지소연, 김연아, 손흥민, 이강인 등 다양한 스포츠 이벤트와 선수들의 뉴스가 〈표 3-2〉의 4Phase와 5Phase를 통해 전달되고 있다. 그리고 이러한 패턴은 6Phase의 발전되고 빠르고 정확한 빅데이터, 인터넷, 그리고 스마트폰 미디어의 기술로 세분되어서 스포츠 중계방식이 다양해지리라 생각된다. 이 장에서는 한국 스포츠-미디어의 유명한 이벤트와 선수들을 단순히 예로 설명하는 한계가 있지만, 3Phase, 4Phase, 5Phase 그리고 6Phase 동안의 역동적이고 오랜 시간의 한국 스포츠-미디어의 모든 영역을 결합태 이론으로 접근하고 연구하는 것이 가치 있는 방법이라고 제안한다.

특히, 점점 더 증가하고 속도가 빨라지는 세계화와 미디어 기술 변화의 시기인 현재와 앞으로 다가올 〈표 3-2〉의 6Phase 기간의 역동적이고 예측이 어려운 분야이고 지속해서 진화하는 인터넷 베이스와 연결을 기반으로 하는 기술적인 변화의 시대다. 스포츠-미디어화 연구와 이러한 기술적인 분야들은 더욱 많은 상호연관 결합태적 관계를 형성하면서 발전 가능성이 예상된다.

따라서 미디어-스포츠가 발전하고 진화할수록 어떤 특정 분야와 상호연결되는지 다양한 각도로 연구 목적을 두고 이것은 결합태 연구가 도움이 될 것이라 본다. 요약하면 한국 스포츠-미디어화를 자세하게 관찰하려면 〈표 3-2〉와 같이 지난 한 세기 한국 미디어화의 시기적 구분을 두고, 각 매체에서 보였던 역사 속의 한국 스포츠-미디어의 수많은 미디어 데이터를 비교하면서 나타나는 상호의존과 결합태의 유형과 패턴을 연구하면 좀 더 확장된 한국 스포츠-미디어화의 연구 결과가 보일 것으로 생각한다.

5. 결론

미디어는 오랜 시간을 거치며 다양한 분야와 관련을 맺으며 다양한 사람과 사회에 영향을 끼쳤다(Hiebert and Gibbons, 2017). 미디어도 정지한 상태로 있지 않고 항상 변하는 사회 속에서 존재한다. 스포츠 세계도 마찬가지로 다양한 사람과 사회와의 연결 속에서 변화를 경험했다(Maguire et al.,

2002). 두 분야도 서로 영향을 미치며 미디어와 스포츠는 여러 형태의 연결을 통해서 함께 변해 왔다(Stead, 2003). 이러한 변화의 환경에서 스포츠와 미디어의 상호연결 연구 분야는 연구자들에게 흥미로운 분야가 아닐 수 없다. 특히, 한국 스포츠-미디어 또한 마찬가지로 지난 100여 년 동안 측정할 수 없을 정도의 스포츠 그리고 미디어의 정보와 자료를 포함하고 있다. 또한 21세기 초반의 한국 스포츠-미디어화는 상당히 빠른 기술적 변화를 미디어와 스포츠에서 목격하고 있다. 거의 24시간 매일 한국 미디어는 스포츠에 관한 정보를 생산하고 있다. 또한 그 정보의 범위는 국내뿐만 아니라 글로벌까지 확장되는 셀 수 없는 광범위한 수준이다. 예를 들어 국내의 다양한 프로스포츠와 각종 국내와 국제 스포츠 이벤트에서 쏟아져 나오는 스포츠 미디어 정보다. 그리고 이러한 정보들은 21세기 들어 더욱 빠르게 변하고 있는 미디어 기술과의 상호연관이다. 수많은 스포츠 소식이 다양하게 변하는 미디어 기술로 스포츠 미디어 소비자에게 전달된다.

이것은 기존의 단순히 스포츠 소식을 미디어가 전해 주는 것이 아니고 또는 단순히 미디어가 스포츠를 중계방송해 주는 것이 아니다. 현재 한국 스포츠-미디어의 모습은 사회의 다양한 부분과 상호의존을 맺어가며 그 영역이 넓어져만 가고 있다. 따라서 한국 스포츠-미디어를 연구하는 이론과 관점이 있겠지만 좀 더 확장된 시야의 연구 프레임이 필요하다고 생각된다. 한국 스포츠-미디어를 연구하는 것은 단순한 작업이 아니기에 결합태 이론과 같은 기존에 시도되지 않은 방법들을 적용하는 것이 좋은 제안이 될 수 있다고 생각한다. 연구자들은 다양한 연구방법으로 100년의 한국 스포츠-미디어에 접근해야 한다고 본다.

이 장은 한국 스포츠-미디어화 분야 확장의 목적으로 새로운 연구적 시각인 엘리아스의 이론 중에서 중요 개념인 상호관계, 결합태, 권력, 스포츠화, 갈등의 축소와 다양성의 증가 개념을 인용해 한국 스포츠-미디어화의 다양한 연구 접근의 시야를 넓힐 수 있는 틀을 제공하려 한다. 여기서 더 확장된 결합태 연구와 한국 스포츠-미디어의 설명을 하고 싶었지만, 지면상의 부족으로 이와 같은 연구방식을 제안하는 것만으로도 적합한 기회라고 생각한다. 마지막으로 결합태는 미시적인 단순한 상호연관의 관계로 보이지만, 이 단순한 연결이 모여서 거시적인 결과를 명확하게 보여 준다. 결합태 사회학을 이론화한 엘리아스는 그의 대표 저서 『사회학이란 무엇인가?What is sociology?』에서 사회 연구의 연구자들에게 아직도 지구상에는 인류가 발견하지 못한 미지의 지역과 분야가 수없이 많다고 했다(Elias, 1978). 마찬가지로 수많은 한국 스포츠-미디어 연구가 있었지만 현재까지도 연구자들은 한국 스포츠-미디어의 영역에서 발견하지 못한 부분이 많을 것이다. 이 장에서 소개하는 결합태 연구가 미로처럼 엮여 있는 지난 100년의 한국 스포츠-미디어를 분석하는 데 도움이 되길 바란다.

Abstract

Figurational Sociology Analysis Approach

A Study on South Korean Sports-Mediaization

Myung S Lee

Technological changes brought about by the turn of the millennium greatly impact several aspects of South Korean media, sports, society, and culture. Specially, South Korean sports media is rapidly developing and diversifying in the early 21st century. Therefore, research in this field requires more varied and complex approaches and theories. Although South Korean sports media has been examined through various researchers and theories, a more nuanced perspective is required to for further study. Thus, Norbert Elias' figurational sociology theory introduced in this chapter can provide a new viewpoint with which to study the ever-shifting structure of South Korean sports media. This chapter introduces important concepts in figurational sociology through with the hope that researchers leverage the theory to improve the quality of academic work conducted on the topic of South Korean sports media.

Part 2 스포츠 미디어의 사회적 기능

Chapter 4

미디어 스포츠의 사회적 소통 효과
스포츠의 공공성 확산과 미디어의 역할

김기한

1. 서론

미디어 스포츠media sport가 사회적 소통을 증진시킬 수 있다는 말이 틀렸다고 할 사람은 많지 않다. 대중적 관심이 높은 스포츠 경기가 국민적 이슈가 되어 폭발적으로 회자되었던 경험을 대부분의 사람들이 해봤기 때문이다. 하지만 스포츠 이외의 콘텐츠도 얼마든지 사회적 소통을 유발할 수 있다. 영화와 드라마, 음악과 같은 엔터테인먼트 프로그램도 세간의 화제가 되어 사람들 입에 오르내렸던 경험은 쉽게 할 수 있을 것이다. 그렇다면 사회적 소통 유발에 있어서 스포츠는 특별한가? 아니면 스포츠도 단지 여러 미디어 콘텐츠의 하나로 사회적 소통을 유발하는 것인가? 만약 사회적 소통 확산에 있어서 스포츠가 특별한 능력을 가지고 있다면 그 이유는 무엇이며 스포츠를 통해 확산되는 사회적 소통이 우리 사회에 미치는 영향은 무엇인가? 이 장에서는 이와 같은 물음에 답하기 위해 끊임없이 발전하는 매체

환경 속에서 스포츠 콘텐츠의 사회적 소통 유발 효과를 설명하고자 한다. 양극화, 계층화, 확증 편향의 강화 등 우리 사회가 마주한 소통의 단절 현상에 대한 진단을 시작으로 사회적 소통을 촉발하기 위한 미디어 콘텐츠의 조건과 스포츠 콘텐츠의 관계, 그리고 스포츠를 통한 사회적 소통이 우리 사회에 확산시키는 공공성에 관한 학술적 근거와 실증적 자료를 제시하고자 한다.

2. 미디어 파편화 시대의 스포츠

1년 연기되어 2021년에 개최된 2020 도쿄올림픽에서 시청자들의 관심을 가장 많이 끈 경기는 김연경 선수가 이끈 여자 배구 경기였다. 브라질과의 준결승전은 전국 평균 가구 시청률이 36.8%에 이르며 올림픽 시청률 1위를 기록했다(박소영, 2021; 임세정, 2021). 이는 같은 시기 가장 인기를 끌었던 SBS 드라마 〈펜트하우스 3〉 최종회 시청률 19.1%의 두 배에 가까운 수치다. 국민 91%는 도쿄올림픽 경기를 생중계로 본 적이 있으며 그중 네이버, 웨이브wavve 등 온라인 플랫폼을 통한 시청 비율이 18.1%나 된다고 하니(박소영, 2021) 실제로 올림픽 여자 배구 경기를 시청한 국민은 TV 시청률에 반영된 수치를 훨씬 넘어섰다고 봐야 할 것이다. 경기 중 최고 분당 시청률은 40.9%에 육박했다(박소영, 2021). 산술적으로 계산하면 10가구 중 4가구에서 여자 배구 브라질전을 동시에 관람했던 것이다. 경기 관람의 여운은 TV, 신문, 유튜브 등 플랫폼을 가리지 않고 소통되었고, 뉴스와 예능 등 장르를 넘나들며 다채로운 이야깃거리를 생산해 냈다. 한국 여자 배구의 '4강 신화'는 올림픽 이후에도 국내 여자 프로배구를 중심으로 지속적인 사회적 소통으로 이어졌다(송윤경, 2021).

이처럼 스포츠 미디어 소비는 사회적으로 많은 소통을 유발한 사례가 많다. 소통이란 사람과 사람이 이야기를 나누는 행위다. 소통이 있기 위해서는 서로가 관심을 갖는 이야깃거리, 즉 공통의 관심사가 있어야 한다. 할 말이 없는데 대화를 나눌 수는 없기 때문이다. 소통은 오프라인에서 직접 만나서 하는 대면 소통으로부터 다양한 디지털 미디어를 통해 이루어지는 온라인 소통까지 다양한 방법이 있다. 소통은 잘 알고 있는 지인들 사이에 이루어지는 것이 일반적이겠지만 처음 보는 사람과도 서로 이야깃거리를 공유할 수만 있다면 얼마든지 소통할 수 있다. 앞서 제시한 2020 도쿄올림픽 여자 배구 사례는 점차 분절화되는 시대에 올림픽 스포츠 관람이 여전히 많은 국민에게 함께 즐길 수 있는 콘텐츠로서 온·오프라인을 망라한 폭발적이고 지속적인 소통을 이끌어 내는 데 큰 역할을 할 수 있음을 보여 주었다.

과거 주로 지상파방송과 신문 등 소수의 대중매체가 대세이던 시절에 미디어는 사회 전반이 공유할 만한 이야깃거리를 제공해 왔다. 당대 유행하던 드라마는 국민 모두의 화젯거리가 되었다. 역대 최고 시청률 드라마로 기록된 1996년 배용준, 최지우 주연의 SBS 드라마 〈첫사랑〉의 시청률은 65.8%에 이르렀다. 한국에서 케이블 유료방송이 1995년 시작되었다는 점을 고려할 때 당시 방송환경은 지상파 4개 채널이 전부였던 시절이다. 이처럼 콘텐츠가 희소하던 시절 미디어는 사람들에게 공감대와 이야깃거리를 제공하고 이를 통해 사회적 소통 증진에 기여해 왔다(Sunstein, 2007; Turow, 1997).

현재 우리가 접하는 미디어 환경은 상황이 많이 다르다. 다중 플랫폼 시대를 넘어 OTTOver The Top 기반의 무한 콘텐츠 시대로 접어들었다. 콘텐츠의 양과 다양성이 늘어난다는 것은 수용자 선택권이 증가하고(양정애·이현우, 2013) 문화적 다원주의와 미디어 수용자 복지 증진에 기여한다는 점에서 긍정적이다(Napoli, 1999). 하지만 폭발적으로 증가한 미디어 콘텐츠는 역설적으로 수용자 '파편화'와 '분극화' 현상으로 이어져 사회 전반의 공통 관심사가 형성되기 어려운 조건을 만들어 내고 있다. 수용자 파편화 현상이 미디어 채널의 양적 증가에 따라 시청자들이 다양한 채널로 흩어지는 현상이라면(최수진, 2013), 분극화는 시청자들이 자신이 선호하는 특정 채널만을 골라서 이용하고 그 외의 채널들은 이용하지 않는 현상이다(Webster, 1986; 2005; Webster and Phalen, 1997; 조성동, 2010; 강남준·조성동, 2008). 분극화된 미디어 소비 패턴을 보이기 때문에 수용자 파편화가 이루어지는 것이고 (Webster, 2005; 강남준·정영호, 2010), 이러한 현상은 TV를 중심으로 한 미디어 플랫폼의 진화로 강화되어 오다가 최근 알고리즘에 의한 유사 콘텐츠 추천 시스템을 기반으로 하는 OTT 플랫폼의 범용화 이후 심화되고 있다.

이렇게 파편화되고 분극화된 수용자들의 시청 행동 변화는 과거처럼 다수가 같은 콘텐츠를 공유할 기회를 현격히 감소시켰고, 이 과정에서 사회 구성원 간 소통이 단절되고 사고의 양극화 현상이 확대되었다. 이를 뒷받침하듯 많은 선행 연구는 수용자들이 다양한 정보를 각기 다른 채널을 통해 소비하면서 다양한 사회적 계층과 세대 간 갈등이 확산될 수 있다고 보고한 바 있다(Sunstein, 2007; van den Bulck, 2006). 미디어 환경의 기술적 발전이 사회적 소통의 감소로 이어질 수 있다는 아이러니다. 세대 간 단절, 계층 간 충돌, 젠더 갈등, 정치적 양극화 모두 자신이 관심 있는 내용만 선택적으로 소비함으로써 사회 전반의 공통분모가 상실되어 발생하는 결과이며, 미디어 소비의 파편화와 분극화 현상은 여기에 일정 부분 기여했다고 보는 것이 타당할 것이다.

이처럼 사회적 소통이 점차 약화되는 미디어 환경에서 '미디어 스포츠', 즉 미디어로 유통되고 매개된 스포츠는 이전 시대에 비해 그 역할이 더 커졌다. 앞서 사례로 제시한 도쿄올림픽 여자 배구 경기와 같이 미디어 스포츠는 파편화와 분극화가 대세인 시대에 전 국민적으로 공유되고 범사회적 소통을 이끌어 낼 수 있는 유일한 콘텐츠일지도 모른다. 이는 스포츠가 여타 장르의 콘텐츠와 달리 파편화된 미디어 환경 속에서도 사회적 소통을 유발하기에 적합한 속성을 내재적으로 지니고 있기 때문이다. 다음 절에서는 미디어 스포츠의 어떠한 속성이 사회적 소통 증진에 적합한지 그리고 미디

어 스포츠를 기반으로 확산되는 소통의 사회적 영향에 대한 이론적 모델을
제시한다.

3. 미디어 콘텐츠로서 스포츠의 사회적 소통 유발 기능

1) 사회적 소통 유발을 위한 미디어 콘텐츠의 조건

미디어 콘텐츠는 사회적 소통을 촉진하는 기능이 있다(Webster, 2008; 허
찬행·심영섭, 2014). 하지만 모든 종류의 미디어 콘텐츠가 같은 수준으로 소
통을 유발할 수 있는 것은 아니다. 반드시 수준 높은 품질과 재미가 있다고
해서 이야깃거리가 되는 것도 아니며, 많은 사람들의 이목을 집중시킬 수
있는 선정적 내용이 있다고 해서 사람들의 입에 오르내리는 것도 아니다.

〈그림 4-1〉은 미디어 콘텐츠가 사회적 소통을 유발하기 위해 갖추어야
하는 몇 가지 선행 조건과 단계를 보여 준다. 미디어 콘텐츠는 장르와 유형
그리고 콘텐츠의 속성에 따라 〈그림 4-1〉에 제시된 조건을 충족하는 정도
에 차이가 있기 마련이다. 따라서 〈그림 4-1〉에 제시된 조건을 충실히 충족하
는 콘텐츠일수록 사회적 소통 유발 기능이 강한 콘텐츠로 이해할 수 있다.

미디어 콘텐츠가 사회적 소통을 촉진하기 위한 첫 번째 조건이자 단계는
'콘텐츠의 보편성'을 확보하는 것이다. 일반인이 보편적으로 접할 수 있는
콘텐츠가 아니라면 소통의 소재가 되기 어렵기 때문이다. 아무리 인기 있는

〈그림 4-1〉 미디어 콘텐츠의 소통 유발 조건

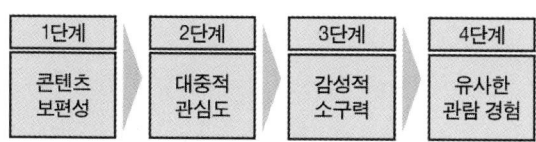

영화라 할지라도 한국에서 접근할 수 있는 영화가 아니라면 사회적 소통 유발에 영향을 미치기 어려울 것이다. 방송이론에서 보편성이란 지리적 보편성accessibility, 지불의 보편성affordability, 내용의 보편성quality 세 가지 요인을 포함하는 개념이다(정용준, 2006). 특정 지역에 거주하는 사람만 볼 수 있는 콘텐츠, 지나치게 높은 가격의 플랫폼을 통해 유통되는 콘텐츠, 또는 아주 특별한 관심사를 가진 사람들만을 대상으로 제작된 콘텐츠는 보편성이 결여된 콘텐츠라는 것이다. 콘텐츠의 보편성이 보장된다는 것은 누구나 의지가 있으면 손쉽게 해당 콘텐츠를 볼 수 있다는 것이며, 반대로 보편성이 결여된 콘텐츠라 함은 관심이 있어도 볼 수 있는 수단이 제한적인 콘텐츠로 볼 수 있다. 콘텐츠의 보편성 확보는 미디어를 통한 사회적 소통 유발의 첫 번째 필요조건이다.

두 번째 조건은 콘텐츠의 대중적 관심도가 필요하다(김기한·김종호, 2019). 아무리 보편성이 보장되는 콘텐츠라 할지라도 관심을 갖는 잠재적 수용자가 없다면 콘텐츠 소비가 이루어질 수 없으며 관련 내용을 소재로 소통할 기회가 존재하지 않기 때문이다. 콘텐츠에 대한 대중적 관심이 높다는 것은 관여도가 높은 고관여 수용자가 광범위하게 존재함을 의미한다. 고관여 수용자가 많다는 것은 한편으로는 특별한 고객층만을 표적으로 하지 않으므로 일반적이라는 의미가 있겠지만, 다른 한편으로는 재미와 흥미 요소를 갖추고 있다는 것을 의미한다. 따라서 대중적 관심도가 높은 콘텐츠는 일반적인 사람과 직간접적 관련성이 높을 뿐 아니라 재미와 흥미 요소를 갖추고 있는 콘텐츠로 볼 수 있다. 관련은 있으나 재미가 없는 콘텐츠, 또는 재미는 있지만 세간의 관심을 끌지 못하는 콘텐츠는 대중적 관심의 대상이 되기 어렵다.

세 번째, 감성적 소구력이 높은 콘텐츠가 사회적 소통 유발에 유리하다(김기한·김종호, 2019). 감성적 소구력이 높은 콘텐츠가 사회적 소통을 이끌어 내는 현상은 뉴스 기사 소비, 광고 연구, 공론장 연구 등 다양한 미디어 연구를 통해 지속적으로 보고되어 왔다. 온라인 뉴스 초창기부터 진행된 뉴스 소비 연구는 대체적으로 감성적 내용을 포함한 온라인 기사가 그렇지 않은 기사에 비해 즉각적이고 활발한 상호 공감과 소통을 이끌어 낸다고 보고하고 있다(최민재·김위근, 2006; 최영·박창신, 2009). 광고 연구의 결과도 유사하다. 온라인 광고에 다양한 감성 커뮤니케이션 전략을 적용하는 이유도 수용자의 자발적 구전효과를 증진시키는 데 소비자들의 감성을 자극하는 것이 효과적이기 때문이다(이동근·윤영두, 2016). 전통적인 공론장과 비교해 온라인 공론장에서 좀 더 현저하게 표출되는 감성적 요소가 공론장 내부의 소통과 외부로의 영향력을 증진시키는 역할을 한다는 연구 결과도 보고된 바 있다(이강형·김상호, 2014). 한편 정치·경제·사회 등 공공의 문제와 관련된 사실 전달 위주의 경성 뉴스hard news에 비해 라이프스타일이나 문화 트렌드와 같은 흥미 위주의 내용을 담은 연성 뉴스soft news가 감성적 소구력이 높아 온라인 소통 증진에 유리하다는 연구 결과도 있다(최영·박창신, 2009; 한혜경·박선희, 2007; Baum, 2002; 2003). 차가운 이성보다는 뜨거운 가슴으로 느끼는 콘텐츠가 사회적 소통 유발에 유리한 것이다.

마지막으로 유사한 관람 경험을 유발하는 콘텐츠가 수용자들의 소통을 유발할 가능성이 높다. 관람 경험이 유사하다는 것은 콘텐츠 소비를 통해 발생하는 생각과 감정 등 미디어 소비의 총체적 경험이 대부분의 사람들에게 유사하다는 의미다. 사회학에 동종애homophily라는 말이 있다. 유사한 취미나 배경을 가지는 사람들끼리 교제하고 유대를 맺는 경향(McPherson, Smith-Lovin and Cook, 2001)을 의미한다. 같은 취미를 공유한다든지, 고향이 같다든지, 어떤 형태로든 유사한 속성을 공유할 수 있다면 서로 간에 공감대가 자연스럽게 형성되어 소통이 원활해진다는 논리다. 즉, 아무리 감성적으로 소구력이 높고 재미있는 관심의 콘텐츠라 할지라도 미디어 소비 경험의 결과로 형성되는 생각과 감정이 서로 다르다면 원활한 소통이 이루어지기는 어려울 것이다. 이보다는 소비한 콘텐츠에 대한 유사한 가치 판단을 하고 같은 감정을 느끼고 공유할 수 있는 사람들 사이의 소통 가능성이 높은 것이다. 정치적 색채가 짙은 상업 영화의 경우 대중적으로 접근 가능한 보편성을 지닌 콘텐츠이자 대중적 관심도와 감성적 소구력이 높은 콘텐츠일 수 있겠지만 영화 관람의 경험이 개인의 정치적 성향에 따라 극명한 차이를 보이기 쉽고, 때문에 나와 다른 견해를 가진 집단과의 소통이 제한적이라는 동종애 현상에 의해 활발한 소통을 유발하지 못할 가능성이 높다. 따라서 감정적·인지적 미디어 소비 경험의 유사성은 미디어 소비가 이끌어내는 사회적 소통의 양과 질에 영향을 주게 된다.

2) 스포츠 콘텐츠의 사회적 소통 유발 기능

앞서 기술했듯이 매체환경의 변화는 〈그림 4-1〉에 제시된 미디어 콘텐츠의 '소통 유발 조건'을 충족시키기 어려운 환경을 만든다. 무수히 많은 방송과 온라인 채널은 잘게 나뉜 개인 취향에 특화된 콘텐츠를 제공하게 되고 사회 전반이 함께 공유할 수 있는 보편적 콘텐츠는 점차 찾아보기 어렵다. 미디어를 소재로 하는 다양한 소통의 네트워크도 작은 단위로 파편화되고 분절화되는 추세다. 하지만 '스포츠 콘텐츠'는 〈그림 4-1〉에 제시된 사회적 소통 유발에 유리한 속성을 갖추고 있다. 이는 다른 장르의 콘텐츠와 차별화되는 스포츠 고유의 속성으로 사회적 소통 유발에 있어서 스포츠 콘텐츠가 타 장르 대비 효과적이고 최적화되어 있음을 의미한다.

첫째, 스포츠 콘텐츠는 전 국민적 접근과 공유가 가능한 콘텐츠로 파편화되고 분절화된 미디어 환경에서도 국민적 공감대 형성이 가능한 콘텐츠다. 모든 스포츠 콘텐츠가 보편성을 갖는 것은 아니다. 올림픽과 같은 국제 스포츠 이벤트 또는 국내외 저명 프로스포츠 리그 등이 이러한 속성을 갖고 있다. 특히 올림픽과 아시안게임, 월드컵 축구 본선의 경우는 '방송법'에 근거해 '국민 관심 스포츠 행사'로 분류되어 국민 대다수가 접근할 수 있는 방송수단을 통해 방송되어야 한다는, 이른바 '보편적 시청권universal access right'

에 의해 국민 접근권을 보장 받는다. 국민 대다수의 접근은 대통령령으로 정하며 90% 이상의 가시청 가구를 확보하는 방송수단을 의미한다. 따라서 국민 관심 스포츠 행사로 지정된 이벤트의 경우 전 국민 누구든 마음만 먹으면 시청 가능한 보편적 콘텐츠로서의 조건을 법적으로 보장 받은 것이다. 이는 올림픽의 높은 시청률과 도달률을 통해서도 확인할 수 있다. 인기 있는 올림픽 경기의 시청률이 TV 드라마 시청률의 두 배 이상을 상회한다(박소영, 2021). 1분 이상 특정 프로그램을 시청한 시청자의 비율을 의미하는 누적 도달률 기준으로 올림픽 콘텐츠는 90% 이상의 수치를 보였다(윤고은, 2008). 보편적 시청권의 보호를 받는 국제 스포츠 이벤트가 아니라 할지라도 한국프로야구KBO와 같은 주요 프로스포츠의 경우는 국가 단위로 단일 리그가 독점적 지위를 구축하고 있는 구조이므로 전 국민이 공유하는 콘텐츠가 된다. 한국의 프로야구를 보는 사람이라면 KBO 외의 대안이 없는 것이다. 이는 개인의 관심과 취향에 따라 서로 다른 콘텐츠를 선택하는 여타 엔터테인먼트 장르와 구분되는 프로스포츠만의 속성이다.

둘째, 스포츠는 대중적 관심의 대상이 되기 쉽다. 올림픽과 같은 국제 스포츠 이벤트는 국가 대항전으로 전 국민 관심의 대상이 된다. 류현진 선수나 손흥민 선수와 같이 해외 프로리그에서 활약하고 있는 한국 선수의 경우 프로 선수임에도 해외에서 활약한다는 특성 때문에 국가대표와 같은 위상이 있고 전 국민의 지지와 응원의 대상이 된다. 또한 프로스포츠의 경우 세대를 초월하는 팬덤 대물림 현상이 있다. 이는 개별 콘텐츠가 서로 독립된 단위로 존재하는 영화나 드라마 장르와는 차별화되는 프로스포츠 고유의 특성이다. 국내 프로야구는 하루에 개최되는 다섯 경기 모두를 생중계한다. 온라인 생중계의 경우 경기당 동시 접속자 수가 평균 20만 명 안팎으로 형성되고, 경기당 TV시청률은 대략 0.9% 내외로 형성된다. 5경기 기준 온라인 동시접속자가 일일 100만 명씩 발생하고, 하루 시청률 총합은 4.4%에 이르며, 이러한 경기가 시즌이 시작하는 4월부터 포스트 시즌이 끝나는 10

월 말까지 일주일에 5일씩 지속된다.

셋째, 스포츠 관람은 이성적 이해 능력을 요구하는 콘텐츠이기보다는 감성적 속성이 강하게 내재된 콘텐츠다(김성길, 2007). 스포츠 경기의 기본 구성은 이기고 지는 승패를 가르는 경쟁 행위이므로 어느 팀을 응원하든 관람객의 감정을 자극하게 된다. 질먼(Zillmann, 1996)의 성향 이론disposition theory에 의하면 스포츠 관람의 즐거움은 불확실한 미래에 대한 두려운 감정에서 발생하는 긴장감suspense을 통해 강화된다. 이때 경기 관람객의 긴장감은 자신이 응원하는 팀에 대한 감정적 편들기emotional side-taking의 정도와 경기 결과의 불확실성outcome uncertainty의 크기에 비례하게 된다(Peterson and Raney, 2008). 올림픽과 같은 국제 스포츠 이벤트는 전 국민이 하나의 팀을 아주 강한 감정적 편들기를 하면서 응원하게 되는 특별한 콘텐츠다. 또한 세계 최강자들이 겨루는 경기로 경기 결과가 쉽게 예측되지 않아 경기 관람의 긴장감이 높아지고 이에 따라 감성적 소구력이 강화되는 성향을 가지고 있다. 국가 대항전이 아니라 할지라도 팬덤이 광범위하게 형성된 프로스포츠의 경우는 감성적 소구력이 높다.

마지막으로 스포츠 경기 관람의 경험은 같은 팀을 응원하는 집단 안에서 매우 유사하게 형성된다. 즉, 유사한 경험치를 갖게 하는 속성이 있다. 동일한 팀을 응원하는 집단 안에서 누구는 팀의 승리를 기뻐하고 누구는 아쉬워하지 않을 것이다. 같은 팀을 응원한다는 것은 그 팀이 경기장에서 보여 준 경기력과 결과에 대해 대체로 하나로 수렴하는 관람 경험을 유발하게 된다. 따라서 특정 경기를 응원하는 집단의 규모가 증가한다는 것은 유사한 관람 경험을 공유하는 인원이 증가함을 의미한다. 가장 넓은 팬덤을 가지고 있는 팀은 국가대표다. 올림픽, 아시안게임, 축구 A매치 등은 국가 대항전으로, 전 국민이 하나의 팀을 응원한다고 해도 과언이 아니다. 따라서 국제 스포츠 경기대회의 관람 경험은 전 국민을 하나로 수렴하는 성질을 가지고 있으며(김기한·노예영, 2016), 이는 사회정체성이론social identity theory이 제시하는 내집단 편애ingroup bias와 같은 자연스러운 인간의 본성이기도 하다(Tajfel and Turner, 1985). 아무리 국민적 인기를 끈 영화가 있다 하더라도 영화 관람을 통한 생각과 감정, 영화에 대한 평가는 다양하기 마련이다. 스포츠와 같이 관람 경험이 하나로 수렴하는 콘텐츠는 찾아보기 어렵다.

4. 미디어 스포츠 소비의 사회적 효과

1) 미디어 스포츠에 의한 스포츠 공공성 확산 모델

이븐스 외(Evens et al., 2013)는 스포츠 방송의 가장 중요한 역할이 스포츠의 사회적 순기능을 '증폭amplification'시키는 기능이라 했다. 스포츠 참여를 통한 건강 증진과 사회적 교류 확산, 스포츠 관람을 통한 건전한 여가선용 등 이른바 '스포츠'의 순기능이 '미디어'를 매개로 사회적으로 소통되고 확산됨으로써 '증폭'된다는 것이다. 이븐스 외(Evens et al., 2013)는 지상파 방송의 중요성을 강조했지만 논리의 핵심은 특정 방송 수단보다는 '광범위한 미디어 노출'이 스포츠가 내재적으로 지니고 있는 공공성을 사회적으로 확산시키는 필수불가결한 조건이라는 것이다. 이러한 관점에서 미디어 스포츠 소비가 사회적 소통을 증진시키는 현상은 그 자체로도 의미 있지만 미디어를 통해 확산된 소통이 스포츠의 다양한 순기능을 사회적으로 확산시키고 증폭시킬 수 있다는 점에서 더욱 의미 있는 일이다.

〈그림 4-2〉는 '미디어 스포츠의 공공성 확산 모델'이다. 이 모델은 미디어 스포츠 소비로부터 촉발된 사회적 소통과 이에 따른 스포츠의 공공성 확산 효과를 일곱 가지 유형으로 구분해 설명한다.

〈그림 4-2〉에 제시된 미디어 스포츠의 공공성 확산 모델은 '스포츠 이벤트'로부터 출발한다. 스포츠 이벤트는 단일 경기로부터 일정 기간 토너먼트

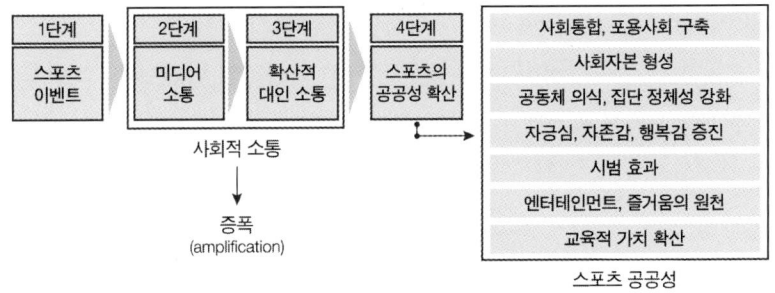

〈그림 4-2〉 미디어 스포츠의 공공성 확산 모델

또는 리그의 형태로 구조화된 연속적 경기의 집합체를 모두 포괄하는 개념
이다. 또한 스포츠 이벤트는 반드시 국가대표가 출전하는 국제 스포츠 이벤
트만을 의미하지 않는다. 아마추어 이벤트부터 프로스포츠 이벤트까지, 그
리고 인기 종목 스포츠와 비인기 종목 스포츠 이벤트를 총망라한다. 예컨대
올림픽과 같이 국가대표 선수들이 출전하는 국제대회뿐 아니라 미국 메이
저리그MLB의 류현진 선수와 영국 프로축구 프리미어리그EPL의 손흥민 선수
가 출전하는 경기도 포함된다. 한편 종목과 이벤트에 대한 인지도와 위상이
높지 않은 이벤트도 미디어를 통한 콘텐츠 유통과 소비가 이루어진다면 스
포츠를 매개로 하는 사회적 소통이 증가하고 이에 따른 스포츠의 순기능이
확산될 수 있다. 물론 서로 다른 규모와 위상의 스포츠 이벤트가 같은 수준
의 사회적 영향력을 행사하는 것은 아니다. 작은 규모의 비인기 스포츠 이
벤트의 사회적 파급력은 상대적으로 작아질 수밖에 없지만 여전히 미디어
에 의해 촉발된 소통은 스포츠의 사회적 순기능을 강화하는 효과가 유의미
하게 발생한다.

미디어 스포츠의 공공성 확산 모델의 두 번째와 세 번째 단계는 소통의
과정을 설명한다. '미디어 소통'으로 표현된 두 번째 단계는 스포츠 이벤트
의 미디어 노출 그 자체를 의미한다. 경기 중계방송 또는 경기에 대한 각종
언론 보도로 대변되는 미디어 소통은 그 자체로 스포츠 이벤트로부터 수용

자로 이어지는 소통이다. 중계되고 보도되는 경기와 경기가 내포하는 다양한 의미가 메시지가 되어 미디어를 통해 수용자에게 전달되며 이 과정이 하나의 사회적 소통인 것이다. 예컨대 비인기 종목의 중계방송은 '종목'이 '메시지'가 되어 소통됨으로써 해당 종목의 인지도를 높이는 결과로 이어질 수 있다. 경기에 임하는 선수들의 페어플레이fairplay 장면이 하나의 메시지가 되어 미디어를 통해 소통될 수도 있다. 2018 평창 동계올림픽 당시 우리 국민에게는 생소했던 컬링 종목에서 깜짝 은메달을 따내며 전국적인 컬링 신드롬을 일으켜 컬링의 인지도와 사회적 관심을 높였던 사례, 스피드스케이팅 500m에 출전해 은메달을 딴 이상화 선수가 금메달을 딴 일본의 라이벌 고다이라 나오Kodaira Nao 선수와 서로 격려하는 모습을 통해 페어플레이, 존중, 우정, 평화로 대변되는 올림픽의 가치가 확산된 사례(노예영·김기한, 2020) 모두 〈그림 4-2〉에서 제시하는 '미디어 소통'에 해당한다.

미디어 노출이 이루어진 다음에는 세 번째 단계로 '확산적 대인 소통'이 이루어진다. 확산적 대인 소통이란 미디어를 통한 스포츠 경험을 타인과 나누는 소통을 의미한다. 스포츠의 속성상 미디어 스포츠의 소비는 감성적 반응을 즉시적으로 유발하고 시간적 간격을 두고 인지적 반응을 일으키게 된다. 미디어 스포츠 소비를 통해 발생한 감정과 인식은 사후적인 행동으로 이어질 수 있는데 대표적으로 타인과의 소통 행위로 이어질 수 있다. 미디어 노출에 따르는 소통은 물리적 세계에서 이루어지는 소통과 디지털 세계에서 이루어지는 소통을 모두 포함한다. 물리적 세계에서의 소통은 주로 대면 소통을 통해 이루어지며 디지털 세계에서의 소통은 다양한 SNS 플랫폼을 통한 소통이 주를 이룬다. 미디어 스포츠 소비에 따른 모든 종류의 확산적 대인 소통은 기존에 알고 있던 지인들 사이의 소통뿐 아니라 사전에 잘알지 못하는 사람들과의 소통이 모두 포함된다. 스포츠 경기를 관람하면서 주위에 있는 타인과 감정을 공유하고 대화를 나누는 일은 스포츠 관람 문화의 한 부분이다. 온라인에서 스포츠 기사를 SNS에 공유하고 이에 댓글을

다는 방식의 디지털 소통은 대부분 개인적 친분이 없는 타인과의 소통이다. 이와 같이 스포츠를 통해 촉발된 확산적 소통은 지인은 물론 사전에 알지 못하는 사람들과의 소통을 모두 촉진한다는 점에서 동종애 집단과 이종애 heterophily 집단 모두의 소통을 증진시키는 효과를 기대할 수 있다.

〈그림 4-2〉에 제시된 2단계 소통과정(미디어 소통과 확산적 대인 소통)은 스포츠의 사회적 순기능, 즉 스포츠의 공공성을 확산하고 증폭시키는 역할을 한다. 따라서 미디어 스포츠의 공공성 확산모델의 마지막 단계는 '스포츠 공공성 확산'이다. 스포츠 공공성 확산은 미디어를 통한 스포츠 관람 그 자체에서 직접 유발되는 효과와 미디어노출을 통해 촉발된 사회적 소통에서 유발되는 효과가 있다. 미디어 스포츠를 통해 촉발되는 소통의 사회적 효과는 〈그림 4-2〉에 제시된 바와 같이 ① 사회통합, 포용사회 구축, ② 사회자본 형성, ③ 공동체 의식, 집단 정체성 강화, ④ 자긍심, 행복감, 자존감 증진, ⑤ 시범 효과, ⑥ 엔터테인먼트, 즐거움의 원천, ⑦ 교육적 가치 확산으로 구성된 일곱 가지 유형으로 분류했고 구체적인 내용은 다음 절에서 다룬다.

2) 미디어 스포츠 소통의 사회적 효과

미디어 스포츠 소통의 결과는 〈그림 4-2〉에 제시된 바와 같이 총 일곱 가지의 사회적 효과로 이어질 수 있다.

첫째, 미디어 스포츠가 촉발하는 사회적 소통은 사회통합과 포용적 사회 구축에 기여한다(김기한·노예영, 2016). 사회가 통합된다는 것은 어떤 사안에 대해 사회 구성원들이 유사한 경험치와 비슷한 평가가 있을 때 가능하며, 이 과정에 사람과 사람 사이의 소통이 필요하다. 사회적 소통이 미디어를 통해 촉발되고 매개될 수 있으므로 미디어는 사회통합 과정에서 핵심적 중재자 역할을 한다(김기한·노예영, 2016). 올림픽과 같은 소위 '국민 관심 스포츠 행사'는 전 국민이 공유하는 콘텐츠이며, 스포츠 고유의 속성에 따라 사회 전체를 하나의 팬덤으로 묶어 주어 경기 과정과 결과에 대한 유사한 경험을 유발한다. 한국 국가대표 선수가 선전한 경기를 보고 제각각의 해석과 평가가 이루어지지는 않는다. 하나의 팬덤이 형성된다는 것은 미디어 스포츠 경험이 공통의 감정과 인식을 형성시키게 됨을 의미하고, 이는 지역과 계층의 경계를 넘어 광범위한 소통을 유도해 국민을 하나로 통합시킬 수 있다. 베리(Berry, 2011), 히얼 외(Heere et al., 2013), 헤르만 외(Hermann et al., 2013) 등 스포츠 정책 연구자들도 스포츠의 사회통합 기능을 설명하기 위해 유사한 논리를 제시해 왔다. 그라톤과 솔버그(Gratton and Solberg, 2007)는 스포츠가 사회계층 간 이동과 소통을 진작시켜 차별 없는 포용적 사회 구축에 기여한다는 측면을 강조했으며, 이를 스포츠의 '민주화 효과democratising effect'로 제시하기도 했다.

둘째, 미디어 스포츠 관람에 따른 사회적 소통은 사회자본 형성에 기여한다. 사회자본은 사회구성원 상호 간의 이익을 위해 조정과 협력을 촉진하는 규범norm, 신뢰trust, 네트워크network로 정의한다(Putnam, 1993). 사회자본에는 교량적 사회자본bridging social capital과 결속적 사회자본bonding social capital이 있다(Putnam, 1993). 결속적 사회자본이 현재 구성되어 있는 강한 유대 관계strong-ties를 유지시키는 자본이라고 한다면, 교량적 사회자본은 새롭고 약한 관계weak-ties를 유입시키는 자본이다. 포츠와 센스브리너(Portes and Sensebrenner, 1993)는 상호 교류reciprocal transaction를 사회자본 형성의 중요한 결정요인으로 제시한 바 있다. 같은 맥락으로 미디어 학자들은 미디어로 매개된 소통이 사회자본 형성의 원인이자 결과로 봤다. 소셜 미디어의 관계 유지 행위(Ellison et al., 2014)와 인터넷과 텔레비전 사용량(Hooghe and Oser, 2015) 등 미디어 소비행동은 결속적 사회자본과 교량적 사회자본 형성에 중요한 역할을 하는 것으로 보고되어 왔다. 같은 맥락에서 미디어 스포츠 소비는 사회적 소통을 증가시킴으로써 사회자본 형성에 직접적인 기여를 할 수 있고, 사회적 네트워크 형성에 중요한 스포츠클럽 참여를 유도함으로써 간접적인 형태로도 사회자본 형성에 기여할 수 있다(Burnett, 2006; Walseth, 2008; Okayasu, Kawahara and Nogawa, 2010).

셋째, 미디어 스포츠 소비에 따른 소통은 집단 정체성과 공동체 의식 형성에 기여한다. 미디어를 통해 재현되는 스포츠 콘텐츠는 수용자들의 소속감과 일체감을 유발해 같은 팀과 선수를 응원하는 집단의 정체성을 형성하는 데 기여한다(Appadurai, 1996; Morley and Robins, 1995). 특히 국가 대항전으로 치러지는 국제 스포츠 이벤트는 전 국민을 하나의 강한 팬덤으로 묶어주는 속성이 있어 국가 정체성national identity을 강화시킨다. 국가대표의 경기가 아니라도 팀과 선수를 매개로 형성된 팬덤을 중심으로 작은 단위의 집단, 예컨대 대학 또는 지역사회 단위의 집단 정체성이 확립될 수 있다. 이와 같은 미디어 스포츠 소비에 따른 정체성 효과는 스포츠 연구(Coakley, 2010; van Sterkenburg, 2013)에서 지속적으로 보고되어 왔다. 맥밀란과 차비스(McMillan and Chavis, 1986)는 공동체 의식이 형성되기 위해 공유된 감정적 연결고리shared emotional connections 강화를 필수 요소로 제시한 바 있는데, 미디어 스포츠는 동질적 팬덤을 중심으로 감정적 연결고리가 형성되므로 공동체 의식 형성에 도움을 준다.

넷째, 미디어 스포츠는 자긍심, 행복감, 자존감 고취에 기여한다. 스포츠 관람은 동일시 효과identification effect를 동반한다. 이는 응원하는 팀 또는 선수와 자신을 동일시함으로써 팀과 선수의 경기 결과를 자신의 것으로 느끼게 한다는 논리다(Wann, 2006). 응원하는 팀의 승리를 자신의 승리로 치환해 인식함으로써 대리 성취vicarious achievement를 느끼고(Trail and James, 2015) 이를 통해 자긍심을 느끼게 되는 것이다. 스포츠 팬들은 승리한 팀과 자신의 연계를 명확히 밝힘으로써 팀 승리를 자신의 승리로 인식하고 과시하는 이른바 BIRGbasking in the reflected glory 성향이 있는데(Cialdini et al., 1976), 이 현상 역시 팀과 자신의 동일시 효과에 따른 대리 성취의 결과로 이해할 수 있다. 최근 연구는 스포츠 관람에 따른 대리성취 효과가 행복감, 심리적 웰빙psychological well-being, 자존감 증진에도 긍정적 영향을 준다고 보는 추세다(Jang et al., 2017; Kim et al., 2017; Kim and James, 2019). 한편 한국 선수들의 국제대회 출전에 따른 이른바 '국위선양' 효과도 대외적으로는 국가 브랜드를 제고하는 효과로 볼 수 있겠지만, 개인에게 미치는 심리적 영향의 관점에서 본다면 자긍심 고취 효과와 같은 맥락으로 이해할 수 있다.

다섯째, 미디어 스포츠는 시민 스포츠 참여를 진작시키는 시범 효과 demonstration effect가 있다(Weed, 2009). 스포츠 이벤트 개최, 롤 모델role model로서의 스포츠 스타, 수준 높은 경기력이 미디어를 통해 사회적으로 소통될 경우 일반 시민들에게 스포츠 참여의 동기부여가 되어 실질적인 스포츠 참여로 이어진다는 논리다(de Cocq, Derom and de Bosscher, 2021). 시범 효과는 원래 엘리트 스포츠 효과를 설명하는 이론이지만, 엘리트 스포츠의 시범 효과가 발현되기 위해서는 미디어 노출이 필수적으로 선행되어야 하므로 미디어 스포츠의 시범 효과로도 볼 수 있는 것이다. 이를 대중들에게 스포츠 참여 영감을 준다는 의미에서 영감효과inspirational effect로 부르기도 하고 (Coalter, 2007; Grix and Carmichael, 2012; Weed et al., 2015; de Cocq, Derom and De Bosscher, 2021; De Rycke and De Bosscher, 2019), 엘리트 스포츠 관람이 일반인이 참여하는 생활체육 참여를 증진시킨다는 의미에서 낙수효과 trickle-down effect로 부르기도 한다(Hogan and Norton, 2000; Sotiriadou, Shilbury and Quick, 2008). 구조화된 생활체육 시스템, 양질의 스포츠 지도자, 충분하고 저렴한 스포츠 시설 접근성, 지속적인 미디어 노출 등의 조건이 충족되었을 경우 스포츠의 시범 효과는 강화되는 것으로 알려졌다(de Cocq, Derom and De Bosscher, 2021).

여섯째, 미디어 스포츠 소통은 그 자체로 엔터테인먼트이자 즐거움의 원천이다. 스포츠 관람 동기요인으로 엔터테인먼트는 빠지지 않는다(Raney 2006). 스포츠는 사전 시나리오 없이 스토리텔링이 가능한 콘텐츠다. 한국 프로야구의 경우 각 팀은 한 시즌에 144경기를 치르게 되며 같은 팀과 16번 대전하게 된다. 같은 팀과 16번 경기를 치르지만 매 경기 다른 재미 요소를 만들어 낼 수 있는 것은 스포츠가 각본 없는 드라마unscripted drama이기 때문이다. 드 뤼크와 드 부쉐(de Rycke and de Bosscher, 2019)는 엘리트 스포츠의 엔터테인먼트 기능은 관람자의 즐거움과 흥미, 행복과 만족도 형성에 기여한다고 했다(e.g. Kavetsos and Szymanski, 2010, Hallmann, Breuer and B. Kühnreich, 2013). 또한 스포츠 관람은 다양한 형태의 감정 표출의 기회가 되고 일상의 스트레스를 날려 버리는 기능을 하기도 한다(e.g. Kim, Zhang and Ko, 2011).

일곱째, 스포츠는 다양한 교육적 가치가 있으며 미디어를 통해 사회적으로 소통되고 확산된다. 스포츠의 가치는 수월성excellence, 우정friendship, 존중respect, 페어플레이fairplay, 평화peace로 구성된 올림픽 가치로 대변되는데, 이러한 스포츠의 교육적 가치는 선수들의 경기장면 속에서, 또는 선수들이 롤 모델로서의 역할을 수행함으로써 하나의 메시지가 되어 사회적으로 전달된다. 미디어 스포츠를 통한 사회적 소통은 이러한 스포츠의 교육적 가치의 광범위한 확산에 기여한다. 이러한 관점에서 로란드와 맥나미(Loland and McNamee, 2000)는 스포츠 경기가 다원주의적 현대 사회에 특히 중요한 도덕적 대화moral dialog를 가능하게 하는 실천적 장으로서의 역할을 한다고 했다.

3) 관련된 실증연구 결과

이 절에서는 미디어 스포츠 소비의 사회적 효과에 대한 실증자료를 제시한다. 올림픽 미디어를 연구한 대표적인 국내 연구 5편(김기한·노예영, 2016; 김기한·김종호, 2019; 김종호·김기한, 2022; 노예영·김기한, 2020; 김기한·노예영·류윤지, 2016)을 소개해 미디어 스포츠 소비의 사회적 효과가 학술적 근거와 실증자료로 뒷받침되는 논리임을 보여 준다. 여기서 소개하는 연구는 모두 올림픽과 관련된 미디어 소비에 관한 연구이지만 미디어 스포츠의 효과가 올림픽 콘텐츠에만 제한된다고 볼 필요는 없다. 〈그림 4-1〉에서 제시하는 미디어 스포츠의 사회적 소통 유발의 선제조건이 충족되는 정도에 따라 올림픽 이외의 콘텐츠도 얼마든지 사회적 효과를 기대할 수 있다.

김기한·노예영(2016)은 스포츠 콘텐츠 소비가 사회통합에 미치는 영향을 조사했다. 이를 위해 2014년 소치 동계올림픽을 중계한 지상파 4개 채널(KBS1, KBS2, MBC, SBS) 간 중복시청률(특정 채널을 시청한 시청자 중 다른 채널로 이동해 1분 이상 시청한 시청자의 비율) 자료를 네트워크 분석해 올림픽 기간 동안의 시청자 파편화와 분극화 현상이 모두 완화되는 현상을 확인했다. 미디어 수용자 파편화와 분극화 현상이 사회통합에 역행하는 현상이라는 점에서 김기한·노예영(2016)의 연구 결과는 미디어 스포츠의 사회통합 기능을 지지하는 실증자료로 가치가 있다. 구체적인 연구 결과는 〈표 4-1〉에 제시된 바와 같이 올림픽 기간 중 올림픽 중계 4개 채널로의 내향 연결 정도 중심성 지수가 올림픽이 개최되지 않은 평상시 대비 모두 높은 것을

〈표 4-1〉 스포츠 이벤트 기간과 비기간의 내향 연결정도 중심성

구분	올림픽 기간	평상시	차이	t
KBS1	83.25(2.29)	79.28(2.69)	3.97	5.33**
KBS2	82.39(4.03)	75.48(3.25)	6.91	6.61**
MBC	83.78(3.19)	76.34(3.56)	7.44	7.15**
SBS	84.48(2.04)	78.03(2.63)	6.45	6.86**
올림픽 채널 평균	83.48(1.97)	77.28(2.15)	6.20	10.17**
비올림픽 채널 평균	11.82(0.65)	11.39(0.65)	0.43	1.73

주 1: *p<.05, **p<.01.
주 2: 올림픽 기간은 2014. 2.7.~2014.2.23., 평상시는 2014.3.7.~2014.3.23.이다.
주 3: N=17, 괄호 안은 SD, df=16.
자료: 김기한·노예영(2016).

확인할 수 있는데, 이는 올림픽 중계 채널로의 시청자 유입 정도가 올림픽 기간에 높았음을 의미한다. 평상시 개인의 선호에 따라 다양한 방송 채널로 분산되어 시청하는 수용자 '파편화' 현상이 올림픽 기간에 완화된 것이다.

한편 〈표 4-2〉는 올림픽 기간과 평상시의 채널 네트워크를 하위집단으로 분류한 분석 결과이다. 채널 네트워크의 하위집단은 시청자들이 주로 시청하는 채널의 구성을 의미하는 채널 레퍼토리로 이해된다. 올림픽 기간의 하위집단 수가 총 15개였던 반면 평상시에는 이보다 세 배 이상 많은 40개의 하위집단이 형성된 것으로 나타났으며, 하나의 하위집단에 속한 평균 채널의 수는 올림픽 기간이 48개로 평상시 22개 대비 두 배 이상 많은 것으로 나타났다. 이러한 결과는 평상시 수용자들이 소수의 채널로 구성된 상대적으로 작은 규모의 채널 레퍼토리 안에서 특정 채널만 이용하던 분극화된 미디어 소비 패턴이 올림픽 기간에 완화되었음을 의미한다.

김기한·김종호(2019)의 연구에서는 2016년 리우올림픽 콘텐츠 소비가 사회적 소통에 미치는 영향을 검증했다. 분석 자료는 올림픽 기간 중 국내 온라인 포털 사이트에 게시된 총 2만 9784개의 언론 기사와 162만 420개의 댓글 및 댓글에 대한 추천과 비추천 정보로 구성되었다. 분석 자료는 파이썬Phython 언어를 이용해 수집했으며 수집된 언론 보도 자료는 올림픽 기사와 정치, 경제, 사회, 문화 네 개 장르로 구성된 비올림픽 기사로 분류되었다. 각 기사가 촉발시키는 사회적 소통량은 두 가지 방식으로 측정했는데 하나는 '직접 소통량'으로 기사에 직접 댓글을 다는 행위를 계량화한 수치였고, 나머지 하나는 '상호작용 소통량'으로 기사에 달린 댓글에 대한 추천과 비추천 행위를 계량화한 수치였다. 직접 소통량이 기사의 저자와 독자 간 소통량을 측정한 것이라면, 상호작용 소통량은 독자와 독자 간 소통량을 측정한 것으로 볼 수 있다. 자료 분석을 위해 기사 장르를 독립변수로, 두 가지 유형의 소통량을 종속변수로 하는 다중회귀분석을 실시했으며 올림픽 기사가 타 장르 기사 대비 사회적 소통 증진에 효과적인지 여부를 검증했

〈표 4-2〉 스포츠 이벤트 기간과 비기간의 채널 네트워크 집락 분석

	올림픽 기간	평상시
하위그룹 수(개)	15	40
하위그룹 내 평균 채널 수(개)	48	22

주: 올림픽 기간은 2014.2.7.~ 2014.2.23.이고 평상시는 2014.3.7.~2014.3.23.이다.
자료: 김기한·노예영(2016).

〈표 4-3〉 올림픽 콘텐츠의 소통 유발 효과

변수		직접 소통량 (기사 추천 수+기사 댓글 수)		상호작용 소통량 (댓글 답글 수 + 댓글 추천/비추천)	
		model1		model3	
		b	SE	b	SE
장르	정치	-41.24***	1.52	-353.80***	29.88
	경제	-30.62***	2.13	-236.92***	37.18
	사회	-54.48***	1.80	-448.15***	35.12
	문화	-49.54***	2.06	-521.72***	39.32
콘텐츠 변인	글자 수	0.01***	0.00	0.07***	0.01
	사진 유무	10.75***	1.49	217.79***	26.32
	사진 개수	3.93***	0.61	40.21***	9.94
	동영상 유무	31.98***	2.58	469.34***	42.76
	출처	-1.59	1.55	-78.73***	26.41
댓글 여론	긍정 댓글 비율	-54.47***	3.90	-1688.43***	76.48
	댓글 여론 일치성	59.53***	1.84	939.74***	35.45
기사 게시 시간대	취침 시간	4.40	2.51	67.13	45.68
	일과 시간	9.01***	2.29	86.98*	41.40
	출퇴근 시간	3.65	2.42	20.04	43.81
주말		7.63***	2.58	181.23***	47.26
상수		68.09***	3.57	1282.58***	67.69
Model fit		N=29,784 F(15, 29768)=226.13 Prob > F=0.00 R-squared=0.088		N= 29,784 F(15, 29768)=73.20 Prob > F=0.00 R-squared=0.045	

주: *p<.05, ***p<.01.
자료: 김기한·김종호(2019).

다. 분석 결과는 〈표 4-3〉에 제시된 바와 같이 올림픽 기사의 소통증진 효과가 타 장르 기사와 비교해 대체적으로 큰 것으로 나타났다. 명목변인으로 코딩된 콘텐츠 장르 변인의 결과를 살펴보면 올림픽 콘텐츠 대비 정치, 경제, 사회, 문화 기사의 계수 값이 모두 음수이면서 통계적으로 유의한 것으로 나타났다. 이는 올림픽 콘텐츠에 비해 타 장르 기사가 직접 소통량과 상호작용 소통량 증진에 불리한 것, 역으로 올림픽 콘텐츠가 두 종류의 소통량 증진에 효과적임을 보여 준다. 이러한 결과는 올림픽 스포츠가 지니는 사회적 소통 유발 효과가 일반적 미디어 콘텐츠가 갖는 소통 유발 효과를 넘어서는 강점을 지니고 있음을 의미한다.

김종호·김기한(2022)은 2020 도쿄올림픽 시청 정도가 사회자본 형성에 미치는 영향을 구조방정식 모형으로 분석했다. 도쿄올림픽 폐막 직후 전국 265명을 무선 표집해 설문조사를 통해 수집한 자료를 분석한 결과 올림픽

〈그림 4-3〉 올림픽 시청이 사회자본 형성에 미치는 영향

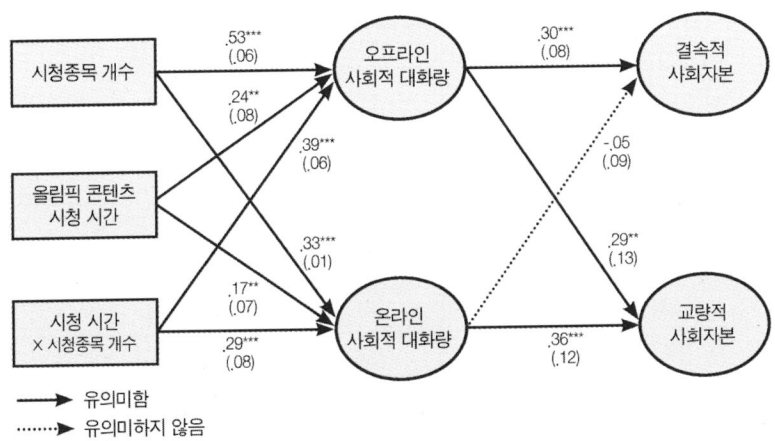

주 1: *p<0.5, **p<.01, ***: p<.001
주 2: 경로계수는 표준화 계수로 제시.
주 3: model fit: x^2=697.75(df=177, p<.001), RMSEA=.060, CFI=.915, TLI=.911, SRMR=.051
주 4: 괄호는 해당 경로계수의 SE 값을 의미함.
자료: 김종호·김기한(2022).

시청이 사회자본 형성에 긍정적인 영향을 미치는 것으로 나타났다. 주요 연구 결과는 〈그림 4-3〉에 제시된 바와 같이 올림픽 콘텐츠 시청량이 증가할수록 온·오프라인에서의 올림픽 관련 대화량이 증가해 사회자본 형성에 기여하는 것으로 나타났다. 오프라인 대화량은 결속적 사회자본과 교량적 사회자본 형성에 모두 기여하는 것으로 나타난 반면, 온라인 대화는 교량적 사회자본 형성에만 영향을 미치는 것으로 나타났다. 온라인 소통이 오프라인 소통 대비 익명의 타인과 소통하는 경우가 많기 때문으로 이해할 수 있다. 〈그림 4-3〉은 '시청 종목 개수'의 조절 효과도 보여 주는데, 보다 다양한 종목의 올림픽 콘텐츠를 소비할수록 시청량이 온·오프라인 대화량에 미치는 영향력이 강화된다는 것이다. 다양한 종목의 올림픽 경기를 시청한 것이 좀 더 다채로운 이야깃거리를 생성함으로써 더 많은 사람들과 대화의 발판이 되었다고 이해할 수 있다.

노예영·김기한(2020)은 2018 평창 동계올림픽 기간 중 트위터에서 이루어진 올림픽 관련 소통 내용을 조사했다. 이 연구는 올림픽 콘텐츠 소비가 소통에 미치는 영향을 직접적으로 검증한 연구는 아니지만 올림픽 기간 동안 올림픽 관련 이슈가 트위터 등의 SNS를 통해 얼마나 많이 소통되었는지를 잘 보여 줄 뿐 아니라 소통의 내용이 단순 경기 결과의 공유를 넘어 다양한 화제거리를 생산하고 광범위하게 확산되었음을 보여 준다. 구체적으로 총 10만 건 이상의 트위터 메시지를 토픽 모델링으로 분석해 10대 주요 이슈를 도출했다. 〈표 4-4〉는 주요 이슈를 $\overline{\theta}$d(세타평균) 값이 큰 순서대로 제시했는데 세타평균이 크다는 것은 전체 트위터 메시지 내에서 비중이 크다는 것을 의미한다. 〈표 4-4〉에 제시된 주요 이슈를 살펴본 결과 절반에 해당하는 5개 이슈가 스포츠 대회로서의 올림픽과는 거리가 있는 '북한 올림픽 응원단' 이슈, '남북 아이스하키 단일팀' 이슈, '남북한 선수단 개막식 공동 입장' 이슈와 같은 정치적 이슈인 것으로 나타났다. 이는 올림픽이 세계인의 관심을 집중시키는 스포츠 대회임과 동시에 국제 정치 무대임을 의미

<표 4-4> 2018 평창 동계올림픽 기간 중 트위터로 소통된 10대 이슈

구분	이슈	주요 단어	$\bar{\theta}d^a$	트윗 수	비율(%)
1	모두가 승자	은메달, 금메달, 동메달, 축하	.287	35,190	32.20
2	여자 컬링팀 신드롬	컬링, 팀킴, 안경선배, 영미	.225	29,705	27.18
3	남자 매스스타트	이승훈, 금메달, 정재원, 페이스메이커	.205	12,605	11.54
4	여자 스피드 스케이팅 팀 추월	김보름, 노선영, 왕따, 파벌	.197	7,430	6.80
5	여자 아이스하키 남북단일팀	단일팀, 남북한, 아이스하키, 코리아	.165	6,153	5.63
6	김아랑 세월호 리본	김아랑, 세월호, 리본, 헬멧	.159	5,343	4.89
7	이상화 고다이라 스포츠정신	이상화, 고다이라, 우정, 스포츠	.152	5,253	4.81
8	평화-평양올림픽	올림픽, 평화, 평양, 평창	.137	3,480	3.18
9	남북한 선수단 개막식 공동 입장	개막식, 공동 입장, 한반도기, 독도	.119	2,609	2.39
10	북한 응원단	응원단, 김일성, 가면, 북한	.097	1,506	1.38

주: [a] 클수록 문서(전체 트위터 메시지) 내에서 비중이 크다는 것을 의미함.
자료: 노예영·김기한(2020).

하며 올림픽 미디어에서 파생하는 사회적 소통의 범위가 스포츠의 범위를 훨씬 넘어서고 있음을 의미한다. 또한 <표 4-4>에 제시된 10대 이슈 중 4개는 전통적인 스포츠 경기 결과에 대한 메시지가 아닌 승자 독식의 과거 패러다임을 넘어서는 '모두가 승자' 이슈, 스포츠 경기에서 페이스메이커를 활용한 경기 전략과 공정성 논쟁을 반영한 '남자 매스스타트Mass Start' 이슈, 이상화 선수와 고다이라 선수의 상호 존중과 우정과 관련된 '이상화-고다이라 스포츠 정신' 이슈로 과거 올림픽 경기를 관람할 때 경기 결과에만 집착하던 사회적 관심이 인권과 정의의 영역으로 확장해 폭넓은 소통을 유발했음을 보여 준다.

〈표 4-5〉 스포츠방송 시청의 사회적 효과 구성요인

구분	항목	β	표준 오차 (S.E)	개념 신뢰도 (C.R)	평균 분산 추출 (AVE)	개념 신뢰도
국가 자부심	OOO방송 시청은 국가에 대한 자랑스러움을 느끼게 한다	.92**	.01	76.67	.81	.93
	OOO방송 시청은 국가에 대한 자긍심을 가지게 한다	.90**	.01	69.46		
	OOO방송 시청은 국가에 대한 자부심을 느끼게 한다	.88**	.01	58.47		
스포츠 저변 확대	OOO방송 시청은 나의 전반적인 스포츠 참여를 장려한다	.79**	.02	32.88	.71	.91
	OOO방송 시청은 내가 다양한 종목의 스포츠에 참여하도록 장려한다	.87**	.02	51.24		
	OOO방송 시청은 내가 새로운 종목의 스포츠에 참여하도록 장려한다	.82**	.02	39.05	.71	.91
	OOO방송 시청은 내가 주변 사람들에게 스포츠 참여를 장려하게끔 한다	.89**	.02	59.20		
사회 통합	OOO방송 시청은 우리 사회 전반의 갈등 완화에 기여한다	.89**	.01	68.77	.80	.94
	OOO방송 시청은 내가 속해 있는 집단의 사람들과 '우리'라는 공유된 느낌을 가지게 한다	.93**	.01	92.50		
	OOO방송 시청은 사회 전반의 공감대 형성에 기여한다	.89**	.01	68.38		
	OOO방송 시청은 내가 속해 있는 집단의 사람들과 공동의 관심사를 가지게 한다	.87**	.02	57.93		
오락	OOO방송 시청은 나를 행복하게 해 준다	.86**	.02	42.75	.71	.88
	OOO방송 시청은 나의 기분전환에 도움을 준다	.85**	.02	40.48		
	OOO방송 시청은 나의 인생의 활력을 북돋아 준다	.82**	.02	35.65		

주: *p<.05, **p<.01; χ^2(71)=168.09 (p<.001), TLI=.97, CFI=.98, RMSEA=.07,N=315.
자료: 김기한·노예영·류윤지(2016).

마지막으로 김기한·노예영·류윤지(2016)는 방송의 공익성 증진에 기여하는 스포츠방송 프로그램 시청의 사회적 효과를 측정하는 척도를 개발했다. 선행 연구를 바탕으로 도출한 측정 항목에 대한 안면 타당도 점검, 탐색적 요인 분석과 확인적 요인 분석을 통한 구성 타당도, 수렴 타당도, 판별 타당도 검증을 거쳐 〈표 4-5〉에 제시된 총 4개 요인(국가 자부심, 스포츠 저변 확대, 사회통합, 오락) 14개 문항을 최종적으로 도출했다. 이는 〈그림 4-2〉에 제시된 일곱 가지 유형의 미디어 스포츠 소통의 사회적 효과에 포함되는 내용이다.

5. 논의 및 정책 제언

하는 스포츠의 순기능에 대해 반론을 제기할 사람은 많지 않다. 이 장에서는 보는 스포츠도 하는 스포츠만큼이나 긍정적 외부효과externality가 있음을 보여 준다. 어쩌면 미디어 확산 없이는 하는 스포츠의 순기능이 사회 구석구석까지 침투하기 어려울 수 있다. 이븐스 외(Evens et al., 2013)가 제시했듯 미디어는 스포츠의 사회적 순기능을 증폭시키는 앰프와 같은 기능을 하기 때문이다. 이 장에서는 '미디어 스포츠의 공공성 확산 모델'을 제시함으로써 스포츠의 공공성이 미디어를 통해 어떻게 소통되고 확산되며 어떠한 영향력을 사회적으로 행사하는지에 대한 학술적 근거를 제시했다.

〈그림 4-2〉에 제시된 '미디어 스포츠의 공공성 확산 모델'은 스포츠 이벤트 관람으로부터 출발한다. 미디어를 통한 스포츠 이벤트의 관람은 그 자체가 하나의 소통으로 다양한 종목의 스포츠에 대한 대중적 인지도와 관심을 끌어 올린다. 뿐만 아니라 미디어는 스포츠 경기로부터 표출되는 스포츠의 가치를 메시지화해 대중에게 소통하는 창구가 된다. 미디어 스포츠 관람을 통해 형성되는 생각과 감정은 다양한 온·오프라인 매체를 통해 대인 간 소통

으로 확산되어 총 일곱 가지로 분류된 스포츠의 공공성(사회통합, 사회자본, 정체성, 자긍심, 시범 효과, 즐거움, 교육적 가치)을 사회적으로 확산하게 된다.

한 가지 흥미로운 점은 여기서 제시하는 일곱 가지 스포츠 공공성은 '신체적 건강'을 제외한 '참여 스포츠'의 순기능을 모두 담고 있다는 것이다. 미디어를 통한 스포츠 관람만으로도 하는 스포츠의 순기능을 구현할 수 있으며 오히려 사회적 확산력과 파급력 측면에서는 개인이 직접 참여하는 스포츠보다 효과가 더 강력할 수 있다는 것이다. 그렇다고 해서 직접 참여함으로써 얻을 수 있는 공공성과 미디어 관람을 통해 얻을 수 있는 공공성이 같은 과정을 거치는 것은 아니다. 예컨대 하는 스포츠의 행복감이 스스로 느끼는 성취감에 기인한다면 보는 스포츠의 행복감은 대리성취의 결과일 것이다. 이는 미디어 스포츠가 참여 스포츠와 상호 보완적 강화 관계에 있음을 의미하고 둘 중 어느 하나만 가지고 스포츠의 사회적 순기능이 충실히 발현되기 어렵다는 점을 시사한다.

영국 정부는 2015년 「스포츠미래: 활동국가를 위한 새로운 전략Sporting Future: A New Strategy for an Active Nation」 보고서를 통해 국가 스포츠 정책의 다섯 가지 목적을 신체적 웰빙physical wellbeing, 정신적 웰빙mental wellbeing, 인간 개발individual development, 사회 공동체 발전social and community development, 경제적 발전economic development으로 제시했다. 이 전략 보고서에서 눈에 띄는 대목은 '라이브 스포츠 경험experiencing live sport'을 국가 스포츠 정책의 중요한 전략으로 명시하고 있다는 점이다. 그 근거는 일반 국민들이 스포츠를 직접 또는 미디어를 통해 관람할 기회가 축소될 경우 앞서 제시한 스포츠의 다섯 가지 목적을 달성하기 어려워진다는 것이다. 관련해서 영국 공영방송 BBC의 스포츠 중계방송에 대한 역할을 강조했는데, 이는 영국 정부가 스포츠의 공공성 확대를 위해 미디어 노출을 반드시 거쳐야 하는 필수불가결한 중간 관문으로 인식하고 있음을 의미한다.

미디어 스포츠에 대한 한국의 인식은 영국과는 차이가 있다. 2010년 제정된 보편적 시청권 규정 외에는 미디어 스포츠와 관련된 정부의 정책은 찾아보기 어렵다. 앞으로 한국의 스포츠 정책에서도 다양한 스포츠의 미디어 노출을 확대할 수 있는 정책이 필요하다. 이는 스포츠 미디어가 하나의 산업임과 동시에 스포츠의 공공성을 확대 강화하기 위한 필요조건임을 인식하는 데서 출발한다. 우선적으로 고려할 수 있는 정책은 다음과 같다. 첫째, 전통 TV를 중심으로 종목 다양성을 확보할 수 있는 제도를 고려해 볼 수 있다. 스포츠 전문 채널에 일정 비율 이상의 비인기 국내 스포츠 방송을 편성하도록 하는 이른바 '비인기 스포츠 방송 쿼터제'를 실시함으로써 국내외 인기 프로스포츠를 통해 확보하는 수익이 비인기 종목으로 투자될 수 있는 선순환 구조를 구축할 수 있을 것이다. 둘째, TV를 중심으로 제정된 보편적 시청권 규제를 유료 OTT 플랫폼 등 온라인으로 확대 적용 가능하도록 제도적 보완이 필요하다. 그렇지 않을 경우 국민 관심 스포츠 행사의 온라인 유통이 '유료화'됨으로써 콘텐츠의 보편성을 확보하려는 입법 취지가 퇴색하게 된다. TV 중심으로 설정된 현행 보편적 시청권 규제를 디지털 시대에 맞게 개정할 필요가 있는 것이다. 셋째, 보편적 시청권의 규제 대상이 되는 올림픽 등 국민 관심 스포츠 이벤트는 아니라 할지라도 국가대표가 출전하는 국가 대항전의 미디어 노출을 극대화할 수 있는 제도적 지원이 필요하다. 국가대표의 경기 관람은 〈그림 4-1〉에 제시된 스포츠의 공공성 확대 조건을 대부분 충족한다. 따라서 다양한 종목의 스포츠 국가 대항전은 종목의 인지도와 대중성이 다소 떨어진다 하더라도 미디어 노출이 원활히 이루어질 수 있도록 하는 제도적 보완이 필요하다. 마지막으로 국내 프로스포츠 콘텐츠의 제작과 유통의 상생적 시장구조를 구축할 수 있는 제도가 필요하다. 온라인 OTT의 급속한 발전으로 프로야구와 같은 국내 프로스포츠 콘텐츠가 통신사에 의해 온라인 유통되는 시대가 되었다. 스포츠 중계권 시장의 속성으로 중계영상의 저작권이 스포츠연맹에 귀속되다보니 영상을 제작한 방송사에게 제작의 대가를 전혀 치르지 않고 OTT 플랫폼이 수익을 독점하는 구조가 자리 잡을 수 있다. KBO와 같은 영향력 있는 스포츠연맹은 스포츠 프로그램 제작의 주체인 방송사와 온라인 유통의 주체인 통신사 간 수익이 합리적으로 배분될 수 있는 현명한 조정자로의 역할이 필요해 보인다. 스포츠연맹이 가져오는 수익의 총량은 동일하게 유지하면서도 스포츠 제작과 온라인 유통에 관여하는 모든 이해집단이 상생할 수 있는 시장구조를 만들어 주어야 하는 것이다. 그렇지 않을 경우 양질의 콘텐츠 제작 의도는 점차 축소되고 질 낮은 프로그램의 피해가 팬들에게 전가될 우려가 있다.

Abstract

Social Communication Effects of Mediated Sport

Amplifying the Social Effects of Sport and the Role of Media

Kim, Kihan

Mediated sport is effective in promoting social communication. The experience of watching sports games and the results of the games that are of public interest have become national issues in many cases and are talked about for a long time. However, media contents other than sports can also induce social communication. For example, entertainment programs such as movies, dramas, and music can generate topics for people to talk about. Then, is sports unique in the way it induces social communication? Or does sports merely induce social communication in the same way as other media contents? If sports does have a special ability to induce social communication, what are the reasons, and what are the impacts on our society? In order to answer such questions, this chapter attempts to explain the effect of inducing social communication of sports contents in a constantly developing media environment. Starting with the diagnosis of the disconnection of communication facing our society, such as polarization, stratification, and reinforcement of confirmation bias, we will present academic evidence and logic on the conditions of media content to trigger social communication, and the relationship of sports content to our society.

Chapter 5

공공서비스미디어와 스포츠 방송

봉미선

1. 서론

보편적 시청권univnersal access right은 중요 스포츠 이벤트를 대다수 국민이
보고 즐길 수 있도록 보장하는 제도다. 스포츠의 상업화·산업화 또한 무시
할 수 없는 흐름이다. 산업화로 스포츠 발전을 위한 투자가 가능해진다. 지
나친 산업화는 시민의 외면을 부를 수 있다. 올림픽과 같은 중요 이벤트마
저 시청할 수 없는 시민이 생겨나고, 이는 스포츠와 시민의 거리를 넓힌다.
시민의 외면 속에서 발전할 수 있는 스포츠는 없다. 따라서 보편적 시청권
은 단지 소외된 시민을 위한 시혜가 아니다. 스포츠와 시민의 관계를 유지
할 수 있도록 최소한의 장치를 둠으로써 스포츠의 지속발전을 도모할 수 있
는 방안으로도 작동한다. 최근 들어 스포츠 산업화의 가속 페달만을 밟아
왔다. 잠시 브레이크를 밟고 방향을 짚어 볼 때다. 주위 시민들과 함께 어울
릴 수 있는 방법을 찾아 그들과 함께 갈 때 스포츠 본연의 정신과 역할을 기

대할 수 있다.

스포츠는 각본 없는 드라마라고 불린다. 정해진 규칙에 따라 정정당당하게 겨룬다. 예측과 다른 결과, 즉 의외성은 단조로운 현대를 살아가는 사람들에게 특별한 매력을 선사한다. 스포츠는 이러한 불확실성으로 삶의 자극을 유도한다. 보는 데 그치지 않고 참여할 수 있는 점 또한 스포츠가 갖는 장점이다. 미디어는 다종다양한 스포츠 경기를 안방으로 불러들였다. 요즘은 내 손 안의 미디어기기로 언제 어디서나 보고 즐길 수 있다. 다양한 플랫폼과 채널로 여러 종목 가운데 원하는 경기를 실시간으로 쉽게 시청할 수 있다. 1984년 LA올림픽 이후 1990년대에 들어서면서 스포츠와 미디어의 관계는 더욱 밀접해졌다. 스포츠는 중요한 문화콘텐츠로 자리 잡았으며, 미디어에서 빠트릴 수 없는 프로그램으로 자리를 굳혔다. 스포츠는 방송을 통해 빠르게 대중에게 다가가고, 상업화함으로써 기반을 공고히 다질 수 있고, 방송은 의외성을 가진 문화콘텐츠를 내보냄으로써 시청자의 시선을 사로잡는 공생관계로 발전했다.

이런 상황 속에서도 부작용 또는 아쉬운 점이 나타나고 있다. 시청자가 어느 미디어에 접근할 수 있는가, 어떤 매체를 이용할 수 있는가에 따라 향유할 수 있는 스포츠 프로그램은 확연히 구별된다. 유료방송이나 글로벌 OTTOver The Top에 접속하지 않을 경우, 이른바 인기 종목의 중요한 경기를 실시간으로 시청하기 쉽지 않다. 유료방송으로 송출되는 스포츠 전문 채널이 생겨나면서 접근이 용이한 공공서비스미디어public service media에서는 오히려 스포츠 프로그램의 비중은 축소되고 있다. 유료시청자는 다양한 채널에서 다양한 종목의 스포츠 프로그램을 시청할 수 있는 반면, 무료 보편적인 공공서비스미디어에서 시청할 수 있는 프로그램은 점차 줄어들고 있는 것이다. 공공서비스미디어에 의존하는 시청자들에게 스포츠 프로그램은 결승전 등 큰 규모의 경기만 볼 수 있게 축소되었다. 즉, 시청자들이 주목하는 스포츠가 '풍부'해질수록 공공서비스미디어를 통해 접할 수 있는 기회의

'결핍'은 더해 가는 아이러니가 연출되고 있다.

공공서비스미디어는 주로 지상파방송을 일컫는다. 지상파방송은 수상기만 있으면 누구나 무료로 볼 수 있는 채널이다. 지상파방송에서 볼 수 있는 스포츠 프로그램은 대부분 소수 스포츠 중계방송이나 스포츠 뉴스 정도에 그친다. 최근 들어 연예·오락 프로그램으로 스포츠 대중화에 기여할 수 있는 프로그램이 등장하고 있으나 스포츠 콘텐츠 본연의 목적을 발휘하는 데는 한계가 있다. 지상파방송에서 중계되는 스포츠 프로그램은 인기 종목이나 유명 선수가 해외에서 경기하는 일부 프로그램 정도에 그치고 있다. 지상파방송 시청자는 스포츠와 미디어의 만남에 따른 이익보다는 시장논리가 침투하면서 스포츠와 거리만 멀어지고 있는 형국이다. 스포츠 본연의 정신, 스포츠가 가져다주는 정정당당한 경쟁, 스포츠가 주는 의외성을 누구나 느끼고 즐길 수 있도록 공공서비스미디어의 역할이 강화될 필요가 있다. 국민 누구나 일상생활에서 스포츠 정신을 만끽하고, 스포츠가 가져다주는 선한 자극을 누릴 수 있도록 미디어가 본연의 '매개자'로서 역할을 찾아야 한다.

지상파방송이 스포츠 프로그램을 얼마나 어떻게 방송하느냐는 공공서비스미디어의 역할을 들여다볼 수 있는 가늠자다. 시청자들의 스포츠 시청 욕구를 충족시키기 위해 국내 지상파방송사들은 어느 정도로 스포츠 프로그램을 담아내고 있을지 점검할 필요가 있다.

코로나바이러스감염증-19(코로나-19)로 인해 1년 지연된 2020 도쿄올림픽의 중계권 관련 논란이 불거졌다. 올림픽은 보편적 시청권이 보장되어야 하는 대표적인 중요 행사다. 유럽연합EU: European Union은 1997년 보편적 접근법universal access을 제정해 국민적 관심이 높은 스포츠에 대한 중계권은 공영방송사가 선점할 수 있게 했다. 한국도 '방송법'으로 보편적 시청권을 규정하고 있다. 방송사 입장에서 올림픽이나 월드컵과 같은 국민적 관심이 높은 스포츠 행사는 다른 프로그램보다 상대적으로 적은 비용을 투입하고 일정 이상의 시청률을 확보할 수 있는 유용한 방송 프로그램이다. 여기에 광고주들을 끌어들일 수 있는 매력까지 더해진다. 그럼에도 막대한 중계권료 등으로 번번이 상업적 채널 또는 상업자본에 밀려 중계권을 확보하지 못하고 있는 실정이다. 공공서비스미디어를 통해 보편적 시청권을 보장해야 하는 주요 행사, 중요 스포츠 행사는 무엇이며, 어떤 방향성으로 개선되어야 할까. 이에 더해 우리의 미디어 환경은 '스마트폰'과 '유튜브'를 필두로 다종 다양한 플랫폼이 중심이 되고 있다. TV를 통해서만 영상 콘텐츠를 소비하던 시절은 지난 지 오래다. 시니어 연령대조차도 유튜브를 폭넓게 이용하는 오늘날, 잉글랜드 프로축구 토트넘 홋스퍼Tottenham Hotspur 소속의 손흥민과 토론토 블루제이스Toronto Blue Jays 소속 메이저리거 류현진의 경기는 유료 어플리케이션이나 유료채널로만 볼 수 있다.

이처럼 공공서비스미디어의 입지는 점차 축소되고 있다. 공공서비스미디어의 대표 주자인 지상파방송의 역할과 영향 또한 큰 폭으로 줄어들고 있다. 유료방송의 스포츠 전문 채널들이 다수 존재하지만, 무료 보편적 시청권을 보장하는 지상파방송의 역할은 여전히 중요한 자리를 차지하고 있다. 스포츠가 갖는 의미, 정신, 흥미를 누구나 향유할 수 있도록 공공미디어의 역할이 강조될 필요가 있다.

2. 스포츠와 공공서비스미디어의 역할

1) 스포츠와 미디어의 가치

코로나-19로 인해 2020 도쿄올림픽은 2021년 개최되었다. 올림픽 역사상 초유의 개최 연기 사태가 발생한 것이다. 초유의 사태는 이뿐만이 아니었다. 2021년 7월 23일부터 8월 8일까지 진행된 도쿄올림픽은 메달을 받는 선수가 스스로 메달을 목에 걸어야 하는 '셀프 시상'과 대부분의 경기는 '무관중'으로 진행되었다. 그만큼 생생한 올림픽 현장을 담아내는 미디어에 이목이 쏠렸다. 2020년 도쿄올림픽에서 대한민국 역사상 첫 동메달을 거머쥔 근대5종 선수의 바람은 스포츠와 미디어의 관계를 상징적으로 보여 준다. 그는 도쿄올림픽이 열리기 1년 전 한 예능프로그램에 출연해 그의 가장 큰 고민은 어떻게 하면 메달을 딸 수 있는가가 아닌 '근대5종을 어떻게 하면 알릴 수 있을지'라며 미디어의 역할을 주문했다(오마이뉴스, 2021.8.8.). 로우(Rowe, 1996)는 다양한 스포츠 신문과 잡지, 방송 등 미디어 기술이 발달함에 따라 관객이 스포츠 현장을 찾아갈 필요가 없으며 각종 경기가 관객에게 다가온다고도 했다. 경기를 보고자 경기장을 방문한 관객들은 입장료 등을 지급해야 했으나, 방송이 이를 대신하면서 관객 대신 광고주가 방송사에 수익을 창출해 왔다. 이처럼 스포츠는 방송을 비롯한 대중매체에 중요한 역할을 해 왔다.

먼저 스포츠의 가치부터 살펴보자. 첫째, 스포츠가 지니는 정치·경제학적 가치다. 스포츠는 문화적 요소 중 하나로 존재하면서 국민적 동질성을 고취 및 확립하는 역할을 수행해 왔다. 스포츠는 현대 사회에 있어 유인의 기제로서 역할을 수행하고 있다. 특히 올림픽과 같은 메가 스포츠 이벤트 mega-event가 시작되면서 스포츠가 국가에 의한 정치성과 경제적 요인의 영향으로부터 자유로웠던 적은 별로 없었다. 메가 이벤트는 전 세계적으로 수많은 사람들이 이목을 집중시키고, 국가적 차원에서는 대회 유치를 위한 외교적 노력이 정책적 차원에서 추진되기도 한다(Manheim, 1994). 올림픽, 월드컵 등과 같은 메가 스포츠 이벤트의 중계방송은 전 세계적 인구의 관심뿐만 아니라 관련 이해자들을 비롯해 대다수 국민이 갖는 관심도가 매우 높다고 할 수 있다(봉미선, 2011). 역사적으로 보면 그리스에서 시작된 올림픽도 대중의 힘을 모아 국민적 단합을 이루려는 정치적인 뜻이 담겨져 있었다고 볼 수 있다. 아돌프 히틀러 Adolf Hitler는 TV와 스포츠를 결합시킨 최초의 정치가였다. 미국 리처드 닉슨 Richard Nixon 대통령은 스포츠, 탁구를 앞세워 중국과의 수교를 이루어 내기도 했다. 1996년에 미국은 북한과의 우호관계를 모색하며 북한 여자 축구팀을 미국에 초청해 순회경기를 갖기도 했다(김건희, 2018). 스포츠의 경제적인 가치는 광고를 통한 소비 주체 형성과 다양한 비즈니스와의 연계에서 찾을 수 있다. 광고 배너, 로고 및 후원 제휴부터 새로운 미디어 기술이 도입되어 창출되는 좀 더 다양한 스폰서십 등 경제와 문화를 이끄는 원동력인 미디어와 스포츠가 결합되어 무수한 경제주체를 생성하고 있다. 둘째, 스포츠의 사회적 가치다. 스포츠는 사람들로 하여금 일체감을 조성해 사회통합 기능을 담당하기도 한다. 스포츠는 사회적 차원에서 구성원들의 단합과 사회적 동질성을 가져다주는 역할을 담당하고 있다는 측면에서 그 공공성을 크게 인정받고 있다. 통일부(2021)는 축구는 우리 국민을 하나로 만들어 주는 국민 스포츠라며, 남북통일축구대회를 소개하고 있다. 1921년 평양군의 무오축구단부터 경성과 평양, 함흥에서 열려왔던 축구대회와 1990년, 2002년, 2005년, 2015년, 2018년 열린 남북통일축구대회는 남북의 맞대결을 넘어서 한 민족임을 느끼게 하는 개인, 사회, 국가적 동질성과 자긍심을 높이는 역할을 수행했다는 것이다. 이처럼 스포츠는 문화 및 사회 현상이자 제도로서 의미를 만들어 내고, 그것을 전달하기도 한다. 스포츠는 일종의 자기 이해를 토대로 스포츠를 행하는 사람들에게 동일한 의미를 제공해 주며, 그들의 기대와 동기에도 영향을 미치는 것이다(그루페, 2004).[1]

다음으로 우리 사회에 있어 미디어의 가치를 살펴보자. 저널리즘 학자 브라이언 맥네어Brian McNair는 민주사회에서 미디어의 기능을 다섯 가지로 요약했다. 미디어는 무슨 일이 일어나고 있는지 알리고inform 감시surveillance하며, 시민들에게 우리 사회에서 일어나는 사실의 의미와 중요성을 일깨우고educate, 미디어는 여론을 형성하는 공적 논의의 장이 되고platform, 감시견

---

[1] Ommo Grupe, *Sport als Kultur*(1987).

으로서 정부와 정치집단을 드러내고 확인하며publicity, 시민들이 정치적 입
장을 밝히고 설득할 수 있는 채널로 작용하는 것advocacy이다(McNair, 2011).
이러한 역할을 지닌 미디어가 스포츠를 담아내면서 스포츠의 정치·경제 및
사회적 영향력을 배가하고 있다. 특히 스포츠 미디어, 스포츠 방송에 있어
공공적 특성을 중시하는 이유는 스포츠가 지니는 사회문화적 가치가 높기
때문이다.

2) 스포츠 방송의 공공성

한국 '방송법'의 기본 이념 구조는 공익성과 공공성이다. 공익성과 공공
성을 명확히 개념화해 명시하고 있지는 않지만 방송의 공적책임(제5조)과
방송의 공정성 및 공익성(제6조), 방송의 공정성 및 공익성 심의(제32조) 등
으로 적용하고 있다. 이처럼 현행 '방송법'의 최상위 방송이념은 시청자 권
익과 방송편성의 자유와 독립이며, 공익이라는 좀 더 포괄적 개념 아래 객
관성, 보편성, 다양성, 소수계층의 이익, 지역성, 동등 기회의 원칙 등이 자
리 잡고 있다. 현행 방송제도는 지상파방송 모두에 동일한 공적책임을 부여
하고 있다.

라디오 방송이 도입될 때 영국 등 대부분 국가는 '공공서비스public service'
의 이념에 따라 방송에 대한 공공 독점을 인정했다. 따라서 초창기 방송은
제도적으로 '공영방송public broadcasting'이었으며 동시에 유일한 '공공서비스
방송public service broadcasting'이었다. 하지만 이윤 추구를 목적으로 하는 민영
상업방송이 도입되면서, 공공의 독점과 관리를 의미하는 공영방송과 전파
라는 공공재를 이용하기 때문에 공공서비스 책무를 갖는 공공서비스 방송
이라는 말은 더 이상 동일한 대상을 지칭하기 어렵게 되었다. 상업적 민영
방송이라 할지라도 공적 제도로서 어느 정도 공공서비스 책무를 부여 받기
때문에 공공서비스 방송의 범주에 포함되기 때문이다. 특히 한국은 '방송

법'에서 공영, 민영방송과 무관하게 지상파방송의 책무를 규정하고 있기 때문에 공공서비스 방송이라고 할 때는 양자를 다 포함할 수밖에 없다는 점에서 공영방송과 공공서비스 방송은 다르다(최영묵 외, 2012). 영국의 경우 공공서비스 방송체계를 형성해 BBC, Channel 4와 같은 공사public corporation와 ITV, Channel 5의 상업 텔레비전 기업commercial television companies이 모든 시청자들에게 다양하고 질 높은 프로그램과 서비스를 제공하고 있다. 이들이 제공하는 보편적 방송 서비스의 이념은 첫째, 모든 사람이 폭넓게 이해 가능한 일반적인 프로그램의 제공이라는 콘텐츠의 보편성, 둘째, 지상파와 온라인 등 모든 플랫폼과 미디어를 통한 보편적인 액세스의 제공, 셋째, 기본적인 저널리즘 기준의 수행과 편집의 자유, 정치적이고 상업적인 집단으로부터의 독립 유지, 넷째, 질 높고 전문화된 프로그램의 제공, 다섯째, 자국 생산 콘텐츠의 제작과 편성 지원을 포함한다. 2019년 기준 영국의 주요 공공서비스 방송 채널은 BBC 방송 채널(BBC1, BBC2, BBC4, CBBC, CBeebies, BBC News, BBC Parliament) 및 Channel 3 방송 채널(ITV, STV, UTV), Channel 4, Channel 5, S4C의 각 대표 채널 등으로 구성된다.

이러한 공공서비스미디어는 널리 이로운 가치를 제공하는 데서 출발한다. 방송은 여전히 여론형성의 중요한 수단이다. 시청자로 하여금 세상을 바로보고, 올바르게 판단할 수 있는 다양한 정보를 제공해야 한다. 이러한 방송편성의 단위가 되는 여러 내용물 중 스포츠 프로그램은 방송에서 흔히 구분하는 방송의 기능 구분에서 볼 때 보도, 오락, 교양의 기능을 모두 포함하고 있다. 세부적인 예를 들자면 세계인의 축제인 올림픽 경기에서 위성으로 직접 방송되는 메달 획득 장면 자체가 스포츠 경기의 과정이며 결과이기도 하고 그대로 뉴스의 기능을 하기도 한다. 이에 스포츠 중계방송은 그대로 뉴스 시간에 연결되어 방송되고 여론을 형성한다.

3. 공공서비스미디어 스포츠 방송의 좌표

1) 공공서비스미디어 스포츠 방송의 역사

국내 스포츠 중계방송의 시초는 1927년 9월 전숖조선 야구선수권 쟁탈전을 중계한 것으로 볼 수 있다. 그 후 1928년 8월 전국 중등학교 조선야구 예선전의 중계방송 실시를 통해 최초의 라디오 스포츠 중계를 청취할 수 있었으며, 1948년에는 런던올림픽을 실황 중계방송해 해방 후 최초의 스포츠 중계방송이 이루어졌다. 1952년 헬싱키올림픽은 최초로 아나운서(서명석)가 파견되어 현지에서 중계방송한 대회였다. 1956년 호주 멜버른올림픽에서는 장기범, 임택근 아나운서를 현지에 파견해 개막식을 비롯한 생생한 우리 선수들의 활약을 라디오를 통해 고국에 전달했다(윤병건, 2005). 1960년 로마올림픽에도 방송단을 파견해 중계방송이 이루어졌고, 1962년부터 KBS는 스포츠 프로그램을 시작했다. 1962년에는 기독교방송 CBS가 각 경기장 경기 진행을 알리는 스포츠 버라이어티를 시작했다. 1962년은 스포츠 중계방송에 첫 이동중계차가 사용된 해이기도 하다.

1963년 MBC는 라디오를 통해 최초로 복싱 해외 중계방송을 실시했고, 다음해 개최된 1964년 도쿄올림픽은 합동방송단이 파견되었다. 1988년 서울올림픽을 개최하면서 본격적으로 스포츠 중계방송의 영역이 확대되었다. 1980년대 프로야구, 프로축구 등의 프로스포츠 출범과 함께 현재까지 방송 영역에 있어 스포츠 중계의 편성은 중요한 장르로 자리했다. 1995년 케이블 TV 시작과 함께 스포츠 전문 채널이 등장하며 다양한 종목의 중계가 시작되었다. 2000년도 이후 위성방송과 DMB, IPTV가 서비스되면서 국내 대표 지상파방송인 KBS, MBC, SBS는 프로스포츠와 올림픽, 월드컵 등 메가 스포츠 이벤트와 결승전의 실시간 중계에 집중했다. 2016년 넷플릭스의 CEO 리드 헤이스팅스Reed Hastings는 10년 후 케이블 TV와 같은 유료방송

사업자가 사라질 것이라고 예견했다. 불과 앞으로 5년이라는 시간이 채 남지 않은 최근의 실시간 방송 시장은 어떠할까? 2020년 도쿄올림픽은 스포츠 실시간 중계가 더 이상 지상파방송의 전유물이 아니라는 사실을 보여 주었다. 그간 스포츠 방송은 실시간으로 보지 않으면 그 감동이 줄어든다는 이유로 지상파방송 중계를 당연하게 여겨 왔다.

넷플릭스, 아마존 프라임Amazon Prime, 훌루, 디즈니 플러스Disney plus, 디스커버리Discovery, 유튜브, 트위터, 페이스북 등 거대 자본을 기반으로 한 글로벌 OTT 사업자는 지상파방송을 넘어선 오리지널 콘텐츠 제작과 스포츠 중계권 확보에 집중하고 있다. 한동안 이들 서비스의 핵심은 언제 어디서나 PC, 모바일 등 다양한 디바이스를 통해 콘텐츠를 볼 수 있는 다시보기VOD 서비스에 있다고 여겨졌다. 그러나 이들의 빅 픽처는 실시간 라이브 스트리밍에 있었다.

2016년 월트 디즈니 회장인 케빈 메이어Kevin Mayer가 설립한 '다즌DAZN'은 영국에 본사를 둔 스포츠 전문 OTT 스트리밍 서비스다. 다즌은 스포츠계의 넷플릭스로 불린다. 다즌은 세계 최초로 스포츠 OTT 스트리밍을 상용화하며, 독일에서 1차 서비스를 시작으로 오스트리아, 스위스, 일본, 캐나다에 이어 미국과 이탈리아, 스페인과 브라질 등 현재는 200개 이상의 국가 및 지역에서 사용할 수 있도록 확장되고 있다. 2019년 전 세계 수익 측면에서 가장 높은 수익을 올린 스포츠 관련 모바일 앱인 메이저리그MLB App를 제치고 다즌이 우뚝 설 정도다. 기존 라이브 방송들은 채널이 제한적이라 비인기 경기나 인기 경기와 동시에 진행되는 다른 경기 등을 중계할 수 없었는데, 다즌은 이에 아랑곳하지 않고 모든 경기를 라이브로 중계한다. 다즌은 프리미어리그EPL, 라리가Laliga 등 축구협회의 중계권부터 격투기, e스포츠, 풋살, 모터스포츠에 이르기까지 다양한 경기의 중계권을 가지고 있다. 최근 다즌은 2020년과 2021년 시즌 동안 이탈리아에서 MotoGP의 3대 모터사이클 시리즈에 대한 라이브 및 주문형 VOD 영상 서비스 권리를 획득해 화제를 모았다. 이 시리즈의 기존 유료 TV 중계권을 보유한 스카이 이탈리아Sky Italia가 2021년까지 3년 동안 체결한 별도의 권리 계약을 통해 이상의 3대 시리즈를 계속해서 제공하고 있지만, 스트리밍 서비스를 통한 중계방송이 어깨를 나란히 하고 있는 셈이다(KCA, 2021).

2020년 도쿄올림픽 기간 국내 OTT 사업자들의 중계권 확보는 큰 이슈가 되었다. 결국, 올림픽 온라인 중계권은 네이버 스포츠, 웨이브wavve, 아프리카TV와 U+모바일tv가 가져갔다. U+모바일tv는 올림픽 특집관을 신설해 실시간 채널 7개를 제공했다. 해당 앱을 내려 받으면 스마트폰, 태블릿PC 등으로 지상파 KBS1, KBS2, MBC, SBS와 계열 PP채널 KBS N Sports, MBC Sports+, SBS Sports에서 중계 편성 시간에 맞춰 경기를 관람할 수 있다.

2) 공공서비스미디어 스포츠 방송 현황

국내 지상파방송사는 국가 대항전 경기와 프로스포츠 결승전 중심으로 중계방송을 해 왔다. 시청자들은 지상파 TV로 월드컵이나 올림픽과 같은 메가 이벤트와 인기 프로스포츠 종목 중심의 경기를 주로 시청할 수 있었고, 좀 더 다양한 종목은 스포츠 전문 채널을 통해 시청 가능한 현실이다. KBS는 자회사 KBS N을 두어 드라마, 엔터테인먼트, 스포츠, 여성, 어린이, 교양·다큐 총 6개의 유료채널을 운영하고 있다. 스포츠 전문 채널 KBS N SPORTS는 야구, 축구, 배구, 농구, 테니스, 씨름 등 다양한 종목을 중계하고 있다. MBC 또한 자회사 MBC PLUS를 두어 5개의 유료채널을 서비스 중이다. 그중 스포츠 전문 채널은 MBC SPORTS+이다. MBC SPORTS+는 MBC가 미국 메이저리그MLB 중계권을 확보함에 따라 2020년까지 류현진 선수 경기 등을 단독으로 중계해 왔다. 2021년부터는 유료채널 스포티비SPOTV가 MLB 중계권을 보유해 유료채널로만 시청 가능하다. SBS의 스포츠 전문 채널 SBS SPORTS는 국내외 프로스포츠 등을 전문 편성하고 있다.

<그림 5-1> 국내 지상파방송사 도쿄올림픽 중계 안내 화면

2021년 SBS SPORTS는 리오넬 메시Lionel Messi의 생애 첫 이적 경기를 단독으로 중계했으며, SBS SPORTS 유튜브 채널로 공개된 메시의 입단식 영상은 단숨에 조회 수 80만 뷰를 기록했다.

이러한 국내 공공서비스미디어인 지상파 3사의 올림픽 중계를 살펴보자. KBS는 2020 도쿄올림픽 경기를 TV 채널뿐 아니라 KBS 홈페이지를 비롯해 모바일 플랫폼 마이케이myK 등 뉴미디어 플랫폼 중계까지 확장해 TV와 OTT로 빈틈없이 중계한 바 있다. KBS는 도쿄올림픽 기간에 KBS1TV와 2TV 외에도 올림픽 특집 사이트 myK 6개 독점 전용 채널을 운용하고 올림픽 특집 디지털 콘텐츠 '스포츠 문제아들'을 서비스했다. 도쿄올림픽 특집 홈페이지는 경기 라이브 중계 및 VOD 서비스를 집중적으로 서비스했다. KBS는 17일간의 도쿄올림픽 대회를 전달하면서 종목별, 일자별 경기 영상을 일목요연하게 제공하고, KBS뉴스와 연계해 경기 결과, 올림픽 현장정보 등 생생한 뉴스 콘텐츠도 제공한 바 있다.

무엇보다 주목할 만한 서비스는 KBS가 실시한 OTT 스트리밍 중계다. 모바일 서비스 myK는 올림픽 기간 동안 모두 6개의 전용 채널을 운영했고, 올림픽 기간에 myK를 접속하면 도쿄올림픽 전용 채널을 통해 KBS TV 중계와 중복되지 않는 현지 경기를 시청할 수 있어 좀 더 많은 종목을 시청자에게 전달했다. KBS는 이러한 6개 채널은 타사에 없는 독점 영상으로,

myK 올림픽 채널을 통해 농구, 축구, 수영, 육상, 유도, 태권도, 레슬링, 골프, 비치발리볼, 근대5종 등 다양한 종목을 중계해서 보편적 시청권과 접근성을 대폭 향상시켰다. 즉, KBS1, KBS2의 정규 편성과는 별도로 6개의 독점 전용 채널을 운영해 타사와 차별화하며 지상파와 중복되지 않게 같은 시간에 펼쳐지는 한국팀 경기와 세계적 관심 경기를 나머지 3~6개 채널에서는 신설 종목 및 비인기 종목을 집중 편성해 금메달이 걸린 33개 거의 모든 종목을 볼 수 있도록 서비스했다(≪방송기술저널≫, 2021.7.21.).

2020 도쿄올림픽 중계 과정에서 부적절한 자료사진과 자막 등으로 논란이 되었던 MBC도 모바일 OTT 서비스 iMBC(MBC 앱)를 통해 도쿄올림픽의 생생한 경기 영상과 TV 미방송 영상을 실시간으로 편성했다. MBC는 도쿄올림픽 기간 동안 지상파 본방송과는 별도로 MBC 홈페이지 내에 총 3개의 전용 채널을 개설해 TV에서 중계되지 않는 경기 영상을 서비스했다. 도쿄올림픽 라이브1, 도쿄올림픽 라이브2 채널에서는 도쿄 현장에서 보내는 6개 방송 신호를 수신해 TV를 통해 볼 수 없는 경기들을 실시간으로 생중계했다(≪방송기술저널≫, 2021.8.2.). SBS 또한 지상파 본방송 외에도 자사 인터넷 홈페이지 올림픽 특집 사이트와 유튜브 채널 등을 서비스했다. 국내 지상파방송의 OTT 연합체인 웨이브도 도쿄올림픽을 온라인 생중계해 동시접속자가 평소의 최고 5배에 달한 바 있다.

3) 공공서비스미디어 스포츠 방송 쟁점

인터넷 시대, 스마트 미디어 시대에 접어들면서 우리는 수백 개 채널, 언제 어디서나 볼 수 있는 다양한 플랫폼 환경 속에 살고 있다. 다종다양한 미디어가 등장하고 셀 수 없을 만큼 콘텐츠가 넘쳐 남에 따라 우리는 좀 더 파편화되고 양극화되는 삶을 살고 있다. 누구나 평등한 입장에서 소외되지 않고 정보를 획득하고 의견을 나눌 수 있어야 한다. 이러한 차별 없는 보편적 서비스의 구현은 공공서비스미디어가 지향하는 중요한 가치 중 하나다.

스포츠 미디어 환경은 어떠할까. 스포츠 콘텐츠의 유료화와 양극화에 대한 우려는 여전히 커지고 있다. 인기 스포츠 종목의 중계권은 하루가 다르게 치솟고 있다. 반면, 비인기 종목의 중계권은 팔리지 않아 시청자들에게 더욱 쉽게 잊혀 진다. 여러 종목의 스포츠는 미디어와 공생하며 미디어를 통한 홍보와 중계권 수입으로 리그와 선수단 등을 운영하며, 미디어는 스포츠 중계방송을 통해 시청률을 담보하고 특히 인기가 높은 프로스포츠 중계의 경우 막대한 광고비 수익을 창출하며 발전해 왔다.

국내 지상파 3사는 2011년 코리아 풀Korea Pool로 불리는 '스포츠 중계방송 발전협의회'를 구성해 국내외 스포츠 방송권을 공동구매하거나 대응해 왔다. 협의회는 전파 낭비를 막고 다양한 시청권을 보장한다는 취지하에 순차방송을 원칙으로 2012년 런던올림픽에서 지상파는 수영, 양궁, 유도, 태권도 등 주요 관심종목 12개를 1개 사만 중계한다는 합의문을 발표하기도 했다. 그러나 현재까지 월드컵이나 올림픽과 같은 국가 대항전 메가 이벤트의 중계권을 두고 특정 지상파가 방송권을 획득하기 일쑤였고, 2020 도쿄 올림픽 중계에서도 방송통신위원회는 지상파 3사에 순차방송을 권고했다.

올림픽 중계권의 가치는 향후 더 올라갈 것으로 보인다. 그간 지상파 3사가 공동으로 구매했던 올림픽 중계권을 지상파방송사가 아닌 종합편성채널 JTBC가 2026~2032년까지 총 4번의 동·하계올림픽의 중계권을 확보했다. 지상파 3사 협의회가 올림픽 중계권을 확보하지 못한 사례는 이번이 처음이다. 이러한 이변은 국내에만 한정되지 않았다. 영국은 스포츠 행사의 무료 보편 시청권을 보장해 문화적 정체성과 사회적 통합을 강조해 왔다. 영국은 좀 더 많은 국민들이 차별 없이 시청할 수 있도록 '지정 행사 목록Listed events'을 정하고, 특별 지정 행사listed events로 분류된 사안들에 대한 중계방송은 적어도 영국 인구의 95% 이상이 시청할 수 있는 무료 지상파방송Free-to-air television을 통해 중계하도록 의무화하고 있다. 그러나 2020 도쿄올림픽의 전 종목 중계는 영국의 공영방송 BBC가 아닌 유료채널 디스커버리로 시청해야 했다. 지난 2015년 국제올림픽위원회IOC가 유럽 대륙 50개 국가의 2020년 도쿄올림픽, 2024년 파리올림픽 중계권을 미국 디스커버리 채널에 약 1조 5000억 원(13억 유로)에 독점 판매했기 때문이다. 그동안 유럽방송연합EBU과 중계권을 체결해 오던 방식과 전혀 달랐다. EBU로부터 중계권을 확보해 보편적 시청권을 제공해 오던 BBC는 디스커버리 채널로부터 허용받은 몇 경기만을 생중계할 수 있었다. 디스커버리 채널은 도쿄올림픽 주요 경기를 자회사인 유로스포츠Eurosport와 자체 유료 온라인 서비스인 디스커버리플러스Discovery Plus를 통해 중계했다. BBC는 BBC 도쿄올림픽 홈페이지를 통해 2주간 열리는 33개 종목의 경기를 350시간 이상으로 중계할 것이나 디스커버리의 중계권 확보로 실시간 중계가 축소될 수밖에 없음을 공지한 바 있다. 이 같은 상황은 독일과 프랑스에서도 마찬가지였다. 미국 거대 자본으로 설립된 디스커버리가 유럽 전역의 올림픽 중계권을 확보해 국민의 보편적 시청권이 축소된 사례는 불과 몇 년 뒤 우리의 모습이 아닐지 범사회적 논의가 필요한 시점이다.

4. 스포츠의 보편적 시청권 보장

1) 국내 보편적 시청권 보장 제도

보편적 시청권은 어느 누구나 어떠한 차별 없이 방송을 시청할 수 있는 시청자의 권리를 의미한다. 보편적 접근권이라는 개념에서 시작된 보편적 시청권 논의의 출발은 통신 부문의 보편적 서비스 개념에서 근거를 찾을 수 있다. 최초 교통 부문에서 시작되어 20세기에 들어서며 세계 주요국의 전화와 같은 통신 서비스에서 개념이 확립되었다. 보편적 서비스 개념의 근간은 국가의 모든 국민이 전화를 이용할 수 있게 함에 있었다. 이처럼 보편적 서비스는 일상생활에 기본적으로 필요한 서비스의 경우 모든 국민이 차별 없이 저렴한 비용으로 안정적으로 이용할 수 있도록 제공되어야 한다는 것이다.

보편적 서비스는 이용자 모두 시간과 공간에 구애받지 않고 적절한 affordable 이용요금으로 제공받는 것이 가능한 기초적인 정보통신 서비스를 의미해 왔다. 여기서 모든 이용자가 의미하는 것은 소득수준, 장애 등 여타 조건과 상관없이 어느 누구나 서비스를 이용할 수 있는 대상이 된다는 것을 의미한다. 또한 언제, 어디서나 대도시뿐 아니라 격지 등 지역과 무관하게 필요시 원하는 서비스를 이용할 수 있어야 하는 상태를 의미하며, 적절한 요금은 전국적으로 유사하거나 또는 동일하며 이용자가 지불 가능한 요금 수준을 말한다.

이처럼 평등한 대상, 접근 및 지불 수준에 있어 방송 영역의 실현은 시청을 의미하므로 방송의 보편적 접근권은 방송에 대한 보편적 시청권으로 해석할 수 있다. 방송의 보편적 시청권은 방송의 이용자인 시청자가 물리적·경제적 장애 없이 방송 서비스를 이용할 수 있는 권리를 가리킨다. 즉, 보편적 시청권의 개념은 말 그대로 보편적으로 어떤 방송을 시청할 수 있는 권리이며 이 권리를 향유할 주체는 시청자다. '시청권'은 '볼 권리'를 의미하기 때문에 한국에서도 시청권은 법률에 의해 보장받고 있으며 보편적 시청권은 제공자라 할 수 있는 방송사가 어떤 서비스를 제공할 권리가 아닌 서비스의 이용자, 즉 방송 시청자가 방송 서비스를 이용할 권리를 말한다(봉미선, 2011; 심석태, 2007).

한국은 2007년에 '방송법' 개정으로 이를 도입했다. '방송법' 제2조(용어의 정의)는 보편적 시청권의 개념을 "국민적 관심이 매우 큰 체육경기대회 그 밖의 주요 행사 등에 관한 방송을 일반 국민이 시청할 수 있는 권리"로 명시한다. '방송법' 시행령은 보편적 시청의 범위를 수신가구 60% 이상으로 방

<표 5-1> 보편적 시청권

'방송법'	방송통신위원회 고시
제76조(방송 프로그램의 공급 및 보편적 시청권 등) ① 방송사업자는 다른 방송사업자에게 방송 프로그램을 공급할 때에는 공정하고 합리적인 시장가격으로 차별 없이 제공하여야 한다. ② 방송통신위원회는 제76조의 2의 규정에 따른 보편적시청권보장위원회의 심의를 거쳐 국민적 관심이 매우 큰 체육경기대회 그 밖의 주요 행사(이하 "국민관심행사 등"이라고 한다)를 고시하여야 한다. 이 경우 방송통신위원회는 문화체육관광부장관, 방송사업자 및 시청자의 의견을 들어야 한다. ③ 국민관심행사 등에 대한 중계방송권자 또는 그 대리인(이하 "중계방송권자 등"이라 한다)은 일반 국민이 이를 시청할 수 있도록 중계방송권을 다른 방송사업자에게도 공정하고 합리적인 가격으로 차별 없이 제공해야 한다. ④ 방송사업자는 제1항 및 제3항의 규정을 위반하는 행위에 관하여 방송통신위원회에 서면으로 신고할 수 있다. ⑤ 방송통신위원회는 제4항의 규정에 따른 신고를 접수한 경우에는 제35조의3의 규정에 따른 방송분쟁조정위원회의 심의를 거쳐 60일 이내에 그 결과를 통보하여야 한다.	제3조(국민관심행사 등의 종류) 국민관심행사 등은 다음 각 호의 규정에 따라 분류한다. 1. 국민 전체가구 수의 100분의 90 이상 가구가 시청할 수 있는 방송 수단을 확보해야 하는 국민적 관심이 큰 체육경기대회는 동·하계올림픽과 FIFA(국제축구연맹)가 주관하는 월드컵 중 성인남자 및 성인여자 국가대표팀이 출전하는 경기로 한다. 2. 국민 전체가구 수의 100분의 75 이상 가구가 시청할 수 있는 방송 수단을 확보해야 하는 국민적 관심이 큰 체육경기대회는 동·하계아시아경기대회, 야구 WBC(월드베이스볼클래식) 중 국가대표팀이 출전하는 경기, 성인남자 국가대표팀이 출전하는 AFC(아시아축구연맹) 및 EAFF(동아시아축구연맹)가 주관하는 경기(월드컵축구 예선포함), 양 축구협회 간 성인남자 국가대표팀이 출전하는 평가전(친선경기 포함)으로 한다.

송통신위원회가 정해 고시하도록 한다. 방송통신위원회는 올림픽과 월드컵 경기의 수신가구 범위를 90% 이상으로 정해 고시했다. 유·무료 플랫폼을 상관하지 않는다.

2) 해외 주요국 보편적 시청권 보장 제도

방송 분야는 각 나라마다 사회적·문화적·정치적 요소들을 모두 포함하고 있어 보편적 시청권의 보장에 있어서도 각기 다른 양상을 지니고 있다. 그러나 스포츠 분야의 보편적 시청권 제도를 가진 나라들은 스포츠 행사를 문화적으로 누구나 향유해야 한다고 보고 무료 시청 플랫폼의 역할을 강조한다.

영국의 보편적 시청권은 특별 지정 행사로 분류된 이벤트의 경우 적어도 영국 인구의 95% 이상이 시청할 수 있는 무료 지상파방송을 통해 중계하도록 의무화하고 있다. 1996년 '방송법'과 2003년 '통신법' 개정에 따라 영국 방송통신 규제기관인 오프콤Ofcom은 관련 지침을 제공하고 '스포츠 및 기타 지정된 행사 목록에 대한 규약Code on Sports and Other Listed and Designated Events'을 검토해야 한다. 이러한 규약 1조 3항에 의하면 특별 지정 행사는 문화, 미디어, 스포츠부 장관Secretary of State for Culture Media and Sports이 지정하며, 국무장관은 언제든지 특별 지정 행사를 추가하거나 삭제할 수 있으나 공영방송 BBC와 협의한 후 웨일즈 당국Welsh Authority 및 오프콤 관계자와 협의를 거쳐야 한다(Ofcom, 2010). 오프콤은 영국 인구의 95% 이상이 무료로 수신 가능한 방송 사업자를 특별 지정 행사 사업자로 두고 올림픽경기와 축구, 경마, 럭비, 테니스 등을 지정하고 있다.

이러한 특별 지정 행사 외에도 영국 국민들의 관심이 높거나 모두가 무료 보편적으로 시청해야 한다고 판단되는 행사에 대해서는 적극적으로 공공서비스미디어의 역할을 주문하고 있다. 2021년 9월 11일, 영국의 엠마 라두카누Emma Raducanu 선수가 US오픈 테니스 결승에서 우승을 거머쥔 바 있다. 세계 150위인 라두카누 선수는 예선 경기를 모두 치르고 결승에 올라 우승까지 차지한 최초의 메이저대회 선수가 되었고, 예선 통과 선수가 메이저 단식 결승에 진출해 우승한 것은 남녀를 통틀어 역사상 처음이다. 영국 장관들은 US오픈 테니스 결승전을 국민 모두가 무료로 시청할 수 있도록 촉구했고, BBC는 결승전 중계권 사업자인 아마존과 계약을 체결해야 했다. 아마존 프라임은 영국 가정의 53% 이상이 가입 중이며, 축구, 럭비 및 테니스 중계권을 확보해 2020년에 200만 영국 구독자를 추가한 바 있다(inews, 2021.9.10).

〈표 5-2〉 영국 특별 지정 행사(UK Listed Sporting Events)

A리스트(GROUP A)	B리스트(GROUP B)
• 올림픽(동계·하계·장애인) - The Olympic Game	• 종합경기 - The World Athletics Championship(육상)
• 축구 - The FIFA World Cup Finals Tournament - The FA Cup Final - The Scottish FA Cup Final (in Scotland) - The European Football Championship Finals Tournament	• 크리켓 - Cricket Test Matches played in England - The Cricket World Cup-the Final, Semifinals and Matches Involving Home Nations' Teams
• 경마 - The Grand National - The Derby	• 럭비 - All Other Matches in the Rugby World Cup Finals Tournament - Six Nations Rugby Tournament Matches Involving Home Countries
• 테니스 - The Wimbledon Tennis Finals	• 테니스 - Non-Finals play in the Wimbledon Tournament
• 럭비 - The Rugby League Challenge Cup Final - The Rugby World Cup Final	• 골프 - The Ryder Cup - The Open Golf Championship

자료: Ofcom(2010).

　　독일은 주간방송협약에서 사회적으로 중요한 의미가 있는 행사는 '일반적으로 접근 가능한 무료 TV 프로그램'으로 방송되어야 한다고 규정하고, 올림픽을 '주요 행사 목록'의 꼭대기에 명시하고 있다. 프랑스도 시청 대가를 요구하지 않으며 전체 가구 85% 이상에서 수신할 수 있는 방송 사업자가 올림픽 중계권을 가질 수 있도록 하고 있다. 프랑스 커뮤니케이션법 시행령이 규정하는 21개 주요 행사 목록에 하계·동계올림픽은 최우선으로 꼽힌다. 호주도 국민적 관심이 높은 주요 스포츠 경기의 방송 중계권을 무료 지상파방송에 우선적으로 부여하는 이른바 '안티 사이포닝Anti-siphoning 리스트'에 올림픽을 맨 위에 올리고 있다.

3) OTT 시대, 보편적 시청권 보장 방향

2021년 4월 말 기준, 한국 이동전화 가입 회선은 약 7127만 개, 스마트폰 회선은 약 5259만 개에 달한다. 이미 한국 국민의 90% 이상이 인터넷을 사용하고 있으며, 갤럽 조사결과 2021년 한국 성인 스마트폰 사용률은 95%에 달한다(과학기술정보통신부, 2021; 갤럽, 2021). 국내외 시청자들의 플랫폼 이용행태가 기존 고정형 텔레비전에서 이동형 멀티 디바이스로 옮겨간 지 오래다. 스포츠 콘텐츠 이용행태는 어떠할까. 2020년 도쿄올림픽 OTT 중계권 확보를 두고 쿠팡은 가장 큰 주목을 받았다. 쿠팡은 '로켓배송'으로도 잘 알려진 온라인 이커머스 쇼핑몰 사업자다. 쿠팡은 2020년 12월, 월 2900원의 이용료로 국내외 영화와 드라마, 예능, 애니메이션, 어린이 콘텐츠와 외국어 등 교육 콘텐츠, 다큐멘터리, 스포츠 생중계까지 시청 가능한 쿠팡플레이coupangplay를 선보였다. 미국 이커머스의 강자 아마존과 아마존의 OTT 플랫폼인 아마존 프라임 비디오amazon prime video와 똑 닮아 온라인 쇼핑 고객을 미디어 구독 부가서비스로 유인하고 있다. 쿠팡플레이가 가장 먼저 집중한 콘텐츠 장르는 스포츠다. 최근 가장 사랑받고 있는 축구선수 손흥민이 소속되어 있는 구단 '토트넘 홋스퍼 FC' 경기 중계권 확보를 시작으로, 이강인 선수가 출전 중인 스페인 구단 'RCD 마요르카Real Club Deportivo Mallorca', 황의조 선수가 소속된 프랑스 구단 'FC 지롱댕 드 보르도Football Club des Girondins de Bordeaux', 김연경 선수가 출전하는 '2021 국제배구연맹 여자 발리볼 네이션스리그' 등 한국인이 관심을 가질 만한 축구 중계권을 속속 확보했다. 쿠팡플레이는 도쿄올림픽 OTT 독점 중계권을 구입했으나 스스로 포기하면서 계약에까지 이르지는 못했다.

유료 OTT 사업자들에게 올림픽 이벤트나 해외에 진출해 선전하고 있는 선수들의 경기는 가입자를 늘릴 수 있는 절호의 기회다. 스포츠 중계권 중개 업체인 에이클라 엔터테인먼트ECLAT Entertainment는 2010년 스포츠 전문

〈표 5-3〉 국내외 유료 OTT 서비스 및 스포츠 중계권 보유 현황

	내용	중계 스트리밍
넷플릭스	• 전 세계 점유율 1위 • 2016년 한국서비스 개시	• 2020/2021시즌 프랑스 프로축구 1부 리그 (프랑스 내)
피콕 (Peacock)	• 컴캐스트 자회사 NBC유니버설 운영 • 2020년 미국 출시	• NBC 스포츠 프로그램 OTT로 제공 • 북미 아이스하키 리그(NHL), 영국 EPL, 미국프로레슬링(WWE) • 2020 도쿄올림픽(미국)
다즌	• 전 월트 디즈니 회장 메이어 설립 • 2016년 오스트리아·독일· 스위스·일본 출시(현재 미국·캐나다 등 200개 국 이상 서비스 중)	• FIFA 여자월드컵(독일), FIFA 월드컵예선(UEFA, 오스트리아·독일·스위스·일본), AFC 아시안컵 (일본), 영국 EPL(스페인, 일본, 캐나다), 분데스 리가(Bundesliga)(오스트리아·독일·스위스) 등 • MLB(오스트리아·독일·스위스), 일본 프로야구 (일본) • 농구, 볼링, 전투스포츠, 사이클링, e스포츠, 하키, 승마, 풋살, 골프, 체조, 핸드볼, 테니스 등
아마존 프라임 비디오	• 아마존 닷컴 운영 • 2006년 미국 출시	• 영국 EPL, 프랑스 리그1(~'24) • 미국 미식축구리그(NFL) 목요경기(Thursday Night Football) 10년 독점 중계(~'31) • US 오픈
디즈니 플러스	• 디즈니(마블, 픽사, 내셔널 지오그래픽 등) 운영 • 2019년 미국·캐나다·호주 등 출시(2021.11. 한국 서비스 시작)	• ESPN(Entertainment and Sports Programming Network) 채널 소유 • ESPN+(ESPN의 OTT)로 UFC 독점 중계(미국)
디스커버리 플러스	• 디스커버리 채널 운영 • 2020년 인도 출시	• 디스커버리 자회사 유로스포츠 경기 다수 중계 • 2020 도쿄올림픽(유럽)
웨이브	• SK텔레콤과 KBS·MBC· SBS 합작 운영 • 2019년 한국 출시	• 2020 도쿄올림픽(한국) • 2018 평창올림픽(한국) • KBO, 2019 WSBC 프리미어 12 등
쿠팡플레이	• 쿠팡 운영 • 2020년 한국 출시	• 영국 EPL 홋스퍼 경기, 한국 남자 축구 대표팀 월드컵 2차 예선, 2021 코파 아메리카 (Copa America), 축구 올림픽 대표팀 평가전 • 2021 국제배구연맹(FIVB) 여자 발리볼네이션 리그(VNL)
스포티비 나우	• 스포티비 운영 • 2017년 한국 출시	• 미국 MLB(한국) • 2021 세계웰터급타이틀전, EPL, UFC, NBA 등

	내용	중계 스트리밍
티빙	• CJ ENM의 자회사 • 2010년 한국 출시 (CJ 헬로비전)	• 유로 2020, 2022 카타르 월드컵 아시아 최종 예선, 2022년 23세 이하 아시안컵, 2023년 아시안컵, 2024년 파리올림픽 최종예선, 2021~2022 분데스리가 • 2021 프랑스 오픈

케이블 채널 '스포티비'를 개국했다. 2017년 국내 최초로 멤버십으로 운영
되는 유로스포츠 채널 서비스를 시행했으며, 당시 IPTV, 케이블, 위성 등
유선방송에서는 '스포티비 온SPOTV ON'으로, 웹 및 모바일 앱에서는 '스포티
비 나우SPOTV NOW'라는 명칭으로 플랫폼 영역을 확장해갔다. 스포티비는
라리가, 세리에 A, 챔피언스리그, 유로파리그, 네이션스리그UEFA 등 다양한
해외 축구리그를 중계하고 있으며, 2018년과 2019년 EPL을 독점 중계했다.
그 밖에도 스포티비는 미국 프로농구NBA, 이종격투기UFC, 한국프로야구
KBO, MLB, 한국프로농구KBL 등 국내외 다양한 종목을 중계한다. 2021년 스
포티비는 유료채널 '스포티비 프라임SPOTV Prime'을 새롭게 런칭하고, 류현진
과 김광현(세인트루이스 카디널스Saint Louis Cardinals)이 출전 중인 MLB를 독점
중계하고 있다. 그간 공공미디어 서비스인 MBC와 MBC의 자회사 MBC
Sports+에서 생중계되었던 MLB 경기를 지상파에서는 볼 수 없고, 유료채
널에서만 시청할 수 있다.

넷플릭스도 2020년 2020/2021 시즌 프랑스 프로축구 1부 리그의 온라인
중계권 계약을 맺고 추가 금액을 낼 경우 프랑스 내에서만 생중계로 경기를
볼 수 있게 했다. 국내 대표 미디어기업 CJ ENM의 OTT 서비스인 티빙Tving
도 유럽 축구선수권 대회UEFA EURO 2020를 중계하고, 총 51경기 중 31경기는
유료채널(tvN, XtvN)로도 서비스 중이다. 반면 나머지 20경기와 다시보기는
티빙에서만 독점 중계해 티빙에 추가로 가입한 이용자만 시청 가능하다.

OTT 서비스는 유료와 무료가 병존한다. 유료 OTT는 구독 및 가입형으
로 월정액 형태로 서비스 이용료를 지불하고 콘텐츠를 시청하는 모델이다.

넷플릭스, 왓챠, 쿠팡플레이, 유튜브 프리미엄, 애플티비 플러스, 아마존 프라임 비디오 등이 해당한다. 무료 OTT는 광고형 모델로 이용자는 별도의 구독료는 지급하지 않지만 광고 시청 후 콘텐츠를 이용하게 된다. 유튜브, 페이스북, 네이버TV, 카카오TV 등을 예로 들 수 있다. 미국에는 광고 기반 및 저가 구독형 스트리밍 OTT 서비스가 존재한다. 도쿄올림픽의 경우에도 지상파방송국인 NBC가 보유한 피콕을 통해 올림픽 상당 종목이 무료 버전으로 제공되었다.

2020년 도쿄올림픽의 최초 국내 OTT 중계권 확보는 네이버와 아프리카TV, 웨이브, LG유플러스의 'U+모바일' 등 네 곳이다. 이들 사업자들은 지상파에 중계권료를 지불하고 온라인 생중계를 제공했다. 공공서비스미디어인 국내 지상파 3사도 각 사의 OTT 서비스를 통해 올림픽 중계의 접근을 확장하고자 노력했다. 디지털 시대, 국민적 관심 행사의 보편적 시청권 플랫폼 범주에 대한 좀 더 적극적인 범사회적 논의가 필요한 시점이다.

5. 결론

수요와 공급에 의해 가격은 결정된다. 스포츠 중계권료 역시 시장원리에 따라 결정된다. 문제는 불균형이다. 수요는 많은데 공급은 독점적이다. 이에 따른 불평등, 불공정이 발생하지 않도록 규제 정책이 도입되는 것이 마땅하다. 이에 따른 정책 가운데 하나가 '보편적 시청권 제도'다.

공급이 독점적이다보니 자본력을 앞세운 '딜러'가 등장한다. 농수산물시장에서 경매로 가격이 결정되듯 스포츠 중계권도 마찬가지다. 경매에 나서는 사람의 플랫폼 소유 여부와 방송 제작 능력은 고려대상이 되지 않는다. 해당 스포츠가 유료로 서비스되건 무료로 서비스되건 공급자는 상관하지 않는다. 미디어 정책 당국도 팔짱을 낀 채 지켜볼 수밖에 없다. 제도는 만들었으나 시장에 개입할 수 없는 딱한 상황이다.

스포츠는 누구의 것인가? 당연히 시민 모두의 것이다. 스포츠 이벤트는 누구의 것인가? IOC, FIFA 등 스포츠협회의 것으로 인식된다. 상업화되고, 산업화되면서 그들의 것이라는 인식은 고착화되어 가고 있다. 올림픽이 이렇게 상업화될 줄 누가 알았을까? 상업화 정도는 끝없이 가속화하고 있다. 정점이 보이지 않는다. 물론, 유소년 스포츠를 지원하고, 국가 간 불균형을 최소화하기 위해 국제기구가 역할을 해야 할 필요성은 분명 있다. 그럼에도 조직이나 기업의 이익과 시민의 스포츠 향유권 사이에서 고민이 필요하다. 시민이 외면할 때 스포츠 조직과 시장 상황은 반전될 수 있다. 스포츠 산업화의 흐름과 경쟁에 의한 중계권료 결정 구조에 제동이 필요한 시점이다. 여태 액셀러레이터만 밟아 왔다면 브레이크를 밟으면서 좌우를 살펴야 할 때다. 시민들이 접근하기 힘들어질 때 운동장에는 잡초들이 무성해질 수 있다. 시민과 미디어의 관심 밖으로 스포츠가 밀려나는 상황을 예상하지 말란 법은 없다. 보편적 시청권은 부자 조직과 기업이 가난한 시청자에게 베푸는 시혜가 아니다. 당장은 시혜처럼 보일 수 있으나 멀리 보면 스포츠와 시민의 관계를 지속시키고, 이로써 스포츠의 지속발전을 도모하는 정책이다.

스포츠는 정치적·사회적·경제적·문화적 기능을 수행한다. 네트워크 기술 발전은 통신비 부담과 유료방송 시청료 부담을 안겨주었다. 한국 유료방송 비율은 다른 나라에 비해 현저하게 높다. 누구나 무료로 시청할 수 있는 지상파방송 네트워크가 있음에도 불구하고 다채널 요구를 충족시키지 못해 외면당해 왔다. 그럼에도 불구하고 무료 보편성과 다양성은 지상파방송이 충족시키는 중요한 특성이다. 인기 스포츠만큼이라도 차별 없이 무료로 누구나 시청할 수 있도록 하자는 취지에서 보편적 시청권 제도를 도입했다. 보편적 시청권 보장은 스포츠와 미디어의 관점뿐만 아니라 사회정치학 관점에서도 중요한 의미를 갖는다.

보편적 시청권 제도를 '방송법'에 명시하고 있음에도 지상파방송 직접 수신으로는 시청 가능한 프로그램과 시간이 극히 제한적이다. 지상파방송사들의 주간 편성표만 보면 쉽게 확인할 수 있다. 보편적 시청권 제도 도입의 본래 취지를 되새겨야 할 것이다. 현행 '국민적 관심이 매우 큰 체육경기', '그 밖의 주요 행사 등'에 적용 중이나 이 범주 또한 방송통신위원회의 고시 사항으로 관련 위원회를 운영해 정하고 있다. 국내의 경우 보편적 시청권 자체를 광범위하게 확대하는 것보다 보편적 시청권을 시청자의 권익 차원에서 좀 더 명확하게 구현할 주체와 대상 등 보완이 시급하다.

2020 도쿄올림픽부터 실시간 스트리밍 비디오 서비스, 즉 OTT 시청이 대세로 떠올랐다. 지상파방송 없이도 통신네트워크를 통해 시청할 수 있는 미디어 환경이 어느 정도 구현된 것이다. 유료 OTT 서비스 업체들에게 대형 스포츠 이벤트는 가입자를 늘릴 수 있는 절호의 기회로 작동한다. 막대한 중계권료를 부담하면서 스포츠 콘텐츠에 눈독을 들이는 이유다. 이렇다 보니 시청자들은 네트워크 비용을 부담하고, 유료 서비스에 가입해야만 스포츠 중계를 시청할 수 있는 경우가 대부분이다. 네트워크 비용 부담 없이 무료로 쉽게 접근할 수 있어야 차별이 발생하지 않는다. 가진 자들만의 스포츠가 아니라 모두의 스포츠가 되어야 한다. 그래서 여전히 무료 채널에 대한 접근권 보장이 우선되어야 한다. 국내 유료방송의 채널 편성에 일정 부분 규제를 두어 지상파방송, 공공채널에 대한 용이한 접근을 보장할 수 있는 채널 편성이 이루어져야 할 것이다. 홈쇼핑 지그재그 편성 등으로 수익성을 추구할 뿐 공영방송, 지상파방송, 공공채널에 대한 접근권 확보에는 소극적인 측면이 있어 왔다. 보편적 시청을 보장하기 위해서는 이를 무료 지상파방송의 공적 책무로 규정하고, 지상파방송이 이를 수행하기 위한 행정적·재정적인 뒷받침이 이루어져야 한다.

2020 도쿄올림픽 근대5종 결승 경기가 주시청 시간대 지상파방송을 통해 실시간 중계되었다. 시청자들은 마음을 모아 응원했고 함께 기뻐했다. 코로나-19로 지친 상황에서 국민 모두가 하나 되는 상황이 연출되었다. 스

포츠가 감동을 선사했다. 무료 지상파방송 화면을 통해서 감동은 증폭되었다. 시민들이 느낀 감동은 오래도록 기억될 것이며, 이를 통해 스포츠는 더욱 활성화될 것이다. 스포츠 상업화와 산업화를 위한 중계권료 수입 확보도 중요하지만, 스포츠는 본연의 공익성, 보편성을 갖고 있다. 공익성과 산업성의 조화 속에서 최적의 포인트를 찾아내는 노력이 필요하다. 공공미디어를 통해 스포츠 중계 프로그램의 보편적 접근권이 달성되어야 하는 이유는 산업성을 앞세운 거대 글로벌 기업들과 유료방송조차 가입할 수 없는 시청자 간 문제이기 때문이다. 공공미디어를 통해 공공의 이익이 보장될 때 스포츠의 지속발전 또한 가능해질 것이다.

Abstract

Public Service Media and Sports Broadcasting

Bong, Misun

The universal access rights is a system that important sports events can be viewed and enjoyed by the people. Commercialization and industrialization of sports are also trends that cannot be ignored. Recently, there are variety of discussions about the protection of viewer's rights in sports broadcasting. In these days, the thesis such as protection of viewer's rights, universal media, contents and costs are becoming a very important agenda to be discussed. Excessive industrialization can lead to ignorance of citizens. Some citizens are unable to watch even important events such as the Olympics and the Worldcup. So, the viewer rights must be strengthened without any discrimination of social classes by taking minimum or free charge. Furthermore, the events that are treated as important events for the nation, must be broadcasted to protect viewer rights.

Chapter 6

언택트 시대의 스포츠 커뮤니케이션
대면 소통과 사회참여

강진호

1. 서론

스포츠 커뮤니케이션을 구성하는 기본 요소인 대면 소통은 다양한 사회적 효과를 수반한다. 여러 스포츠 환경에서 양자 또는 다자간 소통을 가능하게 함과 동시에 많은 형태의 사회적 활동을 개진하는 토대가 된다. 이 장에서는 시민사회civil society와 스포츠의 연결고리를 이론적으로 되짚어 보고 현재까지 학계가 규명한 대면 소통의 역할에 대해 논의한다. 이어서 비대면 소통을 기반으로 한 스포츠 참여 형태와 이것이 가지는 사회적 의미와 효과를 고찰하고, 포스트-코로나 시대의 스포츠를 통한 사회참여civic engagement에 관한 향후 연구 방향을 제시한다.

2. 스포츠와 사회참여

스포츠와 사회참여의 연결고리는 다양한 분야에서 꾸준히 연구되고 있다. 여러 스포츠 관련 단체는 현재 시민사회를 구성하는 가장 큰 개체이며(Gang, 2021) 스포츠가 참여자에게 제공하는 다양한 사회활동은 건강한 민주사회를 형성해 나가는 데 중요한 요소로 인식되고 있다(Putnam, 1993). 참여자들은 스포츠를 통해 여러 사람과 소통하고 단체활동에 수반되는 여러 사회적 활동(management, organization, leadership, discussion) 등을 체험한다(Baggetta and Bredenkamp, 2019). 이는 가정, 직장 등의 일차적인 사회적 테두리에서 결여된 사회적 경험을 축적하는 계기로 작용한다. 또한 스포츠 참여는 다양한 형태의 사회참여로 발현되는 긍정적인 현상을 보이기도 한다. 이미 다수의 학자가 스포츠 활동과 사회자본social capital 형성의 상관관계를 역설했고(Putnam, 2000), 더 나아가 스포츠로부터 시작된 사회참여가 어떻게 시민사회의 다른 영역으로 파급되는지 관찰했다(Perks, 2007).

사회자본의 형성과 다양한 형태의 사회참여가 스포츠 참여의 사회적 결과물이라면, 이러한 사회적 효과를 창출해내는 근본적인 요소는 대면 소통face-to-face interaction에서 찾을 수 있다. 스포츠 커뮤니케이션의 한 축을 구성하는 개인이나 조직 간 소통personal and organizational communication에 요구되는 대면 소통은 사회참여의 가장 보편적인 형태이며 동시에 상호소통을 기반으로 긍정적인 사회효과를 창출하는 수단이다. 그 예로 스포츠 참여자들은 그룹 안에서 타인과 함께 소통하며 다양성을 이해하거나 지속적인 그룹 운영을 위한 여러 형태의 활동을 통해 관계를 형성하고soft relational ties, 리더십 같은 사회참여에 요구되는 경험hard skill을 배양한다(Baggetta, 2009). 또한 주기적인 상호 간 대면 소통은 네트워크, 상호신뢰trust와 호혜성reciprocity으로 대변되는 사회자본을 생성해 민주적인 시민의식을 고취하는 데 이바지한다(Putnam, 2000).

이와 같은 긍정적인 사회효과는 단지 전통적 형태의 스포츠 참여에 국한되지 않고 다변화된 참여방식과 환경에서 고르게 관찰되었다. 직접적인 참여자(선수, 심판 등)와 더불어 자원봉사자, 스포츠 팬과 같은 다양한 참여 인원과 엘리트체육, 생활체육, 학교체육, 스포츠 이벤트, e스포츠 등 여러 스포츠와 관련된 환경에서 앞에서 기술한 효과들이 논의되었다(Wicker, 2017). 하지만 2020년 초 도래한 코로나바이러스감염증-19(코로나-19)의 대유행으로 인해 세계적으로 스포츠 활동들이 취소 또는 축소 운영됨에 따라 참여자 간 대면 소통 역시 제한되었다. 이는 스포츠를 통한 시민사회의 발전이라는 대전제의 변화를 의미하고 있으며 비대면활동의 효과에 대한 이론적인 해석을 요구하고 있다.

3. 스포츠와 시민사회

사회참여의 긍정적인 효과는 19세기 중반 미국의 민주주의를 연구한 프랑스의 정치학자 토크빌Alexis de Tocqueville에 의해 구체화되었다. 토크빌은 1831년 당시 신생국이었던 미국의 민주주의를 지탱하는 토대를 이해하고자 미국 동부를 중심으로 주변 25개 주를 방문하며 미국인들의 삶을 관찰했다. 다양한 목적을 가진 여러 단체가 시민들의 자발적인 참여를 통해 조직되어 활동하는 것을 목격한 토크빌은 참여가 보장하는 자유로운 의사소통에 대한 권리와 이를 적극적으로 행사하는 시민들의 의지가 민주주의의 정착과 발전을 가능하게 하는 근본적인 이유라는 결론을 제시한다. 따라서 여러 단체와 이들의 존속을 보장하는 사회적 풍토는 건강한 시민사회, 더 나아가 민주주의를 뿌리내리게 하는 원동력으로 작용한다. 이와 같은 토크빌의 해석은 현재도 사회참여와 민주주의의 상관관계를 연구하는 데 지속적으로 인용되고 있다. 대표적으로 미국의 정치학자 로버트 퍼트넘Robert D.

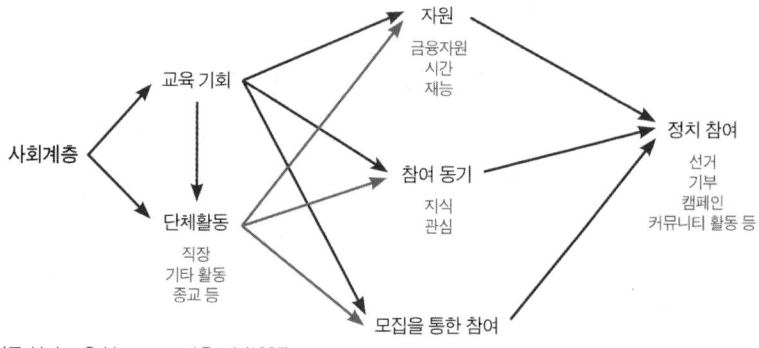

〈그림 6-1〉 자발적 시민참여 모델

자원
금융자원
시간
재능

교육 기회

사회계층

단체활동
직장
기타 활동
종교 등

참여 동기
지식
관심

모집을 통한 참여

정치 참여
선거
기부
캠페인
커뮤니티 활동 등

자료: Verba, Schlozman and Brady(1995).

Putnam은 시민사회에 속한 여러 단체의 절대적인 숫자가 많을수록 구성원 간의 상호신뢰가 높고 정부는 더 성숙한 대의정치를 실현한다고 역설했다 (Baggetta and Madsen, 2018).

이처럼 시민들의 자발적인 참여와 민주주의를 연결하는 고리는 여러 연구를 통해 규명되었다. 예로, 사회참여를 하는 개인은 비참여 인원보다 정치 참여에 적극적이며(McFarland and Thomas, 2006), 상대적으로 높은 타인에 대한 신뢰를 보여 주었다(Verba, Scholzman and Brady, 1995). 또한 이들은 자신이 속한 공동체에서 적극적으로 활동하는 경향을 보이며(Erickson and Nosanchuk, 1990), 이는 자원봉사 등의 여러 사회적 활동으로 표출된다. 이러한 긍정적인 관계는 퍼트넘의 대표 저서 중 하나인『나 홀로 볼링Bowling Alone』에서 사회자본이라는 개념을 통해 구체적으로 설명되었다. 참여자들이 민주적인 가치를 배양하고 시민사회에서의 활동을 넓혀 가는 데 있어서 사회참여가 필수 조건은 아니기에 퍼트넘을 비롯한 다수의 학자는 참여 안에서 이루어지는 여러 가지 활동에 초점을 두었고, 특히 참여에 수반되는 대면 소통과 관계 형성과정을 관찰했다. 사회자본은 참여를 통해 개인이 성립하고 지속해 나가는 사회적 관계망을 토대로 이들이 쌓아 가는 호혜성과 신뢰를 의미한다. 호혜성은 양자 또는 다자관계 속에서 상대방으로부터 받은 것을 되돌려줘야 할 의무와 자신이 베푼 것을 돌려받아야 할 권리를 갖는 것을 뜻한다. 또한 호혜성은 네트워크 내에서 더 큰 신뢰를 쌓아 가는 역할을 하며 이는 신뢰의 범주를 범사회적으로 확장하는 중요한 요소로 작용한다. 사회자본은 시민사회 곳곳에서 여러 형태로 생성된다. 정치 활동에 목적을 둔 시민단체부터 여가생활을 즐기기 위해 모인 사람들이나 종교와 교육기관 등 인적 관계가 성립되는 곳에서 상호 교류를 통해 네트워크, 호혜성, 신뢰가 형성된다. 따라서 이렇게 형성된 사회자본은 더욱 안전하고, 건강하며, 부유한 사회와 견고한 민주주의를 이룩하는 데 중요한 전제조건으로 여겨진다.

퍼트넘은 초기 미국의 민주주의를 발전시켰던 시민들의 다양한 참여가 20세기 중후반을 기점으로 감소했다고 분석하고, 이는 사회자본과 더 나아가 전반적인 시민사회의 퇴보를 초래했다고 주장한다. 그 대표적인 예로 미국인들이 볼링이라는 스포츠를 접하는 방식을 소개했는데, 초창기에는 여러 사회적 활동과 관계 형성의 기회를 수반한 조직적인 리그 형태였던 볼링이 점차 제한된 활동과 함께 관계 형성의 기회가 결여된 개인 위주의 소비재로 변화된 추이를 주목했다. 다시 말해 볼링리그는 앞서 언급했던 사회적 활동(management, organization, leadership, discussion 등)과 리그 참여를 통해 타인과 대면 소통을 할 기회를 제공하지만, 개인 단위에서 소비되는 볼링은 이런 사회적 효과를 기대하기 어려우므로 사회자본의 총량 역시 감소한다. 퍼트넘은 이런 사회적 퇴보가 TV의 보급, 늘어나는 출퇴근 시간과 세대의 변화(X세대·Y세대의 사회 진출)에서 기인한다고 주장한다(Putnam, 2000).

사회적 퇴보에 대한 퍼트넘의 주장을 두고 학자들은 다양한 의견을 제시했다. 사회자본이 범사회적으로 미치는 영향과 20세기와 21세기가 교차하는 시점에 있는 미국 사회에 대한 명확한 진단을 내렸다는 평가와 퍼트넘이 근거로 내세운 사회참여의 감소는 일어나지 않았거나 그 형태가 세대의 요구로 변화했다는 견해들이 제시되었다. 하지만 토크빌의 시민사회론에 기

〈그림 6-2〉 사회자본과 교육성취도의 상관관계: 미국 50개 주 비교

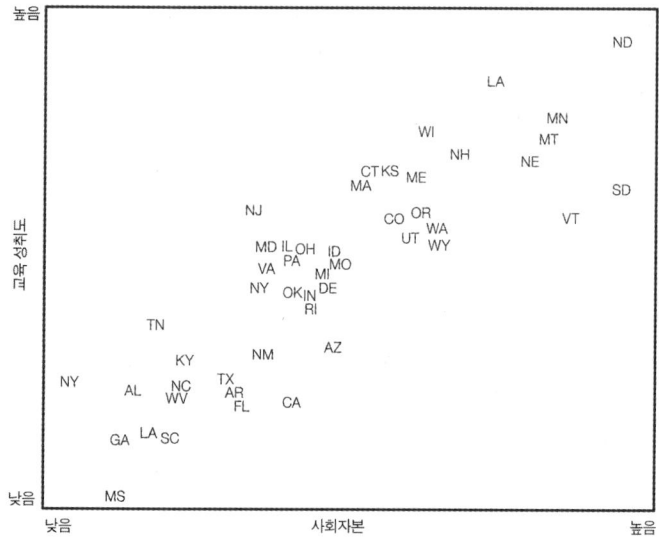

자료: Putnam(2000).

〈그림 6-3〉 사회자본과 소득분배의 상관관계: 미국 50개 주 비교

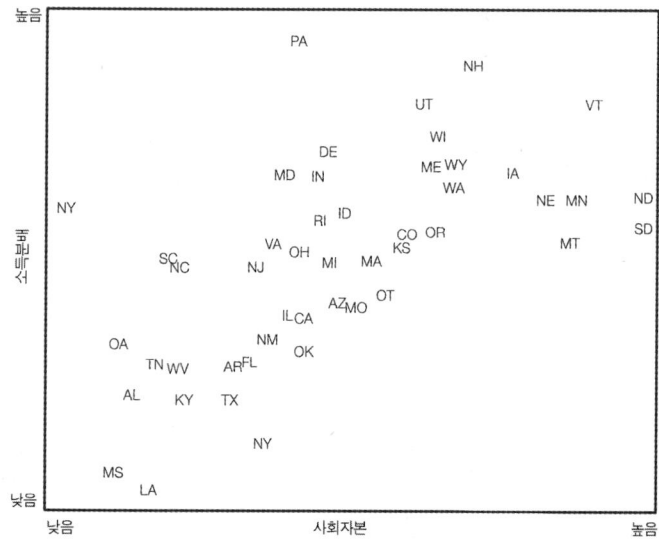

자료: Putnam(2000).

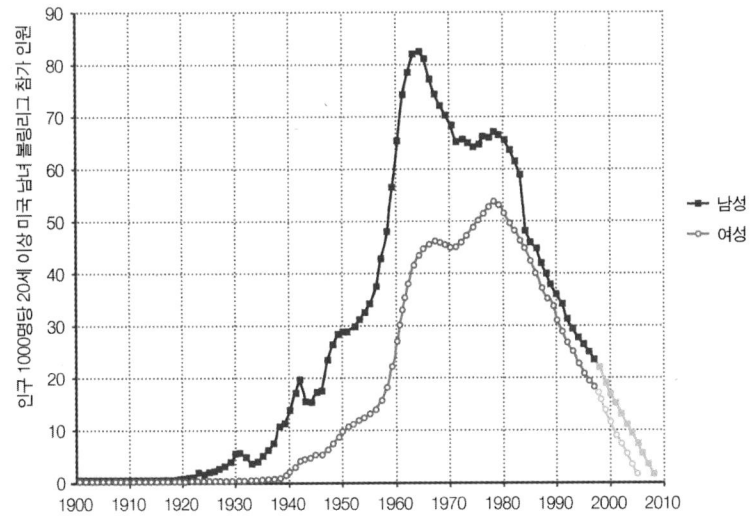

자료: Putnam(2000).

반해 퍼트넘이 주장한 자발적인 참여와 민주주의의 관계, 사회자본 형성에 관한 대면 소통의 역할은 향후 진행된 연구의 이론적 발판이 되었다.

4. 대면 소통의 의미

대면 소통은 스포츠 커뮤니케이션의 가장 보편적인 수단(Pedersen et al., 2020)이자 사회참여가 이루어지는 기본적인 방식이다(Baggetta and Bredenkamp, 2019). 양자 또는 다자간 소통을 가능하게 하는 매개로 폴 피더슨Paul M. Pedersen이 제시한 전략적 스포츠 커뮤니케이션 모델SSCM: Strategic Sport Communication Model의 한 축을 구성한다. 대면 소통은 사람과 사람을 연결하는 기능을 하지만, 그 중요성은 조직 간 소통에서도 대두된다. 조직 내 수직/수평 및 공식/비공식적인 소통, 그리고 타 조직과 소통하는 주요 매체가 되기 때문이다. 요즘은 과학기술의 발전으로 대면 소통을 대체하는 여러 매개체가 활발히 사용되고 있지만, 역설적으로 줌Zoom, 스카이프Skype와 같은 커뮤니케이션 플랫폼으로 대변되는 소통 매개체의 발전은 상호 간 물리적 거리가 주는 장벽을 허물고 오히려 대면 소통을 가능하게 한다.

스포츠를 포함한 시민사회를 구성하는 다양한 단체들의 활동은 가정 또는 회사 같은 네트워크의 테두리에 묶이지 않은 소통에 기반한다. 바게타(Baggetta, 2009)는 참여와 사회효과의 인과관계 중 대면 소통이 갖는 사회적 의미를 사회적 기회Civic Opportunities라는 개념을 통해 정리했는데, 다음과 같이 크게 세 가지로 구분할 수 있다. 첫째, 대면 소통의 기회는 타자와의 관계를 형성하고 발전시키는 기능을 한다. 단체에 소속된 회원들은 공식적·비공식적 모임을 통해 타인과 지속해서 소통하고 사회적 관계망을 형성, 발전시켜 나간다. 펠드슈타인과 퍼트넘(Feldstein and Putnam, 2003)은 특히 스포츠 리그, 밴드 등 같은 취미생활의 향유가 목적인 단체가 비공식적인 모임을 적극적으로 기획 및 활용하는 점을 주목하고 이는 상호 간 신뢰가 높아지는 역할을 한다고 주장했다. 대면 소통의 두 번째 의미는 관계망 형성이 소속된 단체를 중심으로 이루어지는 결속형을 넘어 연계형bridging social capital의 속성을 지니고 있다는 점에서 찾을 수 있다. 소속된 단체 내에서 비슷한 목적을 지닌 타인과 공감, 연대하는 것뿐만 아니라 이를 통해 다른 단체에 속한 사람들과도 관계를 맺을 수 있다. 이러한 효과는 사회자본의 유형 중 연계형을 만들어 내는 중추적인 요소로 작용한다. 마지막으로 대면 소통은 앞에서 언급한 참여 속에서 이루어지는 여러 활동이 구현되는 수단이다. 그룹 활동에 수반되는 기획과 준비 또는 토론이나 타인의 목소리를 대변하는 활동은 대부분 타인과 대면 소통을 통해 이루어진다. 따라서 바게타(Baggetta, 2009)는 리더십과 기획력을 획득할 수 있는 경험들은 주로 그룹 내에서 이루어지는 상호 간 대면 소통을 통해 학습되며 이를 통해 개인들은 시민사회에서 참여의 범주를 넓혀 갈 수 있다고 설명했다.

〈표 6-1〉 스포츠 참여와 사회자본에 관한 연구 목록 예시

저자	연도	제목	비고
Tonts	2005	"Competitive sport and social capital in rural Australia"	지역 소재 스포츠 이벤트 참가자
Harvey, Levesque, & Donnelly	2007	"Sport volunteerism and social capital"	스포츠 이벤트 자원봉사자
Perks	2007	"Does sport foster social capital? The contribution of sport to a lifestyle of community participation"	유소년 스포츠
Seippel	2008	"Sport and social capital"	스포츠 참여 인원, 비참여 인원 비교
Walseth	2008	"Bridging and bonding social capital in sport: Experiences of young women with an immigrant backfround"	이민 배경을 가진 젊은 여성
Kay & Bradburry	2009	"Youth sport volunteering: Developig social capital?"	청소년 스포츠 자원봉사자
Skinner, Zakus & Cowell	2014	"Development through Sport: Building social capital in disadvantaged communities"	저소득 가구 대상 스포츠 활동 참여 인원
Darcy et al.	2014	"More than a sport and volunteers organization: Investigating social capital development in a sporting organization"	스포츠 단체 자원봉사자
Welty Peachey et al.	2015	"Examining Social Capital Development Among Volunteers of a Multinational Sport-for-Development Event"	SFD 이벤트 자원봉사자
Collins & Heere	2017	"Sunday afternoon social capital: An ethnographic study of the Southern City Jets Club"	타 지역 거주 프로스포츠 팬클럽
Forsell, Tower & Polman	2018	"Development of a scale to measure social cpaital in recreation and sport clubs"	레크리에이션 및 스포츠 클럽
Zhou & Kaplanidou	2018	"Building social capital from sport event participation: An exploration of the social impacts of participatory sport events on the community"	지역 런닝 이벤트 참가자

코로나-19 이전의 스포츠 참여 형태는 대면을 기반으로 하는 직접적인 참여가 주를 이루었고 대부분 타인과 대면 소통을 기반으로 전개되었다. 선수, 심판, 자원봉사자, 스포츠 팬 등 서로 다른 목적을 가진 주체들은 스포츠라는 범주 안에서 서로를 마주하고 활동하는 기본적인 틀을 대부분 유지했고, 소통은 사람과 사람을 이어 주는 매개체로 작용했다. 따라서 스포츠의 사회적 효과에 관한 연구는 대부분 대면활동이 이루어지는 스포츠 참가의 전제 아래 이루어졌다. 일례가 퍼트넘이 정의한 이론을 토대로 사회자본의 형성과정을 다양한 스포츠의 영역에서 관찰한 다수의 연구를 꼽을 수 있다. 스포츠를 행하는 직접적인 인원뿐만 아니라 자원봉사자, 프로스포츠 팬과 같은 여러 성격의 참가자 집단과 프로스포츠, SFD Sport-for-development 이벤트, 지역 스포츠 이벤트, 레크리에이션 활동, 체육수업 등 스포츠의 다양한 환경에서 사회자본이 생성되는 과정을 규명했고 이는 스포츠 참여가 가진 사회적 효과를 나타내는 지표가 되었다(〈표 6-1〉 참조).

5. 언택트 시대의 스포츠를 통한 소통

2020년 초, 코로나-19의 범세계적인 확산은 스포츠 참여 형태에 큰 변화를 초래했다. 많은 스포츠 활동이 금지 또는 축소 운영되었으며 이는 대면활동의 잠정적 중단을 의미했다. 프로와 아마추어 스포츠의 무관중 운영은 선수를 제외한 다수를 참여에서 제외했으며, 대다수의 체육 교과과정 역시 온라인으로 전환되었다. 또한 스포츠를 기반으로 한 여가활동 역시 방역 조치로 인해 취소와 축소 운영을 반복했다. 이처럼 소통의 가능성이 제한된 언택트 시대의 스포츠는 대부분 비대면 형식을 통해 스포츠 참여의 공백을 대체하고자 노력했으나, 토크빌로부터 이어져 온 사회참여론의 근본인 스포츠 참여를 통한 사회적 기능까지 대체할 수 있을지는 아직 미지수다.

〈그림 6-5〉 온라인 커뮤니케이션 플랫폼을 이용한 FC St. Pauli 팬들 간 행사 홍보자료

앞서 언급한 대로 코로나-19로 인한 활동 제한은 스포츠 참여의 거의 모든 분야에서 변화를 가져왔다. 코로나-19의 확산을 방지하기 위한 사회적 거리두기 시행은 프로스포츠의 중단 또는 일정 연기를 초래했다. 일례로, K-리그(축구)는 지난 2020년 2월 29일 예정되었던 개막전을 잠정 연기 조치했고, 두 달여가 지난

5월 8일이 되어서야 축소된 일정으로 연기된 리그를 시작했다. 이와 같은 코로나-19 확산방지를 위한 조치는 국내 기타 프로스포츠 리그에도 적용되었는데 한국프로야구KBO는 올스타전 취소, 시범경기 축소 운영, 개막전 연기와 같은 방역 대책을 시행했으며 한국프로농구KBL와 V-리그(배구)는 전례 없는 리그 조기 중단을 결정했다. 사회참여론의 관점에서 주목해야 할 점은 코로나-19로 인한 스포츠 팬들의 축소된 대면활동과 변화된 소통방식에 있다. 무관중으로 시작된 국내 프로스포츠 리그 일정은 사회적 거리두기에 대한 정부 지침에 따라 관중 수용률을 상시로 변동시키며 진행했는데, 이는 프로스포츠를 통해 타인과 함께 집과 일터 이외의 공간에서 소통하며 사회 자본을 형성하는 과정의 축소를 가져왔다. 이는 사회자본 형성의 과정을 통해 다양한 형태의 사회참여로 이어지는 기회의 근본적인 축소를 의미했다. 프로스포츠의 팬 베이스는 개인 단위의 팬도 물론 존재하지만, 타인과 조직적인 그룹 활동을 전개하는 집단 또한 다수 포함되어 있다. 이와 같은 현상은 다양한 형태로 표출되는데, 가장 대표적인 예는 독일 프로축구 분데스리가Bundesliga에 내재되어 있는 팬클럽Fan Club 문화다.

현재 분데스리가 또는 프로의 범주에 속해 있는 상위 리그는 ① 1.분데스

〈그림 6-6〉 다변화된 축구 팬의 참여 형태

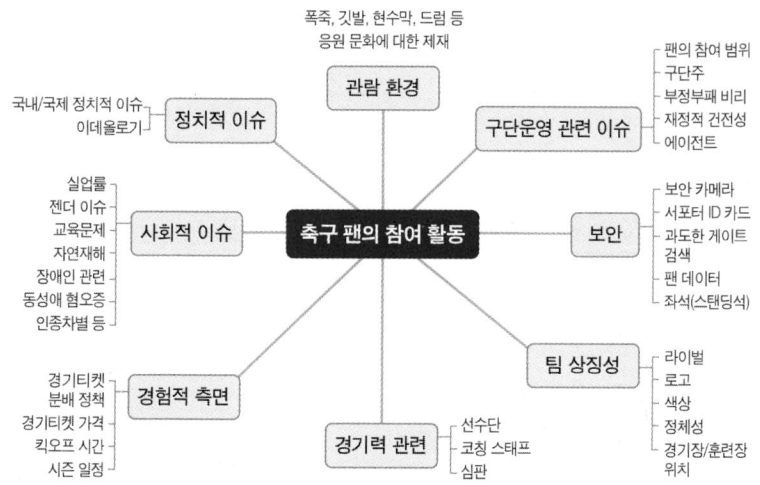

폭죽, 깃발, 현수막, 드럼 등
응원 문화에 대한 제재

관람 환경

정치적 이슈 — 국내/국제 정치적 이슈, 이데올로기

구단운영 관련 이슈 — 팬의 참여 범위, 구단주, 부정부패 비리, 재정적 건전성, 에이전트

사회적 이슈 — 실업률, 젠더 이슈, 교육문제, 자연재해, 장애인 관련, 동성애 혐오증, 인종차별 등

축구 팬의 참여 활동

보안 — 보안 카메라, 서포터 ID카드, 과도한 게이트 검색, 팬 데이터, 좌석(스탠딩석)

경험적 측면 — 경기티켓 분배 정책, 경기티켓 가격, 킥오프 시간, 시즌 일정

경기력 관련 — 선수단, 코칭 스태프, 심판

팀 상징성 — 라이벌, 로고, 색상, 정체성, 경기장/훈련장 위치

자료: Numerato(2018).

리가Bundesliga(1부), ② 2.분데스리가Bundesliga(2부), ③ 3.리가Liga(3부), ④ 레기오날리가Regionalliga(4부) 등 구단별로 다수의 팬클럽을 보유하고 있다. 각 팬클럽은 구단에서 인정하는 공식적인 단체로서 팬들의 자발적인 구성과 참여를 바탕으로 운영되며, 구단은 등록을 위한 기본적인 기준을 제시하고 (예: 바이에른 뮌헨: 등록비 없음, 최소등록인원 25인; 함부르크SV: 연 등록비 25유로, 최소등록인원 6인) 팬클럽에 소속된 회원들에게 각종 혜택(예: 잔여 티켓 우선배분, MD상품 할인, 구단과의 다양한 소통 기회 등)을 제공한다. 2021/2022 시즌 기준 2부 리그에 참여하는 함부르크SV에는 800여 개의 팬클럽이 있고 전통 강호 바이에른 뮌헨의 경우 4400여 개의 팬클럽이 활동하고 있는데, 주목해야 할 점은 이러한 팬클럽의 활동 범위가 경기장에 국한되지 않고 지역사회를 포함한 다양한 장소까지 확장되어 있다는 것이다(Gang, 2021).

　스포츠 팬의 참여에 대한 보편적 인식은 응원하는 팀의 경기 시간을 중심으로 경기장(또는 경기를 관람하는 기타 장소)에 한정되지만, 실제 팬클럽 회원들의 활동 장소는 경기장을 초월해 기타 사적 공간과 공공장소를 모두 아우른다. 참여 활동 역시 소비자의 관점에 입각한 경기장을 중심으로 행해지는 소비와 시민행동에서 발현되는 사회적 활동까지 포함해 넓은 참여 형태를 보여 준다(Numerato and Giulianotti, 2017). 구체적으로 축구 팬들의 다변화된 참여는 축구와 관련된in-football 분야와 축구를 매개체로 이용한through-gh-football 기타 다른 정치·사회적 분야에서 구현된다(Numerato, 2018). 축구와 관련된 사회 문화적인 이슈, 경기장 보안, 팬 친화적 분위기 조성, 경기 결과 및 내용, 그리고 축구를 둘러싼 경영문화 등이 팬들을 참여로 이끄는 축구와 관련된 대표적인 이슈이지만, 축구는 팬들이 정치적(예: 난민 수용, 정치적 이데올로기 표출 등)·사회적(예: 인종·성차별 반대, 다양성 존중 등) 현안에 대한 의견을 표출하고 서로 연대하는 매개체의 역할도 수행한다. 이와 같은 다변화된 참여는 여러 활동을 통해 이루어지는데, 경기장에서 노래, 응원 문구, 배너 등 다양한 수단을 통해 표현될 수 있고, 경기와는 별개로 이루어지는 각종 행사 참여, 이벤트 기획을 통해 팬들은 참여의 폭을 넓혀 나가기도 했다(Gang, 2021).

다양한 장소에서 이루어지는 팬들의 참여는 각자 소속된 클럽 내부에서 행해지는 대면 소통에 기반하고 있다. 예를 들어, 선수를 응원하거나 특정 이슈에 대한 의견을 표현하는 배너 제작에 요구되는 그룹 간 논의와 제작된 배너의 사용까지 모든 과정은 양자 또는 다자간 이루어지는 소통을 통해 진행된다. 〈표 6-2〉에서 나타나듯 경기 당일 시행되는 활동은 여러 공간에서 사람 간 소통을 통해 이루어지며 〈표 6-3〉에 표기된 연간 활동 역시 대면 소통이 필수적이다. 하지만 코로나-19 확산 이후 방역 조치로 인해 팬클럽이 기존에 진행하던 활동에 제약을 받게 되었고, 활동의 제약은 소통 기회의 제한으로 이어졌다. 전례 없는 이러한 제약은 소통과 참여의 형태가 온라인 플랫폼으로 이전되는 양상을 보여 주는데, 종목을 불문하고 각 프로구단은 모두 경기장 입장 제재조치가 가해진 기간 동안 비대면 이벤트를 진행하고 여러 온라인 콘텐츠를 제작, 공유하며 참여를 지속하고자 노력했다

〈표 6-2〉 FC St. Pauli 소속 A 팬클럽의 경기 당일 참여 활동에 대한 세부 내용
[독일 2.분데스리가 2018/2019 시즌 33라운드 Vs. VfL 보훔(Bochum)]

시각 (소요시간)	주요활동	장소	참여 인원	비고
10:30 am (약 1시간)	리더십 미팅	경기장 내 회의실	7인 이하	참여 인원은 각 팬클럽을 대표하는 인원으로 제한. 주요 논의사항은 응원방식, 사용할 응원도구, 기타 팀, 선수, 리그와 관련된 최근 이슈
11:00 am (3시간)	경기 전 친목활동	지역 소재 호프집	100여 명	호프집 구조상 대면 소통을 위한 다양한 공간을 제공(내·외부 공간), 특정 팬클럽을 위한 단독 공간 사전 예약 가능하며 팬클럽에 소속되어 있지 않은 일반 팬과도 교류
2:00 pm (약 30분)	경기장으 로 행진	거리	500여 명	경기장까지 약 2.5km 정도 행진. 누구나 참여할 수 있으며 행진 간 타 팬클럽과 소통하며 참여(예: 함께 배너/깃발을 들고 행진)
2:30 pm (약 45분)	경기 전 응원	경기장 외부 특정 구역	1000여 명	경기장 주변에 위치한 개방된 공간에서부터 행진에 참여하지 않은 팬들과 함께 응원 개시
3:30 pm (2시간)	경기 관람 및 응원	경기장 내 특정 지정석 (서포터 지정구역)	2000여 명	스탠딩 석에서 그룹 단위로 경기 관람하나 응원활동은 통일적으로 지정 구역에 위치한 모든 인원과 함께 진행
5:30 pm (> 3시간)	경기 후 친목활동	지역 소재 호프집	70여 명	경기 후 자율적인 친목활동 시행. 경기 전과 마찬가지로 다양한 팬클럽 멤버들과 소통 및 교류

〈표 6-3〉 FC St. Pauli 소속 A 팬클럽의 홈경기를 제외한 연중 주요 참여 행사 목록(2018/2019 시즌)

참가행사	참가횟수	사전활동	참가자 정보	비고
구단 총회	연 1회	참석 전 클럽별 사전 미팅 진행: 주요 안건 검토	팬클럽 운영자 및 구단 멤버십	구단에서 진행하는 의무적인 연중 구단 멤버 간 총회. 클럽 운영에 대한 주요 안건을 논의하며 선거를 통해 주요 운영진 선출
FC St. Pauli 팬클럽 미팅	연 2회	미팅 참석 인원 선정 및 미팅 결과물 공유	FC St. Pauli에 소속된 팬클럽 회원	구단과 팬클럽을 운영하는 독립적인 단체에서 주최. 경기 중 응원과 다양한 사회참여 활동에 대한 논의 진행 및 시즌별 어젠다 제시

참가행사	참가횟수	사전활동	참가자 정보	비고
원정경기 참여	시즌 중 17 경기	원정경기 참관에 필요한 이동, 숙식 등에 대한 논의	기타 팬클럽 회원(서포터즈)	팬클럽 내부의 의견을 토대로 원정 경기 참관에 대한 세부사항 결정. 기타 팬클럽과 함께 이동 및 경기 전후 친목활동 진행
지역사회 봉사활동	월 1~2회	봉사대상 논의 및 결정	팬클럽 회원 및 기타 지역단체	지역 소재 비영리단체와 체결한 파트너십을 근거로 주기적인 봉사활동 진행
사회이슈에 대한 캠페인 활동	미정	참여할 캠페인 활동 사전 선정	캠페인 참여 인원	구단 또는 시민사회에서 기획하고 추진하는 다양한 이슈 캠페인에 참여
팬클럽 내 비공식적인 미팅	약 주 1회	시간 및 장소 선정 및 정보 공유	팬클럽 회원	매주 팬클럽 회원을 대상으로 친목 활동 진행

(Gang, 2021). 프로스포츠 팬덤 역시 커뮤니티 내 지속적인 소통과 참여를 위해 여러 온라인 플랫폼을 이용한 그룹 활동을 개진해 나갔다.

온라인을 통한 참여는 프로스포츠뿐만 아니라 스포츠의 다른 분야에서도 적극적으로 사용되고 있다. 대표적인 예로 변화된 체육수업의 진행방식을 들 수 있는데, 참가자 간 접촉이 필수적인 기존 오프라인 방식에서 온라인 플랫폼을 활용하는 방식으로 진행되고 있다. 온라인을 통한 체육수업은 크게 세 가지로 구분된다. 교사가 체육활동과 관련된 콘텐츠를 제공하고 각자 개별적으로 학습하는 콘텐츠 제공형, 줌Zoom과 같은 커뮤니케이션 플랫폼을 이용해 진행되는 실시간 쌍방향 수업, 그리고 기존의 오프라인과 온라인 수업이 합쳐진 블렌디드 러닝Blended learning을 통해 체육수업이 진행되고 있다. 사회자본 형성과 적극적인 사회적 참여를 조장하는 데 교육이 차지하는 의미는 여러 학자를 통해 강조되었다. 특히 학교에서 이루어지는 체육수업이 갖는 사회적 의의는 공공 부문의 특성상 참여 기회의 균등한 분배와 협동과 경쟁을 가능케 하는 상호 대면 소통에서 찾을 수 있다(McFarland and Thomas, 2006). 따라서 기존의 대면 기반 지속적인 체육활동 참여는 사

〈그림 6-7〉 지역교육청 주최 온라인 기반 콘텐츠 제공형 체육활동 참여 이벤트

회자본 형성은 물론 향후 사회에서 참여의 범위를 확장해 나가는 데 중요한
조건 중 하나로 인식되고 있다.

　하지만 퍼트넘을 포함한 다수의 학자가 주장한 바와 같이 사회참여론의
관점에서 스포츠가 지닌 사회적 효과는 대면활동과 소통을 할 수 있었던 팬
데믹 이전 시대를 전제로 한다. 대면 소통이 배제되거나 제한된 환경에서
스포츠 참여가 지닌 사회적 효과를 규명하는 것은 향후 풀어 나가야 할 시
대적 과제로 여겨진다. 앞서 언급한 바와 같이 스포츠의 여러 분야에서 전
통적인 스포츠의 참여방식이었던 대면활동은 비대면을 기반으로 한 참여
활동으로 변화했다. 이러한 변화가 과연 스포츠의 사회적 가치를 어떻게 구
현하는 데 어떤 영향을 끼치는지, 그리고 어떠한 장기적인 결과로 이어지는
지에 대한 지속적인 관찰이 필요하다.

6. 결론

코로나-19의 도래는 많은 변화를 가져왔다. 국가 간 존재하는 경제, 정치, 사회적 차이와 관계없이 모두 범세계적인 팬데믹의 영향권 안에서 그 여파를 감내해 나가고 있다. 대면활동이 제한된 특수한 상황에 따라 스포츠 역시 기존의 방식과는 다른 다양한 소통방식을 통해 시행되는 현상으로 이어졌다. 사회참여론의 근간이 되었던 대면 소통과 참여는 온라인 플랫폼과 함께 시대의 상황에 맞춰 스포츠 참여의 기회를 제공하고 있다. 앞에서 살펴봤듯이 이와 같은 변화는 스포츠가 시행되는 공공 부문, 시장경제와 시민사회 모두에 걸쳐서 적용되었다. 체육수업, 스포츠 팬의 참여, 그리고 제한된 활동의 범주 안에 있는 다양한 스포츠 활동의 방식이 달라졌다. 사회참여론을 발전시킨 많은 학자들이 주장했던 대면 소통의 사회적 가치에 대한 재해석은 변화가 야기한 참여 형태에 대한 깊은 이해로부터 시작되어야 한다. 과연 스포츠의 여러 환경에서 온라인을 이용한 소통방식이 대면 형태와 같은 사회적 효과를 가져올 수 있는지, 온·오프라인의 유기적인 활용이 내포한 긍정적·부정적 영향은 무엇인지, 사회자본과 같은 유·무형자본이 생성되는 새로운 조건은 무엇인지에 대한 이해가 필요한 시점이다.

Abstract

Sport Communication in the Age of Pandemic

Consequences of Limited Face-to-face Communication on Civic Engagement

Alex C. Gang

Face-to-face communication, regarded as the most foundational mode of communication, has received wide scholarly attention across various disciplines. In addition to the functional element, which enables a sound flow of information and shared meaning between parties involved, scholars recognized the contribution of face-to-face communication to facilitate a wide array of prosocial outcomes (e.g., social capital, civic engagement). As participation in sport offers rich socializing opportunities through face-to-face interaction, extant studies articulate sport's contribution to developing prosocial traits. The emergence of the Covid-19 pandemic, however, necessitated a drastic change in how sport is practiced. This chapter revisits the theoretical foundation of civic engagement that explains the value of face-to-face interaction in rearing prosocial outcomes and offers a future research direction in the post-pandemic context.

Part 3 **스포츠 미디어 텍스트와 콘텐츠**

운동선수의 스캔들과 미디어 커버리지
3P 모델에 근거한 접근방식

이준성

1. 서론

스포츠는 일상에서의 탈출, 긍정적인 자극, 자기 성취 등의 개인적 가치
와 더불어 사회적 통합, 영감의 제공 등과 같은 다양한 형태의 가치를 제공
한다. 하지만 이러한 가치들은 기나긴 스포츠의 역사 속에서 그림자처럼 함
께한 운동선수의 비윤리적 일탈행동으로 인해 지속적으로 훼손되어 왔다.
특히, 운동선수의 스캔들은 현재에도 만연하며 비예측성에 기반한 미디어
소비자로서의 대중에 의해 추가 가공 및 재생산 과정을 거쳐 다양한 각도의
논란과 새로운 담론을 형성하는 결과를 초래한다는 특징을 갖는다. 하지만
이러한 미디어상의 운동선수 스캔들에 대한 학술적 접근은 체계적이지 않
고 산발적이었다. 이에 해당 주제를 더욱 포괄적으로 접근하기 위한 3P pre-
peri-post: 전-중-후 모델을 제안하고 각 단계별로 집중해야 할 학술적 연구 주제
와 기존 문헌 속 관련 연구 결과들을 논의하고자 한다.

2. 스캔들 vs. 윤리위반 용어의 개념 정의

본격적으로 시작하기에 앞서 '스캔들scandal'과 '윤리위반transgression'의 의미적 차이와 본문에서 주로 사용할 용어의 개념적 정의가 필요하다. 메리엄 웹스터Merriam-Webster에 따르면 스캔들은 '악의적으로 명예를 훼손하는 좋지 않은 소문malicious or defamatory gossip'으로, 그리고 위반은 '법, 규범, 혹은 의무의 위배 혹은 위반 행위infringement or violation of a law, command, or duty'로 더욱 포괄적 의미로 정의된다. 이에 근거하면 우리가 일상적으로 사용하는 스캔들이라는 용어의 내재적 의미는 사실 윤리위반이 내포하는 의미에 더욱 부합한다고 할 수 있다. 따라서 이 장에서는 내용 전달의 수월성을 추구하기 위해 '스캔들'이라는 용어를 사용하지만, 근본적으로 이 용어의 정의는 '윤리위반'의 그것을 차용한다. 다시 말해 이 장에서 논하고자 하는 '운동선수 스캔들'은 '운동선수의 법, 사회규범, 더 나아가 각각의 스포츠에 적용되는 공통적 혹은 특수한 의무에 대한 위배 혹은 위반 행위'라고 조작적으로 정의된다.

3. 미디어상의 스포츠 스캔들의 특성과 그 만연함

1) 스포츠 스캔들의 특성

스포츠는 미디어를 통해 참여와 관람 등의 다양한 형태로 소비된다. 이러한 다양한 소비과정을 통해 스포츠 콘텐츠는 다양한 형태의 개인적·사회적 가치를 창출해 낸다. 특히 스포츠 소비자는 그들의 소비 행동을 통해 스포츠가 제공하고 있는 다양한 개인적 수준의 소비 동기들(예를 들어, 엔터테인먼트, 드라마, 신체적 기술 연마, 종목과 선수에 대한 관심, 지역사회 자부심 중진, 대리 성취, 팀 연고, 사회적 상호작용 등)(Funk et al., 2001; Funk, Mahony and Ridinger, 2002; Trail and James, 2001)을 추구하고 그에 따르는 가치들을 경험할 수 있다. 또한 과거 2002 한일월드컵의 길거리 응원과 2018 평창 동계올림픽 남북 동시 입장 등의 이벤트가 보여 주듯이 스포츠는 사회를 통합시키는 역할을 하는 사회적 가치를 동시에 제공한다. 특히 운동선수는 이러한 스포츠의 가치를 생산하는 생산자로서 스포츠라는 사회문화적 현상을 존재하도록 만드는 핵심 주체라 할 수 있다. 더불어 스포츠 미디어는 이렇게 다양한 스포츠의 가치를 전달하는 데 가장 핵심적인 역할을 담당한다.

하지만 잊을 만하면 드러나는 스포츠 관련 부정적 사건 사고들은 스포츠가 궁극적으로 추구하는 긍정적 가치를 훼손시키고 스포츠에 대한 대중의 시선에 부정적 영향을 끼치는 위협 요소로 작용해 오고 있다. 로우(Rowe, 2011)에 따르면 스포츠와 선수들은 미디어의 주요 소비 콘텐츠로서 다양한 계층의 대중에게 많은 관심을 끌고 있으며 특히 선수들의 비윤리적 비행은 초대형 스포츠 이벤트의 존재 여부와 상관없이 추산할 수 없는 양의 미디어 보도를 장식하고 있다. 이러한 미디어상의 부정적인 기사들은 네 가지 두드러지는 특징을 갖는다 할 수 있다. 첫 번째 특징은 비예측성unpredictability이라 할 수 있다. 이, 곽, 무어(Lee, Kwak, Moore, 2015)에 따르면 운동선수의 스캔들은 그 발생 시점과 상황의 변동을 예측할 수 없다는 점에서 그 위험성이 크다고 할 수 있다. 특히, 선수의 비행은 관리자(팀 매니저, 에이전트, 지도자 등)가 통제할 수 없는 영역에서 자주 발생한다는 차원에서 예방보다는 사고 발생 후 후속 조치에 주로 의존할 수밖에 없다는 특징을 지닌다. 더불어 이러한 선수 스캔들은 비단 선수의 이미지를 하락시키는 부정적 결과를 유발함은 물론 선수와 관련된 스포츠 산업의 이해관계자들(예: 선수 후원 광고주 등)이 신속한 후속 의사결정을 강요하게 된다. 또한 해당 비행 선수가 속한 팀, 리그 혹은 연맹 차원에서 신속한 위기관리crisis management 차원의 대처를 요구하게 된다(Lee, Kwak and Moore, 2015).

둘째, 운동선수의 비윤리적 행위에 관한 기사는 윤리적 판단이나 담론이 필요하지 않은 일반적 정보전달 형태의 스포츠 기사들과는 달리 논쟁을 촉발하는 촉매제 역할을 한다(Schultz-Jorgensen, 2005). 다시 말해 선수와 관련된 부정적 기사들은 사회문화적 이슈로 주목받아 자연스레 대중의 관심을 끌고 공론의 대상이 되어 버린다(Rowe, 2011). 또한 사회심리학적 관점에서 학자들은 사람들이 부정적인 정보에 더욱 무게감을 두고 해석하고 집중한다는 부정편향Negativity bias(Kanouse and Hanson, 1972)의 존재를 일관적으로 밝혀냈으며, 결국 이러한 운동선수들의 부정적인 사건과 사고 기사들은 미디어의 가장 매력적인 먹잇감의 하나가 되고 있다.

셋째, 선수의 비행은 너무나도 다양한 형태로 발생할 수 있다. 운동선수의 비윤리적 행동은 승부조작, 금지약물 복용 등 선수가 속한 스포츠의 본질integrity과 직접 관련 있는 형태(Lee, Kwak and Moore, 2015)를 띨 수도 있지만, 그보다 훨씬 많은 사건 사고가 스포츠의 본질과 상관없는 경기장 밖 선수의 사생활을 통해 발생하기 때문에 미디어를 통해 전달되는 운동선수의 비행은 그야말로 헤아릴 수 없는 다양한 형태로 발생하는 특징을 지닌다. 미국 서부 일간지인 ≪샌디에이고 유니온-트리뷴The San Diego Union-Tribune≫의 2000~2015년까지 미국 미식축구리그NFL 선수들의 사건 보도 데이터에 따르면 NFL 선수들은 절도, 폭행, 음주운전, 약물 복용, 불법 총기 사용, 성폭행 등의 다양한 사건으로 인해 입건 혹은 체포되었음을 알 수 있다. 또한 유명한 2006년 월드컵 결승에서 프랑스 국가대표팀의 주장이었던 지네딘 지단Zinedine Zidane이 경기 중 상대방의 인종차별적 욕설의 대응으로 회자되는 경기와 상관없는 폭력 행위 또한 선수가 개입될 수 있는 스캔들이라 할 수 있다.

넷째, 같은 현상에 대해 상대적으로 다양한 해석과 담론이 존재할 수 있다. 2009년 말 부인과의 가정불화로 인해 촉발된 타이거 우즈Tiger Woods의 스캔들은 혼외정사extramarital scandal라는 사건의 본질적 쟁점을 뛰어넘어 남성성, 유명인, 그리고 인종과 같은 확장된 형태의 쟁점을 유발했다(Rowe, 2011). 이 사건은 AP통신을 비롯한 미국 내 주요 뉴스 기관들에 의해 2010년 '올해의 스포츠 이야기'로 선정되어(Davie, King, and Leonard, 2010) 운동선수의 스포츠와 상관없는 비행이 스포츠 이야기로 둔갑하는 웃지 못 할 상황이 발생하기도 했다. 우즈의 사례는 전통적인 미디어와 ICT를 기반으로 한 뉴미디어가 결합되고 공존하는 현대사회에서는 운동선수의 스캔들이 본질상 상관없는 스포츠 기사가 될 수 있음을 보여 주는 좋은 사례라 할 수 있다. 이러한 현상의 또 다른 예는 NFL 쿼터백 마이클 빅Michael Vick의 투견 사건일 것이다. 지난 2007년 빅은 불법 투견에 연루되어 투옥되었다. 로우(Rowe, 2011)에 따르면 해당 사건은 NFL의 소비자가 아닌 대중에게는 운동선수의 비윤리적 사건보다는 불법 투견이라는 동물 학대 스캔들로 인식될 수 있다. 즉, 다시 말해 특정 사건을 바라보는 시각을 행위의 주체에 두는지 혹은 행위 자체에 두는지에 따라 동일한 현상에 대해서도 상대적으로 다양한 해석과 담론이 유발된다는 것이다.

다섯째, 급진적 ICT의 진화로 인해 소비자들은 무수히 많은 미디어 경로를 통해 운동선수 스캔들 기사에 쉽게 노출되는 특징이 있다. 과거에는 이러한 기사들이 주로 주요 뉴스 조직을 통해 대중에게 전달되었지만, 이제는 ICT 기반의 미디어의 세계화로 인해 전파는 물론 인터넷 네트워크를 통해 불특정 다수에게 전달되는 상황이 도래했다(Rowe, 2011). 특히 과거 정보 수신자의 역할이었던 대중이 이제는 정보 생산자 혹은 가공자의 역할을 수행함으로써 제공된 정보를 추가 가공하고 타인과 공유하는 시대가 되었다. 룰과 하이너먼(Lull and Hinerman, 1997)에 따르면 사건 기사에 노출된 대중은 상징적 자원을 해석하고 스캔들을 자기 목적에 따라 생산 혹은 재생산하며, 결국 스캔들은 미디어를 통해 유형화되지만 스캔들 기사의 수용자들로 인해 생산된다고 했다. 다시 말해서 운동선수 스캔들이라는 사실 기반fact-based의 정보와 기사는 대중의 개입으로 인해 다양한 형태로 가공되고 무수한 ICT 기반의 소셜 미디어를 통해 전 세계로 전파되는 특징을 갖게 되었다.

2) 운동선수 스캔들의 만연함

수년 전 러시아의 국가 주도적 도핑 은폐 사건을 비롯해 2021 도쿄올림 픽 브라질 여자 배구 대표선수의 약물 검사 양성반응에 따른 준결승 엔트리 제외, 나이지리아 단거리 육상선수의 도핑 적발 등의 사례는 스포츠와 관련 된 부정적 사건 사고가 얼마나 만연해 있는지를 보여 주고 있다. 나아가 1896년 근대 올림픽 출범과 함께 오랜 시간 전통 스포츠로 함께 했던 역도 가 끊임없이 이어져 온 도핑, 뇌물, 부패 스캔들 등으로 인해 국제올림픽위 원회IOC에 의해 올림픽 퇴출 위기에 처한 상황(Georgiev and Belson, 2021)들 을 보았을 때 스포츠와 관련된 부정적 상황들은 스포츠 현장에 만연해 있다 고 할 수 있다.

특히 운동선수 스캔들은 그 만연함을 뛰어넘어 그 역사가 매우 오래되었 으며, 그 역사는 스포츠의 역사와 함께 해 왔다고 할 수 있다. 스포츠의 현 장에서 가장 쉽게 떠올릴 수 있는 운동선수의 스캔들인 도핑의 경우만 해도 고대 올림픽이 열리던 2800여 년 전부터 존재했다(유상건, 2021)는 주장도 존재할 정도다. 학술적 근거에 따르면(Huggins, 2018) BC388년 복싱선수였 던 유폴루Eupolu는 제98회 올림픽 기간 중 자신의 상대방 3명에게 승부조작 의 대가로 뇌물을 제공했음이 적발되어 4명 모두 벌금형을 받은 기록이 있 으며, BC68년 당시 레슬링 선수였던 유델루스Eudelus는 예선전 승부조작을 위해 뇌물을 제공했던 기록을 확인할 수 있다. 고대 올림픽은 이러한 선수 들의 비윤리적 경기조작을 묵인하지 않고 다양한 형태로 스포츠 역사와 함 께 남기기도 했다. 하나의 예로 고대 올림픽 경기장의 입구에는 제우스의 동상들을 설치했던 돌 받침들이 위치하고 있다. 이 동상들은 기본적으로 올 림픽 역사상 위대한 선수들을 기념하고 그들을 기리고자 하는 의도로 설치

되었다. 하지만 이에 그 치지 않고 올림픽 규정을 어긴 선수들의 이름, 죄목, 그리고 그들의 가족들의 이름을 그 돌 받침에 기록해 경기장에 입장하던 고대 올림픽 참가 선수들에게 올림픽 정신과 규정 엄수에 대해 경

〈그림 7-1〉 고대 올림픽 경기장 입구 제우스의 동상들을 설치했던 돌 받침들

고하고자 하는 의도 또한 내포하고 있다(Pausanias, 1959).

　근현대의 스포츠 또한 다양한 형태의 스캔들과 비윤리적 사고에서 예외일 수는 없다. 세계반도핑기구WADA: World Anti-doping Agency의 2013년 보고서에 따르면 5962건 도핑 규정 위반 의심 사례 중 3529건이 금지약물 규정을 위반한 사례로 밝혀졌다. 또한 도핑의 심각한 현실은 지난 2014년 소치 동계올림픽에서도 여실히 드러났으며 미디어를 통해 시시각각 전 세계로 알려졌다. 자국에서 열린 동계올림픽을 통해 러시아는 최초 13개의 금메달, 11개의 은메달, 9개의 동메달을 획득함으로써 대회 종료 당시 메달 집계 1위를 했다. 하지만 대회 이후 진행된 금지약물 복용에 대한 조사를 통해 2017년 11월 현재 13개의 메달을 박탈당했으며, 이로 인해 종합순위 5위로 추락하는 수모를 겪기도 했다(Zaccardi, 2017). 도핑을 넘어 시야를 넓히면 더욱 다양한 형태의 스포츠 선수들의 비윤리적 사건, 사고를 더 쉽게 확인할 수 있다. 더불어 미국 샌디에이고의 지역 일간지 ≪샌디에이고 유니온-트리뷴≫의 데이터에 따르면 2000~2015년까지 15년간 미국 NFL 소속의 선수들과 관련된 입건 혹은 체포와 관련된 미디어 보도기사는 총 807건으로 일반 폭행부터 음주운전, 절도, 약물 복용, 불법 총기 사용 등 무수히 다양한 형태를 보인다. 개인 선수의 비윤리적 스캔들로는 미국의 전 사이클선수

였던 랜스 암스트롱Lance Armstrong의 10년여 간의 오랜 금지약물 복용, 미국의 프로 골프선수 우즈의 성 추문이 미디어를 통해 대중에게 가장 잘 알려진 사례라 할 수 있다. 이러한 운동선수의 비윤리적 일탈은 비단 스포츠 산업이 가장 크고 활발한 미국에 국한되지 않는다.

운동선수 도핑과 관련된 국내 현황을 살펴보면 한국 또한 이러한 현상에서 자유로울 수는 없다. WADA의 2017년도 보고서에 따르면 한국은 전체 검사 대상국 중 금지약물 복용 적발 건수에서 전 세계 10위의 불명예를 안고 있다. 또한 지난 최근 몇 년간의 국내 스포츠 상황을 살펴보면 스포츠의 가치를 훼손시킨 크고 작은 운동선수 관련 사건 사고들을 쉽게 확인할 수 있다. 과거 한국 운동선수 스캔들을 살펴봐도 1969년 11월 25일 ≪매일경제≫의 "탈선脫線태권 입건 감독선수들 폭행"(⟨그림 7-2⟩)과 같은 날 ≪조선일보≫의 "脫線태권…集団폭행"(⟨그림 7-3⟩)이라는 운동선수의 비행을 다룬 기사가 복수의 미디어에 보도되고 있음을 발견할 수 있으며, 이는 한국 운동선수 스캔들의 역사 또한 서양의 그것처럼 오래전부터 존재하고 있음을 보여준다.

⟨그림 7-2⟩ 탈선(脫線) 태권 입건 감독선수들 폭행

자료: ≪매일경제≫(1969.11.26.).

⟨그림 7-3⟩ 脫線태권…
集団폭행

자료: ≪조선일보≫(1969.11.26.).

특히 지난 2010~2021년 6월까지 한국의 미디어에 보도된 스포츠 스캔들은 총 67건으로 최소 두 달에 한 번 스포츠와 관련된 사건 기사가 미디어를 통해 대중에 전달되었으며(⟨별첨 7-1⟩), 이 중 총 51건에 운동선수가 직간접적인 주체로 등장했다. 이는 최소 3개월에 1회 이상 운동선수가 관련된 부정적 기사가 미디어에 등장했음을 의미한다. 앞에 언급했듯 사건의 성격 또한 음주운전, 뺑소니, 폭력사건, 승부조작, 성희롱, 약물 복용, 납치 등 다양한 형태로 드러나고 있다.

4. 본론 1: 운동선수 스캔들에 대한 대중의 반응을 이해하기 위한 이론적 틀

과거 운동선수의 스캔들에 관련된 연구들은 주로 산발적인 형태로 학자 개개인의 관심에 따라 진행되었다. 하지만 최근 곽, 이, 챈-옴스테드(Kwak, Lee and Chan-Olmsted, 2018)는 ≪저널 오브 글로벌 스포츠 매니지먼트Journal of Global Sport Management≫의 특별 호special issue를 통해 운동선수 스캔들이 대중의 반응에 미치는 영향에 대한 학술적 관심을 높이고 학문적·이론적 이해의 깊이를 더하기 위해 노력했다. 특히 그들은(Kwak, Lee and Chan-Olmsted, 2018) 문헌상에서 운동선수의 비윤리적 행동에 대한 소비자의 반응을 이해하는 데 사용되었던 이론적 프레임워크들을 정리했다.

우선 연계학습associative learning은 상대적으로 가장 오랜 시간 사용되었던 이론적 근거로서 인간의 기억체계는 두뇌 속 작은 절들nodes로 이루어지고, 기억 정보를 담고 있는 각각의 절들은 상호 연계된 정보로 연결되어 있어 특정 절node이 자극되었을 때 연결되어 있는 또 다른 절들을 활성화하고 그 평가가 연계성을 기반으로 전이된다는 기본 가정을 한다(Anderson, 1976). 다시 말하면 특정 행위자가 부정적인 행동을 저질렀을 때 그 행위가 내포하는 부정적인 의미가 행위자에 대한 평가에 부정적인 영향을 미치고, 이러한 부정적 평가는 연계되어 있는 또 다른 대상(후원 브랜드 등)에 전이되는spill over 상황이 발생한다는 의미다. 이러한 이론적 접근은 상대적으로 오랜 시간 동안 타인의 부정적 행위에 관한 연구를 수행해 온 광고학과 마케팅 학자들(e.g., Thwaites et al., 2012; Till and Shimp, 1998)의 주된 관심을 받아 왔다. 대표적으로 틸과 쉼프(Till and Shimp, 1998)는 스캔들로 인해 부정적인 영향을 받은 운동선수에 대한 평가는 해당 선수와 후원 계약 관계에 있는 브랜드의 평가에도 부정적인 영향을 끼치게 된다고 주장했다. 하지만 연계 학습이론에 근거한 초기 연구들은 일관적이지 못한 연구 결과를 도출하는 제한점이 존재했다. 다수의 연구들(e.g., Louie, Kulik, and Jacobson, 2001; Till and Shimp, 1998; Um, 2013)은 스캔들의 부정적인 영향을 밝혀낸 반면 또 다른 연구들(e.g. Carrillat and d'Astous, 2014; Lohneiss and Hill, 2014)은 동일한 이론적 틀을 기반으로 부정적인 영향을 증명해 내지 못했다.

이에 상대적으로 최근의 연구들은 그러한 단점을 보완해 주는 이론적 틀로서 윤리 추론moral reasoning에 집중하게 되었다. 바타차지, 벌먼, 리드(Bhattacharjee, Berman and Reed, 2013)는 대중이 타인의 비행을 판단하는 데 대상의 직업능력에 대한 평가와 윤리성 평가를 분리해 판단하는 상황(윤리성 분리)moral decoupling이 존재하고 그에 따라 행위자에 대한 태도가 긍정적일 수 있음을 복수의 실험을 통해 실증해 냈다. 더불어 이와 곽(Lee and Kwak, 2016)은 반대로 대상의 직업능력과 윤리성 평가를 함께 고려해 평가함으로써 부정적인 태도를 형성한다는 윤리성 결합moral coupling의 존재를 복수의 실험을 통해 실증적으로 확인했다. 이러한 두 가지의 새로운 윤리 추론 전략moral reasoning strategy은 판단 대상의 비윤리적 행위를 적극적으로 정당화해 긍정적인 태도를 유지하게 만드는 기존의 윤리성 합리화moral ratio-nalization(Bandura, et al., 1996)와 함께 대중이 공인의 비윤리적 행동을 평가할 때 다양한 윤리 추론 전략들을 선택적으로 사용하고 선택한 윤리 추론 전략에 따라 결정된다는 것을 보인다. 특히, 윤리성 분리와 윤리성 합리화는 평가자의 태도에 긍정적인 영향을 미치는 것으로 연구자들에 의해 일관적으로 검증되었으며, 반대로 윤리성 결합은 평가에 부정적인 영향을 미치는 것이 검증되었다(e.g., 최명경, 이준성, 2021); Bhattacharjee, Berman and Reed, 2013; Jain and Lee, 2020; Kim et al., 2021; Lee and Kwak, 2016; Lee, Kwak, and Braunstein-Minkove, 2016; Lee, Kwak and Moore, 2015). 이러한 대중의 윤리 추론 전략은 기존의 연계학습 이론에 근거한 대상의 비윤리적 행위에 대한 평가자의 반응이 행위가 내포하는 부정적인 함의로 인해 결정된다는 단일 방향성에 근거한 기본 가정으로 인해 발생할 수 있는 한계점을 극복하고, 동일한 현상에 대해서도 상이할 수 있는 대중의 반응을 예측해 낼 수 있는 더욱더 합리적이고 체계적인 이론적 틀로 정립되었다.

5. 본론 2: 운동선수 스캔들의 학술적 접근을 위한 거시적 틀, 3P 접근법

기존의 운동선수 스캔들에 관한 학술적 연구는 현상의 범주 안에서 상황이나 주제의 세부적 구분 없이 산발적으로 진행되었다. 그로 인해 운동선수의 스캔들에 집중한 연구들은 특정한 맥락이나 이에 개입될 수 있는 불특정 요인들이 각각의 맥락에 미칠 수 있는 잠재적인 영향에 대해 체계적으로 접근하지 못하는 한계점을 유발하게 되었다. 이는 곧 관련 연구자들이 운동선수 스캔들이라는 현상을 포괄적으로 고찰하고 각 맥락별 학술적 연구 주제를 도출하는 데 어려움을 겪는 상황을 초래했다. 따라서 이러한 과거의 문제점을 극복하고 더욱 체계적인 학술적 접근을 가능하게 하는 새로운 3P 접근법을 제시하고자 한다. 이러한 3P 모형의 기본적인 전제는 운동선수의 비윤리적 행위를 행위의 전, 중, 후 단계의 관점에서 바라보고 각 단계별로 집중적으로 탐구해야 할 연구 주제들에 접근한다는 것이다. 3P 접근법은 〈그림 7-4〉와 같다.

〈그림 7-4〉 3P 모형

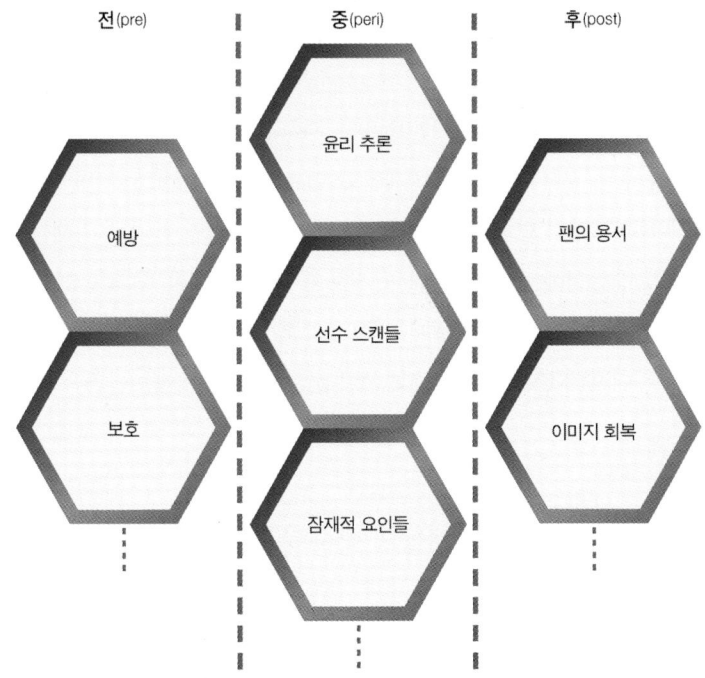

전(pre)　　　중(peri)　　　후(post)

윤리 추론

예방

팬의 용서

선수 스캔들

보호

이미지 회복

잠재적 요인들

1) 전 단계

이 단계는 스캔들이 발생하기 전 단계Pre-transgression stage와 관련 있는 이슈와 주제들에 대해 집중한다. 즉, 어떻게 선수의 비윤리적 행위가 발생하지 않도록 '예방prevention할 것인가'와 운동선수가 스캔들 상황이 발생하기 전 어떠한 이미지를 구축해 의도치 않은 부정적인 상황에서 자신을 '보호protection할 수 있는지'에 대한 주제들이라 할 수 있다. 특히, 예방은 전-중-후의 접근법 중에서도 가장 중요한 주제라 할 수 있다. 앞에 언급한 것처럼 운동선수의 스캔들은 비예측성unpredictability이라는 매우 중요한 특성을 띠고, 미디어를 통해 전달되는 갑작스러운 운동선수의 스캔들 기사는 다양한 형태의 논란을 유발하고, 발전된 ICT 생태계 안에서 미디어 소비자들의 가공 및 재생산을 통해 기하급수적으로 전파되어 선수 개인, 팀, 해당 스포츠 리그, 후원 브랜드 등 다양한 이해관계자에게 부정적인 영향을 미치게 된다. 그래서 스캔들의 발생 방지와 선수 보호는 더욱 중요한 이슈로 주목받는다. 다시 말해 '소 잃고 외양간 고친다'라는 우리의 옛말처럼 운동선수 스캔들이 발생하기 전 그러한 상황이 발생하지 않도록 사전 노력을 기울이는 것은 그로 인해 발생할 수 있는 다양한 형태의 손해(예: 스포츠의 가치 훼손, 선수 및 조직의 부정적 경험 등)를 사전에 차단하기 위한 노력이라는 점에서 그 중요성이 매우 크다고 할 수 있다. 하지만 이러한 전 단계와 관련된 연구는 상대적으로 미비한 것이 현실이다.

가장 보편적인 운동선수 스캔들로 분류되는 도핑 관련 기관인 WADA 또한 이러한 예방의 중요성을 인식하고 향후 조직의 전략적 초점을 그에 맞추고 있다. 2020년 발표된 WADA의 2020/2024 전략 기획서에서도 기존의 검사와 처벌에 중점을 둔 전략에 머물지 않고 향후 예방 교육을 더욱 강조하는 전략적 방향성을 강조함으로써 부정적인 상황을 사전에 방지하는 전략의 중요성이 전 세계적으로 주목받고 있음을 알 수 있다. 이를 위해 WADA는 2021년 초 기존의 반도핑 이러닝ADeL: Anti-Doping eLearning 시스템을 전면 개편함으로써 이러한 예방에 대한 강력한 전략적 의지를 천명했다. 보호의 관점에서 이와 베비약(Lee and Babiak, 2019)은 선수가 부정적인 상황이 발생하기 전 사회공헌활동CSR: Coporate Social Responsibility 및 사회 문제 해결에 꾸준하게 기울인 노력이 예기치 못한 부정적인 상황에서 대중의 질타를 감소시켜 주는 역할을 한다고 밝혀냈다. 이는 선수와 스포츠 조직이 진실성을 가지고 지속적인 사회공헌활동에 이바지한다면 대중이 향후 의도하지 않은 부정적인 상황에 직면했을 때 보호막을 제공받을 수 있다insurance impact는 시사점을 제공하고 있다. 지난 여러 세기 동안 스포츠의 사회공헌활동은 사회 구성원으로서의 선수와 스포츠 조직 및 단체가 사회에 긍정적인 영향을 끼친다는 관점에서 매우 중요한 과제로 인식되어 왔다. 하지만 스캔들 전 단계에서의 사회공헌활동은 사회적 책임은 물론, 해당 주체에 보호막을 제공할 수 있다는 점에서 매우 중요한 역할을 한다고 판단할 수 있으며 이를 위한 선수 및 조직의 진실한 노력과 그를 위한 제도적 지원이 뒷받침되어야 한다는 시사점을 제공하고 있다. 특히 사회공헌활동의 관점에서 앨루티, 존슨, 홀로웨이(Alhouti, Johnson and Holloway, 2016)는 이타적 사회공헌활동의 진정성을 구성하는 적합도fit, 파급효과impact, 그리고 문제 개선 의지reparation를 탐색적 연구를 통해 정립하고, 이러한 요인들이 사회공헌활동에 개입한 행위자에 대한 긍정적인 반응을 유발하는 데 역할을 감당한다는 것을 실증적으로 밝혀냈다. 하지만 결국 이러한 노력이 미디어를 통해 대중에게 전달되지 않으면 그 효과가 극대화되기 어렵다(Lee and Babiak, 2019). 따라서 대중이 다양한 미디어 수단을 통해 운동선수들에 대한 정보를 손쉽게 접하는 현실을 고려했을 때 이러한 스캔들 전 행했던 이타적이고 사회에 공헌한 노력과 발자취들에 대한 적극적·선제적 미디어 기사와 보도는 이러한 관점에서 매우 중요한 역할을 할 것으로 예상된다.

2) 중 단계

이 단계는 운동선수의 비윤리적 스캔들이라는 부정적인 상황을 대중이 미디어를 통해 경험하게 되었을 때 어떠한 반응을 보이고 이러한 반응들에 잠재적으로 영향을 미칠 수 있는지에 대한 심층적이고 포괄적인 이해에 집중한다. 우선 본 단계에서는 대중이 운동선수 스캔들 정보를 처리하는 데 어떠한 윤리적 판단 과정moral judgment process을 거치며 이러한 과정에 어떠한 심리적 기제가 작용하는지에 대한 이해를 높이는 데 주요 목적이 있다고 할 수 있다. 이러한 중 단계Peri-transgression stage는 전 단계와 후 단계post-transgression stage에 비해 상대적으로 많은 학자들의 관심을 받아오고 있다. 특히, 최근 문헌들(Bhattacharjee, Berman and Reed, 2013; Lee and Kwak, 2016)은 기존의 연계학습associative learning 관점의 선행 연구의 한계를 극복하기 위해 다양한 형태의 윤리 추론 전략들을 실증적으로 규명했다. 이들에 따르면 타인의 비윤리적 행위를 판단하는 데 개인은 세 가지의 다양한 형태의 윤리 추론 전략(윤리성 분리, 윤리성 합리화, 윤리성 결합)들을 사용할 수 있다. 윤리성 분리는 비행을 저지른 대상의 비윤리성을 직무수행 능력과 분리함으로써 긍정적 지지를 보일 수 있도록 도와주는 윤리 추론 전략이며, 윤리성 합리화는 부정적 행위자의 행동을 합리화함으로써 긍정적 지지를 보일 수 있도록 도와주는 추론 전략이다. 반면, 윤리성 결합은 대상의 비윤리성과 직무수행 능력을 함께 평가함으로써 부정적 반응을 유발하는 추론 전략이라고 할 수 있다.

이러한 윤리 추론 전략과 관련해서 중 단계에서 집중해야 할 또 다른 부분은 각각의 다른 추론 전략을 유발하는 다양한 잠재변수들을 검증하는 것이다. 다시 말해 앞에서 언급했듯이 미디어를 통해 동일한 스캔들에 접한 소비자들은 다양한 원인으로 인해 각자 다른 반응을 보인다(Lee, Kwak and Moore, 2015). 따라서 그런 차이를 유발하는 요소들을 탐구하고 그 영향력에 대한 이해를 높이는 것은 중 단계와 관련된 연구에 있어 매우 중요한 핵심이라 할 수 있다. 최명경과 이준성(2021)은 사회정서적 선택이론SST: Socio-emotional Selectivity Theory의 개인의 시간조망time perspective에 근거해 한정적limited 혹은 확장적expansive 인지 형태에 따라 서로 다른 윤리 추론 전략을 선택하게 됨을 실증적으로 밝혀냈다. 특히 주로 한정적 시간조망 인식을 하는 장년층(베이비붐) 세대와 주로 확장적 시간조망 인식을 하는 젊은(MZ) 세대를 비교함으로써 장년층은 젊은 세대에 비해 윤리성 합리화와 윤리성 분리를 활용하는 경향이 더욱 큰 것으로 밝혀냈다. 또한 이와 곽(Lee and Kwak, 2016)은 사회정체성이론에 근거한 선수에 대해 느끼는 동일시가 윤리 추론 전략에 어떠한 영향을 미치는지를 전 NFL 선수였던 레이 라이스Ray Rice의 가정폭력 사례를 사용해 검증했다. 결과에 따르면 특정 팀이나 선수에 대한 동일시가 형성되어 있는 스포츠 소비자들은 윤리성 분리를 더욱 많이 선택하는 경향이 있으며 이러한 동일시는 비윤리적 행위를 통해 즉각적으로 촉발되는 부정적 윤리감정들(멸시contempt, 분노anger, 혐오감disgust)을 억누르는 작용을 하는 것으로 밝혀졌다. 또한 이, 곽, 무어(Lee, Kwak and Moore, 2015)는 비윤리적 행동이 행위자의 직무와 직접적인 관계가 높은 경우(예: 운동선수의 도핑, 정치인의 탈세) 소비자들은 윤리성 결합을 선택하는 경향이 더욱 강하다고 주장했다. 또한 김 외(Kim et al., 2021)는 켈리Kelley의 공변 모형covariate model에 근거해 소비자가 운동선수의 스캔들을 평가하고 판단할 때 일관성consistency(해당 선수의 과거 유사한 행적), 특이성distinctiveness(해당 선수의 전반적 행동양식과 스캔들의 차별성), 그리고 합치성consensus(선수가 속한 집단 내에서 해당 행동의 보편성) 정도에 따라 각기 다른 내적 귀인internal attribution 혹은 외적 귀인external attribution을 통해 윤리 추론 전략을 선택함을 검증했다. 또한 이러한 귀인이론에 근거해 이 외(Lee et al., 2021)는 앞에 언급된 부정적 윤리감정들이 내적 귀인에 영향을 미쳐 행위 대상자를 향한 사회적 낙인social stigma을 유발하고 이는 곧 윤리성 결합이라는 결과를 유발하는 것을 실증적 증거를 통해 밝혀냈다. 더불어 이, 곽, 바고지(Lee, Kwak and Bagozzi, 2021)는 소비자의 다양한 사회문화적 배경에 따라 형성되는 정보처리 방식information processing type에 따라 윤리 추론 전략의 선택이 다름을 증명했다. 그들은 집단주의적 자기개념collective self-concept을 기반으로 전체론적holistic 정보처리 방식이 주를 이루는 동양문화권의 소비자들과 개인주의적 자기개념individualistic self-concept기반의 분석적analytic 정보처리 방식이 주를 이루는 서양문화권의 소비자들을 대상으로 연구를 진행했고, 동양문화권의 소비자들이 운동선수의 스캔들을 판단할 때 윤리성 결합을, 그리고 서양문화권의 소비자들은 윤리성 분리를 주로 사용한다는 것을 비교문화연구cross-cultural research를 통해 검증했다.

3) 후 단계

마지막 단계인 후 단계Post-transgression stage의 기본적인 초점은 '회복recovery'이라 할 수 있다. 다시 말해 그렇다면 비윤리적/부정적 사건·사고로 인해 악화된 운동선수에 대한 대중의 인식을 어떻게 회복시키고 용서받을 것인가가 후 단계의 가장 중요한 과제라 할 수 있다. 이러한 회복의 주제는 이미 일어난 부정적인 상황 이후에 비단 선수의 가치를 회복한다는 것을 초월해 스포츠의 가치를 복구한다는 의미에서 매우 중요한 의미를 갖는다 할 수 있다. 이러한 후 단계에서 비윤리적 행위를 저지른 스포츠 선수나 조직의 입장에서 취할 수 있는 접근법들에 대해서는 다양한 방식들이 제안되어 왔다. 특히, 행위에 대한 부정, 침묵, 진정성 있는 사과, 재발 방지 약속(Lee, Bang and Lee, 2013; Meng and Pan, 2013; Sato et al., 2015) 등 PR 관점의 행동들이 주요 방식으로 제안되어 왔다. 더불어 이와 곽(Lee and Kwak, 2017)은 종단연구longitudinal study를 통해 선수의 비윤리적 행위는 선수의 전문성에 대한 신뢰competence-based trust와 본질에 대한 신뢰integrity-based trust를 모두 해치는 것으로 확인했으며, 스캔들 이후 적극적인 사회공헌활동 노력을 통해 본인의 잘못을 뉘우치고 재발 방지를 위해 노력하는 것이 더욱 나은 기량을 대중에게 선보이는 것보다 대중의 신뢰 회복과 용서를 구함에 있어 더욱 긍정적인 영향이 있음을 밝혀냈다. 또한 선수의 스캔들 이후 팀과 조직 차원에서 더욱 효과적인 소통 방식이 무엇인지에 대한 연구(Jang et al., 2020)도 진행되었다. 언급된 전 단계에서 강조했듯이 스캔들 후 회복의 단계에서도 미디어의 역할은 핵심적일 수밖에 없다. 이와 베비악(Lee and Babiak, 2019)이 주장한 것과 같이 '왼손이 한 일을 오른손이 알게 하라'라는 주장은 미디어의 중추적인 역할과 지원 없이는 불가능한 과제라 할 수 있을 것이다.

6. 결론

　운동선수의 비윤리적 행동은 스포츠의 역사와 함께 오랜 시간 공존해 왔다. 또한 운동선수들의 스캔들은 나날이 급속하게 진화를 거듭하는 ICT라는 큰 물결을 타고 미디어를 통해 대중에게 전파되고 있다. 이 장에서는 이러한 오랜 역사 가운데 만연해 있는 운동선수 스캔들의 특징과 사회문화적 현상으로서의 운동선수 스캔들에 대한 대중의 반응을 이해하게 도와주는 문헌상의 이론적 관점들과 학술적 관점에서 더욱 포괄적이고 체계적으로 접근하기 위한 3P 모델을 제시하고 각 단계별 해당 연구 주제와 그와 관련된 기존의 연구들을 간략하게 소개했다. 특히 언급된 바와 같이 운동선수의 스캔들은 특정 산업군에서 반복적으로 발생되는 위기 상황(예: 도핑)이라는 지속성을 비롯해 무수하게 다양한 형태로 발생될 수 있는 확장성을 갖는다. 이는 곧 미디어를 통해 대중에게 전달 및 소비되며 이러한 소비과정은 보도 및 기사의 수용으로 그치지 않고 미디어 소비자로서의 대중에 의해 가공 및 재생산 과정을 거쳐 다양한 각도의 논란과 새로운 담론을 형성하는 결과를 초래하고 결국 스포츠의 가치를 해하는 부정적인 상황을 발생시킨다. 이에 이제는 학술적 관심의 사각지대에 위치하고 있었던 운동선수 스캔들이라는 중요한 주제를 수면 위로 끌어올려 체계적으로 살피는 학자들의 체계적인 노력이 필요한 시기가 도래했다 할 수 있다. 더불어 스포츠와 관련된 부정적인 미디어 보도와 기사는 비단 운동선수의 비행에 국한되지 않고 다양한 이해관계자들이 개입될 수 있음을 이미 알고 있다. 지도자의 (성)폭력, 협회와 연맹의 비리, 인권 문제 등 너무도 다양한 사건 사고가 대중의 손에 쥔 스마트폰과 인터넷 뉴스, 혹은 지상파방송이라는 다양한 미디어를 통해 전달되고 있다. 이에 스포츠에서 발생되는 부정적인 상황과 관련된 미디어의 역할과 영향에 대한 지속적인 학술적 관심이 필요하다 하겠다.

Abstract

Athlete Scandal and Media Coverage

An Approach Based on 3P Model

Lee, Joon Sung

Sport is known to provide various personal values such as escape from everyday life, eustress, self-fulfilling along with social ones such as social integration and inspiration. Despite this valuable role, however, these values also have been consistently tainted and derogated by athletes' unexpected unethical behaviors over the long history of sport. In particular, athlete scandals, which are mostly unpredictable, are still prevalent and trigger various controversies from many different perspectives. Intriguingly, sport consumers are known to play a primary role resulting in such consequences by reproducing athlete scandal information and distributing such further processed information. However, scholarly attention to this issue has been unsystematic and scattered. Therefore, a 3P (pre-peri-post) model is proposed to enable researchers and practitioners to better understand each different stage surrounding athlete scandals by discussing relevant research topics and findings in the existing literature.

〈별첨 7-1〉 한국 스포츠 스캔들 미디어 커버리지 및 스캔들 유형(2010~2021. 6.)

연도	월	기사 제목	URL	사건의 성격	사건의 주체
2010	1	롯데 2군 선수, 폭행혐의로 입건	http://sports.khan.co.kr/sports/sk_index.html?cat=view&art_id=201001151012414&sec_id=510101&pt=nv	폭행	선수
	4	아이스하키선수 도핑 첫 양성	https://www.segye.com/newsView/20100413004085	도핑	선수
	9	두산 이용찬 투수 음주 뺑소니	https://www.seoul.co.kr/news/newsView.php?id=20100907010012	음주운전, 뺑소니	선수
		KFA, '승부조작' 고교팀과 감독에 '철퇴'	https://www.edaily.co.kr/news/read?newsId=01121766593101104&mediaCodeNo=258	승부조작	지도자
	10	초등 축구선수 '체벌'로 숨져	https://www.khan.co.kr/national/incident/article/201010072205125	폭행	지도자
	11	박기혁 음주운전 적발…롯데 선수관리 허점	http://sports.khan.co.kr/sports/sk_index.html?cat=view&art_id=201011082233423&sec_id=510201&pt=nv	음주운전	선수
		인천 유나이티드 소속 선수 2명 시민과 싸움	https://sports.news.naver.com/news.nhn?oid=003&aid=0003516508	폭행	선수
	12	쇼트트랙 또 승부조작…국가 대표 출신 주도	https://news.naver.com/main/read.naver?mode=LSD&mid=sec&sid1=102&oid=001&aid=0004833164	승부조작	지도자, 선수
2011	6	한화이글스 야구선수 뺑소니 사망사고 체포	https://www.seoul.co.kr/news/newsView.php?id=20110607500002	음주운전	선수
	10	육상 임희남 세계선수권 도핑 적발	http://sports.khan.co.kr/sports/sk_index.html?cat=view&art_id=201110091109153&sec_id=530101&pt=nv	도핑	선수, 조직
		두산 김재환, 도핑 적발로 10G 출전 정지	https://sports.news.naver.com/news.nhn?oid=003&aid=0004162884	도핑	선수

연도	월	기사 제목	URL	사건의 성격	사건의 주체
2011	10	프로축구 승부조작 선수 등 5명 선고	https://news.naver.com/main/read.naver?mode=LSD&mid=sec&sid1=102&oid=003&aid=0004160300	승부조작	선수
	12	연고전 승부조작 … 뒷돈 준 고대 감독 항소심도 유죄	https://www.mbn.co.kr/news/society/1135004	승부조작	지도자
		[단독] 대학 가려고 '선수 바꿔치기'한 럭비부	https://news.sbs.co.kr/news/endPage.do?news_id=N1001046686&plink=OLDURL	입시 비리	지도자
		'선수 폭행' 김광은 감독 자진사퇴	https://sports.donga.com/3/all/20111130/42270709/3	폭행	지도자
2012	4	태권도 선수 2명 '야유 보낸 관중' 화장실로 끌고 가 폭행	https://news.mt.co.kr/mtview.php?no=2012040917262677256&outlink=1&ref=https%3A%2F%2Fsearch.naver.com	폭행	선수
		'승부조작' 박현준-김성현 유죄판결 '징역 6월-집행유예 2년'	https://www.newsen.com/news_view.php?uid=201204181505273110	승부조작	선수
	5	고대 아이스하키 감독, 선수에게 '연대 선수 폭행 지시' 논란	https://news.mt.co.kr/mtview.php?no=2012052209050620029&outlink=1&ref=https%3A%2F%2Fsearch.naver.com	폭행	지도자
		김동현, 승부조작 이어 부녀자 납치 '끝없는 추락'	https://sports.donga.com/3/all/20120529/46594271/1	승부조작, 납치	선수
	6	프로축구 승부조작 가담 선수 실형 확정	https://news.sbs.co.kr/news/endPage.do?news_id=N1001248058&plink=OLDURL	승부조작	선수
	7	[단독] 국가대표 빙상선수 이강석 면허취소… 연맹 '쉬쉬'	http://star.ohmynews.com/NWS_Web/OhmyStar/at_pg.aspx?CNTN_CD=A0001760078	음주운전	선수, 조직
	9	손영민 음주운전으로 '불구속 입건'…거듭된 악재 끝 대형사고	https://sports.news.naver.com/news.nhn?oid=381&aid=0000000326	음주운전	선수

연도	월	기사 제목	URL	사건의 성격	사건의 주체
2012	10	'패럴림픽 선수 폭행' 보치아 코치, 영구 자격 정지 중징계	https://sports.news.naver.com/news.nhn?oid=003&aid=0004747172	폭행	지도자
	11	중학교 야구부 감독 선수 폭행 피소	http://www.busan.com/view/busan/view.php?code=20121116000151	폭행	지도자
	12	'입시 비리' 양승호 전 롯데 감독 구속	https://www.hani.co.kr/arti/society/area/565215.html	입시 비리	지도자
		롯데 고원준, 음주 교통사고로 불구속 입건	https://sports.chosun.com/news/ntype.htm?id=2012120301000129600000929&servicedate=20121203	음주운전	선수
2013	7	기성용, 비밀 SNS서 최강희 감독 조롱… 논란은 '일파만파'	https://www.interfootball.co.kr/news/articleView.html?idxno=6093	SNS 관련	선수
	8	'승부조작' 강동희 전 감독, 징역 10월	https://sports.news.naver.com/news.nhn?oid=422&aid=0000022235	승부조작	지도자
2014	1	검찰 '씨름 승부조작' 4명 구속기소	https://newsis.com/ar_detail/view.html?ar_id=NISX20140110_0012649787&cID=10203&pID=10200	승부조작, 금품 수수	선수, 협회 간부
	3	컬링코치, 여자 컬링 선수들에 폭언 -성추행 등 사실 인정 '사의표명'	http://tvdaily.asiae.co.kr/read.php3?aid=1395987969675926016	폭언, 성희롱	지도자
	5	승부조작 가담 씨름선수 2명 실형 …1명 집형유예	https://www.ajunews.com/view/20140508140826630	승부조작	선수
	6	김민구 음주운전 교통사고, 국대 복귀 무산될 듯	http://osen.mt.co.kr/article/G1109871214	음주운전	선수
2015	1	KBL, 불법도박 관련 수 징계확정… 프로농구판도에 미치는 영향은?	http://www.sportsseoul.com/news/read/312024	도박	선수

연도	월	기사 제목	URL	사건의 성격	사건의 주체
2015	6	훈련도중 女선수 성추행한 화성시청 前 쇼트트랙 감독, 집유 3년	https://www.segye.com/newsView/20150616003184?OutUrl=naver	성추행	지도자
		'프로야구' 한화 최진행 출장정지…'도핑 양성 반응' 역대 최고 30경기 출장 정지	https://ent.sbs.co.kr/news/article.do?article_id=E10006814410&plink=ORI&cooper=NAVER	약물	선수
	9	'횡령 혐의' 안종복 前 경남 사장, 한강 투신 뒤 구조	https://www.sportalkorea.com/news/view.php?gisa_uniq=2015092223585213&section_code=10&cp=se&gomb=1	횡령	구단 사장
	12	프로야구 4명 '원정도박' 혐의…2명 계좌 추적	https://news.joins.com/article/18875447	도박	선수
		'올해의 심판까지…' 뒷돈에 매수로 얼룩진 K-리그	http://www.nocutnews.co.kr/news/4513258	매수, 금품 수수	심판
2016	7	kt 김상현, 여성 앞 음란행위로 경찰 입건	https://sports.donga.com/3/all/20160712/79160276/2	성범죄	선수
		안지만, 마카오 원정도박 혐의에 이어 도박사이트 개설 연루 혐의까지…삼성 '깊은 한숨'	https://www.donga.com/news/article/all/20160720/79302383/2	도박	선수
	10	테임즈 음주운전 공개 사과 '죄송, 변명의 여지는 없다'	https://sports.chosun.com/news/ntype.htm?id=2016102001001775400012836&servicedate=20161020#rs	음주운전	선수
	11	유창식, 이성민, 승부조작 혐의로 송치…NC 관계자는 은폐혐의	http://www.sportsworldi.com/newsView/20161107000924?OutUrl=naver	승부조작	선수
	12	강정호, 음주 교통 사고… 적발되자 '운전자 바꿔치기'	https://news.sbs.co.kr/news/endPage.do?news_id=N1003918054&plink=ORI&cooper=NAVER	음주운전	선수

연도	월	기사 제목	URL	사건의 성격	사건의 주체
2017	4	'최경철 약물반응' 삼성 포수진 또다시 빨간 불 켜졌다	http://osen.mt.co.kr/article/G1110620359	도핑	선수
		'PO 스타' 김지완, 돌이킬 수 없는 음주운전 사고	https://sports.news.naver.com/news.nhn?oid=065&aid=0000139411	음주운전	선수
	7	'음주운전' LG 윤지웅 72경기 출장정지 징계	https://news.kbs.co.kr/news/view.do?ncd=3515666&ref=A	음주운전	선수
	10	SK 임석진 도핑 적발, 36경기 정지 징계	http://www.spotvnews.co.kr/?mod=news&act=articleView&idxno=172027	도핑	선수
2018	2	KBO 불법스포츠 도박 벌금형 한화 안승민, 30경기 출전정지	https://sports.chosun.com/news/ntype.htm?id=2018022201000186440014126&servicedate=20180221#rs	도박	선수
	6	경찰 '성폭행 혐의' 넥센 박동원, 조상우 구속영장 신청	http://www.nocutnews.co.kr/news/4979168	성범죄	선수
	9	KBL, '음주사고' kt 박철호 36경기 출전정지 중징계	https://news.jtbc.joins.com/article/article.aspx?news_id=NB11690478	음주운전	선수
		AG 은메달 리스트 이아름, 음주운전으로 물의 빚어	https://sports.donga.com/3/all/20180907/91883083/1	음주운전	선수
	10	'음주운전' 함석민, 어제(20일) 아침 5시 주차된 차량과 충돌	http://www.spotvnews.co.kr/?mod=news&act=articleView&idxno=232403	음주운전	선수
		[오피셜]K-리그 상벌위, '음주운전' 전남 박준태 15G 출전정지+벌금 1500만 원	https://sports.chosun.com/news/ntype.htm?id=2018101601000127420009919&servicedate=20181015	음주운전	선수

연도	월	기사 제목	URL	사건의 성격	사건의 주체
2018	11	삼성 이학주, 음주운전 사실 시인 '크게 반성'	https://www.dailian.co.kr/news/view/751782/?sc=naver	음주운전	선수
		넥센 임지열 '2016년 음주운전으로 면허정지…그동안 괴로웠다' 자진 신고	https://www.ajunews.com/view/20181128172043886	음주운전	선수
	12	'문우람 폭행, 미안하다' 이택근, 36경기 출장정지	https://news.sbs.co.kr/news/endPage.do?news_id=N1005064516&plink=ORI&cooper=NAVER	폭행	선수
		'음주운전 3개월 동안 보고 안 해' 이상호, 중징계 불가피	http://news.kmib.co.kr/article/view.asp?arcid=0012901148&code=61161311&cp=nv	음주운전	선수
		문우람, 이태양 폭로…승부조작 의혹 선수들, 혐의 부인(종합)	http://stoo.asiae.co.kr/article.php?aid=51447983286	승부조작	선수
2019	1	프로축구 수원 김은선 음주운전 적발…구단, 계약 해지 결정	https://www.yna.co.kr/view/AKR20190104062700007?input=1195m	음주운전	선수
		쇼트트랙 심석희, 조재범 前 코치 성폭행 혐의로 고소	https://www.yna.co.kr/view/AKR20190108175100007?input=1195m	성폭행	지도자
	2	LG트윈스 차우찬-오지환 등 원정도박, '오승환-안지만 사태' 후에도 여전한 안일함 [SQ이슈]	http://www.sportsq.co.kr/news/articleView.html?idxno=320863	도박	선수
	7	유소년 선수에 스테로이드 투약한 감독	https://www.khan.co.kr/national/incident/article/201907022226005#csidx8ae2378ee6b2144b735bc86f7d09205	약물	지도자

연도	월	기사 제목	URL	사건의 성격	사건의 주체
2020	7	[전문] 최숙현 선수, 폭행·괴롭힘 → 극단적 선택…체육회 '조사 착수'	https://sports.donga.com/article/all/20200702/101784146/1	폭력	선수, 지도자, 조직
	8	프로야구 NC, '학폭 논란' 김유성 1차 지명 철회키로	https://news.jtbc.joins.com/article/article.aspx?news_id=NB11966717	폭력	선수
2021	2	외신도 놀란 한국 스포츠 현실… '올림픽 10등이지만…신체적·언어 폭력 만연'	https://www.donga.com/news/Society/article/all/20210216/105436209/1	폭력	선수
	3	'거짓말'로 대중·빙상계 기만한 임효준 향한 분노	http://star.ohmynews.com/NWS_Web/OhmyStar/at_pg.aspx?CNTN_CD=A0002728033&CMPT_CD=P0010&utm_source=naver&utm_medium=newssearch&utm_campaign=naver_news	성희롱	선수
	6	검찰, 전 프로야구 윤성환 선수 '승부조작 연루' 혐의로 구속기소	http://www.dkilbo.com/news/articleView.html?idxno=337234	승부조작	선수

Chapter 8

미디어에 반영된 스포츠 위기

방신웅

1. 서론

"공든 탑이 무너지랴!" 공들여 쌓은 탑은 무너질 리 없다는 뜻의 옛 속담으로 누구나 한번쯤은 들어 봤을 것이다. 그러나 작금에는 그다지 들어맞지 않는 듯하다. 기업들은 하나의 브랜드를 키우기 위해 제품의 품질 향상과 기술 개발은 물론 마케팅, 광고 등에 많은 비용을 투자하고 있다. 즉, 브랜드라는 탑을 공들여 쌓아 가고 있는 것이다. 유튜브, SNS 등 1인 미디어 시대에 접어든 오늘날은 IT기술의 발달이 견인한 4차 산업혁명시대로 과거에는 종이 신문에서나 접할 수 있었던 정보와 기사들을 인터넷을 통해 누구나 쉽게 접할 수 있고 정보의 홍수라 할 만큼 수많은 정보들이 쏟아지고 있다. 이러한 시대적 환경에서 브랜드와 관련된 부정적 뉴스는 과거와는 비교할 수 없을 만큼 빠르게 공중에게 전파된다. 부정적 뉴스의 여파로 브랜드 이미지와 명성은 치명적 타격을 입게 된다. 공든 탑이 무너지는 것이다. 나이키, 아디다스, 한국프로야구KBO, 한국프로농구KBL, K-리그, FC서울, 삼성라이온스 등 다양한 스포츠 조직들은 소비자들의 마음속에 자신들의 브랜드 이미지를 긍정적으로 각인시키기 위해 많은 노력을 펼치고 있다. 스포츠 관련 조직들이 다양한 광고, 마케팅, 프로모션 등으로 자신들의 브랜드 이미지 제고를 위해 힘을 다해 정성을 다하고 있지만 스포츠 조직이나 스포츠 기업에 닥친 부정적 사건·사고들은 이러한 노력을 모두 수포로 돌아가게 만들 수 있다. 정성을 다해 쌓아 올린 탑(브랜드 이미지, 평판, 명성 등)이 모래 위에 쌓은 성과 같이 한순간에 무너질 수 있는 것이다. 이 장에서는 스포츠 위기의 개념이 무엇이며, 미디어에 반영된 스포츠 위기의 사례를 통해 스포츠 위기의 위험성을 살펴보고 공들여 쌓아 올린 탑이 무너지지 않도록 하기 위해서 스포츠 조직은 어떻게 대응하는 것이 바람직한지에 대해 살펴보고자 한다.

2. 스포츠 위기란?

1) 스포츠 위기의 개념

스포츠 분야에서 스포츠 위기에 관한 연구는 최근에 들어서야 본격적으로 시작되었다고 할 수 있다. 방신웅(2012)은 그의 연구에서 스포츠 조직을 대상으로 하는 스포츠 위기의 개념을 정의하고 위기 상황에 대한 효과적인 위기대응 커뮤니케이션 전략을 연구한 바 있다. 그의 연구에서 그는 스포츠 위기의 개념을 다음과 같이 정의하고 있다.

스포츠와 관련해서 나타나는 현상으로 적절히 다루어지지 않을 경우 스포츠 조직
이 추구하는 핵심 가치에 중대한 위협이 될 수 있고 관련 공중과의 관계에 부정적

인 영향을 미칠 수 있으며, 예기치 못한 상황에서 발생하는 급박한 사건 또는 상황.

지금까지 국내에서는 스포츠를 대상으로 하는 위기 관련 연구가 부재했기 때문에 방신웅(2012)의 스포츠 위기의 개념에 대한 정의는 스포츠 분야에서의 스포츠 위기에 대한 최초의 개념 정의라고 할 수 있다. PR 분야에서는 위기 상황에 대한 연구가 스포츠 분야에서의 위기보다 상당히 앞서 시작되어 많은 연구들이 축적되어 있었던 반면, 스포츠 분야에서 위기 상황과 관련된 연구는 미미했기 때문에 그는 스포츠 위기를 정의하기 위해 주로 PR 분야에서 지금까지 논의되었던 위기의 개념에 그 적용 범위를 스포츠 관련 조직으로 한정해 정의했다.

스포츠와 관련해서 나타나는 현상이라는 의미는 스포츠와의 관련성을 의미하는 것으로 스포츠와 관계없이 나타날 수 있는 위기는 스포츠 위기의 범주에서 제외된다. 예를 들어 SBS의 월드컵 중계권 독점에 대한 논란은 월드컵이라는 스포츠 이벤트가 있었기에 나타난 현상이기 때문에 스포츠 위기라고 할 수 있으나, SBS 사장의 뇌물 비리가 발생한다면 스포츠와는 전혀 관련 없이 나타날 수 있는 현상이기 때문에 스포츠 조직의 위기라고 할 수 없다. 즉, '스포츠 위기'가 기존의 선행 연구에서 말하는 위기와 다른 점은 그 대상이 스포츠와 관련된 조직이나 상황이라는 점이다. 이는 이 장에서 말하는 스포츠 위기의 개념을 스포츠 이외의 분야에서 말하는 위기의 개념과 구분 지어 주는 핵심 요소라 할 수 있다. 따라서 스포츠 위기의 대상과 범위를 이해하기 위해서는 스포츠라는 키워드를 중심으로 스포츠 산업을 정의한 강준호(2005)의 스포츠 산업의 개념과 분류체계를 이해할 필요가 있다. 강준호(2005)는 스포츠 산업은 특수 분류된 산업으로 스포츠 산업 내의 하위 산업들은 스포츠를 중심으로 가치 네트워크를 형성하며 스포츠와 관련된 하위 산업들이 서로 유기적으로 관계하고 있다고 봤다. 스포츠가 없다면 존재할 수 없는 산업은 스포츠 산업의 범주에 포함되지 않는다. 스포츠 위기의 대상과 범주 또한 같은 맥락으로 이해할 수 있다. 스포츠와 관계하지 않고 발생할 수 있는 위기는 스포츠 위기의 범주에 포함하지 않는다.

스포츠 위기의 개념 정의가 중요한 의미를 갖는 이유는 스포츠 조직의 위기관리crisis management를 위한 연구의 시발점이 되었다고 할 수 있기 때문이다. 안타깝게도 스포츠계에서는 스포츠 조직에 부정적 영향을 미칠 수 있는 사건·사고들이 지속적으로 발생하고 있다. 이는 체육계에서 이러한 사건·사고들의 중대한 부정적 영향의 중대성을 인지하지 못하기 때문이다. 그렇기 때문에 체육계에서 지속적으로 발생하고 있는 위기 상황에 대한 연구 또한 미미했다. 따라서 스포츠 위기의 개념을 정의한 그의 연구는 스포츠 조직의 위기관리를 위한 연구를 촉발했다는 점에서 만시지탄이기는 하지만 매우 시의적절하고 필요한 연구라고 할 수 있다.

체육계에서 인식하지 못하는 사이 스포츠 조직의 존재 가치뿐만 아니라 스포츠의 존재 가치까지도 위협할 수 있는 수많은 사건·사고들이 켜켜이 쌓여 스포츠계에 대한 불신과 존재 가치를 훼손해 왔다. 스포츠는 공정성, 스포츠맨십, 페어플레이 정신, 성실성 등과 같은 사회가 추구하는 긍정의 가치를 내재하고 있으며 그 존재 자체만으로 그러한 긍정의 가치를 사회에 확산할 것이라는 기대를 받는다. 그렇기 때문에 스포츠계에서 발생하는 부정적 사건·사고들로 인한 부정적 파장은 더욱 크게 나타난다. 예를 들어, 선수의 음주 폭행, 경기 중 난투극, 도박, 약물 복용 등과 같은 비행은 선수 개인의 이미지뿐만 아니라 선수가 속해 있는 팀, 리그, 프로스포츠 전체에까지 부정적 영향을 미칠 수 있다. 이는 스포츠가 지닌 내재적 속성으로서 공정성, 스포츠맨십, 페어플레이 정신, 성실성 등과 같이 스포츠가 가지고 있는 긍정적 가치에 위배될 뿐만 아니라 스포츠 스타에게는 다른 어떤 분야의 유명인보다도 더 엄격한 도덕성을 요구하기 때문이다. 때문에 스포츠 스타가 음주운전, 폭력 등과 같은 비행을 저질렀다는 뉴스가 보도되었을 때 그들에게 가해지는 비판은 다른 어느 유명인보다도 가혹하다. 한 번의 비행으로 인해 팬들의 관심에서 멀어지게 되고, 이뿐만 아니라 스타로서의 지위마저 잃어버릴 수 있는 것이다(원영신·함은주, 2010). 스포츠 조직도 예외는 아니다. 스포츠 조직(K-리그, KBO, 나이키 등)과 관련된 부정적인 정보는 그들에 대한 평판에 심각한 손상을 입히게 되고 그 결과는 관객 수입, 스폰서십 효과, 매출, 광고 효과 등에 부정적 영향을 줄 수 있다(Shilbury, Quick and Westerbeek, 1998). 제품을 보증하는 스포츠 스타에 대한 팬들의 부정적인 태도는 해당 제품 브랜드에 대한 부정적인 태도로 이어질 수 있기 때문이다(Fink, Cunningham and Kensicki, 2004). 이처럼 어떠한 형태로든 부정적 영향을 미칠 수 있는 사건·사고들에 대해 어떻게 대응해야 부정적 영향을 최소화할 수 있을까? 그 시작은 스포츠 위기의 속성을 이해하는 것에서부터 시작되어야 한다.

2) 스포츠 위기의 속성

스포츠 위기의 속성은 스포츠 위기의 정의가 스포츠와 관련해 발생하는 사건·사고를 의미한다는 점에서 다를 뿐 PR 분야의 위기의 개념 정의와 상당 부분 일맥상통하는 것처럼 스포츠 위기의 속성 또한 위기 관련 선행 연구들(김영욱, 2008; Ulmer, Sellnow and Seeger, 2007 등)에서 말하는 위기의 속성과 맥락을 같이하고 있다. 방신웅(2012)은 위기 관련 선행 연구들에서 말하는 위기의 속성을 종합해 〈표 8-1〉과 같이 위협, 불확실성, 불가피성, 시간제약성, 관리가능성, 다차원성, 비일상성, 시스템 실패의 여덟 가지 속성으로 정리했다.

첫째, 스포츠 위기는 대상 조직에 어떠한 형태로든 부정적인 영향을 미칠 수 있기 때문에 해당 조직에 위협이 될 수 있다(위협). 둘째, 스포츠 위기는 언제, 어떠한 형태로 발생할지 예측하기 어렵다(불확실성). 셋째, 스포츠 위기는 조직의 운영에 있어서 피할 수 없이 발생한다(불가피성). 넷째, 위기

〈표 8-1〉 위기의 속성

위기 속성	내용
위협	조직의 존재 가치뿐만 아니라 관련된 공중과의 관계, 산업체 전체에까지 부정적 영향을 미칠 수 있음
불확실성	위기가 언제, 어떠한 형태로 발생할지 예측하기 어려움
불가피성	위기는 조직의 운영에 있어서 피할 수 없이 발생함
시간제약성	위기가 발생한 순간부터 상황이 급박하게 진행되며 이러한 위기 상황을 해결하기 위한 조직의 빠른 의사결정을 요구함
관리가능성	불가피하게(inevitable) 발생하지만 대재앙(catastrophe)을 의미하는 것은 아니기 때문에 관리의 가능성을 지님
다차원성	다양한 이해관계자가 관련되며, 역동적이고 급변하는 상황에서 발생함
비일상성	일상적인 대응으로는 해결될 수 없으며 특별한 대응을 필요로 함
시스템 실패	위기는 조직 시스템의 실패에서 기인함

가 발생한 순간부터 상황이 급박하게 진행되며 이러한 위기 상황을 해결하기 위한 조직의 빠른 의사결정을 요구하기 때문에 대처하는 데 있어서 시간적으로 제약된 상황이다(시간제약성). 다섯째, 불가피하게 발생하지만 대재앙을 의미하는 것은 아니기 때문에 관리 가능성을 지닌다(관리가능성). 여섯째, 다양한 이해관계자가 관련되며, 역동적이고 급변하는 상황에서 발생한다(다차원성). 일곱째, 일상적인 대응으로는 해결될 수 없으며 특별한 대응을 필요로 한다(비일상성). 여덟째, 위기는 조직 시스템의 실패에서 기인한다(시스템 실패).

코노튼, 스펭글러, 베넷(Connaughton, Spengler and Bennet, 2001)은 참여 스포츠 영역에서 스포츠 참여자가 부상을 입게 되는 상황을 위기 상황으로 보고 참여 스포츠 조직이 직면하는 위기의 속성을 다음 세 가지로 정리한 바 있다. 첫째, 신체활동 중에 부상을 입게 되는 사고는 신체활동 중에 반드시 나타날 수 있는 현상이며, 이는 전술한 위기의 속성 중 불가피성과 맥락을 같이 한다. 둘째, 위기 상황이 발생하게 되면 조직의 목표가 위기 상황을 해결하는 데 초점이 맞춰지게 되므로 조직의 일상적인 업무를 방해하게 되며, 이는 전술한 위기의 속성 중 비일상성과 맥락을 같이 한다. 셋째, 스포츠 상황에서 위기는 예고 없이 발생하며, 이는 전술한 위기의 속성 중 불확실성과 같은 의미다. 코노튼, 스펭글러, 베넷(Connaughton, Spengler and Bennet, 2001)은 이러한 스포츠 위기의 속성 때문에 신체활동 서비스 제공자는 다양한 위기 상황에 대비한 위기관리 계획을 수립해야 한다고 주장했다. 그들이 말하는 스포츠 위기의 속성은 비록 신체활동 중 발생하는 위기 상황에 국한되어 있지만 스포츠와 관련해 발생하는 모든 사건·상황에 적용될 수 있다는 점에서 위기관리 계획의 필요성이 대두된다.

3. 사례로 살펴보는 스포츠 위기

위기 상황은 그 상황이 스포츠 조직이든 선수든지 간에 당사자에게 치명적 손해를 가져올 수 있다. 스포츠 영역의 사례는 아니지만 다음의 두 사례는 기업에서 발생한 사고(위기 상황)에 대해 기업의 대처방식에 따라 전혀 다른 결과를 가져올 수 있음을 보여 준다. 1982년 존슨 앤 존슨 사의 타이레놀 독극물 주입 사건과 1989년 엑손 사의 유조선인 발데스호의 기름 유출 사고가 그 대표적인 사례다. 이 두 사건은 사회적으로 큰 파장을 일으켰으나 각각의 사건으로 인한 결과는 대조적이다(김영욱, 2008). 존슨 앤 존슨 사는 사고 발생 직후 제품을 전량 회수하고 타이레놀을 복용하지 말 것을 적극 홍보하는 등 적극적인 사과와 재발 방지를 위한 노력을 통해 소비자들에게 오히려 신뢰할 만한 기업으로 각인되어 타이레놀은 지금까지도 많은 이들이 찾고 있다. 반면, 엑손 사는 기름 유출 사고가 발생했음에도 기름 유출로 인한 환경오염을 최소화하기 위해 신속하게 대응하기보다는 기름 유출 사고로 인한 책임 소재를 다투는 소송을 이어가는 모습을 보여 사람들로부터 비난을 받았고, 유류 운반산업의 위험성을 대중에게 각인시킴으로써 대중에게 환경을 중요하게 여기지 않는다는 부정적인 이미지만을 강화시키는 결과를 낳았다. 존슨 앤 존슨 사의 사례는 대표적인 위기관리 성공 사례로 언급되는 반면, 엑손 사의 사건은 대표적인 위기관리 실패 사례로 회자되고 있다(김영욱, 2008). 이 두 사례는 사건의 심각성은 비슷하지만 위기 상황에 대처한 방식의 차이에 따라 그 영향이 어떻게 달라질 수 있는지를 극명하게 보여 주는 사례라고 할 수 있다.

스포츠 분야에서도 스포츠 조직 또는 개인에게 부정적 영향을 미치는 사건·사고들이 지속적으로 발생하고 있다. 그중에서도 최근 사회적으로 큰 이슈가 되었던 대표적인 스포츠 위기 사례로 프로축구 K-리그 승부조작 사건과 코로나바이러스감염증-19(코로나-19)로 인한 프로야구 리그 중단 사태를 살펴본다. K-리그 승부조작 사건은 적극적인 사과와 재발방지를 위한 대책을 수립하고 실행해 적절한 대응이었다고 평가할 수 있다. 반면, 프로야구 리그 중단 사태는 선수단 내 코로나-19 확산으로 인해 리그가 중단되었음에도 사건 축소에만 급급했던 적절하지 못한 대응으로 평가할 수 있다.

1) 2011년 K-리그 승부조작 사건[1]

2011년 K-리그의 모 구단에서 골키퍼로 활약하던 Y선수가 자살하면서부터 시작되었다. Y선수의 자살 사건으로 그간에 소문으로만 떠돌던 K-리그의 승부조작 의혹이 강하게 일었으며 검찰에서 승부조작 사건에 대해 본격적으로 수사에 착수한 이후 소문으로만 떠돌던 K-리그 승부조작 사건이 사실로 밝혀지기 시작했다. 2011년 6월 9일 검찰의 1차 수사결과 발표가 있었으며, 브로커들이 선수들에게 경기에서 결정적인 실책성 플레이를 하는 대

---

1 방신웅·황선환(2014)의 내용 중 일부를 발췌해 재구성했다.

가를 지불하는 방식으로 승부조작이 이루어졌던 것으로 밝혀져 배후에 불법 베팅 사이트를 운영하는 조직폭력배가 연루되어 있을 것이라는 의혹이 강하게 제기되었다. 검찰은 밝혀진 사건 외에도 훨씬 많은 승부조작이 이루어졌을 것으로 보고 수사를 확대했으며 그 결과 K-리그뿐만 아니라 컵대회 등에서도 전반적으로 승부조작이 있었던 것으로 나타나 큰 충격을 안겨주었다. 검찰의 1차 수사결과 발표 이후 프로축구연맹은 2011년 6월 17일 승부조작에 가담한 것으로 밝혀진 K선수 외 총 11명을 영구 제명하는 징계를 내렸다. 2011년 7월 7일 2차 수사결과 발표가 있었으며 승부조작에 연루되어 조사를 받은 선수만 59명이 넘는 것으로 나타났으며 대부분의 팀들이 사건과 연관되어 있는 것으로 나타났다. 2011년 8월 25일 프로축구연맹은 승부조작에 가담한 C선수를 포함해 선수 40명과 선수 출신 브로커 7명 등 총 47명에 대해 영구 제명 처벌을 내렸으며, 선수 생활은 물론 K-리그 관련 직무에 영원히 종사할 수 없도록 조치했다. 프로축구연맹은 관련자들의 징계 조치 외에도 재발 방지를 위한 세미나를 개최하거나 관련 처벌 규정을 강화하는 등의 후속 조취를 취했다. 또한, 재판 결과 가담 정도에 따라 3개 등급으로 분류해 보호관찰, 사회봉사 등의 사법처리가 이루어졌다. K-리그의 승부조작 사건은 국내 축구계에 소문으로만 떠돌던 승부조작 의혹이 사실이었으며 승부조작 재발 방지를 위한 대책이 시급함을 일깨워 준 사건이었다.

프로축구연맹은 대국민 기자회견을 열어 승부조작 사건에 대해 사과하고 재발 방지대책을 마련하겠다고 발표했다. 기자회견에서 프로축구연맹 총재는 "프로축구 승부조작 사태로 큰 실망과 심려를 끼쳐 드린 데 대해 머리 숙여 사과드립니다"라고 팬들에게 사과하고 재발 방지를 위한 워크숍, 비리근절대책위원회, 사법기관과 제휴한 부정방지 교육 강화 등 다양한 대책을 발표했다. 구체적으로 연맹은 상벌위원회를 열고 수사결과 승부조작에 관련된 것으로 밝혀진 선수들에 대해서는 K-리그 선수자격 영구 박탈 및 직무자격 영구 상실의 중징계를 내렸고 관련 팀에 대해서는 당해 토토수익

배당금을 삭감하는 징계를 결정했으며, 리그 강등, 승점 감점, AFC챔피언스리그 출전권 박탈, 연봉 현실화 등 승부조작 예방을 위한 후속 대책 및 제도 개선안을 발표하고, 16개 구단이 참여하는 '사랑나눔 릴레이' 재능 기부 봉사활동을 진행함으로써 팬들로 하여금 승부조작 사건으로 실추된 이미지를 회복하기 위한 노력을 진행했다.

2) 코로나-19로 인한 프로야구 리그 중단 사태

최근 프로야구에서는 선수단 내 코로나-19 확진자가 발생해 리그가 중단되는 사태가 있었다. 2021년 7월 9일 NC 다이노스에서 2명, 10일 1명 등 총 3명의 코로나-19 확진자가 발생했고, 두산 베어스에서도 10일 2명이 코로나-19 확진 판정을 받으면서 두산은 자가격리 대상 선수 17명, 코치진 14명으로 확진 및 밀접접촉에 따른 자가격리 대상자 비율이 68%에 달했고 NC 다이노스는 확진 선수 3명, 자가격리 대상 선수 15명, 코치진 10명 등 64%가 자가격리 대상자로 분류되면서 정상적인 리그 진행이 어려워 KBO에서는 긴급 이사회를 통해 코로나-19 방역 대책과 리그 운영 방안을 논의한 끝에 리그 중단(공식 발표로는 '순연'으로 표현했다)을 결정했다.

그러나 최근 프로야구의 리그 중단 사태가 문제가 된 것은 NC 다이노스 선수의 코로나-19 감염이 원정경기 중 호텔에 숙박하는 동안 심각한 일탈 행위가 있었을 것이며 이 과정에서 방역수칙 위반으로 인해 코로나-19에 감염되었을 것이라는 의혹이 제기되면서부터다. KBO의 석연치 않은 리그 중단 사유 발표에 대해 의구심이 증폭되었기 때문이다. 리그 중단 상황에 대해 KBO는 공식 발표에서 두산과 NC 다이노스의 정상적인 경기 진행이 어렵고, 두산·NC 다이노스의 전력이 악화할 경우 순위 경쟁을 벌이는 다른 팀 사이의 형평성 문제가 발생해 경기를 개최하기 어렵다고 판단했다고 발표했으나 실제는 호텔에서 외부인을 불러 방역수칙을 위반한 심각한 일탈

행위가 있었을 것이라는 의혹 제기가 보도되면서 KBO가 선수의 일탈행위를 감추기 위해 감염 경로를 공개하지 않고 정부의 방역 대책 부실로 책임을 전가하는 등의 꼬리 자르기식 발표를 한 것에 대해 팬들의 공분을 샀다.

최근 선수의 코로나-19 감염으로 인한 프로야구 리그 중단에 대한 KBO의 대응이 부적절한 사례로 지목되는 것은 리그 중단 사유에 대한 KBO의 투명하지 않은 정보공개와 책임 전가, 선수의 일탈행위에 대한 축소, 은폐 정황이 의심되기 때문이다. 위기 상황이 발생했을 때 위기 상황에 대한 충분한 정보제공과 더불어 신속한 상황 파악 후 책임 소재에 따른 사과와 재발 방지를 위한 대책 등을 제시할 때 스포츠 팬들로부터 신뢰를 얻을 수 있을 것이며 KBO의 브랜드 이미지 훼손 또한 최소화할 수 있었겠지만 KBO는 이러한 위기대응 원칙에 반하는 방향으로 대응했기 때문이다.

KBO 리그 중단 사례에서 알 수 있듯이 스포츠와 관련된 부정적 사건·사고들이 미치는 부정적 영향은 선수 자신뿐만 아니라 이들과 관련된 이해관계자(팬)에 이르기까지 광범위하게 나타난다. 브랜드 이미지, 평판, 명성의 제고라는 관점에서 위기 상황에 대한 적절한 대응이 중요한 것은 "부정성 효과negativity effect" 때문이다. 피스케(Fiske, 1980)에 따르면 사람들은 대상에 대한 전반적인 평가를 할 때 긍정적인 정보보다 부정적인 정보에 더 많은 비중을 두고 판단한다. 스코브론스키와 칼스톤(Skowronski and Carlston, 1989)은 이를 "부정성 효과"라고 했다. 조직과 관련된 부정적 정보는 부정성 효과로 인해 조직의 평가에 중요한 요인으로 작용함으로써 조직의 이미지나 평판에 중대한 영향을 미칠 수 있다. 때문에 이러한 스포츠 위기 상황에 어떻게 대응하는가는 위기 상황으로 인한 피해를 최소화하는 데 매우 중요하다. 따라서 위기 상황이 발생했을 때 신속하게 대응하기 위해서는 적절한 위기관리 계획의 수립이 중요하다.

적절히 관리된 위기 상황은 오히려 이미지를 긍정적으로 전환할 수 있는 기회가 될 수도 있다. 때문에 위기 예방과 대응, 사후조치 등의 적절한 위기

관리 계획을 수립하고 위기 상황이 발생했을 때 그에 따라 신속하게 대응하는 것이 필요하며, 이를 위해서는 발생 가능한 모든 위기 상황을 유형별로 분류하고 유형에 따라 적절한 위기대응 전략을 수립하는 것이 필요하다.

4. 위기관리와 스포츠 위기의 유형

1) 위기관리

위기관리란 조직이 위기 상황에 직면했을 때 위기로 인한 조직의 피해를 최소화하기 위해 체계적으로 대응하려는 조직 차원의 모든 노력을 의미한다(김영욱, 2008). 즉, 위기가 발생하기 전에 위기 발생 징후를 파악해 위기 발생을 예방하기 위한 활동, 위기가 발생했을 때 위기관리 팀의 행동지침이나 커뮤니케이션 전략 등과 같은 위기대응 계획의 수립, 위기 상황에서 위기대응 계획의 실행, 위기 상황 종료 후에 조직의 위기대응을 평가하고 평가결과를 대응 계획의 수립에 반영하기 위한 활동 등을 모두 포괄하는 개념이다. 최근의 위기관리에 대한 관점은 효과적인 위기관리를 위해서 위기 발생 후의 대응적인 차원에서만 접근하는 것이 아니라 장기적인 측면에서 공중과의 관계를 염두에 두고 공중의 조직에 대한 이미지를 긍정적으로 바꿔나갈 수 있는 예방 차원의 위기 커뮤니케이션이 포함되어야 함을 내포하고 있다(Fearn-Banks, 1996). 특히, 쿰즈(Coombs, 2006b)는 사전 예방 차원의 위험관리와 대응 차원의 위기관리가 결합될 때 비로소 통합적인 위기관리가 가능하다고 주장했다.

2) 스포츠 위기 유형의 분류

다양한 위기 상황을 몇 가지 유형으로 분류하는 것은 이러한 상황을 간단하고 명료하게 이해할 수 있는 단서를 제공해 준다. 수많은 위기들을 그들이 가지는 공통적인 특징에 따라 묶어 줌으로써 위기에 대해 조직의 자원을 효율적으로 운영할 수 있고 이는 위기로 인한 조직의 피해를 최소화하기 위한 첫걸음이라고 할 수 있다. 조직이 직면할 수 있는 위기는 예측하지 못한 상태에서 매우 다양하게 나타나며, 각각의 위기들에 개별적인 대응을 준비하기에는 조직 자원의 한계가 있다. 따라서 시간적으로 급박한 대응을 요구하는 조직의 위기 상황에 대해 위기가 발생하기 이전에 위기 상황의 특성에 따라 다양한 위기 유형별로 위기대응 계획을 수립함으로써 위기에 좀 더 효율적이고 적극적으로 대처할 수 있게 된다.

따라서 스포츠와 관련해 발생할 수 있는 다양한 위기 상황을 유형화하는 것은 예기지 못한 시기에 갑작스럽게 발생하는 위기 상황에 효율적으로 대처하기 위한 첫걸음이라고 할 수 있다. 이러한 필요성에 따라 방신웅·김기한(2013)은 스포츠 조직이 직면할 수 있는 다양한 위기 상황을 스포츠 분야의 특성에 맞게 유형화하는 분류체계를 개발했다. 이들은 스포츠 조직의 위기 유형을 '소문', '자연재해', '악의적 행동', '문제제기', '사고', '위반'의 6가지 유형으로 분류했다. 위기 유형 중 '사고' 유형은 '인적사고'와 '기술적사고' 유형으로 세분되며, '위반' 유형은 '경기 관련 위반', '조직 차원 위반', '개인 차원 위반' 유형으로 세분된다.

첫째, 소문rumor은 조직 외부의 누군가에 의해 조직이나 구성원을 대상으로 하는 허위정보를 유포시키는 것을 의미하는 것으로 의혹, 열애설, 불화설 등이 이에 해당한다. 소문 유형은 조직 외부의 누군가에 의해 위기가 발생하고 조직이 의도한 상황이 아니기 때문에 조직의 책임성이 약하다는 특징이 있다. 그러나 부정적 소문에 대한 근거를 뒷받침하는 근거 정보가 나타나는 경우 책임성이 낮은 위기에서 책임성이 높은 위반 위기로 급변할 수 있는 가능성이 있다. 소문 위기 유형은 주장하는 정보의 불확실성과 허위성이 판단의 핵심적인 요소다.

둘째, 자연재해natural disaster는 자연현상으로 인해 조직의 운영이나 이해관계자가 피해를 입는 경우로 경기취소, 경기지연, 시설파손 등이 이에 해당한다. 위기의 원인이 자연현상이기 때문에 조직의 책임성은 낮지만 자연현상에 대해 미리 준비하지 못한 책임이 있다고 인식될 수 있기 때문에 일정 부분 조직의 책임성이 인식되는 위기 유형이다.

셋째, 악의적 행동malevolence은 조직 외부의 누군가에 의해 조직이나 구성원에게 해를 입힐 목적으로 행해진 의도적인 행위를 의미하는 것으로 테러행위나 관중비행, 악의적 비하, 정보 침해 등이 이에 해당한다. 조직 외부에 의해 행해지는 악의적 행위이기 때문에 조직의 통제성이 낮다고 볼 수 있다.

넷째, 문제제기challenge는 조직의 행동이 법규를 위반하지는 않았으나 조직 외부에서 조직의 행동이나 경영이 부적절하다고 주장하거나 조직에 대항하는 경우로 태만, 성적부진, 소송, 파업, 파벌, 불성실 경영 등이 이에 해당한다. 문제제기 위기 유형은 조직과 관련한 이해관계자 간 이해관계의 상충이나, 외부에서의 조직 행위 또는 운영에 대한 비난, 조직의 행위가 사회적 기대수준에 미치지 못할 때 자주 나타나는 위기 유형이다.

다섯째, 사고accidents는 조직이 의도하지는 않았지만 조직의 운영과정에서 사람의 실수나 기술적 오류로 인해 발생할 수 있는 사고를 의미한다. 사고 위기 유형은 발생 원인에 따라 인적사고와 기술적사고로 분류된다. 즉, 인적사고는 사람의 실수나 주의 소홀로 인해 발생하는 사고이고, 기술적사고는 갑작스런 정전사고나 전광판 고장 등과 같이 기술적 결함으로 인해 발생하는 사고다.

마지막으로 윤리위반은 사회적 가치에 위배되고 이해당사자의 이익을 해칠 수 있음을 알면서도 조직 또는 개인의 이익을 위해 의도적이거나 비의도적으로 그러한 행동을 취하는 계획적인 기만행위나 경영상의 불법적인 행위를 말한다. 이러한 위반 위기 유형은 그 대상과 상황에 따라 경기 관련 위반과 조직 차원 위반 그리고 개인 차원 위반 유형으로 구분된다.

먼저, 경기 관련 위반은 위기의 원인이 스포츠 경기와 관련된 위반행위로 승부조작이나 도핑, 경기장 폭력, 경기 중 의도된 상대 기만행위 등이 해당된다. 특히, 경기 관련 위반 유형은 스포츠 조직의 특성을 반영한 대표적인 위기 유형으로 기존 위기 유형 관련 선행 연구에서는 나타나지 않은 스포츠 조직 고유의 위기 유형이다. 스포츠 경기는 TV나 일간지 등을 통해 매일 보도되고 경기의 생산과 동시에 방송을 통한 소비가 이루어지는 경우가 많기 때문에 경기 중에 나타나는 비행은 빠르게 대중에게 확산되는 특징이 있다.

다음으로 조직 차원 위반은 조직의 경영이나 운영과 관련해 나타나는 위반행위로 횡령, 뇌물수수, 회계조작, 이면계약, 경영위반 등이 이에 해당한다. 이러한 조직의 비행은 조직의 행위가 사회적 가치에 위배되는 비도덕적 행위나 불법적 행위를 모두 포함하는 것으로 비난이 조직 자체에 집중되는 경우가 많다.

마지막으로 개인 차원 위반은 조직의 경영과 직접적인 관련이 없이 구성원 개인이 저지르는 위반행위로 법규나 규정의 위반에서부터 도덕적·윤리적 규범의 위반행위까지를 모두 포함한다. 성폭력, 성희롱, 성추행, 폭력, 불륜, 병역비리, 음주비행, 탈세, 마약복용 등 개인 차원 위반은 그 유형이 가장 다양하게 나타나는 위반 유형이다. 특히 스포츠 조직을 위한 위기 유형 분류에서 개인 차원 위반 유형이 필요한 이유는 스포츠에서 스포츠 선수가 차지하는 중요성 때문이다. 스포츠 선수는 조직의 구성원으로 활동하기도 하지만 선수로서의 수월성을 인정받아 스타 선수가 되면 다양한 파생상품들을 만들어 내게 되고 관심의 대상이 되기 때문이다.

방신웅·김기한(2013)이 개발한 스포츠 조직의 위기 유형 분류체계는 귀인이론attribution theory을 바탕으로 위기 책임성 차원을 위기 유형 분류 차원으로 적용했으며 각각의 위기 유형 유목은 위기 책임성 차원의 연속선상에 위치한다. '소문'에 가까울수록 위기 상황에 대한 조직의 책임성이 낮은 위기 유형이며 위반에 가까울수록 조직의 책임성이 높은 위기 유형이다. 이러한 스포츠 위기 유형의 분류는 스포츠 조직을 대상으로 하는 최초의 위기 유형 분류 시도로서 스포츠를 대상으로 하는 위기관리 연구의 이론적 기반을 마련했다는 점에서 의미가 있다. 김영욱(2008)은 효율적인 위기관리를 위해서는 위기 상황에 대한 이해를 바탕으로 조직의 특성에 맞는 적절한 위기 유형 분류가 선행되어야 한다고 했다. 이러한 측면에서 방신웅·김기한(2013)이 개발한 스포츠 위기의 유형 분류체계는 스포츠 조직이 직면할 수 있는 위기 상황에 대한 해석체계를 제공함으로써 향후 스포츠 조직의 위기관리를 위한 다양한 관련 연구들을 유인할 수 있을 것이다.

둘째, 개발된 스포츠 조직의 위기 유형 분류체계는 귀인이론을 바탕으로 공중이 인식하는 위기의 책임성 차원에 따라 위기 유형을 분류함으로써 위기 유형과 위기대응 커뮤니케이션 전략의 관계를 설명할 수 있는 근거를 마련했다. 위기 유형을 분류하는 궁극적인 목적은 위기 상황에 대한 해석체계를 제공할 뿐만 아니라 위기로 인한 조직의 피해를 최소화하기 위한 전략을 제시하는 것이라 할 수 있다. 따라서 위기 유형과 위기관리 전략과의 연계성이 중요하다. 귀인이론은 이러한 위기 유형과 위기대응 전략의 관계를 설명할 수 있는 근거가 된다. 쿰즈(Coombs, 1995; 1998)는 사람들이 위기 상황에 대해 조직의 책임이 크다고 인식한다면 조직의 위기대응 커뮤니케이션 전략 또한 위기의 책임성을 수용하는 전략을 사용하고 조직의 책임이 작다고 인식한다면 조직의 위기대응 커뮤니케이션 전략 또한 조직의 책임을 회피하는 전략을 사용할 때 위기로 인한 조직의 이미지 훼손이나 명성의 훼손을 최소화할 수 있다고 주장했다.

한편, 방신웅·김기한(2013)이 제시한 스포츠 조직의 위기 유형 분류체계는 실무적 측면에서 다음과 같은 의미를 지닌다. 첫째, 위기 상황 인식에 대한 중요성을 제기했다. 지금까지 스포츠 조직이 위기 상황이 발생했을 때 체계적이고 효과적으로 대응하지 못한 것은 스포츠 조직이 직면하는 위기 상황에 대한 해석체계의 부재에서 기인한다. 개발한 스포츠 조직의 위기 유형 분류체계는 스포츠 조직과 관련된 부정적인 정보들에 대해 이들을 어떻게 이해하고 해석할 것인가에 대한 방향성을 제시한다. 즉, 책임성 정도에 따라 위기 상황이 조직의 이미지나 태도에 어떠한 부정적 영향을 미칠 수 있는지를 효과적으로 파악함으로써 체계적인 대응 계획 수립의 중요성을 인식하도록 하는 데 기여할 수 있다. 둘째, 스포츠 조직의 위기 유형 분류는 모든 스포츠 조직들이 위기관리의 일환으로 위기 데이터베이스를 구축하기 위한 기초자료로 활용할 수 있다. 여러 연구자들(김영욱, 2008; Fink, 1986; Coombs, 1995; Fearn-Banks, 1996)은 조직의 위기관리 연구를 위해서는 조직이 직면할 수 있는 다양한 위기 상황들을 유형화하는 것이 가장 먼저 선행되어야 한다고 주장했다. 또한 조직이 직면할 수 있는 위기 상황은 매우 다양하며 조직의 특성에 따라 다르기 때문에 조직의 특성에 맞게 다양한 위기 상황들을 유형화해 위기 데이터베이스를 구축하는 것은 해당 조직이 어떠한 위기 유형에 취약한지를 파악해 적절한 위기대응 전략을 수립하는 데 반드시 선행되어야 하는 과정으로 볼 수 있다(김영욱, 2008; Fearn-Banks, 1996). 셋째, 방신웅·김기한(2013)의 스포츠 조직의 위기 유형 분류체계는 다양한 종류의 스포츠 조직에 적용될 수 있는 일반화된 분류체계다. 개발한 스포츠 조직의 위기 유형 분류체계는 위기 인식의 주체가 조직이 아니라 공중이기 때문이다. 다시 말해 어떠한 상황을 위기 상황으로 볼 것인가에 대한 판단이 조직 내부의 위기 관리자에 의해 결정되기보다는 공중의 인식에 따라 해석되고 분류되기 때문에 이들의 연구에서 도출된 스포츠 조직의 위기 유형 분류체계는 다양한 종류의 스포츠 조직에 일반적으로 적용될 수 있는 체계로 볼 수 있다.

5. 스포츠 위기와 위기대응 커뮤니케이션

옛 속담에 "말 한마디에 천 냥 빚도 갚는다"라는 말이 있다. 말을 잘하면 천 냥이나 되는 큰 빚을 말로 갚을 수 있다는 말로, 말만 잘하면 어려운 일도 해결할 수 있다는 뜻이다. 스포츠 위기 상황에 딱 들어맞는 속담인 듯하다. 스포츠 조직이 위기 상황에 처했더라도 위기 상황에서 어떻게 말을 하는가에 따라 위기 상황으로 인한 스포츠 조직의 피해를 최소화할 수 있을 것이다. 그렇다면 스포츠 조직이 위기 상황에 직면해 미디어에 대응해야 할 때 어떠한 커뮤니케이션 전략을 구사해야 할까? 즉, 어떻게 말해야 사람들이 스포츠 조직에 대한 부정적 평가를 최소화할 수 있을까? 이 질문은 PR 분야 위기관리 연구들의 주요한 화두다.

쿰즈(Coombs, 1995)는 위기 상황으로 인한 피해를 최소화하기 위한 커뮤니케이션 전략을 구사함에 있어 위기 상황의 책임성에 대한 분석을 바탕으로 상황에 대한 책임성 정도에 따라 차별화된 대응 커뮤니케이션 전략을 구사할 때 위기 상황으로 인한 조직의 피해를 최소화할 수 있다는 상황적 위기 커뮤니케이션 이론SCCT: Situational Crisis Communication Theory을 주장했다. 즉, 위기 상황에 대한 조직의 책임이 크다고 분석된다면 조직의 위기 커뮤니케이션 전략 또한 위기 상황에 대한 조직의 책임을 수용하는 전략을 사용하고 조직의 책임이 작다고 분석된다면 조직의 대응 또한 조직의 책임을 회피하는 전략을 사용해야 위기 상황으로 인한 조직의 이미지 훼손이나 명성의 훼손을 최소화할 수 있다는 것이다. 이처럼 SCCT에서는 위기 상황으로 인한 조직의 이미지 훼손을 최소화하고 명성을 보호하기 위해서는 위기 상황에 대한 조직의 책임성 정도에 따른 적절한 위기 커뮤니케이션 전략의 선택이 중요함을 강조한다. 위기대응 커뮤니케이션 전략의 선택에 있어서 위기 상황에 대한 책임성 정도의 중요성은 개인을 대상으로 하는 이미지 회복 전략의 연구에서도 위기 상황의 책임성 정도가 가장 큰 영향을 미치는 것으로 일관되게 나타나고 있다(Cupach and Metts, 1990; Metts and Cupach, 1989; Sharkey and Stafford, 1990).

SCCT에서는 위기 상황의 책임성 정도에 따라 위기 상황과 위기대응 커뮤니케이션 전략 선택을 연결하고 있다. 위기 상황에 따라 어떤 위기대응 전략을 사용할 것인지에 대한 가이드라인을 제시하기 위해 다양한 위기 상황을 위기 상황의 책임성 정도에 따라 유형화하고, 위기 상황에 직면했을 때 선택 가능한 위기대응 커뮤니케이션 전략을 위기 책임성의 수용 정도에 따라 유형화했다. 그는 위기 상황과 대응 전략의 관계를 귀인이론에 근거해 설명하고자 했으며 위기 상황별로 선택 가능한 위기대응 전략을 제시했다. 특히, 쿰즈(Coombs, 1998)는 다양한 위기대응 전략들을 공격자 공격attack the accuser, 부인denial, 변명excuse, 정당화justification, 환심 사기ingratiation, 개선행위 corrective action, 사과full apology의 일곱 가지 위기대응 전략으로 유목화하고 이들 대응 전략을 위기 상황에 대한 책임의 전적인 수용과 책임의 전적인 부정이 양극단에 위치하는 연속선상에 위치시킴으로써 위기 상황과 위기대응 전략 관계를 제시했다.

일곱 가지 위기대응 전략의 구체적인 정의는 다음과 같다(방신웅, 2013). 첫째, 공격자 공격은 위기 관리자들이 위기 상황과 관련해 위기를 유발한 대상을 조직의 힘을 사용해 제압하려는 행위를 말한다. 이것은 조직이 위기 상황에 대해 전혀 책임을 느끼지 않는 상황을 의미한다. 둘째, 부인은 조직이 위기와는 관련이 없다는 것을 보여 주기 위한 시도로 사건이 일어나지 않았다고 주장하거나 그것과 관련이 없다고 주장하는 것을 의미한다. 셋째, 변명은 위기 상황이 발생했고 조직이 위기 상황에 대해 일정 부분 관여된 것을 인정하면서도 위기 상황에 대한 조직의 책임을 최소화하기 위한 시도를 말한다. 넷째, 정당화는 어떤 곤경을 만들어 낸 사건에 대해 자신의 책임은 인정하지만 그 사건의 바람직하지 않은 면을 부정하거나 최소화하기 위해 시도하는 것이다. 거부보다는 변명이, 변명보다는 정당화가 위기 상황에 대한 조직의 책임을 더 많이 받아들이는 것이다. 다섯째, 환심 사기는 베노아(Benoit, 1995)의 자기입지 강화 전략과 유사한 전략으로 조직이 주요 공중의 환심을 사기 위해 노력하거나 과거에 공중을 위해 좋은 일을 했음을 상기시키려고 하는 것이다. 환심 사기는 쿰즈(Coombs, 1999)의 책임성 수용정도에서 중간 정도에 해당하는 것으로 조직이 위기 상황에 대해 책임을 지려 한다거나 지지 않으려 한다고 단언적으로 말할 수 없다. 이것은 일정한 책임을 느끼지만 과거의 우호적인 행동으로 공중이 위기 상황에 대해 좋은 평가를 해 주기를 바라는 것이다. 여섯째, 개선행위는 피해에 대해 보상을 해 주고 위기의 재발을 막기 위해 노력하는 것으로 단순한 보상행위와 다른 점은 재발을 방지하기 위한 노력이 근간이 된다는 것이다. 마지막으로 사과는 위기 상황과 관련해 조직의 모든 책임을 인정하는 것이다. 사과는 위기 상황과 관련해 공중에게 용서를 구하게 된다.

쿰즈(Coombs, 1998)의 위기대응 전략이 이전에 제시한 위기대응 전략과 다른 점은 이전의 위기대응 전략이 기존의 인상관리 전략과 이미지 회복 전략 간 유사성과 공통성을 바탕으로 통합해 리스트화한 것이라면 쿰즈(Coombs, 1998)의 위기대응 전략은 수용적인 전략과 방어적인 전략의 연속선상에 배열했다는 점이다. 방신웅·김기한(2013)이 개발한 스포츠 조직의 위기 유형 분류체계 또한 귀인이론을 바탕으로 공중이 인식하는 위기의 책임성 차원에 따라 위기 유형을 분류함으로써 소문부터 위반까지 위기 책임성의 연속선상에 위치시켰다는 점에서 위기대응 커뮤니케이션 전략의 선택에 쿰즈(Coombs, 1998)의 SCCT를 적용할 수 있다.

6. 제언

이 장에서는 스포츠 위기의 개념과 미디어에 반영된 스포츠 위기의 사례를 통해 위기 상황에 대한 적절한 대응의 중요성을 살펴보고 효과적인 위기 대응을 위해서는 SCCT에 따른 커뮤니케이션 전략을 구사할 필요가 있음을 설명했다.

그러나 세상의 일들을 하나의 이론으로 설명하기는 불가능하며 위기 상황에 대한 공중의 판단에 영향을 미칠 수 있는 많은 요인이 존재할 것이다. 그것이 앞으로 위기 상황과 위기대응 커뮤니케이션 전략에 대한 연구의 천착이 계속되어야 하는 이유다. 더불어 위기대응 커뮤니케이션 전략은 상황이 발생한 이후의 대처이기에 엎질러진 물을 조금이라도 쓸어 담기 위한 노력이라 할 수 있다. 즉, 물이 엎질러지지 않도록 미연에 예방하고 조심하기 위한 노력이 가장 강력한 위기관리라 할 수 있을 것이다. 따라서 위기관리는 위기 상황이 발생하기 이전에 원치 않는 상황이 발생하지 않도록 조직의 구조적인 문제를 보완하고 예방시스템을 구축하는 노력이 좀 더 중요하다.

Abstract

Sport Crisis Reflected in the Media

Bang, Shinwoong

"Hard work always pays dividends." The elaborate tower is an old proverb that means that it cannot collapse, and everyone has heard of it at least once. However, it does not seem to fit very well in the present era. Companies are investing a lot of money in marketing and advertising as well as technology development to grow a brand. In other words, companies are carefully building a tower of brands. Now that we have entered the era of single-person media, so much information is pouring in that it is a flood of information. In this periodic environment, brand-related negative news spreads to the public incomparably faster than in the past. In the aftermath of negative news, brand image and reputation are fatal. The hard work tower collapses.

Various sport-related organizations such as Nike, Adidas, KBO, KBL, K-League, FC Seoul, and Samsung Lions are working hard to enhance their brand image through various advertisements, marketing, and promotions, but if incidents or accidents occur to them, all of these efforts can be ruined. A tower(brand image, reputation etc.) built with all its heart can collapse in an instant like a castle built on sand. In this chapter, we will look at the concept of the sport crisis and how it is desirable for sport organizations to respond to the risks of the sports crisis through examples of the sport crisis reflected in the media and to prevent the collapse of the carefully built tower.

Chapter 9

스포츠 미디어와 젠더 재현의 정치성

2020 도쿄올림픽과 IOC의 『미디어 가이드라인』을 중심으로

서재철

1. 서론

이 장은 미디어가 스포츠를 매개하고 관계하면서 만들어 내는 다양한 소통의 무늬 중 '젠더gender'와 관련된 모습과 현상들을 '재현representation'이라는 미디어의 역할/기능에 초점을 맞춰 논의하는 작업이다. 구체적으로 이 장에서 주목하는 스포츠 소통 미디어의 '젠더와 관련된 모습과 현상'은 미디어가 여성female 스포츠 주체 그리고 여성 스포츠 실제를 '재현'하는 양상과 방식에 관한 것이다. 특히, 이러한 재현의 양상과 방식을 들여다보는 유용한 사례로 올림픽에 주목했으며, 국제올림픽위원회IOC가 2020 도쿄올림픽을 맞아 개정 출간한 미디어 재현과 관련된 안내/지침서 『미디어 가이드라인Portrayal Guidelines: Gender-Equal, Fair & Inclusive Representation in Sport』을 논의의 촉매로 활용했다.

필자가 전달하고자 하는 핵심 메시지는 간단하고 단순하다. 그것은 바로 그동안 스포츠를 매개하고 소통하며 관계해 온 미디어의 역할이 성/젠더와 관련된 스포츠 현실/실제의 불균형적이고 불평등적인 구조와 모습들을 (재)생산, 강화, 고착시키는 (남성male 중심의) 상징적 권력으로 작동해 온 것은 맞지만, 우리가 함께 추구할 필요가 있고 가치가 있는 성/젠더 평등적 스포츠 현실/실제를 매개하고 견인하는 과제 또한 스포츠 소통 미디어의 성찰적 변화를 통해 가능하다는 요지다.

요약하자면 이렇다. 미디어는 여성 스포츠 주체/실제를 특정한 패턴의 일관적이면서도 체계적인 방식으로 재현하는 경향이 있는데, 그러한 재현의 실제가 문제가 되는 이유는 남성과 여성에 대해 묘사, 표현, 이야기하는 지배적 방식이 궁극적으로는 여성을 남성보다 더 열등한 성으로 정의하는 것으로 귀결되는 일종의 인식론적 폭력이자 상징적 권력으로 작동하기 때문이다. 그러나 최근 이러한 미디어의 젠더(적/화된) 재현의 문제점에 대해 성찰하는 움직임도 일고 있는데, IOC가 제작, 출간한 『미디어 가이드라인』이 대표적인 사례다. 따라서 이제 미디어가 성/젠더 평등적 스포츠 현실/실제를 매개하고 관계하며 소통할 수 있는 새로운 역할에 대해서도 우리가 함께 고민할 필요가 있다는 것이다. 그러한 미래 지향적 방향성을 함께 고민하는 차원으로, 이 장의 마지막에 필자의 몇 가지 안목을 제언했다.

2. '재현', 미디어를 통해 스포츠를 소통하는 또 하나의 무늬

'재현'이라는 것은 미디어가 의미를 생산하는 언어적 작용을 통해 세상과 사람들을 관계하고 매개하면서 만들어 내는 '특정한' 소통의 무늬다. 미디어는 크게 두 가지 방식으로 우리가 사는 세상과 사람들을 관계하고 매개하며 소통한다. 하나는 마치 '거울'처럼 세상과 사회를 투명하게 비춰주는 역할을 하는 것이고, 다른 하나는 세상과 사회 속에 한 일원이자 부분으로 개입해 직접 말을 걸고 이야기를 나누는 역할을 하는 것이다. 전자의 경우, 흔히 미디어가 현실을 반영한다고 해서 반영론reflectionism이라 칭하고, 후자는 미디어가 특정한 방식으로 현실의 지속 혹은 변화에 개입해 영향을 미친다는 점에서 구성론constructionism이라고 한다(Orgad, 2012).

스포츠를 매개하고 관계하며 소통하는 미디어의 실제 역시 이러한 두 가지 방식의 역할을 상상해 볼 수 있다. 한편으로 스포츠 소통 미디어는 스포츠 세계와 사람들의 '있는 그대로의' 모습을 객관적으로 포착해 담아내어 전달함으로써 우리가 그 거울을 통해 스포츠를 잘 이해하면서 살아가도록 이끌고 도와준다. 다른 한편으로, 스포츠 소통 미디어는 스포츠 세계를 함께 만들고 형성하는 직접적인 구성원이자 적극적 참여자의 역할을 한다. 스포츠 소통 미디어는 스포츠의 내용과 형식을 바꾸고 변형시키는 촉매를 넘어 하나의 상수로 존재하고 있으며, 사람들의 의견을 수렴해 대변하는 창구가 되어 스포츠 세상에 대한 담론을 형성하고 움직이는 메신저가 되기도 한다.

이 장에서 필자가 강조하고자 하는 '재현'의 아이디어는 바로 후자의 관점과 밀접하게 관련되어 있다. 즉, 미디어가 '재현'을 통해 세상과 사회를 구성하고 형성해 나가는 역할에 주목하고자 하는 것이다. 사실, '재현'이라는 것은 현실을 '반영'하고 또 '구성'하는 두 차원 모두를 포함해 담아내고 있는 개념이다(Hall, 1997). 많은 학술적 개념들이 '개념화conceptualization'의 지적 산물로서 다의성을 전제하고 있듯이 재현의 개념도 '반영'의 성격과 '구성'의 성격이 확연히 구분되지 않고 또 분리될 수도 없는 그러한 다의성이 중첩되어 얽혀 있는 복합적인 개념이다. 그것도 그럴 것이, 따지고 보면, 미디어의 두 가지 역할과 방식이 마치 물과 기름처럼 서로 완전히 따로 분리해서 매사에 이분법적으로만 이해해야 하는 성격은 아니다. 무릇, 미디어라는 것은 현실을 반영하면서 재구성하기도 하고, 또 재구성하면서도 반영하기도 하는 것이다.

재현에 대한 이분법적 접근을 경계하고 지향하면서 필자는 다음과 같은 설명으로 조심스레 재현의 구성적 성격에 방점을 찍고자 한다. 일반적으로 무엇을 '재현'하는 것은 언어나 다른 미디어들을 매개로 그 대상에 대한 특정한 의미를 만들고 교환하는 과정이다(Hall, 1997). 즉, 우리가 흔히 특정한 대상을 '재현'한다고 할 때 그것은 그 대상의 '있는 그대로'의 모습을 객관적으로 포착해 사실적으로 묘사하거나 전달하는 성격의 소통이 아니다. 예컨대 우리가 미국 여성의 신장과 체형이 크다고 말할 때 우리는 그것을 그들에 대한 '재현'으로 인식해 이해하고 또 표현하지 않는다. 하지만 우리가 일본 여성의 이미지를 우리의 심상 속에서 떠올려 본다거나 또는 그것을 다시 중국 여성의 표상과 비교해 보는 생각을 할 때는 조금 다르다. 물론 그들의 있는 그대로의 모습을 '사실대로' 이야기할 때도 있겠지만, 우리의 대화 속에 오고 가는 그 '이미지'와 '표상'이라는 것은, 사실 우리가 우리의 머리와 마음속에서 특정한 방식으로 상상해 만들어 내고 구성한 '일본 여성'과 '중국 여성'에 대한 특정한 의미의 집합이다. 이것이 바로 '재현'의 실제이며, 그것은 언제나 재현의 주체와 대상 간 특정한 관계적 맥락 속에서 만들어지고 구성되는 역사적 산물이다. 즉, 우리가 말하고 이야기하는 '일본 여성'과 '중국 여성'은 우리가 일본 그리고 중국과 각각 관계해 온 특정한 역사적 맥락 속에서 재현의 주체인 우리가 우리의 입장과 관점 아래 그들에 대한 의미를 만들고 구성한 일종의 인식론적 작용의 산물이다.

이러한 '재현'의 실제는 '정치적'이고 '체계적'으로 작동/행사/수행된다는 점에서 구성론과 궁합이 잘 맞다. 먼저, '정치적'이라는 표현은 우리가 흔히 일상생활 속에서 '저 사람은 아주 정치적인 사람이야'라는 말을 사용할 때와 같은 특정한 태도나 스타일을 의미하지 않는다. 정치학과 문화연구, 나아가 비판적 미디어 연구 등의 영역에서 이해하고 공감하는 학술적 개념으로서의 '정치적인 것the political'의 의미는 이른바 '힘' 또는 '권력'power과 관련된 일종의 관계적 개념power relations이다(Lash, 2007; Storey, 2010). 간단히 말해 그것은 인간이 상호작용하며 소통하는 관계들의 양상과 방식 그리고 맥락에는 항상 불균형하고 불평등한 행간이 존재할 수밖에 없다는 사실 혹은 명제를 가정하고 인식하는 상태다. 마치 '건강'이라는 것을 질병과 고통이 부재한 것으로 정의하듯 '정치적인 것' 역시 인간 사회의 관계들에는 '비정치적인 것'이 존재할 수 없음을 전제하는 개념이다.

조금 극단적으로 표현해서 '정치적' 관점이라는 것은 인간 사회와 세상 속에서 사람들이 관계하는 양상과 방식에는 '순수하게' 혹은 '진정으로' 50 대 50의 힘의 균형을 이루는 평등한 관계는 존재할 수 없다고 생각하는 아이디어다. 예를 들어, 정말 사이가 좋아 보이는 한 부부가 있다고 가정해 보자. 그리고 그들은 서로를 존중하면서 각자가 그들 사이의 관계가 정말 평등하다고 말하고 있다. 사실, 이 세상에는 객관적인 평등을 유지하며 살아가는 부부들이 많이 존재할 수 있다. 그렇지만 '정치적'인 관점은 그들의 관계가 '순수하게' 혹은 '진정으로' 50 대 50의 관계로 존재할 수는 없다고 생각하는 것이다. 아무리 그들의 관계가 평등하게 보인다고 하더라도 그것은 51 대 49, 60 대 40, 때로는 49 대 51 혹은 40 대 60처럼 언제나 힘의 불균형한 상태가 시시각각 만들어지면서 존재하는 관계로 이해하는 것이다.

재현의 구성적 차원에 흐르고 있는 또 하나의 키워드는 체계성이다. 문화연구 학자 스튜어트 홀(Stuart Hall)이 주장했듯이 재현이라는 것은 언어적 활동을 통해 문화의 구성원들이 함께 의미를 생산하고 교환하는 '체계화된' 소통의 과정system of representation이다(Hall, 1997). 여기에서 '체계화'되어 있다는 것은 재현의 실제가 '담론'discourse 그리고 '힘/권력'과의 밀접한 관계 속에서 작동한다는 의미다. 간단히 말해 '담론'이라는 것은 관찰, 정보, 혹은 지식 등과 같은 '앎'의 형식이 '힘/권력'과의 결합을 통해 '진리'적 효과를 발산하는 의미 및 논리의 뭉치다. 예컨대, '일본 여성은 순종적이다'라는 아이디어가 관찰/정보/지식과 같은 형태로 문화적 구성원들이 인지해 소통하는 언어적 내용이라면, 그것은 곧 담론의 수준이라고 할 수 있다. 즉, 일본 여성의 순종적 성격을 인지한 관찰이 특정한 '앎'의 힘/권력 효과를 얻으면서 정보의 지위로 부상하게 되고, 또 그것은 다시 특정한 수준 이상의 진리 효과를 발휘하게 됨으로써 일종의 지식의 권위까지도 얻게 되는 것이다. 이러한 앎의 형식과 진리의 위계가 결합하고 있는 '담론-힘/권력'의 넥서스Nexus가 바로 재현의 원천이다. 즉, 재현의 실제는 의미 생산의 언어적 작용이 담론과 힘/권력에 의해 공급되고 매개되는 소통의 장소이자 플랫폼이다.

미셸 푸코Michel Foucault가 역설했듯이 담론을 원천으로 하는 재현의 실제는 그것을 배태하거나 둘러싸고 있는 다양한 맥락의 정치적 관계power rela-tions로부터 무관할 수 없는, 아니 오히려, 그것들은 그 자체로 정치적 관계의 양상과 맥락 속에서 만들어지고 구성된 언어적 산물이다(Foucault, 1977). 예컨대 만일 우리가 일본인들을 '쪽발이'라는 일종의 담론화된 속어로 지칭, 표현, 설명하면서 소통한다면, 그것은 한편으로 우리가 실제의 일본인들과 관계하면서 직접 목격한 관찰의 산물이기도 하지만, 또 다른 한편으로는 우리가 일본과 관계해 온 역사 속에서 우리가 발화의 권력을 가진 주체가 되어 그들을 특정한 방식, 즉 그들이 우리보다 작다는 비하의 의도 혹은 우리가 그들보다 크다는 자기 우월적 지위를 이야기하게 된 문화적 산물로서의 언어다. 이렇듯 재현의 실제는 담론에 의지하면서 때로는 그것을 활용하면서 의미 생산의 과정을 수행한다. 결국, 재현은 담론과의 관계를 통해 작동하기에 항상 체계와 문법을 가지고 있으며, 또한 특정한 정치적 관계의 산물이기에 늘 재현의 객체에 대한 상징적이고 인식론적인 폭력이 동반될 수 있다.

요약하자면 이러한 재현의 실제가 시시각각 일어나고 있는 장이 바로 미디어의 세계다. 미디어는 바로 이 재현을 통해 세상과 사회와 관계하고 구성/형성하면서 현실과 실재에 직접 참여한다. 그리고 미디어가 수행하는 이 재현의 실제 속에는 담론과 힘/권력이 정치적 관계와 체계적 양상이 묻어 있고 배어 있으며 또 스며서 녹아 흐른다. 의식적이든 무의식적이든, 미디어는 재현을 통해 사람들과 소통하고 세상과 관계한다. 미디어가 있는 곳에 재현이 있고, 재현은 언제나 미디어를 통해 소통된다. 그리고 미디어가 재현하는 많은 소통의 무늬 중에는 스포츠와 관련된 것들도 있고 또 여성과 남성의 관계와 관련된 것들도 있다.

3. 스포츠와 젠더 그리고 여성주의

우리가 발을 딛고 살아가는 세상과 사회 속에는 다양한 사람들이 한데 어우러져 그려 내고 빚어내는 다양한 스포츠 모습들과 무늬들이 있다. 아마도 그것들을 스포츠와 관련된 일종의 '사회적 현실 혹은 실재social reality'를 지칭하는 의미에서 '스포츠 실재/현실the sporting reality'이라고 표현하고 이해할 수 있을 것이다. 그리고 앞서 언급했듯이 미디어는 그 스포츠 현실/실재의 '있는 그대로의 모습'을 직접 거울처럼 비춰서 보여 주기도 하고, 그것의 새로운 모습과 국면들을 만들고 변화시키며 구성하는 데 참여하기도 한다.

물론, 우리의 관심은 바로 후자와 관련된 것이다. 좀 더 구체적으로 표현하자면 미디어가 재현을 통해 스포츠 현실 혹은 실재를 만들고 구성하는 데 스며 있고 녹아 있는 '성별sex'에 관한 소통의 무늬다. 요컨대, 미디어가 스포츠 실재/현실에 대한 소통을 매개하는 실제 속에는 '남성'과 '여성'에 대해 그리고 그것들의 관계에 대해 소통하는 재현의 체계성이 흐르고 있으며, 그리고 그렇게 체계적으로 재현되는 소통의 내용과 성격 속에는 성별 간 힘/권력의 불균형이 존재하는 정치성도 작동하고 있다는 의미다. 특히, 이러한 여성과 남성의 정치적 관계를 이해하고 설명하는 데 유용한 개념이 바로 '젠더'와 '여성주의feminism'다. 따라서 이 절의 핵심 취지는 미디어가 스포츠 실재/현실을 재현하는 '젠더적' 혹은 '젠더화된' 체계의 양상에 주목하고, 그것의 내용과 성격이 발산하는 힘/권력의 정치성을 '여성주의'의 관점에서 비판적으로 접근, 사유, 논의해 보고자 하는 것이다.

먼저, '성별', '젠더', '여성주의'의 개념에 대해 잠시 언급하고 넘어가는 것이 유익할 것 같다. '성별'이라는 것은 인간을 남성과 여성 혹은 간성intersex 등의 생물학적 차원의 단위로 구분하는 개념이다. 마르틴 하이데거(Martin Heidegger)가 표현했듯이 우리는 '우연히' 특정한 성별로 결정되어서 이 세상에 내던져진 생물학적 존재다(Heidegger, 1962). 그러나 그 특정한 '성별'로 결정되어서 이 세상에 내던져진 우리는 많은 사람과 공동체를 이루어 살아가는 사회적 존재이기도 하다. 그래서 우리는 우리를 생물학적으로 결정한 그 '성별'과 다양한 방식으로 관계하고 상호작용하면서 사회적이고 문화적인 삶을 산다. '젠더'는 바로 그 사회적이고 문화적인 차원의 성별, 다시 말해 우리가 살아가면서 생물학적 차원의 성별에 덧붙이면서 만들고 구성하며 소통하는 사회문화적 의미, 태도, 역할, 인식, 믿음, 사고방식, 가치관 등에 관한 집합적 아이디어의 체계다(Butler, 1990; Theberge, 2000).

이렇듯 우리가 사는 세상과 사회 속에는 사회적이고 문화적인 성격의 많은 것들을 성별에 따라 구획, 분리하는 '젠더(적/화된)' 믿음, 사고방식, 아이디어, 인식, 가치관 등이 매우 많다. 예를 들어, 인간은 누구나 태어나서 옷을 입고 산다. 그런데 만약 특정한 사회·문화적 공동체의 사람들이 생각하기를 남성으로 우연히 결정되어서 이 세상에 내던져진 사람들은 바지를, 그리고 여성으로 우연히 결정되어서 이 세상에 내던져진 사람들은 치마를 입어야 한다고 생각한다면 그것은 하의를 입고 사는 사회·문화적 차원의 행위를 생물학적 성별에 따라 구분하는 일종의 젠더(적/화된) 아이디어다. 장난감을 가지고 노는 사회·문화적 행위도 마찬가지다. 만약, 남성으로 태어난 아이들은 자동차와 로봇을 가지고 놀고, 여성으로 태어난 아이들은 인형과 꽃을 가지고 놀아야 한다는 믿음이 있다면 그것 역시 생물학적 성별에 따라 장난감을 가지고 노는 사회·문화적 행위가 구별/분리되어야 한다고 생각하는 젠더(적/화된) 믿음이다.

스포츠 세계와 사회 속에서도 사람들이 소통하는 젠더(적/화된) 믿음, 아이디어, 인식, 사고방식 등이 있다. 예컨대, 신체 움직임을 동반한 사회·문화적 유희 활동의 종류를 성별에 따라 분리하는 사고방식이 그렇다. 인간이면 누구나 신체활동을 통한 조직화된 여가활동 혹은 교육적 신체활동을 누리고 배우며 즐기면서 산다. 그런데 만약 누군가가 남성으로 태어난 아이들에게는 강인함을 경험할 수 있는 축구, 럭비, 야구 등과 같은 '신체 접촉 스포츠contact sports'가 어울리고, 여성으로 태어난 아이들은 신체 접촉을 피하고 심미적인 활동을 중심으로 하는 수영, 필라테스, 무용, 피겨스케이팅 등과 같은 이른바 '부드러운 운동mild exercise'이 더 적합하다고 생각하고 또 그렇게 말한다면 그것은 사회적·문화적 차원의 스포츠 활동과 경험을 성별에 따라 구별/분리하는 젠더(적/화된) 믿음이자 인식이다(Verbrugge, 2012). 이밖에도 스포츠와 관련된 다양한 행위, 인식, 규범, 믿음, 상황, 맥락, 환경, 배경 등이 성별에 따라 분리되는 현상과 경향이 존재한다면, 그것은 스포츠라는 실제 속에서 사람들이 성별에 따라 만들고 구성/형성해 구별/분리하는 젠더(적/화된) 소통의 무늬와 모습들이다.

아마도 이 지점에서 일부 독자들은 다음과 같은 것들을 궁금해 할지 모르겠다. 첫째, 우리 사회 속에서 사람들이 관계하면서 소통하고 있는 젠더(적/화된) 믿음, 인식, 신념, 가치관 등은 좋은 것인가, 나쁜 것인가? 둘째, 그렇다면 스포츠는? 스포츠 세계와 실제 속에서 사람들에 의해 만들어지고 구성/형성된 젠더(적/화된) 관념, 아이디어, 사고방식 등은 어떠한 것들이 있으며, 그것들은 우리 사회 전반에 구성/형성되어 있는 젠더(적/화된) 질서와 구조와 어떠한 관계를 맺고 성격을 가지고 있는 것인가? 다시 말해 스포츠는 사회 속에서 소통되고 있는 젠더(적/화된) 의미, 믿음, 가치관, 사고방식 등을 더 강화하는 곳인가, 아니면 젠더(적/화된) 질서와 구조를 조금 느슨하게 하거나 혹은 흐리게 만들고 있는 곳인가?

조금 싱겁게 들릴 수 있겠지만 이 두 가지 질문에 대한 대답은 '그럴 수도 있고, 또 아닐 수도 있다'다. 먼저, 젠더(적/화된) 믿음, 인식, 사고방식 등은 좋을 수도 있고 나쁠 수도 있다. 그것들은 한 공동체 속에서 남성과 여성 혹은 여성과 남성의 사회·문화적 역할과 성격의 관계에 대해 다수가 특정한 방식으로 인정, 공감, 공유하고 있는 일종의 '지배적' 아이디어/관념과 같은 것이다. '지배적'이라는 것은 그냥 수가 많다는 의미의 가치중립적 표현으로, 그것 자체가 좋은 것은 아니며 또한 지배적이지 않다고 해서 나쁜 것도 아니다. 예컨대, 남성 의복의 지배적 색상으로 누구나 검정과 남색을 떠올릴 수 있지만, 그렇다고 해서 검정과 남색이 남성 의복의 색상으로서 '좋은 것'이라고는 말할 수 없다. 마찬가지로 다수의 젊은 여성들에게서 자주 볼 수 있는 특정한 스타일(긴 생머리)의 머리 모양이 '지배적'이라고 해서 그것이 가장 '좋은' 머리 모양일 수는 없는 것이다. 다수의 사람이 공감하고 있기에 그것이 좋을 수 있는 여지를 한 번 생각해 볼 필요가 있는 것이며, 다수의 생각과 다르기에 그것을 들어 볼 가치가 있는 것이다.

이 지점에서 우리가 생각해 볼 사항은 한 공동체의 다수에 의해 특정한 방식으로 공유되는 '지배적' 믿음, 인식, 관념, 사고방식 등은 ① 주로 (혹은 대체적으로) 힘/권력을 소유해 유지하고 있는 특정한 집단의 집합적 주체들에 의해 생산되는 경향이 많으며, ② 그것들은 주로 미디어에 의해 다수 혹은 대중에게 전송, 전달된다는 점, 그리고 ③ 미디어를 통해 전파/확산되는 지배적 아이디어들은 다수/대중에게 마치 '좋은 것'이라는 착각을 불러일으킬 때가 많다는 점이다.

특히, 세 번째 쟁점은 우리가 더 관심과 주의를 가질 필요가 있다. 물론, 좋고 나쁨의 문제가 개인의 취향과 같은 수준이라면 딱히 문제될 것이 없다. 그러나 문제는 다수가 공유하는 '지배적' 믿음, 인식, 관념 등이 마치 한 공동체의 '좋음'을 담보하고 결정하는 '진리'나 '법칙'과 같은 것으로 소통될 때다. 이런 경우, 대개 '지배적인 것'은 '지배적이지 않은 것(들)'에 대한 억압과 폭력을 행사하게 되는 권력의 힘/효과/영향력을 발휘하게 된다. 예컨대, 남자들은 검정이나 남색 의복을 입어야 한다는 아이디어 그리고 젊은 여성들은 긴 생머리 모양을 갖추어야 한다는 인식이 한 직장의 규정으로 자리 잡는 것을 상상해 보자. 특정한 지배적 아이디어들에 기초한 그러한 규정은 다양한 색상의 의복을 입고자 하는 남성들, 그리고 긴 생머리가 자신에게 어울리지 않는다고 생각하는 여성들을 '평범하지 않은 사람들' 혹은 '이상한 사람들', 심하게는 '비정상적'인 사람들로 자연스럽고 당연하게 인식하게끔 만들어 버릴 수 있는 상징적 폭력을 행사할 수 있다.

중요한 것은 젠더(적/화된) 특정한 믿음, 인식, 관념 등이 '지배적'인 수준을 벗어나 '진리'나 '법칙'과 같은 수준의 힘/효과/영향력을 발휘하며 소통되는지를 인지하고 성찰할 줄 아는 의식의 힘을 키우는 것이다. 스포츠 역시, 이러한 젠더(적/화된) 역학의 긴장이 존재하는 문화적 실제다. 한편으로, 우리는 스포츠의 실제 속에서 어떠한 신념, 아이디어, 사고방식 등이 젠더(적/화된) 지배적 아이디어로 생산되고 소통되는지를 늘 주시하고 확인, 검토할 필요가 있다. 다른 한편으로, 우리는 젠더(적/화된) 아이디어의 지배성이 특정한 주체와 대상들에 어떠한 소통의 무늬로 다가가는지도 신중하고 배려 있는 접근과 태도로 살펴볼 필요가 있는 것이다.

앞서 제기한 두 번째 질문에 대한 대답 역시 같은 맥락이다. 즉, 지배적인 것의 진리/법칙 효과를 인지하고 성찰하는 의식의 힘에 따라 스포츠 실제/세계는 젠더(적/화된) 믿음, 인식, 사고방식 등을 더욱 강화해 고착시킬 수도 있고, 또 그 반대일 수도 있다. 특히, 스포츠를 매개하고 관계하며 소통하는 미디어야말로 이러한 긴장을 항상 가지고 있는 젠더 생성 및 역학의 중요한 플랫폼이다. 한편으로 스포츠 소통 미디어는 젠더(적/화된) 권력의 억압과 폭력에 대한 우리의 의식의 힘을 무디게 만들고 눈멀게 만드는 이데올로기적 장치로 존재할 수 있고, 또 다른 한편으로 그것은 특정한 양상과 방식으로 형성/고착된 젠더(적/화된) 구조와 질서를 느슨하게 하거나 새로운 방향을 모색, 전환할 수 있는 안내자로서 존재할 수도 있다.

다음에서는 스포츠 실제/세계 속에 형성/고착되어 있는 젠더(적/화된) 믿음, 인식, 사고방식 등은 어떠한 것들이 있는지, 그리고 스포츠 소통 미디어는 그것들과 어떠한 관계를 맺으며 무슨 역할을 하고 있는지, 나아가 그러한 현실과 진단 속에 우리의 의식의 힘은 어느 정도 자리하고 있는지 등을 '올림픽'이라는 스포츠 이벤트를 매개로 구체적으로 논의하고자 한다.

4. 미디어, 젠더, 그리고 올림픽

스포츠를 소통해 온 미디어의 역사를 되돌아볼 때 '올림픽'이라는 스포츠 이벤트야말로 미디어가 전 세계인들을 스포츠로 소통하게끔 매개해 온 가장 크고 빛나고 화려한 무대라고 해도 과언이 아닐 것이다. 과연 우리는 미디어가 없는 올림픽을 상상이나 할 수 있을까? 4년에 한 번씩 우리가 올림픽에 열광하고, 매 순간순간을 지켜보며 공감하며 나누는 많은 이야기는 미디어가 존재하기에 가능한 소통의 산물이다. 지난 2021년 여름에 개최된 도쿄올림픽도 그러한 소통의 장이 마련되는 올림픽 미디어의 풍경을 엿볼 수 있는데, 그중에서도 가장 큰 관심 속에서 이슈화된 주제를 꼽으라면 그것은 아마도 전 세계인들이 올림픽을 통해 여성과 남성 그리고 남성과 여성의 관계에 대해 함께 생각해 보고 이야기하게 된 '특별한' 국면일 것이다. 빅데이터Big data까지는 아니더라도 나름 발품을 팔아 돌려 본 스몰데이터의 결과를 다음과 같이 정리해 소개해 본다.

먼저, IOC는 대회가 열리기 전부터 2020 도쿄올림픽 대회가 올림픽 역사상 가장 '성/젠더 평등'의 가치와 비전을 성공적으로 실천한 대회가 될 것으로 전망했고, 또 대회가 끝나고 나서도 그렇게 평가했다(International Olympic Committee, 2021. 3. 8.). 그러한 전망과 평가를 장식하는 핵심적인 이정표 몇 가지를 꼽아 보자면 205개 참가팀 모두 남녀 기수가 개회식에서 공동으로 입장했던 사건, 그리고 양궁, 육상, 수영, 트라이애슬론, 유도와 같은 종목에서 혼성 종목들이 새롭게 선보인 이벤트 등을 들 수 있겠다.

그러나 무엇보다 스포츠 소통 미디어가 2020 도쿄올림픽의 '성/젠더 평등'적 성과로 가장 많이 지목하며 강조한 것은 올림픽에 출전한 여성 선수들의 비율이 49%에 이른다는 기록적인 지표였다. 1896년 여성이 배제된 남성들의 올림픽으로 시작된 지구촌 최대의 스포츠 축제는 4년 후 파리에서 열린 제2회 대회에서 사상 처음으로 22명의 여성 선수들이 5개 종목에 출전했다. 전체 선수의 2.2%에 해당했던 이 비율은 1928년 제9회 암스테르담 올림픽 9.6%, 그리고 1968년 제19회 멕시코시티올림픽에서는 13.3%로 증가했다. 이후, 1976년 제21회 몬트리올올림픽 20.7%, 1988년 제24회 서울 올림픽 26.1%, 1996년 제26회 애틀랜타올림픽 34%, 2008년 제29회 베이징 올림픽 42.4%, 그리고 2016년 제31회 리우올림픽에서 44.2%까지로 증가했던 비율이 마침내 제32회 도쿄올림픽에서는 50%에 약간 미치지 못하는 수준으로까지 올라서게 된 것이다(김지원, 2021; Deliso, 2021).

여성 선수의 참여 비율 확대와 함께 IOC는 올림픽 운동이 새롭게 지향하는 '성 평등'의 비전과 가치를 실현하는 데 있어 미디어가 매개하고 관계하는 '재현'의 역할에도 '특별한' 관심과 노력을 선보였다. 올림픽 개회식이 열리고 사흘 뒤 IOC는 올림픽 운동 전반에 걸쳐 모든 형태의 의사소통에서 성평등하고 공정한 보도를 장려하는 재현 관련 안내 및 지침서『미디어 가이드라인』을 발표하면서 "2주간의 올림픽 관련 미디어 보도는 새롭고 강력하고 긍정적이며 다양한 역할 모델을 생성하고 성별, 인종, 종교, 성적 지향 또는 사회·경제적인 측면과 관계없이 모든 스포츠인의 다양성을 고려한 균형 잡힌 보도와 공정한 표현/재현을 촉진할 수 있는 매력적인 기회"임을 천명했다(International Olympic Committee, 2021. 7. 26.). 무엇보다 IOC가 제작, 출간한 이『미디어 가이드라인』에 대해 주목해 볼 필요가 있는 이유는 이 텍스트를 통해 스포츠 실제/현실 속에 형성/고착되어 있는 젠더(적/화된) 믿음, 인식, 사고방식 등이 무엇인지를 쉽게 이해해 보고, 아울러 그러한 젠더

(적/화된) 재현의 문제와 폐해에 대해 성찰적으로 대응하고 발전적으로 모색하는 스포츠 소통 미디어의 긍정적 역할에 대해 사유해 보는 기회를 가질 수 있을 것으로 판단하기 때문이다.

먼저, IOC의 『미디어 가이드라인』은 그동안 스포츠 소통 미디어가 여성 스포츠 주체/실제를 특정한 스타일의 상투적이고 관습적인 젠더(적/화된) 패턴을 통해 '체계적으로' 묘사, 표현, 재현해 왔음을 강조한다. 즉, '스포츠와 여성' 혹은 '여성 주체의 스포츠'에 대한 특정한 앎의 형식과 내용이 담론의 수준으로 형성, 고착되어 재현의 실제 속으로 자동화되어 나타난다는 말이다. 『미디어 가이드라인』이 설명하고 있는 그러한 재현의 젠더(적/화된) 패턴과 관습들을 일곱 가지로 재구성해 보았다. 나열해 보자면 그것들은 바로 ① 스포츠 세계를 보도하는 미디어의 실제가 남성 주체/실제에만 과도한 초점을 둔 나머지 여성 주체/실제를 보도하는 분량과 범위 그 자체가 확연히 부족하다는 점, ② 여성 스포츠 주체를 묘사/표현/재현하는 미디어의 내용이 스포츠와 관련된 것athleticism이 아닌 그들의 '코트 밖' 특징, 예컨대 신체 용모와 외모, 의복, 사생활과 같은 것들에 초점을 둔다는 점, ③ 남성 스포츠 실제가 '젠더 표시' 없이 규범과 같은 것으로 인식되는 것과 달리 여성 스포츠 실제는 '여성'이라는 성별화되고 젠더화된 수식어가 붙는다는 점, ④ 남성 주체와 달리 미디어는 여성 스포츠 주체를 보도하는 데 있어서 특히 '젠더 역할', 즉 아내, 엄마, 딸 등으로 우선 인식해 묘사, 표현, 재현하는 경우가 많다는 점, ⑤ 미디어가 여성 스포츠 주체를 보도하는 데 있어 그들을 남성 주체보다 열등하거나 혹은 마치 아이와 같은 존재, 즉 여성의 존재 자체가 스포츠에 미숙한 존재라는 점을 암시infantilization하는 묘사/표현/재현이 많다는 점, ⑥ 여성 스포츠 실제보다 남성 스포츠 실제에 대한 미디어의 방송편성 시간대가 훨씬 더 좋다는 점, ⑦ 스포츠 주체/실제를 보도하는 미디어의 인력에 있어서 남성 주체들이 여성 주체들보다 월등히 더 많이 포진되어 있다는 점 등이다.

그렇다면 이러한 재현의 상투적 패턴과 관습은 왜 문제가 되는 것이며 또한 어떻게 바꾸고 변화시킬 필요가 있는 것인가? 안타깝게도 『미디어 가이드라인』은 그 문제점의 '이유'와 새로운 변화의 '명분'에 대해 자세히 언급하고 있지 않다. 그렇지만 여기에서 잠시 필자가 그 '이유'와 '명분'에 대해 IOC를 대변해 언급하고자 한다. 한마디로 말해 그것들은 조금 거친 표현일수 있겠지만 스포츠 현실/실제를 재현하는 (남성 중심의) 미디어가 남성과 여성에 대한 재현의 불평등을 양산하고 있다는 '이유'이며, 앞으로 미디어는 그러한 재현의 불평등을 넘어 재현의 평등을 매개하고 소통할 수 있어야 한다는 '명분'이다. 단언컨대 여성 스포츠 주체/실제를 젠더(적/화된) 패턴과 관습으로 묘사, 표현, 이야기해 온 재현의 지배적 양상과 방식이 문제가 되는 이유는 그러한 언어적 관행이 남성과 여성을 '차이' 혹은 '다름'의 관계가 아닌 '위계' 또는 '서열'의 관계로 포섭, 구획해 인지하도록 이끌기 때문이다 (Birrell, 2000). 그리고 이러한 인식론적 힘/권력은 결국 여성과 남성에 대한 재현의 불평등을 (재)생산, (재)강화, (재)고착시키면서 (재)영속화된다.

무릇 '양성평등'이란 여성과 남성이 서로 간 '차이'와 '다름'을 존중하고 인정하는 관계적 상태를 일컫는 말이다. 반대로 남성과 여성이 어느 한쪽의 좋음과 나쁨 혹은 우등과 열등으로 구분되는 관계가 만들어질 때 우리는 그것을 '양성 불평등'이라고 말한다. 인간이면 누구나 자신의 몸을 가지고 있고 움직일 수 있으며 또한 조직화된 규칙과 경쟁을 통해 인간 수월성의 향상에 도전하고 또 그것을 즐길 수 있다. 그러나 스포츠를 소통하는 미디어가 인간의 몸, 움직임, 운동 능력, 그리고 스포츠라는 실제와 결합하는 다양한 사회·문화적 의미와 가치 등을 성별에 따른 우등과 열등의 관계로 분리하고 있다면, 이 역시 양성 불평등을 생산하고 있는 재현의 권력인 셈이다.

가령, 스포츠 소통 미디어가 여성 주체들의 권투경기를 묘사/보도한다고 가정해 보자. 『미디어 가이드라인』은 그녀들의 경기가 "마치 남자들 경기 수준과 같다"라거나 "고양이 싸움과 같다"라는 식의 비유가 상투적으로 사용되고 있음을 지적한다. 전자의 경우, 여성 권투선수들의 운동 능력을 긍정적으로 평가하는 데 자주 사용되는 표현이다. 그러나 곰곰이 생각해 보면 이것은 여성 주체들의 탁월한 권투경기가 일반적 남성들이 드러내는 평범한 '남자다움'의 특징과 유사하다는 의미이기도 하다. 중요한 것은 이러한 어법의 기저에 흐르고 있는 암묵적 인식, 그리고 그러한 표현이 만들어 내는 권력적 효과이다. 그것은 바로 여성의 몸과 운동 능력이 남성의 몸과 운동 능력보다 더 열등하다는 암묵적 인식이며, 그렇게 말함으로써 남성의 몸과 운동 능력이 더 우등함을 재차 확인하는 권력적 효과이다(Birrell, 2000).

사실 이러한 재현의 정치성은 눈에 잘 보이지 않기 때문에 더 교묘한 것이기도 하다. 예컨대, 축구라는 것은 인간이면 누구나 참여해 즐기고 경쟁할 수 있는 하나의 문화적 활동이자 실제이다. 그런데 여성과 남성의 스포츠를 재현하는 양상과 방식에 있어서 여성에게는 성별 표시를 붙이고, 남성에게는 성별 표시를 하지 않는다면 그것은 왜 문제가 되는 것인가? 이러한 젠더 표식이 문제가 되는 이유는 여성 주체들의 축구를 '여자 축구'로 명명함으로써 결국 축구를 남자들의 세계로 인식하게 만드는 자연스러움natu-ralization과 당연함universalizaion의 권력을 행사하게 되기 때문이다. 즉, 남성은 명명되지 않는 보편성의 지위를 얻는 것이고, 여성은 보편적 지위가 아니므로 명명되는 것이다(서재철·문민권·박찬우, 2018). 이러한 재현의 불평등은 비단 스포츠 현실/실제에서만 일어나는 것은 아니다. 정치, 과학·기술, 국방 등 다양한 분야에서 소위 '여성 1호', 혹은 '최초의 여성 ○○인' 같은 표현들이 미디어를 통해 너무도 자연스럽고 당연하게 흘러 퍼지면서 넘쳐 나고 있다. 남성이 아닌 여성 주체들에게 성별 표시를 붙이는 재현의 실제는 스포츠, 정치, 과학·기술, 국방 등의 영역이 이른바 남성 특권적 세계, 즉 남성들로만 이루어져 있으며, 남성들에 의해 지배되면서 곧 남성 중심의 가치관으로 존재하는 세계이기 때문에 나타나는 불평등한 젠더 관계의 산물임과 동시에 그러한 젠더 관계의 불평등을 (재)생산, 배포, 확산하는 권력 수단/

장치로 작동한다(McKay, Messner and Sabo, 2000).

IOC는 재현의 불평등과 관련된 이런 정치적 문제점과 맥락들을 언급하고 있지는 않지만, 향후 스포츠 소통 미디어가 변화해야 하는 모습과 방향성에 대해서는 비교적 상세하게 다루고 있다. 특히, 『미디어 가이드라인』은 인쇄, 디지털, 라디오 및 방송 분야에서 균형 잡힌 보도와 공정하고 평등한 의사소통을 실행하는 데 도움이 되는 실질적인 점검표와 조언을 상세히 제시하고 있다. 예컨대, 보도의 내용을 구성하고 줄거리를 편집하는 데 있어 유의해야 할 점들, 이미지와 자료들을 선정, 배치, 연결하는 데 있어 고려해야 할 사항들, 헤드라인을 뽑아내거나 구체적인 묘사/표현/재현에 동반되는 언어 선택과 사용의 쟁점들, 방송편성 및 시간 조정과 관련된 이슈들, 인터뷰 및 논평을 보도할 때 점검해야 할 사항 등을 제시하면서 묘사/표현/재현의 실제를 종합적으로 검토하는 점검 목록과 젠더 균형적 보도를 촉진하는 제도적 방침과 방안까지 소개하고 있다.

이렇듯 IOC가 스포츠 소통 미디어의 젠더(적/화된) 재현의 문제점을 지적하고 그것에 대한 개선을 촉구하는 궁극적 취지는 미디어 재현과 관련된 젠더 불균형 혹은 불평등을 인지하고 그것을 변화시키는 것이 곧 '젠더 평등'을 향해 나아가는 작지만 아주 중대한 발걸음이라는 점을 인식하고 있기 때문이다. IOC는 스포츠의 실제가 평등, 다양성 존중, 포함/포섭의 가치를 밝히고 견인하는 역할을 할 수 있다는 점을 다음과 같이 피력하고 있다.

스포츠는 다음과 같이 아주 독특하면서도 매력적인 포지션을 가지고 있는 문화적 실제다. 첫째, 대화의 변화를 촉진하면서 부정적인 고정관념과 젠더 규범을 성찰할 수 있도록 이끌 수 있고, 둘째, 강하면서도 긍정적이며 다양성을 담아내는 새로운 문화적 모델의 가능성을 가지고 있으며, 셋째, 스포츠에 참여하고 또 관계하는 모든 다양한 주체들에 대해서 성별, 인종, 종교, 성적 지향 또는 사회경제적 지위에 상관없이 공정한 묘사를 촉진할 수 있고 또 요구할 수 있다. 스포츠 생태계를 구성하는 모든 사람, 즉 선수, 코치, 관계자들에 대한 재현의 실제에 균형과 평등의 힘을 불어넣는 것은 스포츠 실제와 세계에 긍정적 영향을 심어 주는 것이다. 그리고 이것은 스포츠를 사랑하는 대중과 관객들에게 새로운 흥미와 관심을 유발하도록 자극하는 것이다. 특히 스포츠를 '그저 단순한 스포츠'라고 생각하는 경향이 많은 젊은 세대들에게 긍정적이고 가치 있는 영향을 미칠 것이다(*Portrayal Guidelines*, 2021: 10).

IOC의 입장과 관점은 간단하고 명료하다. 한편으로, 그동안 스포츠 현실/실제가 미디어의 재현을 통해 젠더 불균형과 불평등이 생산되고 강화되어 온 것은 사실이지만, 다른 한편으로 향후 미디어의 재현이 젠더 균형과 평등을 고려하는 방향으로 실행된다면 젠더 균형과 평등과 관련된 스포츠 현실/실제의 긍정적 변화도 모색할 수 있다는 취지다.

그렇다면 이러한 재현의 젠더 균형과 평등에 각별한 관심을 투영한 IOC의 노력은 2020 도쿄올림픽 기간 동안 미디어의 실제와 현실 속에서 긍정적인 변화의 성과를 달성한 것일까? 다시 말해 2020 도쿄올림픽을 보도한 전 세계의 스포츠 소통 미디어의 실제들은 여성 스포츠 주체/실제를 묘사, 표현, 재현하는 데 있어 젠더 균형과 젠더 평등의 의미와 가치를 실현하고 구현하는 데 유의미한 기여와 역할을 한 것일까?

생각해 보면 지난 2020 도쿄올림픽 기간 동안 스포츠 소통 미디어는 이른바 '스포츠와 젠더'라는 표현으로 아우를 수 있는 많은 이슈, 현상, 사건, 문제 등을 우리에게 거울과 같이 비추었고, 또 그것들에 대한 다양한 생각과 이야기들로 우리에게 말을 걸었다. 독일 여자 체조 대표팀은 팔다리가 전부 노출되는 수영복 스타일의 원피스 대신, 발목까지 내려오는 긴 유니타드unitard 유니폼을 선보이면서 여성 선수들을 '성적 대상화'로 보는 경향에 경종을 울렸고, 미국 남자 펜싱 에페 대표팀은 성범죄 혐의를 받는 동료 선수에 대한 항의의 표시로 분홍색 마스크를 끼고 등장해 주목을 받았다. 한국에서도 일부 네티즌들이 양궁 금메달리스트 안산 선수에 대해 혐오 표현을 하고 온라인 학대를 가한 사건이 있었으며, 연일 감동과 투혼을 이어가던 여자 배구 경기가 야구와 축구 때문에 공중파 중계를 타지 못하고 케이블 방송으로 밀려 버린 일이 많은 사람의 공분을 사기도 했다. 이 밖에도 여성 선수들의 모성보호권과 관련된 이슈도 주목할 만하다. 올림픽을 앞두고 조직위원회가 코로나바이러스감염증-19(코로나-19)를 이유로 선수들의 가족 동반 입국을 허용하지 않았는데, 이 결정으로 인해 많은 '어머니 운동선수'들이 올림픽 참가를 위해 모성의 권리를 포기하는 강요를 받아야 했다. 결국, 올림픽 개최를 2주 앞두고 조직위는 모유 수유 중인 선수들의 자녀 동반 입국을 허용하는 방침을 발표했고, 전 세계인들은 어머니의 역할을 다하는 올림피언들의 아름다운 모습을 지켜볼 수 있었다(이가람, 2021; Deliso, 2021; Minsberg, 2021).

아쉽지만 스포츠 소통 미디어가 이러한 사건, 현상, 문제 등을 묘사, 표현, 재현하는 데 있어 젠더 균형과 평등을 잘 인지해 고려하고 또 실천했는지를 따지는 것은 다음으로 미룰 수밖에 없을 것 같다. 아마도 올림픽이 끝날 때마다 미디어 재현과 관련된 젠더 지수를 평가해 발표하는 토론토대학교 스포츠정책연구센터의 보고서가 곧 나오게 된다면 조금이나마 알 수 있을지 모르겠지만 말이다. 아무튼 올림픽 운동의 이상과 가치 속에 재현의 젠더 균형과 평등을 함께 엮어 내려고 하는 IOC의 노력이 스포츠 소통 미디어의 실제와 현실 속에서 어떠한 긍정적인 변화의 바람을 불러일으킬 수 있을지 잘 지켜볼 필요가 있을 것이다. 또한 이 글을 읽고 있는 독자들이라면 누구나 자신에게 다가오는 스포츠 소통 미디어의 재현에 대한 젠더 균형과 평등의 의미와 가치를 인지하고 고려해 평가할 수 있어야 할 것이다.

5. 미디어가 만들고 구성하는
   성/젠더 평등적 스포츠 현실/실제

이 장을 마무리하는 지금, 필자의 머리와 마음속에 끈질기게 맴돌고 있는 두 가지 생각을 토로하면서 제언하는 것이 좋을 것 같다. 먼저, 한 가지 생각은 우리 사회에 존재하는 많은 미디어가 스포츠와 관계하는 많은 사람들로 하여금 남성의 몸과 운동 능력을 더 우등한 것으로, 그리고 여성의 몸과 운동 능력을 더 열등한 것으로 자연스럽고 당연하게 믿게 만들고 있는 것은 아닌지 생각해 보자는 것이다. 사실, 필자 역시 이 포인트를 인지해 숙고하기 시작한 지 얼마 되지 않았다. 간단히 말해 스포츠를 여성주의적 관점에서 연구하는 많은 학자들이 공통으로 지적하고 또 공감하고 있는 하나의 포인트는 스포츠 현실/실제 속에 소통되고 있는 젠더와 관련된 사람들의 마음의 무늬가 남성들에게는 자신들이 여성보다 더 우등한 성으로 자기-인식하게 만들고, 또 여성들에게는 자신들이 남성들보다 더 열등한 성이라고 자기-정의하게 만드는 이데올로기적 힘/권력을 암묵적으로 행사하고 있다는 것이다.

질문해 보건대 여성의 몸과 남성의 몸 그리고 여성의 운동 능력과 남성의 운동 능력은 '차이'와 '다름'의 관계인가, '위계'와 '서열'의 관계인가? 다시 말해, 어느 성별의 몸과 운동 능력이 더 우등하고 또 열등한 것인가? 사실, 우리가 이런 질문을 던지고 생각해 보면 누구나 금방 그것들은 '차이'와 '다름'의 관계라고 말하면서 두 성별이 '위계'와 '서열'의 관계로 구분되지 않는다고 말할 것이다. 그러나 살짝 표현을 바꿔서 이렇게 다시 질문해 보자. 남자 100m 세계신기록(9초 58)과 여자 100m 세계신기록(10초 49), 그리고 남자 높이뛰기 세계신기록(245cm)과 여자 높이뛰기 세계신기록(209cm) 중 어느 기록이 더 좋고 더 우수한 기록인가? 다시 말해, 남자 세계신기록들과 여자 세계신기록들은 '차이'와 '다름'의 관계인가, '위계'와 '서열'의 관계인가?

필자는 체육학 연구자이자 교육자이기도 하기에 대학 강단에서 체육학 전공과 교양체육 관련 수업을 할 때마다 이 질문을 학생들에게 가끔 던지곤 한다. 정확한 통계를 내봐야 알겠지만 필자의 경험을 종합해 보자면 가장 많은 대답의 패턴은 이런 것이다. "교수님, 저는 이렇게 생각합니다. 남자 세계기록과 여자 세계신기록 둘 다 좋은 기록이고 우수한 기록이지만, '객관적으로' 볼 때 남자 기록이 더 좋고 우수한 것이 사실이라고 봅니다." 물론, 별다른 고민 없이 남자 기록과 여자 기록은 비교할 수 없이 둘 다 좋은 기록이라고 답하는 학생들도 있고, 반대로 무조건 남자 기록이 더 우수한 기록이라고 답하는 학생들도 있다. 그러나 대체로 둘 다 좋은 기록임을 인정하면서도 남자 기록이 여자 기록보다 더 좋고 우수하다는 점을 '객관적' 수치의 차이에 근거해서 판단하는 경우가 많다. 물론, 필자 또한 5~6년 전까지만 해도 그렇게 생각했기 때문에 학생들이 그렇게 생각하는 것은 전혀 부끄러운 것이 아니라고 덧붙이기도 한다.

　사실, '빠르고 느림' 그리고 '높고 낮음'은 객관적인 양태를 지시하는 표현으로서, 그 자체로 가치중립적인 말이다. 그래서 우리의 일상생활 속에는 '빠른 것'이 더 좋을 때도 있고 '느린 것'이 더 좋을 때도 있다. 높고 낮음 역시 마찬가지다. 그런데 시선을 '스포츠'라는 현실/실제로 돌려놓고 생각해 보면 조금 달라진다. 올림픽의 표어, 즉 '보다 빠르게, 보다 높게, 보다 힘차게(강하게)'의 이상과 가치가 전 세계적으로 강렬하게 소통되고 있기 때문인지 모르겠지만, 스포츠 현실/실제는 많은 사람들로 하여금 마치 '성별과 관계없이(!)' 그저 '빠른 것'과 '높은 것', 그리고 '힘차고 강한 것'이 더 좋고 우수한 것이라고 믿고 착각하게 만드는 인식의 마취제가 흐르고 있는 것은 아닌지 모르겠다.

　따지고 보면 올림픽이라는 이벤트가 '보다 빠르고 높고 강한 것'을 지향해 온 것은 19세기 후반, 서유럽의 남성 중심의 신체 문화와 관련된 특정한 국면 속에서 발원해 구성/형성된 우연적 산물이다(서재철, 2016; Chatziefstahthiou,

2008; Schantz, 2008). 만약, 19세기 후반 독일과의 전쟁에서 패배한 것에 상심한 한 프랑스 백인 백작의 아들 피에르 드 쿠베르탱Pierre de Coubertin이 프랑스 청년들의 강인한 남성다움을 지향하기 위해 '보다 빠르고 높고 강함'을 추구했던 것이 아니라, 전 세계인들이 자신을 낮춰가며 서로 이해하는 겸양의 문화를 조성하기 위해 '보다 낮게'의 가치를 지향했고, 그 맥락 속에서 '림보'라는 종목이 만들어졌다고 생각해 보자. 20세기 초, 제국의 시대를 맞아 올림픽은 서구 열강들의 민족적 우수성을 서로 자랑하는 거대한 문화적 축제로 성장했고, 또 제2차 세계대전과 함께 찾아온 냉전의 시대 속에서 양진영의 우수성을 시연하는 과학·기술 전쟁의 플랫폼으로, 그리고 다시 1984년 LA올림픽을 기점으로 엄청난 부와 경제적 가치의 황금알을 낳는 산업으로 성장한 역사 속에 '림보'라는 종목도 함께 해 왔다고 가정해 보자. 100년이 넘는 역사 속에서 남자 림보 세계신기록도 쌓이고, 여자 림보 세계신기록도 쌓였을 것이다. 자, 이제 다시 질문해 보자. 남자 림보 세계신기록과 여자 림보 세계신기록 중 어느 기록이 더 좋고 우수한 기록인가?

우리가 알고 있는 많은 스포츠 역사적 사건과 사실들은 대개 남성들에 관한 것들이 많다. 아마도 미디어가 계속 현실로 불러오고 의미부여하고 또 해석하는 것들이 대개 남성들의 스포츠이기 때문에 그럴 것이다. 스포츠가 대중화되고 또 발전해 온 역사와 문화 속에는 남성들이 만들고 구성한 역사적 모습과 무늬도 있고, 또 여성들이 빚어내고 가꿔온 역사적 모습과 무늬도 있다. 그러나 여성들이 관계해 온 스포츠의 과거 흔적과 발자취들 속에는 사람들이 잘 인지하지 못하는, 그래서 잘 기억되지도 않는 차별적이고 불평등한 모습과 무늬들이 많다. 예컨대, 많은 스포츠 종목들에 있어서 왜 남성과 여성을 분리해 경쟁하고 있는지 생각해 보자. 이런 성별 분리sex segregation in sports의 역사는 서구의 백인들이 그들의 남성다움을 강화하기 위한 목적 아래 애초부터 여성을 배제하기 위한 조직화된 활동으로 발명된 것이 스포츠이고 또 올림픽이었다는 사실을 함의하고 있다(Milner and Braddock,

2016). 그러나 오늘을 살아가는 우리는 이것을 잘 기억하기보다는 그저 남성과 여성의 몸이 다르기 때문에 각각 분리해서 경쟁한다고 생각하는 경향이 많다. 이 밖에도 여자 농구가 6인제로 시작되었고, 여자 마라톤이 1980년대가 되어서야 정식 종목으로 채택된 사실에서 알 수 있듯이 여성은 출산을 위한 건강에 저해가 된다는 이유로 신체 접촉이 있는 스포츠를 금지하고 비교적 '부드러운' 운동만을 교육적으로 장려했다는 점은 스포츠 세계가 '보다 더 약하고 부차적인 성으로서의 여성female as a weaker/second sex'이라는 관념을 불과 반세기 전까지도 자연스럽고 당연하게 배포, 확산시킨 문화적 실제였음을 알 수 있다(Verbrugge, 1988; 2012; Vertinsky, 1990).

　이러한 생각들을 종합하는 차원에서 필자가 언급하고 싶은 두 번째 사항으로 넘어가는 것이 좋을 것 같다. IOC의 『미디어 가이드라인』이 강조하고 있듯이 미디어는 젠더 평등의 관점에서 마치 동전의 앞뒤와 같은 양면적인 관점을 늘 견지해야 하는 문화적 실제다. 한편으로, 미디어는 재현의 젠더 불균형과 불평등을 암묵적으로 (재)생산, 고착, 강화하는 젠더 권력의 수단이자 장치로 기능할 때가 많다. 그러나 다른 한편으로 미디어는 젠더 균형과 평등을 향한 변화의 자극을 촉진하고 매개하는 긍정적 기폭제가 될 수 있는 잠재력을 충분히 가지고 있다. 필자의 포인트는 바로 이 후자와 관련된 것인데, 스포츠 소통 미디어가 매개하고 관계하는 스포츠 현실/실제의 성/젠더 평등적 모습과 무늬를 함께 만들고 빚어내는 데 있어 모두가 공감해 볼 필요와 가치가 있는 하나의 작은 안목을 공유해 보자는 것이다. 주장하건대 그것은 바로 스포츠 소통 미디어와 관련된 다양한 주체들, 예컨대, 미디어 전문가, 학술적 주체, 그리고 교육자 등 그들 스스로가 스포츠라는 문화적 실제 속에서 만들어지고 소통되는 사회구조, 언어, 재현 등의 젠더(적/화된) 문법과 코드 등에 관심을 가지고, 그것들을 비판적으로 인지하고 성찰적으로 사유하는 의식의 힘을 키워야 한다는 것이다.

　딱히 어려울 것도 없는, 아니 너무도 평범한 이 아이디어를 필자가 강조하는 이유는 '한국'이라는 특정한 사회문화적 공간 속에서, 그것도 '스포츠'라는 문화적 실제 속에서만 '유독(!/?)' 양성평등 및 여성주의적 관점의 비판적 문제의식과 집합적 목소리가 부재하다고 판단하기 때문이다. 지나친 비약일 수도 있겠지만, 아니 조금은 위험을 무릅쓰고 표현하자면, 한국 스포츠 세계 속에는 '여성주의'라는 이름으로 아우르고 묶어 낼 수 있는 집합적인 의식의 운동 혹은 에너지들을 찾아볼 수 없다! 질문해 보건대 혹시 한국이라는 사회 속을 살아가는 다양한 스포츠 주체들, 즉 운동선수, 지도자, 정책 및 행정 관계자 중에서 여성주의에 관심이 있거나 혹은 여성주의적 의식을 가지고 살아가는 사람을 보고 들은 적이 있는가? 또한, 체육학과 스포츠학을 연구하고 교육하는 한국의 학술적 주체와 교육적 주체 중에서 여성주의에 관심을 가지고 연구하고 또 교육하는 주체를 보거나 들은 적이 있는가? 약 20여 년이 조금 넘는 시간 동안 체육학을 연구하고 교육하는 주체로 살아온 필자의 개인적 경험 속에서 여성주의적 의식의 운동선수와 체육학자를 떠올려보는 것은 잘 상상이 되지 않는다. 체육계와 체육학계에 여성 단체들은 있지만 여성주의적 의식과 목소리를 구심적 근간으로 하는 단체인지는 의문이다. 아마도 필자의 이러한 진단이 적확하다면 오히려 여성주의가 존재하지 않는 사실 그 자체야말로 스포츠 현실/실제의 비-여성주의적 혹은 반-여성주의적 문화와 질서를 드러내는 중요한 징후일 것이다.

북미와 서유럽에서 전개된 여성주의 운동의 역사에 흐르는 한 가지 공통점은 여성주의 의식에 공감한 (여성) 운동선수들과 여성주의 관점에 투철한 (여성) 스포츠 학자/교육학자들이 서로 네트워크를 형성하면서 이른바 여성주의 운동의 확산을 견인하는 구심적 역할을 담당했다는 점이다(Schultz, 2011). 안타깝지만 한국 여성 운동의 역사 속에서 스포츠는 딱히 별다른 존재적 의미를 지니고 있지 않은 것 같다. 아마도 여성주의와 가까운 사람들이 스포츠를 여성주의적 시각과 관점에서 바라보는 데 관심이 없기 때문이며, 그리고 스포츠와 가까운 사람들도 스포츠가 여성주의적 관점의 비판적 대상이 될 필요가 있다는 점을 놓치고 있기 때문일 것이다.

스포츠와 미디어 그리고 젠더의 '삼각관계'를 고민해 본 시간을 마무리하는 지금, 스포츠 소통 미디어와 관련된 좀 더 많은 사람들이 여성주의를 바르게 이해하고 전유하는 대열에 합류하는 짧은 미래를 상상해 보며 이 장을 마친다.

Abstract

Why Gender Matters

A Critical Review on the Politics of Gender Representation in the Sporting Media

Seo, Jae Chul

This chapter focuses on the role/function of the media called "representation" and discusses why gender is at stake and how gender-related issues and phenomena are related and circulated within the landscape of sport media. More precisely, this paper mainly deals with how the mainstream media describe, portray, and represent female athletes and the world of female sport as a sporting cultural practice with specific focus on the event of the Olympics along with IOC's publication of 〈Portrayal Guidelines〉. Informed by the critical perspective of gender and feminist theories, I discuss how the media construct female athletes and why such representation are problematic in terms of gender equality.

My argument is that the role of media should be critically considered in two ways. First, it should be pointed out that the media plays a role of a means of symbolic power through which reproduce, reinforce, and re-solidify the sporting reality and practice into a male-preserved space of cultural institution. To be more specific, the media tends to represent female athletes in a consistently and systematically problematic manner of a particular pattern, which indirectly referrs to the idea of female as a weaker and second sex. However, it is also sport media that can pave way for making stimulus and movement for change toward gender equality in sporting world. Recently, there has been a movement to reflect on the problems of gendered reproduction of media, and for this, the IOC's *Portrayal Guidelines* is a good example. Therefore, I argue that ones need to not only critically interrogate how the media reproduced gendered sporting world, but also be able to acknowledge and share the potential of the media that contribute to bringing gender equality in sports. To deliberate on such a future-oriented direction, I also suggested a couple of perspectives at the end of this chapter.

Chapter 10

스포츠 방송언어의 분석

신동일

1. 서론: 일상언어와 연계된 방송언어의 지형

말은 곧 한 국가의 가치관 및 이념을 담는 토대로서의 역할을 갖게 된다. 특히 문화라는 요소와 결부되어 일상언어는 주기적으로 변화하고 다듬어진 다고 볼 수 있다. 한 언어의 성숙도는 그 문화의 성숙도를 가늠하게 될 만큼 언어의 본질은 중요한 연구적 의미를 갖는다고 할 수 있다. 실례로 표준어 는 한 국가의 자율적·언어적 행태에 따라 변화하고 이는 국어학자, 국립국 어원을 중심으로 다듬어지고 표준어의 변화로 지속적인 변화를 이어 가게 된다. 유소년기 학생들의 경우 방송을 통해 표현되는 언어를 통해 유행어 혹은 언어적 습관을 모방하는 등 매스컴의 영향에 따라 언어적 쓰임이 변화 하고 있는 만큼 그 책임성은 물론 주의 깊게 들여다볼 필요가 있을 것이다.

방송언어의 중요성은 국민의 언어적 표현의 변화에 지대한 영향력을 행 사하고 있는 만큼 그 역할적 책임성은 지대하다고 할 수 있다. 따라서 방송

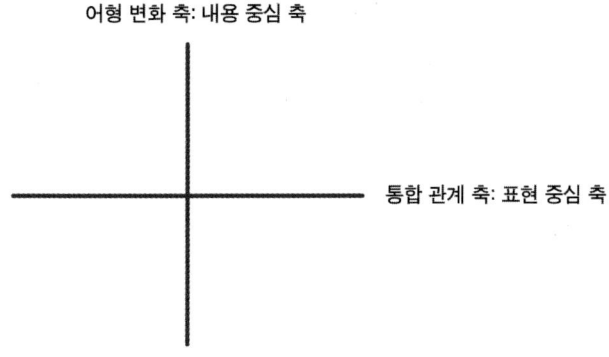

〈그림 10-1〉 언어의 내용적·표현적 관계

어형 변화 축: 내용 중심 축

통합 관계 축: 표현 중심 축

사에서도 한국어의 올바른 정착화를 위해 다양한 변화를 시도하고 있다. 주요 방송사 아나운서실의 경우 오랜 기간 아나운서 연수 프로그램을 통해 언어의 적법한 표현 기법에 많은 공을 들이고 있다. 특히 공영방송인 KBS는 한국어능력시험을 계발해 국민의 표준어 및 언어형태에 대한 바른 변화를 시도했으며, KBS한국어연구회는 국민 언어생활을 선도하고 바람직한 언어를 이끄는 선구자적 역할을 하고 있다. 국립국어원 또한 바른 언어의 표본을 국민에게 계몽하는 중심적 역할을 함과 동시에 학자들과 연계해 연구사업을 실시했다. 대표적 사례로 국립국어원 방송언어 개선 사업이 있다.[1]

　언어학자 로만 야콥슨Roman Jakobson은 우리가 일상생활에서 사용하는 '말'의 생성과정을 〈그림 10-1〉과 같은 어형 변화 축paradigmatic axis상과 통합 관계 축syntagmatic axis상 위에서 설명하고 있다.

1　2015년 방송언어 개선 사업으로 국립국어원에서 연구 수행함으로써 방송언어 실태를 점검해 공공성(품격에 맞는 표현, 불필요하게 어려운 표현, 집단 간 소통을 저해하는 표현), 공정성(차별적 표현, 편파적 표현, 객관적이지 않은 표현), 건전성(선정적 표현, 폭력적 표현, 사회적 규범에 어긋난 표현), 정확성(우리말 어법에 맞지 않는 표현, 부적절한 어휘를 사용한 표현, 자막에 부정확한 표기가 노출된 표현) 등 4가지 평가 범주에 따라 분석한 바 있다(김미형, 2015).

'어형 변화 축'은 언어의 내용적 또는 의미적 차원을 상징하고, '통합 관계 축'은 언어의 표현적 차원을 상징한다(이두원, 1995). 이러한 두 축을 해석해 보면 일상의 언어는 내용을 중심으로 한 어형 변화 축과 표현을 중심으로 한 통합 관계 축을 통해 일련의 의미체가 전달된다.

2. 스포츠 방송언어의 특성 및 고찰: 배구 중계를 중심으로

스포츠 중계의 역사는 1950년대로 거슬러 올라가야 한다. 당시에는 TV 시대가 아니었기 때문에 전쟁 이후 라디오에 의존하며 소위 음성 위주의 캐스터가 등장했던 시기다. 이후, TV 흑백시대를 맞이하면서 본격적인 스포츠 중계가 시작되었으며 1970년대 TV 수상기의 등장은 더 많은 국민에게 스포츠를 가까이에서 접할 수 있는 중요 매개체가 되었다. 본격적인 스포츠의 전성기는 86 아시안게임과 88 서울올림픽을 계기로 전문 스포츠방송이 시작되면서라고 보는 것이 맞을 것이다(≪한국아나운서연합회 회보≫, 1989 내용 재구성.). 1995년 본격적인 케이블 시대를 맞이하면서 한국 스포츠TV가 개국했고, 이후 SBS 계열로 편입되어 2010년 SBS ESPN, 2014년 SBS SPORTS가 개국했다(나무위키 참조). 2001년 KBS N이 출범하면서 스포츠본부 이하 스포츠국이 설립되고(KBS N 홈페이지 참조) 문화방송 계열사인 MBC SPORTS도 개국했다. 그리고 2010년 스포티비spotv도 개국하면서 본격적인 스포츠 채널이 등장하게 되었다. 이러한 스포츠 방송은 질적인 향상과 더불어 수용자의 관심은 물론 학자들에 의해 방송언어 분석에도 크게 이바지했다.

국내에서는 방송언어에 대한 연구가 확장되어 있지만, 스포츠 방송언어에 관한 연구는 미흡한 실정이다.[2] 특히 스포츠 중계 언어의 분석 프레임이 다양한 학자에 의해 전개되었음을 알 수 있다. 스포츠 중계방송 언어표현의

〈표 10-1〉 프로그램 목록

대상	해당 연도	경기명	대진 팀	캐스터	해설위원	방송사
시대변인	1984	제1회 대통령배 백구의대제전	미도파:현대	C캐스터	O해설위원	KBS
	1985	제2회 대통령배 백구의대제전	미도파:현대	C캐스터	O해설위원	KBS
	1986	제3회 대통령배 백구의대제전	미도파:현대	C캐스터	O해설위원	KBS
	1988	제5회 대통령배 백구의대제전	호남정유:현대	C캐스터	O해설위원	KBS
	1990	제8회 대통령배 백구의대제전	호남정유:현대	H캐스터	O해설위원	KBS
	2020	2020-2021 프로배구	흥국생명:도로공사	L캐스터	L해설위원	KBS N
특성분석	1985	제2회 대통령배 백구의대제전	미도파:현대	C캐스터	O해설위원	KBS
	1986	제3회 대통령배 백구의대제전	미도파:현대	C캐스터	O해설위원	KBS
	1990	제8회 대통령배 백구의대제전	호남정유:현대	H캐스터	O해설위원	KBS
	2020	2020-2021 프로배구	기업은행:현대건설	J캐스터	L해설위원	SBS SPORT
	2020	2020-2021 프로배구	GS칼텍스:현대건설	L캐스터	J해설위원	SBS SPORT
	2020	2020-2021 프로배구	GS칼텍스:흥국생명	L캐스터	J해설위원	SBS SPORT

문제점 연구에서 추상적이고 진부한 표현, 어법에 맞지 않는 말, 불필요한
어휘, 일본식 발음 등을 분석의 틀로 삼은 연구 및 저품격 표현(불필요한 외
국어, 외래어, 인격을 비하하는 표현, 은어), 비표준어, 비표준 발음, 부적합 표

2　　그 동안 한국 스포츠언어 분석은 국문학, 언론학, 교육학, 체육학에서 주로 논의되었다.

현(전문용어, 기타) 등을 분석의 틀로 삼은 연구(최선, 1988), 어휘(불필요한 외래어 및 외국어, 유행어), 표현(비문법적 표현, 예의에 어긋나는 표현, 부정확한 표현), 자막, 발음의 4가지 척도로 분석한 연구(방송통신심의위원회, 2013) 스포츠 중계 언어의 화법 특성을 협조적 반응, 비유 표현, 과장된 표현, 어휘적 특성, 유동적 발화속도로 분류한 연구가 있었다(전은주, 2000).

이 장에서는 시대변화에 따른 스포츠 중계 언어의 변화와 스포츠 중계 언어의 특정 분석을 조사 및 분석했는데,[3] 국내 배구 중계를 중심으로 분석했으며, 그 분석 유목은 〈표 10-1〉과 같다.[4]

1) 시대변화에 따른 스포츠 중계 언어의 변화

최근 방송의 경향은 통합방송 형태를 띠고 있다. 과거 독립적이었던 전문체계가 통합화되고 있는 추세다. 다시 말해 방송 프로그램 제작에 있어서 하나의 프로그램이 제작되는 데 복수의 제작국이 협업을 통해 전문성을 확장시키고 있다. 방송 진행자의 경우 편성제작국의 아나운서팀과 보도국의 협업을 통해 프로그램 진행자가 결정되는 시스템으로 변화해 가고 있다. 이는 급변하는 방송계 시스템의 변화라고 할 수 있다. 과거 수용자에 비해 최근의 수용자는 더욱 능동적 주체가 되고 있다. 스포츠의 경우 수용자는 능동적 주체로서의 기능을 수행하게 되는데, 스포츠 용어는 물론 경기 흐름 전반에 대해 관심 및 상식을 겸비하고 있다. 또한 이 세대는 능동적 수용자

---

3 본 연구 설계를 위해 아나운서실 회보 및 한국어연구팀 자료, 27년간의 메모, 비디오테이프 수집기록 및 자료, 전·현직 스포츠 캐스터, 아나운서를 통해 민족지 연구(ethnography of communication)의 툴을 작성했다.

4 본 연구의 프로그램 목록은 배구 중계방송으로 한정했으며, 국내 정규리그인 대통령배를 중심으로 했고, 초창기 대회는 1984~2021년 최근 경기를 포함했다(대통령배는 추후 한국 배구 슈퍼리그, 프로배구로 명칭이 변경되었다).

로서 양방향 의사소통two-way communication 형태를 지니면서 방송에 적극적으로 개입해 방송 제작 변화에 관여자가 된다. 방송사는 시대의 변화에 적응해 간다. 캐스터와 해설가는 시청자의 능동적 참여에 귀 기울이고 방송환경은 물론 방송언어 및 상호호환성에 적극 반영하고 변화해 나아가고 있다. 물론, 기본적 원칙과 준수해야 할 원칙은 절대적으로 준수하지만 변화해야 할 사항에 방송 또한 적극 대응해 나간다. 기존 캐스터는 자기만의 독자적인 방송 프로그램의 언어적 형태를 갖추었다. 물론 현재 만큼의 경쟁적 다채널 시대는 아니지만 캐스터는 전문성을 기반으로 자기의 색色을 만들어 나갔다고 볼 수 있다.

(1) 음운의 변화

우리 한국어의 영어 외래어 표기 중, ə의 표기는 'ㅓ' 발음하게 되어 있다. 예를 들어 센터senter는 'ㅓ'가 적용되어 '센터'로 발음하게 되어 있다. 그러나 한국어 발음 및 외래어 발음 시 우리는 일상화된 편한 발음을 한다는 원리와 아직도 일제강점기 시 단어의 잔재를 그대로 사용하는 경우가 많다. 이는 일상화된 발음을 할 때 'ㅓ'보다는 'ㅏ'가 발음하기 편하다는 이유다. 즉, 단어가 쉬운 발음인 'ㅏ' 형태를 할 수 있는 경우 우리는 대체로 'ㅏ' 형태로 발음하게 된다. 덧붙여 말은 시대적·환경적 영향에 기인하게 되는데 아직도 일제강점기 잔재의 영향으로 발음하는 경우가 많다. 이는 토착화되면서 그대로 발음하는 경우가 대부분이다. 실례로 센터 → 센타, 드라이버driver → 도라이바, 지퍼zipper → 쟈꾸, 캘린더calendar → 카렌다, 커피숍coffee shop → 커피샵 등 무수히 많다. 스포츠 중계의 배구 영역에서도 1980년도 초·중반까지 이러한 형태가 다수를 차지했고, 1990년대 들면서 점차 'ㅓ' 형태로 변화된 형태를 분석할 수 있었다.

- **1980년대**

네, 지경희 타치아웃

➔ '타치아웃'은 'ㅏ' 형태로, 'ㅓ' 형태로 변환하면 '터치아웃'으로 표기된다.

(제8회 대통령배 백구의대제전 결승전 호남정유:현대, H캐스터, KBS)

네, 이래서 세트 스코아 2대 2가 된 가운데

➔ '세트 스코아'는 'ㅏ' 형태로, 'ㅓ'형태로 변환하면 '세트 스코어'로 표기된다.

(제1회 대통령배 백구의대제전 결승전 미도파:현대, C캐스터, KBS)

네, 랄리 계속되고 있습니다.

➔ '랄리'는 'ㅏ' 형태로, 'ㅓ' 형태로 변환하면 '랠리'로 표기된다.

(제3회 대통령배 백구의대제전 결승전 미도파:현대, C캐스터, KBS)

네, 미도파의 브라킹에 걸렸습니다.

➔ '브라킹'은 'ㅏ' 형태로, 'ㅓ' 형태로 변환하면 '블로킹'으로 표기된다.

(제1회 대통령배 백구의대제전 결승전 미도파:현대, C캐스터, KBS)

네, 미도파의 브라킹에 걸렸습니다.

➔ '브라킹'은 'ㅏ' 형태로, 'ㅓ' 형태로 변환하면 '블로킹'으로 표기된다.

(제2회 대통령배 백구의대제전 결승전 미도파:현대, C캐스터, KBS)

네, 현대의 넷타치 김정순 선수의 넷타치

➔ '넷타치'는 'ㅏ' 형태로, 'ㅓ' 형태로 변환하면 '넷터치'로 표기된다.

(제2회 대통령배 백구의대제전 결승전 미도파:현대, C캐스터, KBS)

네, 김정순 스파이크 아 나이스카바

➡ '나이스 카바'는 'ㅏ' 형태로, 'ㅓ' 형태로 변환하면 '나이스 커버'로 표기된다.

(제2회 대통령배 백구의대제전 결승전 미도파:현대, C캐스터, KBS)

저 브라카를 따라 들어오는 것을 보고 때려도 되는 것인데

➡ '브라카'는 'ㅏ' 형태로, 'ㅓ' 형태로 변환하면 '블로커'로 표기된다.

(제2회 대통령배 백구의대제전 결승전 미도파:현대, O해설위원, KBS)

■ 2020년대

네, 블로킹 득점, 8대 3이 됐습니다.

➡ '블로킹'은 'ㅓ' 형태로, 'ㅏ' 형태로 표기하지 않고 발음했다.

(2020/2021 프로배구 흥국생명:한국도로공사, L캐스터, KBS N)

밀어 넣기, 아~ 넷터치에요.

➡ '넷터치'는 'ㅓ' 형태로, 'ㅏ' 형태로 표기하지 않고 발음했다.

(2020/2021 프로배구 흥국생명:한국도로공사, L캐스터, KBS N)

네, 자신 있게 오버토스로 연결해 줘야 합니다.

➡ '오버토스'는 'ㅓ' 형태로, 'ㅏ' 형태로 표기하지 않고 발음했다.

(2020/2021 프로배구 흥국생명:한국도로공사, L해설위원, KBS N)

세트 스코어 1대 1 동률이구요.

➡ '세트스코어'는 'ㅓ' 형태로, 'ㅏ' 형태로 표기하지 않고 발음했다.

(2020/2021 프로배구 흥국생명:한국도로공사, L캐스터, KBS N)

박정아가 때렸습니다. 오~ 터치아웃이구요.

→ '터치아웃'은 'ㅓ' 형태로, 'ㅏ' 형태로 표기하지 않고 발음했다.

(2020/2021 프로배구 흥국생명:한국도로공사, L캐스터, KBS N)

(2) 한국어 → 영어

스포츠는 대개 외국에서 전래된 종목이 많은 상태에서 한국의 캐스터들은 이러한 스포츠 전문용어를 중계방송에 적용해 실황중계를 해 왔다. 그러나 스포츠가 우리 삶에 정착하면서 일부 캐스터들이 스포츠 용어의 한국어 순화 운동을 벌이며 변화가 있었으나 국제 규격에 따른 외래어의 장점과 한국어 순화의 장점이 모두 장점화되면서 캐스터에 따른 혼재 현상이 있었다. 하지만 현재 들어 대부분 영어 고유의 형태로 변화해 나아가는 추세다.

■ 1980년대

네, 호남정유. 장윤희 쳐내기 성공했습니다.

→ '쳐내기'는 외래어로 '터치아웃'으로 표기된다.

(제5회 대통령배 백구의대제전 결승전 호남정유:현대, C캐스터, KBS)

네, 현대 김인숙. 막혔습니다.

→ '막혔습니다'는 외래어로 '블로킹'으로 표기된다.

(제5회 대통령배 백구의대제전 결승전 호남정유:현대, C캐스터, KBS)

네, 그대로 지경희에게! 밀어 넣기.

→ '밀어 넣기'는 외래어로 '페인트'로 표기된다.

(제5회 대통령배 백구의대제전 결승전 호남정유:현대, C캐스터, KBS)

네, 잡아 올리는 현대. 지경희

➡ '잡아 올리는'은 외래어로 '디그'로 표기된다.

(제8회 대통령배 백구의대제전 결승전 호남정유:현대, H캐스터, KBS)

네, 지경희 가로막기 홍지연

➡ '가로막기'는 외래어로 '블로킹'으로 표기된다.

(제8회 대통령배 백구의대제전 결승전 호남정유:현대, H캐스터, KBS)

네, 다시 서브권 가져왔습니다.

➡ '다시 서브권 가져왔습니다'는 외래어로 '사이드 아웃'으로 표기된다.

(제1회 대통령배 백구의대제전 결승전 미도파:현대, C캐스터, KBS)

■ 2020년대

김다솔 선수가 캐치하고 있는 것 같습니다.

➡ '캐치'는 영어 표기로, 한국어로 '-잡다'로 표기된다.

(2020/2021 프로배구 흥국생명:한국도로공사, L해설위원, KBS N)

네, 어려운 플레이가 계속되고 있는 것 같습니다.

➡ '플레이'는 영어 표기로, 한국어로 '경기'로 표기된다.

(2020/2021 프로배구 흥국생명:한국도로공사, L해설위원, KBS N)

경기의 활약을 위해 양쪽 사이드의 역할이 중요합니다.

➡ '사이드'는 영어 표기로, 한국어로 '양쪽'으로 표기된다.

(2020/2021 프로배구 흥국생명:한국도로공사, L해설위원, KBS N)

김연경 백어택 살렸구요

➜ '백어택'은 영어 표기로, 한국어로 '후위공격'으로 표기된다.

(2020/2021 프로배구 흥국생명:한국도로공사, L캐스터, KBS N)

네, 흥국생명의 찬스 볼

➜ '찬스 볼'은 영어 표기로, 한국어로 '-(좋은) 기회'로 표기된다.

(2020/2021 프로배구 흥국생명:한국도로공사, L캐스터, KBS N)

(3) 한자어 → 국어, 영어

한국은 초창기 한자어를 주로 이용했는데, 당시 중국, 일본을 중심으로 한 한자어와 한국 고유의 한자어 등이 주를 이루었다. 하지만 현재에 이르러서는 미디어의 국제적 월경越境으로 스포츠 용어의 원어를 이용하는 추세가 되면서 한자어보다는 영어 및 외래어가 주를 이루면서 그 패턴의 변화를 이루고 있다.

■ 1980년대

네, 이은경. 아 그러나 역습을 당했어요.

➜ '역습'은 한자어 표현으로, 한국어 순화 후 '반대(편) (재)공격'으로 표기된다.

(제1회 대통령배 백구의대제전 결승전 미도파:현대, C캐스터, KBS)

네, 경기는 속행됩니다.

➜ '속행'은 한자어 표현으로, 한국어 순화 후 '빠르게 다시 이어짐'으로 표기된다.

(제2회 대통령배 백구의대제전 결승전 미도파:현대, C캐스터, KBS)

네, 승패의 갈음은 넷타치로 결정되거든요.

➜ '갈음'은 한자어 표현으로, 한국어 순화 후 '대신하다'로 표기된다.

(제2회 대통령배 백구의대제전 결승전 미도파:현대, O해설위원, KBS)

네, 양 팀 모두 피나는 혈전입니다.

➜ '혈전'은 한자어 표현으로, 한국어 순화 후 '최고(최선)를 다하는 경기'로 표기
   된다.

(제2회 대통령배 백구의대제전 결승전 미도파:현대, C캐스터, KBS)

네, 한 포인트 만회

➜ '만회'는 한자어 표현으로, 한국어 순화 후 '-(득점을) 따라잡다'로 표기된다.

(제2회 대통령배 백구의대제전 결승전 미도파:현대, C캐스터, KBS)

2) 스포츠 중계 언어의 특징 분석

스포츠 중계 언어는 '스포츠'라는 프로그램 장르의 한 영역에서 사용되고
있는 언어 유형을 분석화한 특유의 특징을 분석한 영역 연구이다. 이 특징
분석은 배구 중계로 한정했으며 내용적·화용적·표현적 분석으로 정리했
다. 표집된 언어 분석의 상세 설명은 내용 설명 외 각주로 표기했으며, 설명
은 대표성을 지닌 일부 사례에만 한정했다.

(1) 내용적
① 전쟁·전투적

스포츠는 프로그램 특성상 두 개 팀 이상이 펼치는 승리와 패배가 존재
하는 경기다. 따라서 스포츠언어는 주로 전쟁에서 쓰이는 언어, 혹은 장기,
바둑에서 쓰이는 언어로 표현되는 경우가 다수다. 승패를 기준으로 경기 중

간 상황을 전쟁에서 사용되는 언어형태인 상대적 언어로 표출한다. 방송에서는 중계방송 외에 선거방송에도 주로 응용되는 언어적 형태이다.

네, 뒤져 있는 미도파, 서브권 찾아갔습니다.

→ '뒤져 있는, 서브권 찾아가다'는 전쟁 중 열세에 있을 때를 표현하며 탈환의 의미를 '서브권을 찾다'로 표현하며 이는 전투적 표현법으로 표기된다.

(제2회 대통령배 백구의대제전 결승전 미도파:현대, C캐스터, KBS)

네, 김송은 페인트로 응수.

→ '응수하다'는 전쟁에서 상대방 공격을 동일한 혹은 그 이상의 패턴 형태의 앙갚음 현상으로 전투적 표현법으로 표기된다.

(제3회 대통령배 백구의대제전 결승전 미도파:현대, C캐스터, KBS)

네, 쫓아 올라가기 시작한 현대.

→ '쫓아 올라가다'는 전쟁에서 상대 진영을 진격하는 전투적 표현법으로 표기된다.

(제3회 대통령배 백구의대제전 결승전 미도파:현대, C캐스터, KBS)

네, 이제 쫓기고 있는 미도파입니다.

→ '쫓기고 있는'은 전쟁에서 열세에 있는 의미로 전투적 표현법으로 표기된다.

(제3회 대통령배 백구의대제전 결승전 미도파:현대, C캐스터, KBS)

네, 저런 모습이 많이 보여야 팀 전체의 사기가 올라갈 텐데 말이죠.

→ '팀 전체의 사기가 오르다'는 전쟁에서 전쟁의 승리에 대한 기운을 표현한 것으로 전투적 표현법으로 표기된다.

(제3회 대통령배 백구의대제전 결승전 미도파:현대, C캐스터, KBS)

네, 현대에게 기습을 당하고 말았어요.

→ '기습을 당하다'는 전쟁 용어로 준비가 되지 않은 상황에서 공격을 받았을 때를 표현한 것으로 전투적 표현법으로 표기된다.

(제3회 대통령배 백구의대제전 결승전 미도파:현대, C캐스터, KBS)

강하게는 가능할 수 있지마는 각을 못 만들면 잡히죠.

→ '잡히다'는 전쟁에서 자신의 지역을 잃었을 때 표현되는 의미로 전투적 표현법으로 표기된다.

(2020/2021 프로배구 IBK기업은행:현대건설, J캐스터, SBS SPORT)

자, 여기서 받은 볼이 상대의 진영으로 넘어왔기 때문에

→ '진영'은 한자어로 상대 군사의 요충지역을 뜻하는 의미로 전투적 표현법으로 표기된다.

(2020 프로배구 GS칼텍스:현대건설, J해설위원, SBS SPORT)

② 범주화

범주화란 어떠한 대상을 동일한 특질을 가진 구성체에 대해 하나의 틀을 형성해 집단화시키는 요소를 의미한다. 이러한 범주화는 관점·입장과 시각point of view을 형성하게 하는데, 이에 따라 대상에 대한 다른 시각의 구성체를 갖게 된다는 다른 점이 존재한다.

3세트에서 기사회생, 제4세트에서 다소의 안정감, 그리고 5세트에 와서 열기 이것이 합쳐져서

→ 이 표기는 각 세트에 따라 경기의 총평을 범주화한 것으로 해석되며 범주화 과정으로 표기된다.

(제2회 대통령배 백구의대제전 결승전 미도파:현대, O해설위원, KBS)

네, 단발의 결의가 거함 미도파를 침몰시켰습니다.

➜ 이 표기는 과거 우승팀의 저력을 거함으로 표기하며 범주화 과정으로 표기
된다.

(제2회 대통령배 백구의대제전 결승전 미도파:현대, C캐스터, KBS)

완전히 이은경 선수의 플레이에 그 뭡니까, 놀림을 당한다고 봐도 과언이 아닐
만큼 흔들리고 있거든요.

➜ 이 표기는 최고의 경기 모습을 보여 주는 한 선수에 대해 놀림을 당하고 있다
는 범주 내에 의미를 한정시켜 범주화 과정으로 표기된다.

(제2회 대통령배 백구의대제전 결승전 미도파:현대, C캐스터, KBS)

이제 정말 고비길이에요. 이제 정말 갈림길입니다.

➜ 이 표기는 스포츠의 변곡점이 되는 점수의 향방을 고비길과 갈림길로 한정해
서 범주화 과정으로 표기된다.

(제3회 대통령배 백구의대제전 결승전 미도파:현대, O해설위원, KBS)

홍국이 넘기 힘든 산임에는 틀림이 없지만, 빈틈은 있다.

➜ 이 표기는 강한 한 팀을 넘기 힘든 산으로 표기하며 범주화 과정으로 표기된다.

(2020 프로배구 GS칼텍스:홍국생명, L캐스터, SBS SPORT)

코트 위에서 차상현 감독이 화를 내지 않으면, 참고로 지에스칼텍스의 승률은
높았습니다.

➜ 이 표기는 어떠한 상황을 범주화해서 그 내부의 조건에 한정시킨 범주화 과
정으로 표기된다.

(2020 프로배구 GS칼텍스:홍국생명, L캐스터, SBS SPORT)

(2) 화용적

① 상호작용성

스포츠에서 상호작용성은 캐스터와 해설위원 간 대화에 의한 구성체를 의미한다. 이러한 응답식의 대화 형태는 시청자를 대신해서 상황에 대한 질문을 캐스터가 대신하고 전문 해설위원이 답을 하는 구조로 이루어지게 되며 대화체를 통해 만담 형식의 구성으로 흥미 있는 연출이 가능하다. 대화의 구성은 전문적인 기술을 요하는 경우 및 한 상황을 더욱 깊이 있게 묘사하거나 해석하는 데 주로 응용되고 있다.

아, 원칙적으로는 저게 규정 위반 아닙니까?

아, 그러니까 원칙은 일반적으로 가능하지만 주장을 통해서

➡ 이 대화는 캐스터와 해설자 간 상호작용성으로 표기된다.

(제2회 대통령배 백구의대제전 결승전 미도파:현대, C캐스터, O해설위원 KBS)

네, 마지막 세트의 8점은 코트를 바꾸게 되어 있죠?[5]

네. 바꾸게 되어 있습니다.

➡ 이 대화는 캐스터와 해설자 간 상호작용성으로 표기된다.

(제2회 대통령배 백구의대제전 결승전 미도파:현대, C캐스터, O해설위원 KBS)

---

5   '8점 코트 변경'은 배구 경기에서 파이널세트에서 이루어지는 전문 규칙으로 캐스터의 질문과 해설자의 답변으로 구성된다. 이러한 대화체 방식은 캐스터가 시청자를 대변해서 질의하고 이에 응답하는 형태로 중요한 기술 및 규칙에 대한 설명이 필요할 때 이용된다고 볼 수 있다.

저게 손을 안 댔으면 어떻게 됐을까요?

그냥 아웃이 됐겠죠.

➡ 이 대화는 캐스터와 해설자 간 상호작용성으로 표기된다.

(제2회 대통령배 백구의대제전 결승전 미도파:현대, C캐스터, O해설위원 KBS)

김수지 선수가 강서브를 구사하는 선수는 아닌데 구질이 상당히 변화가 있어요?

그렇습니다. 무회전 서브를 넣으면서 공의 변화를 만드는 거죠.

➡ 이 대화는 캐스터와 해설자 간 상호작용성으로 표기된다.

(2020/2021 프로배구 IBK기업은행:현대건설, J캐스터, L해설위원 SBS SPORT)

이상하게 선수들이 전위에서 공격 한 방을 시원하게 날리고 나면 그다음에 서브를 하면 꼭 아웃을 하더라구요.

공격을 날리니까 서브도 날리는 거죠.

➡ 이 대화는 캐스터와 해설자 간 상호작용성으로 표기된다.

(2020 프로배구 GS칼텍스:현대건설, J해설위원, L캐스터, SBS SPORT)

② **된소리**

된소리[6]는 구강 내의 강한 파열음으로 변화된 소리 형태로 일반 예삿소리 'ㄱ', 'ㄷ', 'ㅂ', 'ㅅ', 'ㅈ'이 된발음 'ㄲ', 'ㄸ', 'ㅃ', 'ㅆ', 'ㅉ'로 변형되어 발음하는 것을 뜻한다. 스포츠언어는 예삿소리로 발음하는 것을 원칙으로 하고 있으나 중계 특성상 박진감 넘치는 표현력이 필요하므로 된소리 형태의 표현이 주를 이루는 경우로 해석된다.

---

6   된소리는 경음화 현상으로 일반소리가 경음화되는 현상을 의미한다.

네, 자, 미도파 강스빠이끄[7]

➜ '강스빠이끄'는 된소리 표현법으로 표기된다.

(제2회 대통령배 백구의대제전 결승전 미도파:현대, C캐스터, KBS)

네, 자, 빼인뜨[8] 자, 그러나

➜ '빼인뜨'는 된소리 표현법으로 표기된다.

(제3회 대통령배 백구의대제전 결승전 미도파:현대, C캐스터, KBS)

맞춰서 때렸어~요, 브로끄 아~웃

➜ '브로끄 아~웃'은 된소리 표현법으로 표기된다.

(2020 프로배구 GS칼텍스:흥국생명, L캐스터, SBS SPORT)

다이렉떠~ 이제 두 점 차

➜ '다이렉떠~'는 된소리 표현법으로 표기된다.

(2020 프로배구 GS칼텍스:흥국생명, L캐스터, SBS SPORT)

(3) 표현적

① 수식구성어

수식구성어는 우리 한국어의 의성어onomatopoeia 및 의태어mimetic word를 설명하고 있다. 의성어는 사물의 소리를 중심으로 표현한 기법이며 의태어는 사물의 행동이나 형태를 말로 표현한 기법이다. 이러한 수식구성어는 보다 생동감 있고 사실을 현장감 있게 표현해야 하는 스포츠에서 더 빈도 있게 쓰이고 있음을 알 수 있다.

---

7 '강스빠이끄'의 경우 'ㅍ'→'ㅃ' 형태로 된소리화됨으로 풀이된다.

8 '빼인뜨'의 경우 'ㅍ'→'ㅃ'형태로, 'ㅌ'→'ㄸ' 형태로 된소리화됨으로 풀이된다.

왼쪽으로 툭 쳐서 페인트로 넘깁니다.

➜ '툭 쳐서'는 수식구성의 표현법으로 표기된다.

(제2회 대통령배 백구의대제전 결승전 미도파:현대, C캐스터, KBS)

현대 왼쪽에 윤옥남 스빠이끄, 네, 건져 올렸습니다.[9]

➜ '건져 올리다'는 수식구성의 표현법으로 표기된다.

(제2회 대통령배 백구의대제전 결승전 미도파:현대, C캐스터, KBS)

네 결국 한 점 싸움이 엎치락뒤치락하고 있네요.

➜ '엎치락뒤치락'은 수식구성의 표현법으로 표기된다.

(제2회 대통령배 백구의대제전 결승전 미도파:현대, O해설위원, KBS)

네, 손에 땀을 쥐게 하는 경기.

➜ '손에 땀을 쥐다'는 수식구성의 표현법으로 표기된다.

(제2회 대통령배 백구의대제전 결승전 미도파:현대, C캐스터, KBS)

네, 현대 선수들 엉엉 울고[10] 있습니다.

➜ '엉엉 울고'는 수식구성의 표현법으로 표기된다.

(제2회 대통령배 백구의대제전 결승전 미도파:현대, C캐스터, KBS)

---

9   '건져 올리다'는 배구 경기에서 강한 스파이크를 받아 올리는 디그를 시행했을 때 소생시키는 볼을 낚시에서 어류를 건져 올리는 의미로 표현한 의태어 표현이라고 풀이할 수 있다.

10   '엉엉 울다'는 당시 우승을 차지한 선수들의 울음 소리를 표현한 의성어로 풀이된다.

네, 양효진 선수가 그 능력을 갖고 있기 때문에 자신 있게 쏴 주면 됩니다.

➜ '쏴 주다'는 수식구성의 표현법으로 표기된다.

(2020/2021 프로배구 IBK기업은행:현대건설, L해설위원, SBS SPORT)

연타로 때립니다. 뚫어 냈습니다.

➜ '뚫어 내다'는 수식구성의 표현법으로 표기된다.

(2020/2021 프로배구 IBK기업은행:현대건설, J캐스터, SBS SPORT)

네, 싱글토스지만, 아주 많이 붙긴 했지만, 아주 깨끗하게 올라갔어요.

➜ '깨끗하게'는 수식구성의 표현법으로 표기된다.

(2020/2021 프로배구 IBK기업은행:현대건설, L해설위원, SBS SPORT)

② 비유적

비유적 표현이란 원관념과 보조관념을 응용한 국어적 표현을 의미한다. 즉, 보조관념을 원관념에 대응해 표현하는 방식으로 양자와의 관계는 상징 sign을 갖게 된다. 양자는 추론 가능한 언어와의 조합이며, 이는 원관념을 확장 가능한 형태로 발전시키는 기능을 한다.

네, 김정순 번개 같습니다.

➜ '번개 같다'는 비유적 표현법으로 표기된다.

(제3회 대통령배 백구의대제전 결승전 미도파:현대, C캐스터, KBS)

네, 박복례 살아 있는 용수철 같아요.

➜ '용수철 같다'는 비유적 표현법으로 표기된다.

(제3회 대통령배 백구의대제전 결승전 미도파:현대, C캐스터, KBS)

미도파 서브권 찾아 왔습니다. 귀염둥이 박복례.

➡ '귀염둥이'는 비유적 표현법으로 표기된다.

(제3회 대통령배 백구의대제전 결승전 미도파:현대, C캐스터, KBS)

저 선수로 하여금 도화선을 일으키는[11] 모습을 어제부터 계속 보여 주고 있거든요.

➡ '도화선'은 비유적 표현법으로 표기된다.

(제3회 대통령배 백구의대제전 결승전 미도파:현대, C캐스터, KBS)

패한 팀은 다른 경기를 지켜본 다음에 짐을 쌀지 남아서 경기를 지켜봐야 할지[12] 결정해야 합니다.

➡ '짐을 쌀지'는 비유적 표현법으로 표기된다.

(2020 프로배구 GS칼텍스:현대건설, L캐스터, SBS SPORT)

말 그대로 지에스 칼, 칼 이동 공격이 나왔어요.

➡ '칼, - 칼'은 비유적 표현법으로 표기된다.

(2020 프로배구 GS칼텍스:현대건설, L캐스터, SBS SPORT)

③ 과장적

스포츠는 어려운 시대, 국민에게 희망을 주고 어려운 현실 속에서 피로의 자극이 되는 희망체로서의 언어였다. 매스미디어의 4대 기능 중 하나인

---

11 '도화선을 일으키다'는 한 선수의 활약이 팀 재건에 크게 기여했을 경우 이를 재건의 시발점으로 파악해 표현한 것으로 풀이된다. 원관념인 '선수'가 보조관념인 '도화선'으로 표현되었다.

12 '짐을 싸다'라는 표현은 다른 경기 결과에 따라 본 팀이 결선 탈락하게 될 때 예선에 오르지 못할 때 쓸쓸히 퇴장하는 상황을 원관념인 '탈락'과 '짐'이라는 보조관념을 대입해 풀이한 것으로 해석된다.

오락적 기능을 대표하는 장르였던 셈이다. 따라서 과학적인 논리보다는 오락과 감동 그리고 자신의 팀을 응원하는 촉매제로서의 기능을 담당했다고 보인다. 그런 만큼 스포츠언어는 다소 자극적이고 나아가 과장된 형태로 이어지게 되었으며, 이러한 언어적 자극은 수용자에게 흥분적 기제, 오락적 기제를 자극하게 되었고 캐스터 또한 더욱 흥미 있는 표현력으로 이에 부응하게 되었다. 이에 대한 대표적 사례는 다음과 같다.

네, 감독들 피가 마르는 상황입니다.

➜ 이 표기는 과장된 표기로 정리된다.

(제8회 대통령배 백구의대제전 결승전 호남정유:현대, H캐스터, KBS)

네, 우승은 죽어도 안 되는 경우가 많기 때문에.13

➜ 이 표기는 과장된 표기로 정리된다.

(제8회 대통령배 백구의대제전 결승전 호남정유:현대, O해설위원, KBS)

아 이번에 넷타치, 뼈아픈 한경애의 넷타치

➜ '뼈아픈'은 과장된 표기로 정리된다.

(제2회 대통령배 백구의대제전 결승전 미도파:현대, C캐스터, KBS)

---

13 '우승은 죽어도 안 되는 경우가 많다'라는 표현은 당시 백중한 팀이 많은 팀 간 경기에서 아무리 혼신을 다해도 우승을 하기가 어렵다는 표현을 과장해서 표현한 것임을 알 수 있다. 단언적 표현을 통해 우승의 험난함을 한 문구로 표현했음으로 풀이된다.

네 2만 여 관중, 아주 코드에 마음이 아주 빠졌습니다.[14]

➜ '마음이 빠지다'는 과장된 표기로 정리된다.

(제2회 대통령배 백구의대제전 결승전 미도파:현대, C캐스터, KBS)

네 이곳 잠실 실내체육관에 모인 1만 여 관중, 흥분의 도가니.

➜ '흥분의 도가니'는 과장된 표기로 정리된다.

(제2회 대통령배 백구의대제전 결승전 미도파:현대, C캐스터, KBS)

네, 이곳 체육관 완전히 바늘 들어설 틈이 없습니다.

➜ '바늘 들어설 틈'은 과장된 표기로 정리된다.

(제2회 대통령배 백구의대제전 결승전 미도파:현대, C캐스터, KBS)

아, 지금은 뭐 베일 것처럼 날카로운데요.

➜ '베일 것처럼 날카롭다'는 과장된 표기로 정리된다.

(2020 프로배구 GS칼텍스:현대건설, L캐스터, SBS SPORT)

정지윤 선수는 높은 공격을 상당히 잘 때립니다. 이번에는 B 속공이 들어왔구요. 흔히 말하는 손톱공격이죠.[15]

➜ '손톱공격'은 과장된 표기로 정리된다.

(2020 프로배구 GS칼텍스:현대건설, J해설위원, SBS SPORT)

---

14 '마음이 아주 빠졌다'라는 표현은 당시 실내 체육관에 계단까지 팬들이 운집한 상황에서 백중한 경기를 펼치고 있었기에 응원은 물론 숨 막히는 접전이 당시 캐스터에 의해 관중 또한 몰입하게 되는 상황을 과장된 표현으로 정리했음을 알 수 있다.

15 '손톱공격'은 속공 공격을 과장해서 표현한 것으로 풀이된다. 속공이란 세터와 공격수가 1~2m 사이의 짧은 거리에서 호흡을 맞춰 진행하는 공격으로 세터와 공격수가 호흡이 가장 잘 맞아 그 틈새가 적을 때 그 틈새를 과장해서 설명한 것으로 풀이된다.

3. 결론

우리는 언어가 미디어에서 재현再現되는 형태를 분석하기 위해 보도, 교양, 오락 등 다양한 미디어 장르에 주목해 왔다. 특이할 사항은 미디어라는 특이점을 배제하고라도 일상언어는 미디어를 통해 변화되는 양상을 분석할 수 있었다. 이 장에서는 그동안 분석되지 않았던 스포츠언어로 미디어와 일상언어 간 분석틀을 연구해 보고자 했으며 미디어와 일상언어, 이어 스포츠의 특이성 또한 변인이 됨을 이 장의 축으로 했다. 또한 '시대'라고 하는 변인을 더해 일상언어의 시대성을 교차해 보고자 했다. 먼저, 시대적인 변인을 보고자 연구한 영역에서는 시대에 따른 유의미한 변화를 인지할 수 있었다. 한자어 사용에서 한국어, 외래어, 영어 형태로의 변화, 외래어 표기의 변화 등이 대표적이었다. 스포츠언어의 특징 분석에서는 큰 틀에서 내용, 화용, 표현적 특성을 연구했는데, 첫째, 내용적 분석에서는 전투적, 바둑의 전술적 표현을 통한 승패의 대화체가 분석되었고, 상징적인 집단화 구성을 통한 범주화 과정의 표현을 분석해 볼 수 있었다. 둘째, 화용적 분석에서는 양자 간 대화체로 구성되는 상호작용성, 그리고 현장감 표현의 증대를 위한 된소리의 증대가 분석되었다. 셋째, 표현적 구성에서는 현장감 있는 표현의 의성어 및 의태어를 통한 수식구성어의 기법과 상대적 대상군을 통한 비교를 위한 비유적 표현, 그리고 과장적 메시지 전달의 분석을 알 수 있었다. 추후 시대적 방송언어의 장기적 연구를 통해 한국의 언어가 스포츠언어에서 구현되는 표현과 변화가 미디어를 통해 어떻게 재현되는지 논의하고자 한다.

Abstract

Analysis of the Language Used in Sports Broadcasting

Shin, Dong-Il

Language mirrors the times. In contemporary society, media serves primarily as the mold that shapes the words, and has important implications as to how the words would be projected by such specificity of media and reflect the times. Our language taps into the media for expression of various communications in reality. Among others, this study was intended to examine the language based on two-pronged approach in order to analyze how the language would be reproduced within the bounds of two variables, i.e., the media and sports, although the sports language would correspond to the language for daily lives, and how the language would undergo the changes along the changes in the times. The natural features of Korean language then would be understood by examining the words used to describe the situations of the site without manuscripts and analyzing the conversational linguistic styles, and such an approach would provide important clues for grasping the characteristics of sports language through the mediator variable called 'sports'. Thus, we intended to investigate the characteristics of sports broadcasting language based on analysis focusing on the contents, pragmatics, and expressions according to linguistic classification system. The results of analysis suggested that the sports language was changing along with the changes in the Korean linguistic patterns according to the times, and revealed the linguistic characteristics unique to the sports language. Such study would provide important basis for investigating the specificity of sports language which might vary depending on the media and the variables of the times.

Chapter 11

미디어의 발전이 이끄는 프로스포츠 산업의 변화

편현웅

1. 서론

미디어의 발전은 스포츠를 변화시켜 왔다. 19세기 오락적인 목적의 참여 스포츠는 매스미디어 기술의 발전에 힘입어 20세기에 많은 팬들의 관심을 한곳으로 모으는 프로스포츠로 변화했다(Real, 1998). 1936년 베를린올림픽 당시에는 올림픽 라이브 중계를 보기 위해 누적 15만 여 명이 베를린 시내의 공공장소를 방문해서 시청했는데, 2018년 월드컵은 전 세계 36억 명의 시청자들이 각자의 집 등에서 편안하게 시청할 수 있게 되었다(FIFA, 2018; Lindholm, 2019). 이에 따라 프로스포츠 산업은 직접 관람객을 통한 수익에 의존하던 시절에서 중계권료를 통해 더 큰 수익을 만들어 내는 구조로의 변화를 맞이했다(Noll, 2007).

21세기를 맞이해 인터넷과 모바일 기술의 발전에 힘입은 4차 산업혁명은 미디어 기술에도 큰 변화를 만들어 냈다. 이러한 미디어의 변화 중에서 미디어 중계의 글로벌화는 프로스포츠 산업에 큰 영향을 주고 있다. 예를 들어 1980년 모스크바올림픽은 111개국에 중계되었지만, 최근 올림픽들은 전 세계에 라이브 중계가 되고 있고(IOC, 2019), 영국 프리미어리그EPL는 1992년 창설할 때에는 전 세계에 경기 중계를 하기 위해 리그에서 돈을 지불해야만 했지만, 현재는 세계 중계권료로 연간 약 10억 달러가 넘는 수익을 거두고 있다(*The Guardian*, 2019).

미디어 기술의 발전 중 주목할 만한 또 다른 점은 인터넷과 모바일 기술 발달로 인한 시청 매체의 다양화다. 스포츠 시청자들은 전통적인 TV를 통한 시청에서 점점 온라인 플랫폼을 통해 시간과 공간에 제약받지 않고 시청하는 방식으로 변화하고 있다. 예를 들어, 올림픽의 온라인 플랫폼을 통한 시청자 수는 2008년 베이징올림픽 당시 4억 명에서 2012년 런던올림픽 당시 12억 명으로 괄목할 만한 성장을 이루어 냈다(IOC, 2019). 이러한 플랫폼의 발달에 따른 시청자들의 다양한 접근성은 프로스포츠 산업의 수익 구조에도 큰 영향을 미칠 것으로 보인다.

미디어 기술의 발전에 발맞춰 급성장 중인 e스포츠 산업도 주목해서 볼 필요가 있다. e스포츠 산업은 인터넷과 모바일 기술이 발전함에 따라 최근 빠른 속도로 성장하고 있다(박성주, 2020). e스포츠 시청자 수는 2019년 4억 5000명 정도의 규모를 기록했고, 2022년에는 6억 4000명으로 성장할 것으로 예측되고 있다(Newzoo, 2019; Statista, 2019). 또한 온라인 미디어 플랫폼 발달에 따른 1인 미디어 콘텐츠 증가는 e스포츠 발전을 가속화하고 있다. 국내 미디어 플랫폼 기업인 아프리카TV의 경우 월간 시청자가 800만 명에 육박하고 있는데(이정학·김재혁·이은정, 2020), 이 중 e스포츠와 관련된 방송이 전체의 약 64% 이상을 차지하고 있다(김성주, 2019).

이에 이 장에서는 미디어 기술의 발전과 e스포츠의 발전이 프로스포츠 산업에 어떠한 영향을 주고 있는지 살펴보고자 한다. 먼저 스포츠 중계의 글로벌화와 온라인 플랫폼의 등장으로 인한 매체의 다양화가 프로스포츠 산업의 수익 구조에 어떤 변화를 가져왔는지를 살펴볼 것이며, 이러한 수익 구조의 변화가 프로스포츠 리그를 어떻게 변화시키고 있는지를 분석할 것이다. 또한 e스포츠 리그 산업이 새로운 미디어 기술과 결합해 성장해 온 과정을 분석해 보고 전통적인 프로스포츠 산업들과 어떤 관계를 맺고 있는지 살펴본 후 e스포츠 산업의 미래를 예측해 볼 것이다.

2. 프로스포츠 산업의 수익 구조의 변화

프로스포츠 산업은 매스미디어 기술의 발전과 함께 발전해 왔다(Real, 1998). 특히 미국 스포츠는 미디어와 중계방송의 영향력이 매우 큰 것으로 알려져 있고, 그 예로 미국 프로농구NBA는 TV 중계방송국의 수익을 위해서 광고를 내보내기 위한 타임아웃제도를 가지고 있다(National Basketball Association, 2021). 반면에 유럽 축구시장은 2000년대 이전까지는 TV 중계의 영향력이 그리 크지 않았다. 〈그림 11-1〉은 영국 프로축구 EPL과 미국의 메이저리그MLB, NBA, 미식축구리그NFL의 연간 중계권료 수익을 1990년대부터 2010년대까지 보여 주고 있다. EPL의 연평균 중계권 수익은 1990년대 초반에는 약 6000만 달러, 후반에는 약 2.6억 달러로 미국 스포츠 리그들의 중계권 수익에 비해 상대적으로 낮은 금액으로 나타났다. 이 시기는 전 세계 중계가 지금처럼 활성화되기 이전의 시대이므로 EPL과 미국 스포츠 리그와의 중계권료 차이는 양쪽의 내수 시장의 크기의 차이에서 비롯되었을 가능성이 높다(Szymanski, 2003). 또한 이러한 수익의 차이는 프로스포츠 리그 단위의 산업의 규모 차이를 유래하는데, 일례로 2001년 MLB 구단 텍사스 레인저스Texas Rangers와 FA 계약을 맺은 박찬호 선수의 연봉은 그 당시 유럽 축구계의 톱클래스 선수들인 데이비드 베컴David Beckham이나 EPL에서 활약한 박지성 선수의 두 배 이상이 되었다고 한다(주진우, 2006). 즉, 최고

<그림 11-1> 리그별 연평균 중계권료 수익(US 100만 달러)

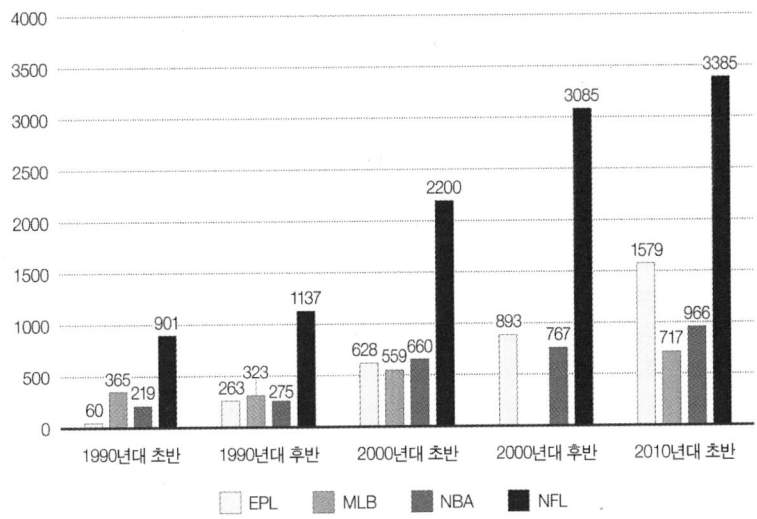

자료: Rodney Fort's Sports Business Data (*Forbes*의 원 자료 재가공). https://sites.google.com/site/rodsweb pages/codes

<그림 11-2> 유럽 축구클럽 방송 중계권료 수익(100만 유로)

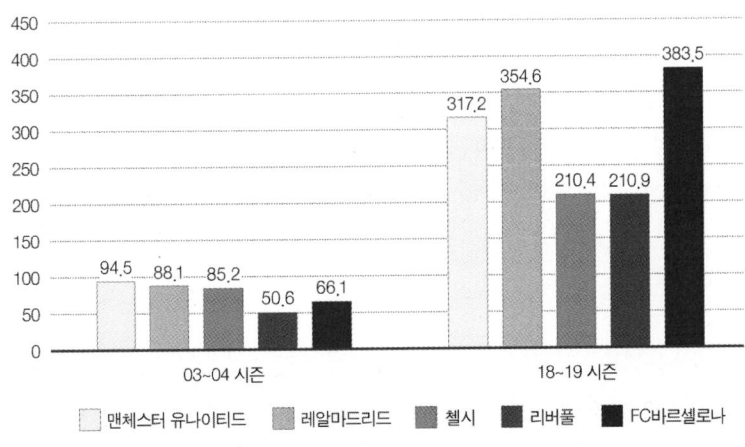

자료: Deloitte(2005; 2020).

수준의 기량을 가진 선수들의 비교라도 종목에 따른 리그 산업 규모의 차이로 인해 연봉 차이가 아주 크게 나타났던 것이다.

이러한 중계권료 수익의 차이는 2000년대 이후 유럽 축구시장 중계권료의 급격한 성장으로 인해 좁혀지기 시작하는데, 이는 중계 기술과 인터넷 기술의 발달로 인한 전 세계 중계가 수월해지고 해외 시청자들이 최상위 수준의 경기를 손쉽게 볼 수 있게 되었기 때문이다(Solberg and Turner, 2010). 특히 2010년대에 이르러서는 EPL의 중계권료가 약 15억 달러로 MLB(7억 달러)와 NBA(9억 달러)의 중계권료보다 월등히 높아지게 된다. 이로 인해 세계 스포츠 스타 연봉 순위 상위권에 미국 스포츠 선수들 외에도 리오넬 메시Lionel Messi나 크리스티아누 호날두Cristiano Ronaldo 등 유럽에서 활동 중인 축구선수들이 위치할 수 있을 정도로 유럽 축구 산업 규모의 급격한 성장이 있었다(Knight, 2021).

유럽 축구클럽들 중 맨체스터 유나이티드Manchester United, 레알 마드리드Real Madrid, 첼시chelsea, 리버풀Liverpool, FC바르셀로나FC Barcelona 등 상위 인기 클럽들의 중계권료 수익의 성장은 〈그림 11-2〉에서 확인해 볼 수 있다. 2003/2004 시즌 유럽 축구클럽들의 평균 중계권료 수익은 7700만 유로에 불과했는데, 2018/2019 시즌에는 2억 7000만 유로에 육박하는 등 약 15년 만에 3.5배가 넘는 급격한 성장세를 나타냈다(Deloitte, 2005; 2020). 이러한 수익 구조의 재편은 유럽 축구클럽이 해외 시장을 성공적으로 공략한 결과라고 해석할 수 있는데, 실제로 2019/2020 EPL의 해외 중계권료 수익은 전체 중계권료 수익의 약 50%에 육박한 것으로 보고되었다(Veronese, 2021). 즉, 미디어의 글로벌화로 인해 유럽 축구클럽들의 수익은 지역 연고나 내수 시장의 팬들에게서 발생하는 금액보다 세계 시장의 팬들에게서 발생하는 금액이 더 커지는 쪽으로 변화한 것이다.

한편, 중계권료 수익에 큰 영향을 끼친 또 다른 기술적 변화는 디지털 기술의 발전으로 인한 중계 매체의 다양화다. 미국에서는 2005년 아이튠즈

〈표 11-1〉 NFL 중계권료 비교(US 100만 달러)

	AFC 패키지	NFC 패키지	Sunday Night	Monday Night	Thursday Night	Sunday Ticket	총합
2000년대	CBS (622,5)	Fox (712,5)	NBC (650)	ESPN (1,100)	NFL Network	DirecTV (700~1,000)	3,085
2010년대	CBS (1,000)	Fox (1,100)	NBC (950)	ESPN (1,900)	CBS (275) Twitter (10) Amazon Prime Video (50)	DirecTV (1,500)	5,000 이상

자료: 위키피디아.

iTunes의 동영상 서비스 시작과 유튜브 서비스 시작, 2006년 아마존 비디오 서비스 개국, 2007년 넷플릭스의 스트리밍 서비스 시작을 기점으로 전통적인 TV서비스를 제공하던 디즈니, 컴캐스트, CBS 등의 방송 서비스 업체들도 디지털 미디어를 이용한 스트리밍 서비스를 제공하기 시작했고, 이는 시청자들의 시청 방식의 큰 변화를 가져왔다(Snyman and Gilliard, 2019). 실제로 2013년에 조사된 바에 의하면 전통적인 케이블 방식의 TV 서비스는 미국 시장의 50%밖에 점유하지 못할 정도로 점유율이 떨어져 디지털 미디어 서비스에 잠식당하고 있는 것을 보인다(Gattuso, 2015). 이러한 디지털 기술 발전으로 인한 시청 방식의 다양화는 소비자들과 스포츠 팬들에게 더 큰 유연성과 손쉬운 접근성을 제공하게 되었고, 방송국 입장에서는 더 많은 시청자들을 확보할 수 있게 되었으며, 이에 따라 광고 수익을 높일 수 있었고, 결국 중계권료의 가파른 상승을 만들어 냈다(Hutchins, 2014). 〈표 11-1〉은 NFL 중계권료의 변화를 2000년대와 2010년대로 비교하는데, 모든 중계권 패키지의 가격이 2010년대에는 2000년대에 비해 1.5배에서 1.8배까지 상승한 것을 확인할 수 있다. 이는 모든 방송국과 케이블 TV 제공 업체가 2010년대에 온라인 스트리밍 서비스를 제공함으로써 다양한 매체를 통해 시청하는 더 많은 시청자를 확보하고 더 많은 광고 수익을 거둘 수 있음에서 비롯된다고 해석할 수 있다.

또한 2010년대에는 적은 숫자의 경기 수 판매로 인해 상대적으로 작은 규모의 계약이지만 전통적인 TV 방송 중계업체가 아닌 트위터나 아마존 프라임Amazon Prime도 NFL 중계권을 구입해 경기 중계를 시도했다. 이러한 시도의 결과 아마존 프라임은 2022년부터 목요일 경기 중계권을 10억 달러에 구입해 서비스를 시도할 예정이다. 이러한 흐름은 유럽 축구 중계권료 시장에서도 살펴볼 수 있는데, 영국 EPL은 2021/2022 시즌 아마존 프라임, 다즌 DAZN, 피콕Peacock TV 등 다양한 OTTOver The Top 서비스 업체와 중계권료 계약을 체결해 디지털 미디어를 통한 경기 중계가 이루어지고 있다.

3. 프로스포츠 리그의 탈지역화와 탈국가화

프로스포츠 방송 중계의 세계화와 다양화의 흐름 속에서 2021년 유럽 축구계에서는 흥미로운 시도가 있었다. 유러피언 슈퍼리그ESL: European Super League 창설이 그것인데, 이는 기존의 국가 단위 리그 구성에서 벗어나 최상위권 팀들이 모여서 슈퍼리그라고 하는 최상위 리그를 구성해서 운영하자는 계획이었다. 이는 미국의 대규모 자본 투입과 코로나바이러스감염증-19(코로나-19)로 인해 재정 위기를 겪고 있는 구단들의 이해관계가 잘 맞아서 이루어진 시도였다. 이 시도의 결말은 축구계와 연고 팬들의 격렬한 반발, 또한 법적 문제 해결 실패 등으로 인해 72시간의 해프닝으로 마무리되고 무산되었으나(Chanda and Saha, 2021), 이러한 시도의 원인을 프로스포츠 산업의 수익 구조의 변화로부터 해석해 볼 수 있다. ESL의 창설 시도는 지역 팬들의 큰 반대와 해외 팬들의 큰 찬성을 받았는데, 미디어 기술 발달로 인해 중계권료 수익이 클럽의 주 수입원이 되고, 또한 그중에서도 해외, 특히 아시아나 미국으로의 중계권료 수익의 비중이 커지면서 클럽들이 연고 지역 팬들보다 해외 팬들이 원하는 리그를 창설함으로써 수익을 최대화하려고 했던 시도로 요약해 볼 수 있다(Veronese, 2021). 실제로 해외 시청자를 위해 지역 연고 팬들을 희생시키는 결정은 이미 찾아볼 수 있는데, 일례로 영국 EPL은 많은 수의 토요일 경기를 아시아 중계 시간에 맞춰 지역 연고 팬들이 경기장을 방문하기에 적절하지 않은 정오에 시작하고 있다(Sale, 2017).

이러한 흐름 속에서 미국 스포츠 리그들도 세계화를 꿈꾸고 있다(Nauright, 2016). 특히 NFL과 NBA는 유럽과 아시아 시장 공략에 힘쓰고 있는데, NFL은 최근 영국의 토트넘 홋스퍼Tottenham Hotspur 축구클럽과 10년간 매 시즌 적어도 두 경기 이상의 NFL 경기를 토트넘 경기장에서 치루는 계약을 체결했고, 장기적으로는 런던 연고의 팀을 창단하는 것을 목표로 하고 있으며, NBA도 주기적으로 정규시즌 경기 중 일부를 아시아와 유럽에서 개최하는 노력을 하고 있다(Swanson, 2021). 이는 유럽 축구시장의 세계화 성공 사례를 바탕으로 미국 프로스포츠 리그들도 해외 시장에서 더 큰 수익을 창출하기 위한 노력을 기울이고 있는 것으로 해석할 수 있다.

결국, 모든 종목의 스포츠 리그들은 전 세계에서 더 많은 수익을 창출하는 것을 목표로 하고 있고, 이에 따라 기존의 국가 단위 리그에서 벗어나 해외에서 경기를 하고, 해외에 새로운 프랜차이즈를 만들 계획을 세우고 있으며, 이러한 노력들은 범국가적인 리그를 창설하려는 시도로 이어질 것으로 보인다. 지역 연고에서 발생하는 수익보다 해외에서 발생하는 수익이 커지는 추세가 계속된다면 장기적으로는 프로스포츠가 지역 연고의 전통을 깨뜨리고 전 세계 시장을 아우를 방법을 모색하는 쪽으로 발전할 가능성도 있을 것이다.

4. 국내 스포츠 리그의 변화

한편, 국내 스포츠 리그의 중계권료 수익도 해를 거듭할수록 커져가고 있다. 이는 미디어 기술의 발달에 따른 매체의 다양화 영향을 많이 받은 것으로 보이는데, 특히 IPTV에 스포츠 채널이 많이 생겨나면서 전 경기 중계가 가능해졌고, 인터넷 모바일 등을 활용한 유·무선 중계 기술이 활성화되면서 다양한 매체를 통해 시청자들을 더 많이 확보할 수 있게 된 영향으로 보인다. 실제로 〈표 11-2〉에 나타난 한국프로야구KBO 중계권료 수익을 보면 2017년에 이미 92억 원에 이르렀던 중계권료가 2021년에는 무려 두 배 이상 성장한 220억을 나타내고 있고, 공중파와 IPTV 중계권료도 2017년 442억 원에서 20% 이상 성장한 540억 원을 기록했다(≪일간스포츠≫, 2018; 정명의, 2020). 총 계약 규모를 통해 추정한 구단별 분배액은 2017년 53억 원, 2021년 78억 원으로 2018년 구단들의 평균 관중 수익인 92.3억보다는 아직 적지만 계약을 갱신할 때마다 급격하게 성장하고 있으며, 특히 재정적 자립이 어려운 국내 스포츠 리그의 현실에서 자립 가능한 규모의 수익을 창출할 수 있는 새로운 대안으로 떠오르고 있다. 다만 이러한 추세는 KBO 야구 리그에서만 볼 수 있고, 축구와 농구, 배구 등의 국내 리그는 연간 총 중

〈표 11-2〉 KBO 리그 중계권료 계약 추이

	2017년	2021년
공중파 중계권료	327억 원	540억 원
IPTV 중계권료	115억 원	
유·무선 중계권료	92억 원	220억 원
기타	3억 원	-
총 금액	538억 원	780억 원
구단별 분배액	53억 원	78억 원
구단 평균 관중 수익(2018년)	92.3억 원	

자료: ≪일간스포츠≫(2018); 정명의(2020); KBO.

계권료가 60억 원을 넘는 경우가 없을 정도로 야구와의 격차가 큰 편이다.

하지만 미디어 기술의 발전의 또 다른 축인 세계화의 관점에서 아직 국내 스포츠 리그는 해외 시장에 중계권을 판매할 만큼의 경쟁력을 가지지 못하고 있다. 한국 프로축구리그인 K-리그의 경우 최근 해외 중계권과 영상 사용권 등을 약 30억 원에 판매한 것으로 알려져 있지만 그 규모가 아직 국내 중계권료(2019년 기준 연 60억 원)에 비해 작았다(김용석, 2020). KBO 리그도 2020년 코로나-19 사태로 인해 MLB가 개막하지 못한 상황에서 미국 ESPN에 중계권을 판매했으나 계약 규모는 크지 않은 것으로 알려졌고, 계속된 해외 중계권 판매가 이어질 것이라고 예측하기 힘든 상황이다(김용석, 2020). 현재 세계 스포츠 시장에 세계화, 글로벌화를 통해 수익을 창출하는 트렌드를 감안하면 국내 스포츠 리그들도 세계화를 위한 준비가 필요할 것이다. 이를 위해서는 상대적으로 내수 시장의 스포츠 리그 규모나 수준이 작은 아시아 나라들의 외국인 선수를 적극 영입해서 그들의 플레이를 보길 원하는 나라들에 중계권을 판매하는 등의 전략이 필요할 것이고, 이를 위해 외국인 선수 제도를 수정하거나 아시아 쿼터 제도를 도입 및 확장하는 등의 리그 차원의 규칙 개선이 필요할 것으로 예상된다. 또한 동남아 국가에 팬을 만들기 위한 원정경기나 비시즌 해당 국가 팀과의 친선전 등을 기획하는 등 유럽 축구리그와 미국 스포츠 리그가 해외 시장을 개척하기 위해 해 왔던 과정들을 답습해 보는 것이 도움이 될 수 있을 것이다.

5. e스포츠 산업의 성장

미디어 기술의 발전과 함께 급격하게 성장한 스포츠 산업 중 가장 주목받는 산업은 바로 e스포츠 산업일 것이다. e스포츠는 과거 1990년대 후반 스타크래프트StarCraft 게임의 흥행에 힘입어 한국에서 처음으로 선수들이 등

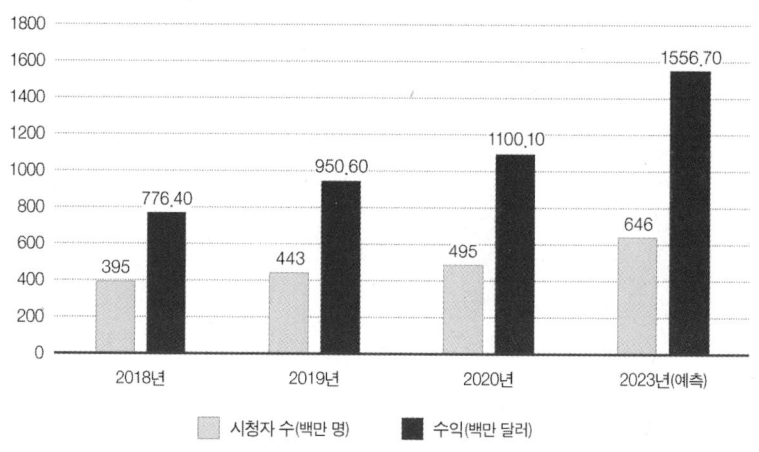

〈그림 11-3〉 e스포츠 연간 시청자 수와 수익

자료: Newzoo(2020).

장하고 리그가 설립되었고, 이와 함께 e스포츠 팀과 전용 방송국이 창설되고 경기장이 건립되는 등의 발전과정을 거쳤다. 현재 e스포츠는 리그오브레전드League of Legend 게임의 흥행과 함께 한국뿐 아니라 전 세계에서 전통적인 스포츠 산업과 비교할 수 있을 만큼 성장했다. 〈그림 11-3〉은 e스포츠의 연간 시청자 수와 수익을 나타내는데, 실제로 2020년 전 세계의 e스포츠 시청자들은 전년 대비 12% 성장한 약 5억 명을 기록하는 등 이미 미국 MLB보다 높은 시청자 수를 나타내고 있으며, 2023년까지는 6.5억 명에 도달할 것으로 예측하고 있다. 또한 e스포츠 산업의 수익은 2020년 약 11억 달러가 넘는 총수익을 기록했는데, 이는 2019년 약 9억 5000달러에 비해 15%가 넘게 성장한 것으로 2023년까지 16억 달러에 육박할 정도로 지속적으로 성장할 것으로 예측되고 있다(Newzoo, 2020).

e스포츠의 종주국이라고 할 수 있는 한국에서도 e스포츠 시장은 뚜렷한 성장세를 보이고 있다. 한국콘텐츠진흥원(2020)에 따르면 국내 e스포츠 시장의 규모는 2015년 약 722억 원에서 2019년 1400억 원에 가까울 만큼 커

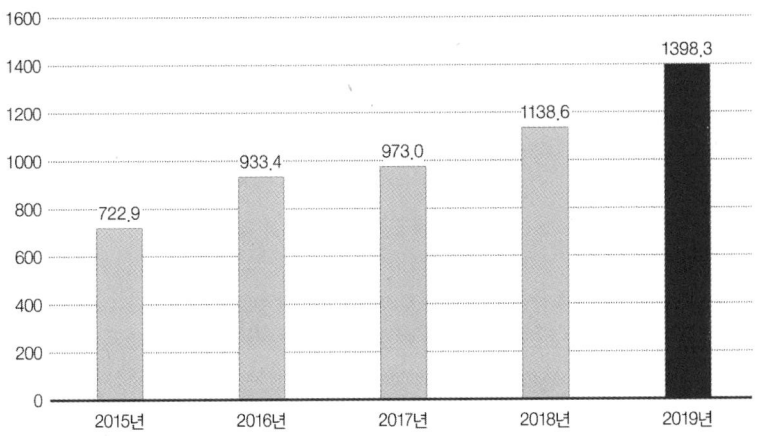

〈그림 11-4〉 e스포츠 산업 규모 추이(억 원)

자료: 한국콘텐츠진흥원(2020).

졌으며, 이는 전년 대비 22.8%의 높은 성장률을 기록한 것이다. 국내 e스포
츠 시장에서 눈여겨볼 만한 특징은 전체 시장 규모의 절반 이상(약 53%)이
방송 및 스트리밍 분야의 매출에서 기록되었다는 것이다. 이는 e스포츠 산
업이 미디어, 특히 OTT 서비스와 같은 새로운 미디어 기술과 밀접한 관계
를 맺고 있는 것을 보여 준다. 이러한 흐름 속에서 한국 정부는 e스포츠 지
원을 위해 2019년 276억 원의 예산을 투입하는 등(전년 대비 350% 증액) e스
포츠 육성에 관심을 가지고 투자하고 있고, 이러한 노력의 결과 현재 한국
e스포츠 리그에서는 총 79개 팀, 472명의 프로 선수가 활동하고 있다(한국
콘텐츠진흥원, 2020).

　　또한 이러한 성장으로 인해 e스포츠 프로선수들은 국내 다른 종목 프로
선수들에 비해 좋은 대우를 받고 이는 더 높은 연봉으로 연결되고 있다.
〈그림 11-5〉는 2018년 각 종목별 프로선수 평균 연봉을 나타내고 있는데, e
스포츠 선수들의 평균 연봉은 1.75억 원으로 야구(1.5억 원), 배구(1.41억
원), 농구(1.38억 원)보다 높고, 축구(1.98억 원)선수들의 평균 연봉보다 낮았

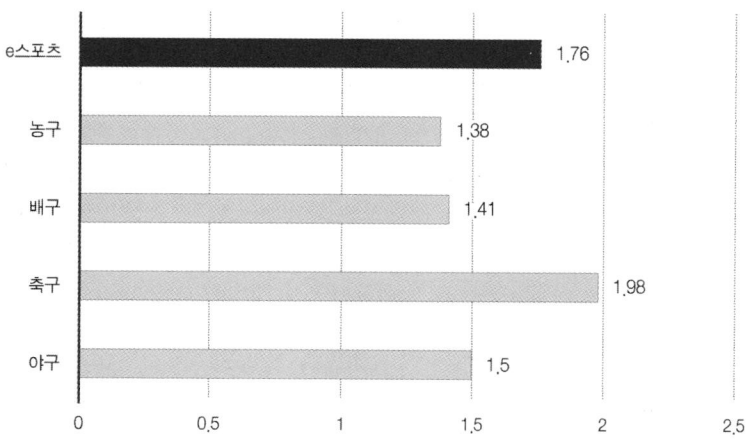

〈그림 11-5〉 국내 프로스포츠 종목별 선수 평균 연봉(억 원)

e스포츠 1.76
농구 1.38
배구 1.41
축구 1.98
야구 1.5

자료: KB금융지주경영연구소(2019).

다. 2018년 당시 e스포츠에서 가장 뛰어난 기량을 가지고 팬을 가장 많이 보유한 이상혁 선수의 연봉은 약 50억 원으로 알려져 한국 프로스포츠의 최고 연봉자인 야구선수 이대호(25억 원)보다 두 배 이상 높은 것으로 보고되었다(KB금융지주경영연구소, 2019).

이러한 e스포츠의 급격한 발전은 e스포츠와 온라인 게임이 가진 특성과 미디어 기술의 발전과의 순조로운 결합의 결과로 해석할 수 있다. 온라인 게임은 상호작용성, 접근가능성, 내용확장성, 익명성 등의 속성을 가지고 있는데, 이러한 속성으로 인해 e스포츠는 동시적·양방향적 경험을 제공해 실시간 경쟁을 유발하고 소비자들의 요구에 따라 빠른 수정이 가능하며 시간과 장소의 제약이 적고 몰입을 유발하는 등의 전통적인 프로스포츠와 구별되는 특성을 가지고 있다(유승호·정의준, 2001). 또한 이러한 특성들은 미디어 기술의 발전과도 밀접하게 결합되어 상호 발전을 이루어 냈다. 최근 미디어 기술의 발전으로 인해 나타난 주목할 만한 변화 중 하나는 미디어 수용자들이 수동적으로 콘텐츠를 소비하는 것이 아니라 능동적으로 미디어 콘텐츠를 생산하는 것이 가능해진 것인데, 게임과 e스포츠가 가진 속성상 이러한 미디어 기술과의 결합이 상대적으로 용이했기 때문이다(Livingstone, 2004; Leonard, 2009). 실제로 현재 리그오브레전드 경기는 전통적인 케이블 TV나 IPTV 방식의 중계보다는 트위치 TVtwitch tv나 아프리카TV, 네이버, 페이스북, 유튜브 등의 OTT 서비스를 통한 중계가 일반적으로 이루어지고 있다(김지훈, 2019). 특히 이러한 변화에서 주목해야 할 점은 현재의 미디어 콘텐츠는 방송국을 통해서 콘텐츠가 제작되어 중계되는 독점적 방식이 아니라 1인 미디어를 통한 다양한 형식의 인터넷 라이브 스트리밍 방송이 가능해졌다는 것인데(오종철·황순호, 2018), 이러한 새로운 방식이 상호작용성과 접근가능성이 높은 e스포츠의 특성과 결부되어 e스포츠의 발전을 만들어 냈다는 것이다. 이에 따라 현재 많은 전·현직 e스포츠 선수들은 개인방송을 통해 추가적인 수익을 창출하고 있으며, 시청자들의 입장에서도 스포츠 리그에서 제공하는 콘텐츠뿐만 아니라 각각의 선수들이 개인방송에서 만들어 내는 콘텐츠도 함께 소비할 수 있게 되어 더 큰 즐거움을 누릴 수 있게 되었다.

e스포츠의 지속적인 성장으로 인한 파급효과로 e스포츠와 전통적인 스포츠의 결합도 살펴볼 수 있다. 먼저 올림픽과 아시안게임 등의 메가 이벤트에서 e스포츠의 인기를 흡수하기 위한 노력이 시도되고 있다. e스포츠 종목 중 리그오브레전드, 클래시로얄Clash Royale, 하스스톤Hearthstone 등은 아시안게임에 이미 시범종목으로 포함되었고, 2024년 파리올림픽에도 제한적이지만 기존의 전통적인 스포츠를 활용한 스포츠게임 중 일부가 포함될 가능성이 높은 것으로 예측되고 있다(이재오, 2021). 또한 전통적인 스포츠 산업과 팀의 e스포츠 리그 참여 시도도 진행되고 있다. 독일 분데스리가Bundesliga의 FC샬케04FC Schalke 04는 이미 2016년에 리그오브레전드 프로팀을 창단하고 현재까지 운영하고 있으며, 같은 분데스리가의 VfL 볼프스부르크VfL Wolfsburg 나 영국 EPL의 웨스트햄 유나이티드West Ham united와 같은 팀들도 e스포츠

선수를 후원하고 있다(김지훈, 2019). 또한 미국 UC어바인University of California Irvine, 유타대학교University of Utah, 뉴욕대학교New York University 등은 e스포츠 프로그램을 열거나 선수단을 설립하고, e스포츠 선수들에게 장학금을 지원하는 등 전통적인 미국 대학 스포츠NCAA: National Collegiate Athletic Association에 e스포츠를 편입하려는 시도를 하고 있다(곽주현, 2020).

전통적인 프로스포츠 리그들과 비교했을 때 e스포츠 리그의 특징 중 하나로 지역 연고에 기반을 두지 않았다는 점을 들 수 있다. e스포츠 리그의 시작이었던 한국 스타크래프트 리그가 게임 전문 방송국이 마련한 경기장에서 중앙집권적으로 운영되어 왔던 것을 시작으로 현재의 리그오브레전드 리그도 팀들이 지역 연고를 두지 않고 중립 경기장 한곳에서 리그 일정을 치루고 있다. 하지만 e스포츠 전문가들은 지역 연고를 기반으로 한 전통적인 스포츠의 형식을 따라가는 것이 팀과 리그에 안정적인 수입원을 마련해 줄 것으로 예측하고 있다(김지훈, 2019). 실제로 오버워치 리그Overwatch League의 경우 창립 당시 미국 내 연고지를 기반으로 홈/원정경기를 유치했고 이를 전 세계 지역 연고제로 확장시켰다(이재오, 2019). 또한 국내에서도 리그오브레전드 구단인 샌드박스게이밍이 리그 내 구단 중 처음으로 부산시와 연고 협약을 맺는 등 지역 연고제를 도입하려는 시도는 계속될 것으로 보이고, 이는 e스포츠가 전통적인 프로스포츠의 구조를 따라가는 흐름을 보이는 것으로 해석할 수 있다(박준수, 2021). 이러한 흐름은 세계화를 추구하며 탈지역화나 탈국가화를 추구하는 것으로 보이는 전통적인 스포츠와는 대비되는 모습인데, 이는 e스포츠 산업이 다양한 매체 기술의 발전과 함께 성장해 왔고, 그로 인해 리그를 통해 만들어지는 콘텐츠 외에도 개인방송의 흥행 등 리그 밖에서 발생하는 수익이 더 큰 규모를 보이고 있어 산업 전체는 크게 성장한 것처럼 보이지만 리그에서 거두는 수익은 아직 전통적인 스포츠에 미치지 못하기 때문으로 해석해 볼 수 있다. 실제로 리그오브레전드의 한국 리그인 LCK 리그의 2021년 수익은 250억 원 정도로 예측되고 있는

데, 이는 KBO 리그의 중계권료보다 낮은 수준이며, 또한 많게는 수만 명의 관중을 모을 수 있는 전통적인 프로스포츠 리그와 비교했을 때 e스포츠는 직접 관람하는 관중을 많이 모으지 못하는 한계점도 가지고 있다(노재웅, 2021). 이러한 이유로 미디어 기술의 발달과 함께 발전해 온 e스포츠이지만, 당분간은 전통적인 프로스포츠 리그의 구조를 따라가는 방식으로 안정된 수익을 창출하는 것을 목표로 할 것이다.

6. 결론

최근 4차 산업혁명과 관련된 인터넷과 모바일 기술의 발전은 미디어를 통해 프로스포츠 수익 구조에 큰 변화를 가져왔다. 특히 미디어 중계의 글로벌화와 다양화는 프로스포츠 팀들에게 더 큰 수익을 만들 수 있는 기회를 마련해 주었고, 이에 따라 지역 연고에서 발생하는 수익보다 세계 시장에서 발생하는 수익이 더 커지는 결과로 나타났다. 이러한 변화의 흐름 속에서 현재 미국과 유럽의 스포츠 리그들은 세계 시장 공략에 힘쓰고 있으며 그 결과 국가 단위의 리그에서 벗어나는 탈국가화와 장기적으로는 지역 연고에서 벗어나는 탈지역화 현상이 계속 일어날 것으로 예측된다.

국내 스포츠 산업 역시 중계 기술의 다양화의 혜택으로 특히 KBO 리그의 경우 중계권료의 가파른 인상으로 인해 수익이 점점 커지고 있다. 다만, 중계 기술의 세계화의 관점에서는 아직 준비가 부족해 보이며 중계권 수출을 위해서는 특히 동남아시아 등 상대적으로 규모가 작거나 수준이 낮은 국가의 선수 영입이나 시즌/비시즌 경기 개최 등의 노력이 필요할 것으로 보인다.

e스포츠는 그동안 인터넷과 모바일 기술의 발전과 가장 잘 결합해서 전통적인 스포츠 산업과 비교할 수 있을 정도로 커졌다. 이는 e스포츠가 가진

높은 상호작용성과 접근가능성이 미디어 기술과 잘 결합된 결과물로 보인다. e스포츠의 지속적인 성장으로 인해서 전통적인 스포츠와의 결합도 시도되고 있는데, 프로스포츠 팀의 e스포츠 참여나 아시안게임/올림픽 등의 메가 이벤트에서 e스포츠 종목을 포함하려는 시도 등으로 요약해 볼 수 있다. 한편, 전통적인 스포츠 리그의 탈지역화, 탈국가화 현상과는 반대로 e스포츠에서는 그동안 자리 잡지 못했던 지역 연고제를 도입하려는 시도를 보이고 있다.

지금까지 살펴본 바와 같이 미디어의 변화는 프로스포츠 산업 전체를 변화시키고 있다. 이 장에서는 특히 최근 10년 사이의 기술 발전과 그에 따른 프로스포츠 산업의 변화를 논의했다. 이는 미래에 미디어 기술이 어느 쪽으로 발전하느냐에 따라 프로스포츠 산업이 더 크게 변화할 수 있을 것이라는 예측을 만들어 낸다. 아직까지 특히 프로스포츠 산업에서 널리 상용화되지는 않았지만 가상현실VR이나 메타버스와 같은 새로운 포맷의 미디어 서비스들이 프로스포츠에 점진적으로 적용되고 있다. 이러한 새로운 기술들이 프로스포츠 산업에 완벽하게 접목된다면 프로스포츠 산업의 수익 구조는 또 크게 변화할 것이고, 그에 따라 프로스포츠 산업은 또다시 급격하게 변화할 것으로 보인다.

Abstract

Professional Sport Industry Driven by Media Technology

Hyunwoong Pyun

There have been huge changes in the internet technology and the media industry due to the fourth industrial revolution recently and these changes can be summarized as globalization and diversification of media. This chapter takes a close look at the impact of recent media technologies on the professional sport industry. First, this chapter analyzes the impact of recent technologies on revenue streams of professional sport leagues and teams, and the efforts for de-localization and globalization each team made as a response to the new technology, for the international and Korean domestic market separately. Also, this chapter discussed how the e-sport industry has made a huge growth with successful convergence with media technologies, and ongoing challenges to generate the interaction with the traditional sport industry.

Chapter 12

스포츠 미디어 시청자 수요

성호준

1. 서론: 스포츠 수요와 수요 결정요인

1956년, 사이먼 로텐버그Simon Rottenberg는 현재 대부분의 스포츠 수요 관련 연구들의 기반을 제공한 「야구선수들의 노동시장The Baseball Player's Labor Market」이라는 논문을 발표했다. 이 논문에서는 당시 프로야구선수들의 계약의 특징과 스포츠의 고유한 산업적 구조를 경제학적으로 해석했다. 또한 로텐버그(Rottenberg, 1956)는 스포츠 수요를 결정짓는 요인들에 대해서도 설명했는데, 그중에서도 결과의 불확실성 가설UOH: Uncertainty of Outcome Hypothesis은 그 뒤로 수많은 스포츠 수요Demand for sport 연구들의 등대 역할을 하게 되었다. 그의 가설에 의하면 스포츠 팬들은 스포츠 경기를 소비함에 있어서 해당 경기의 결과를 예측하기 어려울 때 가장 큰 흥미를 느낀다는 것이다. 즉, 누가 이길지 또는 누가 질지 뻔히 보이는 경기는 상대적으로 스포츠 팬들의 흥미를 감소시킬 것이란 말로도 해석할 수 있다. 스포츠 경기는 영화나 드라마와 같이 하나의 스토리텔링을 하는 엔터테인먼트의 일부로서, 만약 소비자가 그 이야기의 최종 결과를 뻔히 알고 있다면 스포츠 경기를 보는 재미와 흥미가 떨어질 수 있다는 것이다. 물론, 영화나 드라마와 같은 엔터테인먼트도 재방송과 녹화본을 통해 다시 소비를 하는 형태를 가질 수 있으나 재차 소비하는 과정에서 콘텐츠가 지니는 가치 또는 재미가 달라진다. 따라서 결과를 모르고 보는 스포츠 경기와 결과를 알고 다시 보는 스포츠 경기는 별개의 상품으로 간주될 수 있다.

케언스(Cairns, 1987)에 따르면 결과의 불확실성은 다음의 3가지로 구분할 수 있다. 단일 경기 결과의 불확실성Match outcome uncertainty, 플레이오프/챔피언 결과의 불확실성Playoff/Champion outcome uncertainty, 연속 시즌 결과의 불확실성Consecutive seasonal outcome uncertainty. 단일 경기 결과의 불확실성은 한 경기의 승자가 누가 될 것인지 알 수 없는 경우로, 가장 단기적인 관점에서의 결과의 불확실성을 의미한다. 플레이오프 또는 챔피언 결과의 불확실성은 한 시즌 내에서 어떤 팀이 플레이오프에 진출할지, 또는 어떤 팀이 최후의 승자가 될지 알 수 없는 경우를 의미한다. 마지막으로 연속 시즌 결과의 불확실성은 매년 리그 챔피언이 모든 팀에게 가능성이 열려 있는지, 아니면 소수의 팀이 독식하는지에 대한 불확실성을 의미한다. 즉, 결과의 불확실성 가설에 따르면 스포츠 팬들은 단일 경기에서 누가 승자가 될지 모르는 경기를 선호하고, 자신이 응원하는 팀이 플레이오프에 진출하거나 궁극적으로 승자가 되는 것을 선호하고, 매년 챔피언이 변하는 것을 선호한다는 의미로 볼 수 있다. 만약 이러한 결과의 불확실성이 보장되지 않는다면 단일 혹은 소수의 팀이 리그 내 우승컵을 독점하는 형태의 리그가 형성될 것이다.

미시경제학 이론에 따르면 기업의 독점은 가격의 상승과 물량의 감소 등으로 소비자의 후생이 감소하나 기업의 후생은 증가한다고 보고 있다. 즉, 기업의 입장에서는 경쟁자가 없거나 극소수인 상황을 선호한다는 것이다.

그러나 스포츠 산업에서는 이와 같은 독점이 오히려 소비자와 기업 모두에게 독이 될 수 있다. 이러한 맥락에서 닐(Neale, 1964)은 "루이-슈멜링 패러독스Louis-Schmelling Paradox"를 통해 프로스포츠에서의 독점은 일반적인 비즈니스의 목적인 이윤 극대화를 해칠 수 있다고 했다. 예를 들어, 어떤 복싱 선수가 수입을 창출하기 위해서는 경기를 해야 하며, 경기가 이루어지기 위해서는 경쟁자가 필요하다. 그러나 만약 이 선수와 견줄 상대가 없다면 경기가 이루어지기 어려워지며 결국 이 선수는 수입을 창출할 수 있는 기회조차 가질 수 없게 되는 것이다. 이는 팀 스포츠에서도 마찬가지일 수 있다. 실제로, 미국 메이저리그MLB에서 많은 우승을 차지했던 뉴욕양키스New York Yankees가 1950년대 말 우승컵을 놓치자 오히려 더 많은 야구 팬들을 불러들이는 효과를 목격하게 되었다. 즉, 한 선수 또는 한 팀이 스포츠계에서 너무 우월한 경기력을 펼치면 전체적인 관점에서 스포츠 팬들의 관심을 잃을 수도 있다는 의미다. 물론 리그 자체를 한 명 또는 하나의 조직이 소유해 독점하는 것은 이윤 극대화를 이룰 가능성이 있다. 그러나 스포츠라는 상품의 특징은 하나의 팀이 아닌 다수의 팀이 경기하는 결합 상품Joint product을 생산하는 것이기 때문에 한 명의 선수 또는 하나의 팀이 우승컵을 독식하는 것은 문제가 될 수 있다. 스포츠 팬들은 일반적으로 자신이 응원하는 팀이 경기에서 이기고 궁극적으로는 우승컵을 들어 올리는 것을 보고 싶어 하므로 우승의 가능성이 배제된다면 장기적으로 스포츠 팬들은 흥미를 잃고 감소하게 될 것으로 보고 있다. 따라서 스포츠에서는 전력 평준화Competitive Balance가 중요한 요소로 인식되고 있으며, 이러한 연유로 스포츠 리그들은 연봉 상한제, 수입 재분배 등의 방법을 통해 전력 평준화를 이루고자 하는 노력을 하고 있다.

그러나 결과의 불확실성이 팬들에게 중요한 요소일 수 있으나 이론이 아닌 가설이라고 불리는 이유가 있다. 앞서 언급했듯이 스포츠 팬들에게 홈팀의 승리는 스포츠를 즐기는 데 중요한 요소다. 이와 관련해 선행 연구에서는 경기장 수요가 극대화되는 지점이 홈팀의 승률이 0.6~0.7정도에서 발견되었다(Knowles, Sherony and Haupert, 1992). 즉, 압도적인 차이의 경기보다는 상대방과 비등비등하지만 홈팀의 승률이 조금 더 높은 경우가 선호된다는 의미로 볼 수 있다. 예를 들어, 국가대표 축구 경기가 진행된다고 가정해 봤을 때 우리는 상대 국가의 팀보다 한국 팀이 압도적으로 우월하거나 조금 더 우세할 때 가장 흥미가 있을 것이며, 비등비등한 경기를 펼치더라도 결국엔 이기는 경기를 보고 싶어 할 것이다. 즉, 스포츠 팬들은 예측이 전혀 불가능한 경기보다는 자신의 팀이 조금이라도 이길 가능성이 있는 경기를 더 선호한다는 의미로 볼 수 있다. 더 나아가 다른 선행 연구들에서는 홈팀의 승률이 현저히 떨어져도 더 많은 흥미를 불러올 수 있는 경우들에 대해 언급했다. 홈팀의 승률이 낮다는 의미는 반대로 상대 팀이 리그에서 경기력이 뛰어난 팀일 수 있으며, 이때 스포츠 팬들은 홈팀의 승리보다는 우월한 팀의 경기력을 즐기기 위해 스포츠 경기를 소비할 수 있다(Buraimo and Simmons, 2008). 또는, 다비드와 골리앗의 경우와 같이 적은 승리 가능성에도 불구하고 더 우세한 팀을 이길 때 스포츠 팬들이 느끼는 효용(희열)이 더 크기에 이런 경우에도 스포츠 팬들은 소비를 하게 된다(Coates, Humphreys and Zhou, 2014). 이와 같이 많은 선행 연구들에서 로텐버그(Rottenberg, 1956)의 결과의 불확실성 가설에 반하는 실증적인 증거들이 많이 존재하고 있다. 〈그림 12-1〉과 같이 만약 결과의 불확실성이 적용되는 상황이라면 ①번 그래프와 같이 승률이 50%인 구간에서 수요의 극대화 점이 발견될 것이며(역 U자 관계), 반대일 경우 ②번과 같이 질 확률이 확실하거나 이길 확률이 확실할 때 수요의 극대화 점이 발견될 것이다(U자 관계).

〈표 12-1〉은 결과의 불확실성과 시청자 수요에 관련된 선행 연구들이다. 여기서 알 수 있듯이 결과의 불확실성과 연관된 시청자 수요에서 일관성 있는 결과가 나오지 않았음을 알 수 있다. 비록 결과의 불확실성을 측정하는 방법과 맥락이 다르지만, 스포츠 팬들이 스포츠 경기를 소비하는 것은 경기

〈그림 12-1〉 수요와 승률의 관계

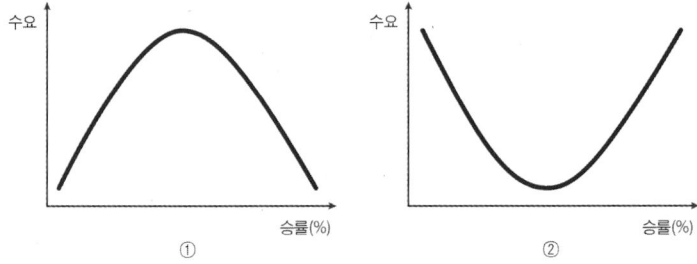

① ②

〈표 12-1〉 결과의 불확실성과 시청자 수요

선행 연구	맥락	결과의 불확실성 측정법	불확실성 선호
Forrest, Simmons and Buraimo, 2005	프리미어리그 (EPL)	홈 어드밴티지를 적용한 승률	O
Paul and Weinbach, 2007	미국 미식축구리그 (NFL)	양 팀의 승률 차이	O
Buraimo and Simmons, 2009	라리가 (LaLiga)	홈팀의 승률	O
Alavy et al., 2010	EPL	예상 승률과 무승부율	O
Tainsky and McEvoy, 2012	NFL	팀 퀄리티를 이용한 확률	X
Pawlowski, 2013	분데스리가 (Bundesliga)	인지된 전력 평준화(설문)	O
Tainsky and Jasielec, 2014	NFL	포인트 스프레드(베팅)	X
Paul and Weinbach, 2015	NFL	포인트 스프레드(베팅)	X
Buraimo and Simmons, 2015	EPL	양 팀의 예상 승률 차이	X
Cox, 2018	EPL	타일 지수(Theil Index)	O
Schreyer, Schmidt and Torgler, 2016	분데스리가	타일 지수, 승률 차이, 무승부율	O
Pérez, Puente and Rodriguez, 2017	LaLiga	베팅률(Betting Odds)을 활용한 예상 승률	X
Sung, Mills and Mondello, 2019	MLS	홈팀의 예상 승률	X

결과와 같은 상대적인 요소와 마찬가지로 절대적인 요소들 또한 중요하기 때문이라고 볼 수 있다. 만약 어느 두 팀이 비등비등한 실력이라고 가정해 봤을 때 리그에서 최상위 팀 간 경쟁이 일반적으로는 최하위 팀 간 경쟁보다 더 많은 팬의 흥미를 불러일으킬 수 있을 것이다. 즉, 팀 자체의 경기력 또는 성적 등이 중요한 요소로 작용할 수 있다. 또한 경쟁하는 팀 간 역사 또는 라이벌 관계 역시 스포츠 팬들의 추가적인 관심을 끌 수 있는 요소로 작용하고 있다. 마찬가지로 어떤 선수가 어느 팀에서 경기를 하는지도 스포츠 팬들의 행동에 영향을 미칠 수 있다. 종합적으로 스포츠 팬들의 선호도 또는 행동을 이해하기 위해서는 이렇듯 다양한 수요 요인들에 대해 이해하는 것이 중요하다고 볼 수 있다.

일반적으로 스포츠를 소비하는 방식은 전통적으로 스포츠 경기장을 방문하는 것이다. 그러나 미디어의 발달 이후 스포츠 경기를 TV 또는 인터넷 매체를 통해 소비하는 비중이 날로 증가하고 있으며, 스포츠 팀과 리그의 매출 부분에서도 큰 부분을 차지하고 있다. 특히 코로나바이러스감염증-19(코로나-19)와 같은 특수한 상황에서 미디어를 통한 스포츠 소비만이 가능한 현시점에서는 그 중요성이 더욱 강조되고 있다. 그러나 중요한 점은 경기장을 방문하는 스포츠 팬과 미디어를 통해 스포츠를 소비하는 팬은 다른 시장일 수 있다는 점이다. 몽전과 윈프리(Mongeon and Winfree, 2012)는 미국 프로농구NBA의 경기장 관람객과 TV 시청률에 대한 연구를 통해 같은 수요 결정요인에 대해 경기를 소비하는 방식에 따라 팬들의 상이한 반응을 발견했다. 예를 들어, TV로 스포츠 경기를 소비하는 팬들은 승률의 변화에 더욱 민감하게 반응했고, 경기장 관람객들은 스포츠 외의 간접 대체재의 유무(다른 엔터테인먼트 선택지)에 영향을 받았으나 시청자 수요는 스포츠 내의 직접 대체재(다른 팀의 경기)의 유무에 영향을 받았다. 즉, 스포츠 팬들이 스포츠 경기를 즐기는 방법에 따라 선호도가 다르게 나타나기 때문에 이러한 소비자들을 다른 시장으로 인식해야 한다는 시사점을 던져 주었다. 이는 일반적으로 스포츠 경기장을 방문하는 것과 미디어를 통해 스포츠를 소비하는 것의 명확한 비용의 차이점에서 기반한다고 볼 수 있다. 여기서 말하는 비용은 소비를 하기 위해 소용되는 모든 것을 의미한다. 경기장을 방문하기 위해서는 이동 시간, 티켓 구매, 주차비, 식음 비용 등의 지출이 있을 수 있으나 미디어를 통해 스포츠를 소비하는 것은 TV 수신료 또는 케이블 서비스 가입 등 상대적으로 훨씬 적은 비용이 들 것이며, 스포츠 경기 소비 1회당 비용을 비교하면 미디어를 통한 소비가 훨씬 적을 것이다. 또한 경기장에 방문했을 경우 해당 경기가 마음에 들지 않는다고 하면 경기장을 떠나는 선택 외에는 존재하지 않으나 미디어를 통한 소비는 동시간대에 다른 스포츠 경기를 소비하거나 다양한 대체재를 찾을 수 있는 장점이 있다. 따라서 스포츠 수요를 이해하는 데 있어서는 경기장 관람객과 미디어를 통한 스포츠 경기 소비자들을 구분해 이해할 필요성이 존재한다.

2. 스포츠 시청자 수요에 대한 이해

앞서 언급했듯이 스포츠를 소비하는 팬들의 행동을 이해하는 데 주로 이용되고 중심적 역할을 하는 것은 승률 또는 결과의 불확실성이다. 여기서 말하는 승률이란 경기 시작 전 다양한 정보를 이용해 어느 팀이 우세한지에 대한 예상 승률Winning Percentage을 의미한다. 예상 승률을 도출하는 데 다양한 방법이 있을 수 있겠지만 널리 이용되는 방법으로는 베팅률을 이용하는 방법이 있다. 베팅업자들Bookmakers은 팀의 상대 전적, 팀의 경기력, 선수들의 현황 등의 정보들을 이용해 자신들만의 메커니즘을 통해 소비자들에게 베팅률을 제공한다. 따라서 이런 다양한 정보를 내포하고 있는 베팅률을 통해 내재된 예상 승률Implied Winning Percentage을 도출할 수 있다. 일반적으로 베팅률은 분수확률Fractional, 소수확률Decimal, 미국식확률American 방식으로

〈표 12-2〉 베팅률 예상 승률 변환법

분수확률	$\dfrac{분모}{(분자+분모)} \times 100$
소수확률	$\dfrac{1}{베팅률} \times 100$
미국식 확률(음수)	$\dfrac{베팅률}{(베팅률+100)} \times 100$
미국식 확률(양수)	$\dfrac{100}{(베팅률+100)} \times 100$

제공된다. 분수확률과 소수확률은 그 뜻대로 분수로 나타내거나 소수점으로 나타내는 방식이며, 미국식확률은 양수(낮은 승률)와 음수(높은 승률)의 숫자로 나타내는 방식이다. 〈표 12-2〉는 각각의 베팅률 방식에 따른 내재된 예상 승률을 구하는 방식을 보여 준다.

이와 같은 방식으로 도출해 낸 홈팀의 승률 또는 원정팀의 승률을 이용해 양 팀의 승률의 합이 100%가 되어야 하기 때문에 해당 결과의 불확실성에 대한 이해를 할 수 있다. 즉, 한 팀의 승률이 50%라고 한다면 상대 팀의 승률 또한 50%임을 의미하며, 이는 경기 결과의 불확실성이 가장 높을 경우를 의미한다. 만약 어느 한 팀의 승률이 압도적으로 높다는 것은 상대 팀의 승률이 현저히 낮다는 것을 의미하게 되며 이는 결과의 불확실성이 낮다는 것으로 판단될 수 있다. 이 외에도 결과의 불확실성을 측정하는 방법으로 홈팀과 원정 팀의 승률 차이, 리그 순위 또는 랭킹의 차이 등을 이용한 방법이 있다.

그러나 무승부가 인정되는 경기의 경우는 어떻게 되는 것인가? 만약 홈팀의 승률이 20%라고 하면 이는 원정 팀의 승률이 80%임을 의미하는 것이 아니게 된다. 홈팀의 승률이 20%, 원정 팀의 승률이 15%, 그리고 무승부 확률이 65%임을 의미할 수도 있는 것이다. 이러한 경우에는 하나의 확률을 보기보다는 전체 확률의 분포도를 확인해 보는 방법이 있을 수 있다. 즉, 홈 팀의 승리, 원정 팀의 승리, 무승부가 모두 같은 확률이라면 결과의 불확실 성이 가장 높다는 것을 의미한다고 볼 수 있다. 이러한 맥락에서 타일 지수 라는 방법을 통해 도출해 낼 수 있다. 타일 지수는 정보이론에 기반해 불평 등 정도를 나타내는 지표로 다양한 선행 연구에서도 사용되어 왔다(Buraimo and Simmons, 2008; Pawlowski and Anders, 2012; Schreyer, Schmidt and Torgler, 2016). 앞서 보았던 베팅률 변환법을 통해 각각의 확률을 도출한 후 다음의 공식을 이용해 타일 지수를 구하게 된다.

$$Theil = \sum_{i=1}^{3} \frac{p_i}{\sum_{i=1}^{3} p_i} log\left(\frac{\sum_{i=1}^{3} p_i}{p_i} \right)$$

앞의 공식에서 p_i는 각각의 확률이 되며, 모든 확률의 합인 $\sum_{i=1}^{3} p_i$는 수학 적으로 100%가 되어야 하므로 1이 된다. 따라서 타일 지수의 공식을 스포 츠의 경우에서 응용할 경우 다음과 같이 단순화될 수 있다.

$$Theil = \sum_{i=1}^{3} p_i log\left(\frac{1}{p_i} \right)$$

이렇게 구해진 타일 지수는 그 값이 높을수록 모든 확률이 비슷한 값을 가진다는 의미이므로 결과의 불확실성이 높다라고 볼 수 있다. 예를 들어, 홈팀의 승률이 33%, 원정 팀의 승률이 33%, 무승부 확률이 33%일 경우 타 일 지수는 다음과 같은 값을 가진다.

$$Theil = 0.33 log\left(\frac{1}{0.33} \right) + 0.33 log\left(\frac{1}{0.33} \right) + 0.33 log\left(\frac{1}{0.33} \right) \simeq 1.099$$

반면, 홈팀의 승률이 70%, 원정 팀의 승률이 20%, 무승부 확률이 10%일 경우 타일 지수는 다음과 같은 값을 가진다.

$$Theil = 0.7\log\left(\frac{1}{0.7}\right) + 0.2\log\left(\frac{1}{0.2}\right) + 0.1\log\left(\frac{1}{0.1}\right) \approx 0.841$$

스포츠 경기장을 방문하는 팬들의 경우와 마찬가지로 TV를 통해 스포츠를 소비하는 팬들의 경우에도 결과의 불확실성에 대해 일관되지 않은 연구 결과들이 존재한다. 일례로, 포레스트, 시몬스, 뷰레이모(Forrest, Simmons and Buraimo, 2005)의 경우 EPL의 시청률을 조사해 본 결과 일부 연구들에서는 결과의 불확실성에 따라 시청률이 증가하는 것을 발견했다. 또한 NFL과 분데스리가의 경우에서도 비슷한 양상을 보인 결과들이 나타났다(Paul and Weinbach, 2007; Schreyer, Schmidt and Torgler, 2016; Tainsky and McEvoy, 2012). 그러나 알라비 외(Alavy et al., 2010)의 경우 EPL에서 홈팀의 승률과 무승부 확률이 증가할수록 시청률이 증가하는 것을 발견했다. 추가적으로 무승부의 확률이 높다 하더라도 골이 없는 무승부보다 골이 많이 발생하는 경기에서의 시청률이 높음을 발견했다. 이와 비슷하게 각 경기별 양 팀의 승률을 비교해 본 결과 결과의 불확실성이 시청률의 변화와 무관함을 밝힌 선행 연구가 존재한다(Buraimo and Simmons, 2015). 페레즈, 푸엔테, 로드리게스(Pérez, Puente, Rodríguez, 2017)의 경우 라리가에서도 결과의 불확실성이 시청자들에게 중요한 요소가 아님을 발견했으나 레알 마드리드Real Madrid와 FC 바르셀로나FC Barcelona의 경기에서만 경기 결과의 불확실성이 중요한 시청 결정요인임을 밝혀냈다.

더 나아가 같은 경기를 경기장 방문 팬들과 TV를 통해 시청하는 팬들을 직접적으로 비교한 연구들이 존재한다. 우선, 몽전과 윈프리(Mongeon and Winfree, 2012)의 경우 NBA에서 각 경기별로 현시점까지의 팀의 승률이 경기장 관중 수와 시청률 모두에 중요한 요인으로 작용한다는 것을 발견했으나 시청률이 승률의 변화에 약 4배 이상 더욱 민감하게 반응함을 발견했다. 뷰레이모와 시몬스(Buraimo and Simmons, 2009)의 경우 경기장 관중 수와 승률의 관계에서 U자 관계를 발견해 결과의 불확실성과 반대되는 현상을 발견했고, 시청률은 결과의 불확실성이 중요하다는 것을 발견했다. 비슷한 맥락에서 콕스(Cox, 2018)는 TV를 통해 EPL 경기를 소비하는 팬들은 각 팀의 승률이 비슷한 경우를 더욱 선호하는 반면 경기장 관람 팬들은 홈팀의 승률이 더욱 높은 경우를 선호한다는 것을 발견했다. 반대로 미국의 프로축구리그MLS의 관중 수요와 시청자 수요에 대한 조사를 했던 성, 밀스, 몬델로(Sung, Mills and Mondello, 2019)의 연구에서는 관중 수요의 경우 뷰레이모와 시몬스(Buraimo and Simmons, 2009)의 경우와 마찬가지로 승률과 관중 수의 U자 관계를 발견했으나 시청자 수요에서는 결과의 불확실성이 관람을 결정하는 요인이 아님을 발견했다. 추가적으로 성, 밀스, 몬델로(Sung, Mills and Mondello, 2019)는 관중 수요와 시청자 수요의 대체관계를 밝혀냈다. 특히, 날씨가 좋지 않은 경우 스포츠 팬들은 경기장을 방문하는 것보다 TV를 통해 경기를 소비하는 것을 선택했고, 시즌이 진행될수록 더 시청자 수요가 관중 수요로 이동하는 것을 발견했다. 이는 결과의 불확실성 또는 플레이오프 진출의 불확실성이 시즌이 진행될수록 감소하게 되어 팬들이 경기장을 방문했을 때 기대할 수 있는 결과에 대한 정보가 많아지기 때문에 나타나는 현상으로 봤다. 이와 같이 경기장을 방문하는 팬들과 미디어를 통해 스포츠를 소비하는 팬들의 행동과 선호도에는 차이가 존재한다는 것이 일반적인 견해라고 볼 수 있다.

미디어를 통한 스포츠 소비는 그 특성상 장소의 제약을 받지 않기 때문에 홈팀이 원정을 갔을 때의 경기 또한 소비할 수 있다. 한국과 같은 경우에는 이동의 제약이 크지 않을 수 있으나, 미국과 같은 경우에는 홈팀의 원정경기를 소비하고 싶을 때 이동의 제약이 굉장히 클 수 있다. 따라서 이러한 이동의 제약이 클 경우 경기장을 방문하는 관중은 대부분 홈팀의 팬들일 수

밖에 없으며, 관중 수로 스포츠 수요를 측정하게 되면 원정 팀의 팬들에 대한 이해가 제한적일 수 있다. 이러한 맥락에서 테인스키(Tainsky, 2010)는 미디어를 통한 스포츠 수요를 조사하는 것은 홈팀과 원정 팀 팬들의 행동에 대한 더욱 깊은 이해를 도울 수 있는 장점이 있다고 했다.

추가적으로 미디어를 통한 스포츠 수요를 이해하는 것은 시장 외 시청자 수요Out-of-market viewership에 대한 이해를 가능하게 한다. 즉, 홈팀의 경기가 없을 경우 다른 팀의 경기를 소비하는 스포츠 팬들의 행동을 이해할 수 있다는 것이다. 일례로, 테인스키와 맥어보이(Tainsky and McEvoy, 2012)는 홈팀의 경기가 없을 때의 미국 내 12개 주요 도시에서 시장 외 시청자 수요에 대한 연구를 처음으로 진행했다. 이 연구에서 저자들은 시장 외 팀의 경기를 시청할 때 스포츠 팬들은 팀의 역사가 오래되었거나 자신의 시장과 지역적으로 가까울수록 더욱 선호한다는 것을 발견했으며, 이는 스포츠 팬들이 자신에게 조금 더 친숙한 팀의 경기를 선호한다는 것으로 이해할 수 있다. 또한, 스포츠 팀의 경기력이 높을수록 더 많은 시청률이 나타났다. 반면, 만약 스포츠 팬들이 선택할 수 있는 대체 경기가 많거나 결과의 불확실성이 낮을수록 시청자 수요는 감소하는 것으로 나타났다.

결과의 불확실성 외에도 다양한 요인들이 시청자 수요에 영향을 미칠 수 있으며, 그중 가장 많이 사용되는 요인은 선수 관련 요인과 라이벌 요인이다. NBA의 경우 가장 유명했던 마이클 조던Michael Jordan의 등장과 은퇴까지의 시청자 수요에 대한 연구를 진행한 연구에서는 조던이 전체적인 수요를 증가시킨 것을 발견했으며, 이를 통해 스포츠 내에서의 슈퍼스타 효과Superstar effect(Rosen, 1981)의 존재를 확인했다(Hausman and Leonard, 1997). 또한, 조던이 뛰던 시카고 불스Chicago Bulls가 원정 팀으로 왔을 때 해당 경기의 홈팀의 추가적인 수요의 증가를 발생시키며 경제적 외부효과Economic externalities가 있음을 발견했다. 이와 마찬가지로 성, 밀스, 몬델로(Sung, Mills and Mondello, 2019)는 홈팀과 원정 팀 모두의 슈퍼스타의 숫자가 증가함에 따라 시청률이 증가하는 것을 발견했다. 라이벌 맥락에서 성, 밀스, 테인스키(Sung, Mills and Tainsky, 2017)는 시장 외 시청자 수요에서 라이벌 관계의 영향에 대해 조사했는데, 라이벌 팀이 해당 경기의 승자가 될 가능성이 높아질수록 높은 시청률이 유지되는 것을 발견했다. 즉, 라이벌 관계에 놓여 있는 스포츠 팀이라고 하더라도 자신의 팀이 없다면 가장 친숙한 팀을 응원하게 된다는 의미로 연결될 수 있다.

3. 스포츠 시청자 수요의 미래

미디어의 발달과 다양한 매체의 등장으로 인해 스포츠 시청자의 수요는 미래에는 복잡한 형태로 발전할 가능성이 높다. 특히, 디지털 매체(유튜브, 아프리카TV, 트위치 TVtwitch tv 등)의 등장은 소비자들로 하여금 경기의 하이라이트, 자신이 응원하는 선수의 밀착 취재, 편향적 해설 등에 대한 욕구를 채워주는 수단으로 사용되고 있다. 즉, 미래에는 이러한 매체의 등장이 새로운 미디어 수요 시장 형성에 기여할지, 아니면 기존의 미디어 수요를 대체할지에 대해서는 현재로선 확실하게 알 수 없다. 그러나 단순하게 스포츠를 수동적으로 또는 간접적으로 즐기던 기존의 방식에서 스포츠 팬들의 다양한 욕구가 표출되고 있음은 자명한 현상이며, 이에 따라 스포츠 미디어 콘텐츠를 생산 및 유통하는 업계와 학계에서도 지속적인 관심을 가지고 변화하는 소비자들을 이해해야 함은 분명한 것으로 보인다.

Abstract

Sport Media Viewership Demand

Hojun Sung

The main theme of this chapter is to offer general understanding of demand for sport, especially with respect to spectatorship of sport through media. The first section review demand for sport and determinants of demand in sport with particular focus on Rottenberg's Uncertainty of Outcome Hypothesis. This section includes review of previous literature on the peculiarity of demand for sport and understand preferences that sport fans have toward live sport games. The following section provides measurment of outcome uncertainty as well as application in sport demand research. Finally, the current chapter concludes with future considerations of viewership demand in sport.

Chapter 13

스포츠 컴퓨테이셔널 저널리즘

장원석

1. 서론

인공지능AI 기술의 발전을 통해 스포츠 분야에서 컴퓨테이셔널 저널리즘 Computational Journalism이라는 새로운 형태의 저널리즘이 등장했다. 그렇다면 컴퓨테이셔널 저널리즘은 스포츠 분야에서 왜 발전되었을까? 스포츠기사 독자들은 인간 기자 또는 알고리즘이 작성한 기사 중 어떠한 기사를 더 신뢰하고 선호할까? 또한 해당 선호도를 결정하는 스포츠 팬들의 심리적 요인에는 무엇이 있을까? 이러한 궁금증을 해결하고자 학자들은 과학적 이론을 적용해 컴퓨테이셔널 저널리즘에 관련된 다양한 현상들을 규명하고자 했다. 이 장에서는 컴퓨테이셔널 저널리즘에 대한 기본적인 이해와 산업의 규모, 그리고 마지막으로 컴퓨테이셔널 저널리즘에 대한 다양한 학술적 연구들을 소개하고자 한다.

2. 컴퓨테이셔널 저널리즘의 정의

4차 산업혁명은 스포츠 미디어 산업에 큰 변화를 주고 있다. 다양한 스포츠 분야에서 가상현실VR·증강현실AR 기술을 통해 스포츠 팬의 오감 자극과 사용자와 가상세계의 상호작용을 극대화하는 몰입형 실감 콘텐츠를 제공하고 있으며, 5G의 발전을 통해 다른 곳에 위치한 스포츠 팬들과 온라인상으로 함께 스포츠 미디어 콘텐츠를 소비할 수 있는 소셜티비Social TV도 등장했다.

4차 산업혁명은 저널리즘 산업에도 큰 변화를 일으켰다. 네이버는 2018년부터 AI 기술 기반의 에어스AiRS를 도입해 첫 화면에 이용자별 맞춤형 기사를 제공하는 서비스를 제공하고 있다. 이와 같이 AI 기술의 발전을 통해 "컴퓨테이셔널 저널리즘"이라는 새로운 형태의 저널리즘이 등장했다. 컴퓨테이셔널 저널리즘은 알고리즘 저널리즘Algorithm Journalism, 데이터 저널리즘Data Journalism, AI 저널리즘AI Journalism, 로봇 저널리즘Robot Journalism 등 다양한 형태로 불리고 있다.

컴퓨테이셔널 저널리즘의 등장으로 인해 학자들은 어떠한 형태로 해당 저널리즘을 정의할 수 있을지에 대해 활발히 논의하고 있다. 초장기 정의에 따르면 컴퓨테이셔널 저널리즘은 컴퓨터 시스템의 도움을 받아 데이터를 분석하고 기사를 작성하는 것으로 정의되었다(Cohen, Hamilton and Turner, 2011). 이러한 관점에서 컴퓨테이셔널 저널리즘은 단순히 컴퓨터 활용 보도Computer-Assisting Reporting로 정의될 수 있다. 하지만 학자들의 최근 견해에 따르면 컴퓨테이셜 저널리즘은 단순히 기술적 관점에서 정의하기에는 한계가 있다. 학자들은 언론사의 관점Organizational Perspective에서의 컴퓨테이셔널 저널리즘의 정의도 중요하다고 주장하고 있다. 알고리즘을 이용해 기사를 자동으로 생성하지만 컴퓨테이셔널 저널리즘에 적용되는 알고리즘을 개발하는 프로그래머의 인식은 언론사의 다양한 문화, 규칙, 정치적 구조 등에 따

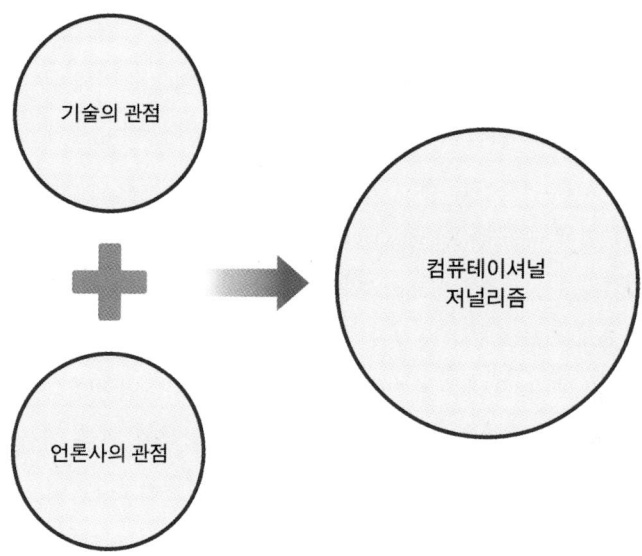

라 영향을 받을 수 있다. 따라서 중립적 사고를 가지고 기사를 작성하기 위해 개발된 알고리즘은 언론사가 어떠한 의도와 철학을 가지고 개발했는지에 따라 편견 가득한 기사를 작성할 수 있다(Napoli, 2014). 이와 같이 언론사의 관점에서 컴퓨테이셔널 저널리즘은 단순히 컴퓨팅 기술에 의해서만 정의될 수 없으며 알고리즘 개발에 영향을 주는 언론사의 관점에서도 정의될 수 있다.

3. 스포츠 컴퓨테이셔널 저널리즘의 활용과 산업의 규모

컴퓨테이셔널 저널리즘은 스포츠, 금융, 날씨 등 데이터를 기반으로 기사를 작성할 수 있는 분야에 적극 활용되고 있다. 특히, 다량의 데이터가 존재하고 데이터 값이 상대적으로 단순한 스포츠 분야에 컴퓨테이셔널 저널리즘이 적용되었을 때 빠른 속도로 정확한 기사를 작성할 수 있다. 컴퓨테이셔널 저널리즘을 통해 언론사들은 인간 기자의 노동을 최소화하고 기사 작성에 소모되는 비용을 줄이고자 한다. 이러한 장점으로 인해 국내외 다양한 언론사가 컴퓨테이셔널 저널리즘을 도입하고 있다. 미국의 대표 언론사인 AP통신Associated Press은 자연어 생성 기술Natural Language Generation을 이용해 2018년 미국 대학 스포츠NCAA: National Collegiate Athletic Association 농구 1부 리그 프리뷰 기사를 작성했으며, 워싱턴포스트Washington Post도 알고리즘을 이용해 300개 이상의 리우올림픽 관련 기사를 생성했다. 한국에서도 컴퓨테이셔널 저널리즘에 대한 관심이 높아지고 있다. 2014년 서울대학교 이준환 교수팀의 [hci+d lab]은 알고리즘을 개발해 프로야구 관련 기사를 작성하기 시작했다. 그뿐 아니라 한국프로야구KBO 퓨처스리그(2군 리그)도 2018년 AI 솔루션인 케이봇Kbot을 개발해 기사 생성을 자동화했다. 또한 연합뉴스도 알고리즘을 이용해 영국 프리미어리그EPL 2017/2018 시즌 경기 관련 데이터를 수집 및 분석해 기사를 자동 생성했다.

컴퓨테이셜 저널리즘 산업 규모도 계속해서 성장하고 있다. 2016년 발행된 KISTI 마켓리포트의 AI 관련 분석 자료에 따르면 알고리즘에 주로 적용되는 텍스트 분석(마이닝)의 글로벌 시장 규모는 2014년 22.7억 달러에서 2021년에는 69.7억 달러까지 성장할 것이라 추정했다. 이와 비슷하게 국내 시장의 경우도 2014년 143.5억 원에서 2021년 1360.7억 원까지 성장할 것이라 예측했다. 좀 더 구체적으로 KISTI의 산업별 시장 및 수익 구조를 고려한 추정 값에 따르면 컴퓨테이셔널 저널리즘의 시장 규모는 2014년 2.8억 달러에서 2021년 12억 달러까지 성장할 것이라 추정했으며 국내 시장의 경우 2014년 24.7억 원에서 2021년 234억 원에 이를 것이라 전망했다. 이와 같이 컴퓨테이셔널 저널리즘의 산업 규모는 급속도로 성장하고 있다.

4. 컴퓨테이셔널 저널리즘의 스포츠 기사 작성 과정

알고리즘을 적용한 기사 작성 과정은 크게 5단계로 구분된다. 첫 번째 단계는 데이터 수집Data Crawling이며 이 과정을 통해 알고리즘은 분석 대상에 대한 다양한 데이터(스포츠 경기 결과)를 수집한다. 두 번째 단계는 이벤트 추출Event Extraction이다. 이 과정을 통해 알고리즘은 데이터를 분석하고 이 과정 속에서 의미 있는 이벤트를 추출한다. 세 번째 단계는 핵심 이벤트 추출Key Event Detection이며 이 과정을 통해 알고리즘은 추출된 이벤트에 대한 가중치를 부여한다. 네 번째 단계는 분위기 설정Mood Detection이며 이 과정을 통해 알고리즘은 각 이벤트에 대한 맥락을 설정하고 기사를 작성하는 데 있어 필요한 관점을 설정한다. 예를 들어, 스포츠 기사의 경우 어느 팀의 입장에서 기사를 작성할지를 설정하게 된다. 마지막 단계는 뉴스 기사 생성 News Article Generation 과정으로 1~4단계에서 처리한 데이터를 사전에 규명된 문장에 적용해 뉴스 기사를 자동 생성한다(김동환·이준환, 2015).

〈표 13-1〉 컴퓨테이셔널 저널리즘의 기사 생성 과정

1단계	2단계	3단계	4단계	5단계
데이터 수집	이벤트 추출	핵심 이벤트 추출	분위기 설정	뉴스 기사 생성

자료: 김동환·이준환(2015: 64~95).

5. 스포츠 컴퓨테이셔널 저널리즘 연구 현황

컴퓨테이셔널 저널리즘의 산업 규모가 계속해서 성장하고 있는 만큼 해당 분야에 대한 국내외 학계의 관심도 높아지고 있다. 특히 컴퓨테이셔널 저널리즘에 관한 연구는 크게 두 가지 관점으로 구분할 수 있다. 첫 번째로, 연구자들은 독자들이 알고리즘 또는 인간 기자가 작성한 기사를 구분할 수

있는지에 대해 탐구한 연구다. 2016년 ≪동아일보≫에서 진행한 조사에 따르면 독자들에게 알고리즘을 통해 작성된 기사를 보여 주고 해당 기사가 알고리즘 또는 인간 기자가 작성한 기사였는지 물어 보았을 때 54.1%의 응답자가 인간 기자가 작성한 기사라고 응답했다(조종엽, 2016). 다시 말하면 응답자들은 알고리즘을 통해 자동 생성된 기사와 인간 기자가 작성한 기사를 구분하지 못했기에 알고리즘을 통해 생성된 기사가 인간 기자가 작성한 기사와 비슷한 수준의 기사를 생성한다는 것으로 유추할 수 있다.

이와 비슷하게 클레월(Clerwall, 2014)의 연구에서 실험 참여자들은 알고리즘 또는 인간 기자가 작성한 스포츠 기사에 무작위로 배정되어 해당 기사를 평가했다. 총 12개의 항목(서술적인, 유익한, 흥미로운, 신뢰도, 정확성 등)

〈그림 13-2〉 알고리즘과 인간 기자에 대한 기사 평가

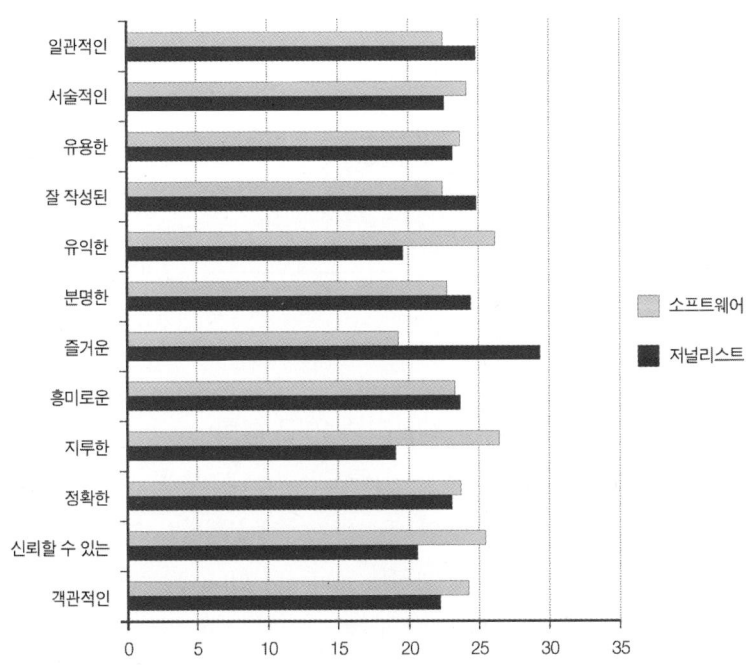

자료: Clerwall(2014: 519~531).

에 대한 평가를 진행했으며 실험 참여자들은 알고리즘과 인간 기자가 작성한 기사에 대해 동등하게 평가한 것으로 나타났다. 다만 실험 참여자들은 '읽기 좋은pleasant to read' 항목에 대해서는 인간 기자가 작성한 기사를 알고리즘이 작성한 기사와 비교해서 더 높게 평가한 것으로 나타났다. 종합적으로 기존 연구 결과들을 살펴보면 독자들은 기사를 작성하는 데 있어 알고리즘이 인간 기자를 대처할 수 있을 것이라 인식했다.

두 번째 관점은 컴퓨테이셔널 저널리즘에 관한 사람들의 인식을 규명하는 연구다. 특히 연구자들은 독자들이 사전에 형성하고 있는 AI와 인간 기자에 대한 속성attribution이 다르기 때문에 기사를 작성한 주체에 따라 해당 기사를 다르게 평가한다고 규명했다(Liu and Wei, 2019; Wölker and Powell, 2021). 선다(Sundar, 2008)의 Modality(M), Agency(A), Interactivity(I), and Navigability(N) 모델에 따르면 정보를 전달하는 주체의 속성에 따라 사람들은 전달 받는 정보에 대한 평가를 다르게 하는 것으로 나타났다. 사람들은 AI에 대해 "감정이 없는", "차가운", "편견이 없는" 등의 속성을 형성하고 있는 반면 인간에 대해서는 "감정이 있는", "편견이 존재하는", "스스로 생각할 수 있는" 등의 속성이 존재한다고 했다. 이러한 각 주체에 대한 속성 차이는 알고리즘과 인간 기자가 동일한 기사를 작성했을지라도 기사에 대한 독자의 평가를 다르게 했다(Wölker and Powell, 2021). 예를 들어, 리우와 웨이(Liu and Wei, 2019)의 연구 결과에 따르면 실험 참여자들이 동일한 신문기사를 읽었을지라도 AI가 작성한 기사를 인간 기자가 작성한 기사와 비교해서 더 높은 신뢰성을 보인다고 인식했으며, 반면에 인간 기자가 작성한 신문기사가 AI가 작성한 신문기사와 비교해서 더 높은 감정을 보인다고 밝혔다. 이와 비슷하게 볼커와 파월(Wölker and Powell, 2021)의 연구에서도 사람들은 AI가 작성한 기사가 인간 기자가 작성한 기사와 비교해서 더 높은 신뢰성을 보인다고 나타났다.

하지만 알고리즘의 기사 작성이 인간 기자의 기사 작성과 비교해서 항상 더 높은 신뢰성을 보인다고 밝혀진 것은 아니다. 심리학 분야의 연구에 따르면 인간은 기본적으로 알고리즘보다 우월하다는 인식을 가지고 있다. 따라서 사람은 기본적으로 AI가 내린 의사결정보다 인간이 내린 의사결정을 더 신뢰하며 이러한 현상을 학자들은 알고리즘 혐오Algorithm Aversion로 정의했다(Dietvorst, Simmons and Massey, 2015). 알고리즘 혐오는 디지털 헬스케어, 마케팅, 인적 자원, 컴퓨테이셔널 저널리즘 분야 등에서 다양하게 나타났다. 예를 들어, 론고니, 보네치, 모어웨지(Longoni, Bonezzi and Morewedge, 2019) 연구에 따르면 사람들은 AI는 사전에 규명된 공식에 의해서만 의사결정을 내린다고 인식했으며, 이러한 속성은 AI 기반 헬스케어 서비스 이용에 있어 부정적 영향을 준다고 밝혀냈다. 구체적으로 사전에 규명된 알고리즘을 통해 의료 서비스를 제공하는 AI 기반 헬스케어 서비스는 인간 의사 기반 헬스케어 서비스와 비교해서 각 환자들에게 맞춤형 서비스를 제공하기 힘들다고 소비자들은 인식했기에 AI 기반 디지털 헬스케어 서비스보다 인간 의사 기반 헬스케어 서비스를 더 신뢰하고 선호하는 것으로 나타났다. 이러한 AI 혐오 현상은 컴퓨테이셔널 저널리즘 분야에서도 나타났다. 사람들은 기사 작성에 있어 인간의 전문성이 매우 중요하다고 인식했다(Go, Jung and Wu, 2014). 앞에서 논의한 것처럼 알고리즘의 경우 사전에 규명된 공식에 의해서만 기사를 작성한다고 인식하기에 독자들은 여러 맥락을 고려해 기사를 작성하는 인간 기자와 비교해서 전문성이 떨어진다고 인식했다. 이러한 이유 때문에 독자들은 알고리즘이 생성한 기사보다 인간 기자가 작성한 기사를 더 신뢰하고 선호했다.

또한 독자들은 알고리즘을 통한 기사 작성은 인간 기자의 기사 작성과 비교해서 감정의 표현이 서툴다고 인식했다. 특히, 리우와 웨이(Liu and Wei, 2019)의 연구에 따르면 독자들은 AI는 감정을 가지고 있지 않다고 인식하기 때문에 인간 기자가 작성한 기사와 비교해서 감정 전달이 부족하다고 인식했다. 이와 비슷하게 장원석 외(Jang et al., 2021)의 연구 결과에 따르면 사람

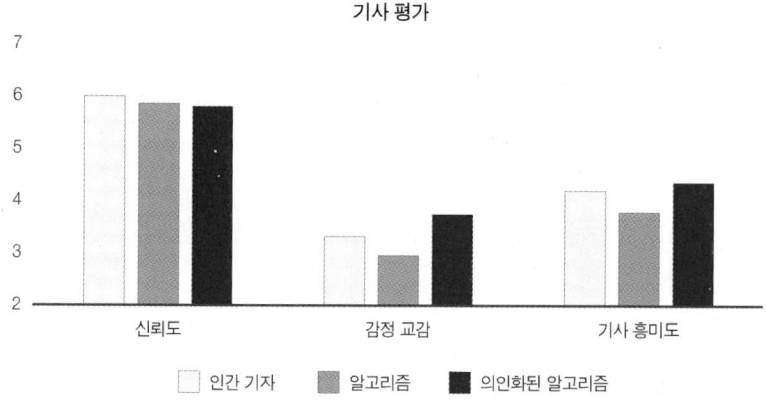

〈그림 13-3〉 의인화된 알고리즘의 긍정적 효과

기사 평가

자료: Jang et al.(2021).

들은 인간 기자가 작성한 기사를 읽었을 때 AI가 작성한 기사를 읽었을 때
보다 더 높은 감정 교감Emotional Involvement을 보인다고 밝혔으며 해당 결과
는 독자들이 동일한 기사를 읽었을 때도 동일하게 나타났다. 특히 장원석
외(Jang et al., 2021)의 연구 결과에 따르면 AI가 생성한 기사에 대한 낮은 감
정 교감은 알고리즘의 의인화를 통해 극복할 수 있다고 밝혀냈다. 인간-로
봇 상호작용 연구 분야에 따르면 로봇을 인간화하거나 인간의 성격을 부여
했을 때 사용자는 로봇을 사람과 비슷하게 인식해 더 높은 감정 교감을 보
인다고 밝혀냈다(Aggarwal and McGill, 2007; De Graaf, Allouch and Klamer,
2015). 이러한 결과를 바탕으로 장원석 외(Jang et al., 2021)는 알고리즘을 인
간화해 묘사했을 때 독자들은 알고리즘을 인간과 비슷하게 인식했고, 더 나
아가 알고리즘이 생성한 기사와 인간 기자가 작성한 기사를 비교했을 때 비
슷한 수준의 신뢰성과 감정 교감을 하는 것으로 밝혀냈다.

하지만 기존 연구 결과를 종합해 보면 기사 작성 주체(인간 vs. AI)가 기사
평가에 미치는 영향력을 계속하고 탐구하고 있음에도 불구하고 아직까지
통합된 결과는 유추되지 못하고 있다. 따라서 컴퓨테이셔널 저널리즘에 대

한 연구는 계속해서 진행되어야 하며 언론사에서도 무분별하게 알고리즘을 이용해 기사를 자동 생성하는 것보다 다양한 요소들을 고려해 컴퓨테이셔널 저널리즘을 적용해야 한다.

6. 스포츠 컴퓨테이셔널 저널리즘의 선호도를 높이기 위해 고려해야 할 사항

1) 스포츠 컴퓨테이셔널 저널리즘의 효과적인 타깃층

컴퓨테이셔널 저널리즘의 대한 평가는 기사를 접하는 타깃층에 의해 달라질 수 있다. 우선 컴퓨테이셔널 저널리즘의 타깃층을 설정하는 데 있어 ① 기사를 작성하는 분야와 ② 기사를 접하는 독자의 특성을 고려해야 할 것이다. 우선 기사를 작성하는 분야에 대해 논의해 보자. 컴퓨테이셔널 저널리즘은 방대한 양의 데이터를 수집하고 분석해 알고리즘이 자동적으로 기사를 작성한다. 이러한 관점에서 살펴보면 인간 기자의 의견 또는 서술이 주가 되는 기사보다는 데이터를 기반으로 작성될 수 있는 기사에 있어 알고리즘의 적용이 더 효과적일 수 있다. 따라서 언론사가 무분별하게 알고리즘을 적용해 기사를 자동 생성하는 것보다 데이터를 기반으로 작성할 수 있는 분야에 있어 컴퓨테이셔널 저널리즘을 적용하는 것이 더 효과적일 수 있다. 이러한 관점에서 스포츠 분야는 컴퓨테이셔널 저널리즘이 효과적으로 적용될 수 있는 분야라 생각된다. 미국의 대표 언론사인 AP통신에 따르면 컴퓨테이셔널 저널리즘의 적용은 인간 기자의 노동을 20% 이상 감소해줌으로써 인간 기자의 의견이 주가 되어 작성되어야 하는 기사에 대한 품질을 높여 줄 수 있을 것이라고 말했다. 따라서 AP통신의 경우 데이터가 기반이 되어 기사가 작성될 수 있는 경우에 알고리즘을 적극 적용해 기사를 작성하고 있다. 또한 지진 경보 또는 스포츠 경기 결과 등 빠른 시간 안에 기사가 작성되어야 하는 경우 컴퓨테이셔널 저널리즘이 효과적으로 적용될 수 있다. 예를 들어, 중요한 스포츠 경기 결과에 대한 속보의 경우 알고리즘을 적용해 신속하게 기사를 내보내고 인간의 전문성이 포함되어야 하는 부분에 있어서는 인간 기자가 작성해서 후속 기사로 내보낼 수 있을 것이다.

또한 인간-컴퓨터 상호작용 연구 분야에 따르면 새로운 기술의 적용은 노년층보다 젊은 층에 더 효과적이라는 연구 결과가 발표되었다. 모리스와 벤케이테시(Morris and Venkatesh, 2000)의 연구 결과에 따르면 젊은 층은 노년층보다 어려서부터 새로운 기술과 로봇에 더 많이 노출되었기 때문에 새로운 기술을 도입하는 데 있어 거부감을 적게 형성하며 해당 기술을 좀 더 신뢰하는 것으로 나타났다. 따라서 알고리즘의 적용을 통해 기사를 작성하는 데 있어 젊은 층이 주가 되어 기사를 구독하는 분야에 컴퓨테이셔널 저널리즘을 적용하는 것이 더 효과적일 것이라 생각된다. 이와 비슷하게 장, 곽, 부시(Jang, Kwak and Bucy, 2021b)의 연구 결과에 따르면 컴퓨테이셔널 저널리즘의 선호도는 구독자가 사전에 형성하고 있는 컴퓨테이셔널 저널리즘에 대한 지식수준에 의해 결정되는 것으로 나타났다. 좀 더 구체적으로 살펴보면 지식이 높은 독자들의 경우 알고리즘이 작성한 기사를 인간 기자가 작성한 기사보다 더 신뢰하는 것으로 나타났으며 반면에 지식이 낮은 경우에는 인간 기자가 작성한 기사를 알고리즘이 작성한 기사보다 더 신뢰하는 것으로 나타났다.

2) 스포츠 컴퓨테이셔널 저널리즘에 대한 기자들의 인식과 해당 저널리즘의 효과성을 높이기 위해 언론사에서 고려해야 할 사항

컴퓨테이셔널 저널리즘을 효과적으로 도입하기 위해서 고려해야 할 사항들이 있다. 첫 번째로, 언론사의 평판을 고려해야 한다. 리우와 웨이(Liu and Wei, 2019)의 연구 결과에 따르면 언론사에 대한 평판은 알고리즘을 통해 작성된 기사의 신뢰도와 선호도를 결정한다고 밝혀졌다. 결과를 좀 더 자세히 살펴보면 미국의 《뉴욕타임스NYT》 같이 독자들이 언론사의 평판을 긍정적으로 인식한 경우에는 알고리즘을 통해 작성된 기사가 인간 기자가 작성한 기사보다 더 높은 객관성을 보인다고 인식했다. 반면에 FOX 채널 같이 독자들이 언론사의 평판을 부정적으로 인식한 경우에는 알고리즘과 인간기자가 작성한 기사에 대해 비슷한 수준의 객관성을 보인다고 인식했다. 이러한 연구 결과는 컴퓨테이셔널 저널리즘을 적용하는 데 있어 언론사의 평판을 고려해야 하는 것이 중요하다는 것을 나타낸다. 언론사의 평판이 좋은 경우 알고리즘을 통해 자동으로 기사를 생성해도 독자들은 해당 기사 내용에 대해 신뢰하지만, 언론사의 평판이 좋지 못한 경우 알고리즘을 통해 기사를 자동 생산하는 것보다 해당 언론사의 평판을 높인 이후에 컴퓨테이셔널 저널리즘을 적용한 것이 더 효과적이라 생각된다. 그뿐 아니라 언론사는 항상 수준 높고 신뢰성 있는 기사를 작성해 독자 또는 대중으로부터 좋은 평판을 유지할 수 있도록 노력해야 한다.

두 번째로, 언론사는 컴퓨테이셔널 저널리즘을 도입하는 데 있어 알고리즘의 의인화를 고려해야 할 필요성이 있다. 알고리즘은 감정을 표현하는 데 있어 서툴다. 따라서 독자들은 알고리즘이 작성한 기사를 읽었을 때 기사 내용에 대한 감정 교감을 느끼는 데 있어 한계가 있다고 했다. 이러한 감정 표현의 한계점을 의인화를 통해 어느 정도 극복할 수 있을 것이라 생각된다. 앞에서 논의한 것처럼 장원석 외(Jang et al., 2021a)의 연구에 따르면 알고리즘의 의인화는 기사의 신뢰도뿐 아니라 감정 교감에도 긍정적 효과가 있는 것으로 나타났다. 다시 말하면 의인화된 알고리즘이 기사를 작성했을 때 독자들이 인식하는 기사에 대한 신뢰성뿐 아니라 감정 교감 역시 인간 기자가 작성했을 때와 비슷하게 높여 주는 것으로 나타났다. 이와 비슷하게 인간-로봇 상호작용 연구에 따르면 사람은 의인화된 로봇과 상호작용했을

〈그림 13-4〉 의인화된 알고리즘의 예시

때 의인화되지 않은 로봇과 상호작용했을 때와 비교해서 더 높은 감정 교류를 한 것으로 나타났다. 현재 많은 언론사에서 컴퓨테이셔널 저널리즘을 도입할 때 의인화된 로봇을 많이 이용하고 있다. 따라서 언론사에서 독자들에게 기사를 작성하는 알고리즘을 소개할 때 사람의 형태 또는 사람과 같은 성격을 부여하는 의인화 전략을 이용함으로써 독자들은 컴퓨테이셔널 저널리즘을 좀 더 긍정적으로 받아들일 것이라 생각된다.

Abstract

Sports Computational Journalism

Jang, Wonseok

Sports computational journalism has introduced with the development of artificial intelligence. Algorithms automatically write news stories without or a minimum help from human writers. Several reputable news organizations, such as Forbes and New York Times, have started to utilize algorithms to write news articles for sports fans. With this emerging trend, this chapter discusses the recent examples of sports computational journalism and its definition and key components, and further discusses how sports fans perceived the messages created by algorithms in a different way in comparison to messages created by human writers. Furthermore, several implications for new organizations are discussed in this chapter.

Chapter 14

프로스포츠의 데이터 활용 및 연구

임남헌

1. 서론: 현재는 데이터 시대

아날로그 시대를 지나 디지털 시대로 전환되면서 '정보화시대'라는 표현이 1990년대 초반에 등장했으며, 21세기 반도체 생산 기술과 무선 통신 기술의 발전으로 인해 연간 데이터를 생산하고 처리하는 양은 〈그림 14-1〉에서 볼 수 있듯이 우리의 상상을 초월할 정도로 매년 기하급수적으로 증가하고 있다.

지금의 시대는 단순히 데이터를 생산하고 처리하는 것을 넘어서 인공지능AI과 기계 학습의 시대로 발전하고 있다. 인류에게 놀라웠던 AI의 대표적인 예는 2016년 구글의 '알파고AlphaGo'와 이세돌 9단의 바둑 대국이었을 것이다. 당시 알파고에 거뒀던 이세돌 구단의 1승이 인류가 AI에게 거둔 처음이자 마지막 승리라는 것에 지금은 대부분 동의할 것이다. 당시의 알파고 버전이었던 '알파고 리AlphaGo Lee'는 기존 바둑기사들의 기보들을 학습하는

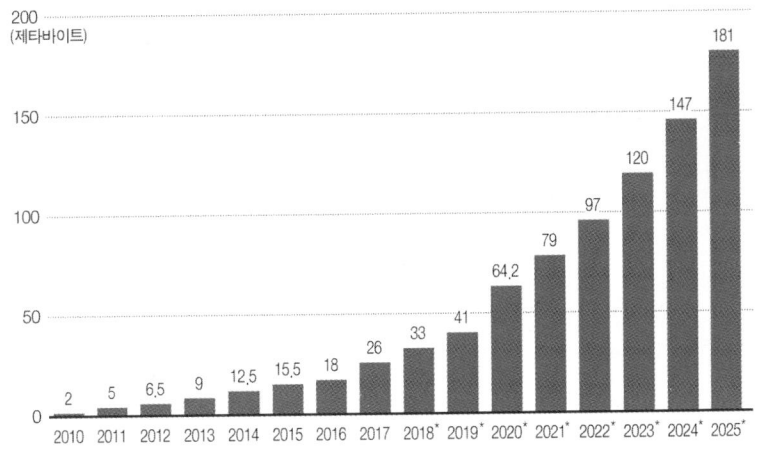

〈그림 14-1〉 전 세계에서 생성, 캡처, 복사 및 사용된 데이터/정보의 양(2010~2025)

주: 연도에서 *은 추정치.
자료: Statista(2021).

'딥러닝Deep Learning' 기술을 이용한 AI였다면, 그 후 소개된 '알파고 제로 AlphaGo Zero'의 경우는 AI 스스로 규칙을 학습하는 '강화학습' 방식으로 12개월 넘는 시간을 학습한 '알파고 리'를 70시간 만에 넘어선 것으로 알려졌다(권예슬, 2017). 이러한 발전이 1년 반 동안 이루어질 정도로 데이터를 다루는 기술은 우리의 상상을 초월해 빠르게 발전하고 있다.

현재의 시대는 인류가 기존의 PC뿐만 아니라 스마트폰으로 대표되는 모바일 기기 등을 이용함으로써 발생하는 데이터 자체도 기하급수적으로 증가하고 있으며(정용찬, 2012), 인류는 그러한 데이터를 바탕으로 AI 및 기계학습 등을 통해 재생산되는 데이터의 시대, 즉 빅데이터Big data의 시대에 살아가고 있다고 할 수 있다. 그러므로 우리 사회 전반에 변화를 주도하고 있는 빅데이터에 대한 이해와 그 활용 현황 등을 살펴볼 필요가 있을 것이다.

2. 빅데이터의 개념 및 빅데이터 활용 현황

빅데이터란 다양하고 복잡한 구조를 가진 대규모 데이터 세트를 지칭하는 용어로, 저장하고 분석하며 시각화하기 어려운 특징을 가지고 있다(Jin et al., 2015). 기존 데이터는 정형화된 수치 데이터 중심인 반면에 빅데이터의 경우는 비정형화되어 있으며 수치 데이터뿐만 아니라 문자, 영상, 위치 데이터 등을 포함하는 대규모의 데이터다(정용찬, 2012). 빅데이터의 대표적인 특징을 보통 '3Vs'로 표현하며, 이는 데이터의 양Volume, 생성 속도Velocity, 그리고 형태의 다양성Variety을 의미한다(Douglas, 2012). 최근에는 '3Vs'와 더불어 데이터의 가치Value, 정확성Veracity, 그리고 가변성Variability을 추가해 '6Vs'로 빅데이터의 특징을 표현하기도 한다. 초기의 빅데이터의 특징이 얼마나 다양하고 빠른 속도로 많은 양을 생성하는지 고려했다면, 최근에는 그 데이터 활용도의 중요성을 추가했다고 볼 수 있다.

특히 기업 경영에 빅데이터가 이용되는 대표적인 분야는 리스크 관리, 고객에 대한 이해 향상, 경쟁업체 파악, 마케팅 개인화, 트렌드 분석, 인적 자원 관리 등의 분야에서 적극적으로 활용되고 있다(Big Data Analytics News,

〈그림 14-2〉 빅데이터의 6Vs

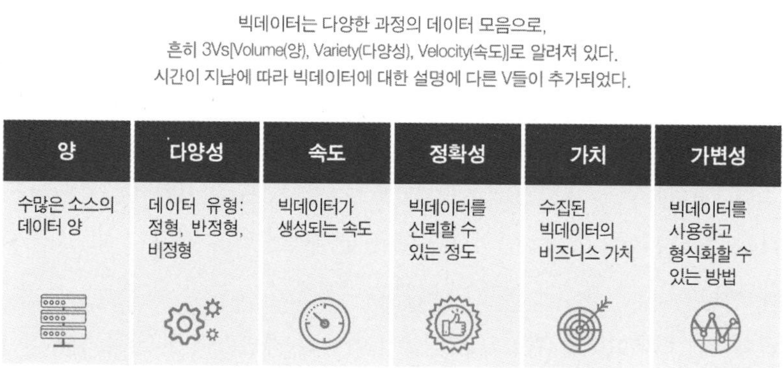

빅데이터는 다양한 과정의 데이터 모음으로,
흔히 3Vs[Volume(양), Variety(다양성), Velocity(속도)]로 알려져 있다.
시간이 지남에 따라 빅데이터에 대한 설명에 다른 V들이 추가되었다.

양	다양성	속도	정확성	가치	가변성
수많은 소스의 데이터 양	데이터 유형: 정형, 반정형, 비정형	빅데이터가 생성되는 속도	빅데이터를 신뢰할 수 있는 정도	수집된 빅데이터의 비즈니스 가치	빅데이터를 사용하고 형식화할 수 있는 방법

자료: Cheong(2020).

2020). 또한 가트너Gartner 그룹은 '빅데이터 가치 모델The Big Data Value Model'을 이용해 빅데이터 분석의 주요 활용 목적을 고객 이해Customer Insight, 제품 및 프로세스 효율성Product & Process Efficiency, 디지털 제품 & 서비스Digital Products & Service, 운영의 우수성Operational Excellence, 디지털 마케팅Digital Marketing, 리스크 관리와 규정 준수Risk Management & Compliance 등 6개의 카테고리로 구분해 설명했다(최재경, 2016). 이처럼 빅데이터는 기업 조직 내부의 효율성을 극대화하는 데 도움을 주며, 경영 외부의 환경, 즉 현재 고객층의 소비 경향과 경쟁업체와의 비교 등을 분석하고 그 결과를 통해 비즈니스의 차별화를 모색하는 데 도움을 주고 있다. 또한 고객의 기존 데이터를 바탕으로 고객마다 개별화된 마케팅 전략은 다수의 기업에서 사용하고 있는 보편화한 빅데이터 활용의 예일 것이다.

이러한 기업 경영 측면에서 기업의 효율성 및 매출 성장에 활용되고 있는 것 외에도 사회 전반에 걸쳐 빅데이터를 활용하고 있다. 빅데이터의 가장 큰 특징은 다양한 형태 및 대규모의 데이터 양일 것이다. 이러한 데이터를 처리하기 위해서는 사람의 두뇌로는 한계가 있으며 설사 할 수 있다 하더라도 많은 시간이 소요될 것이다. 그래서 인류가 만들어 놓은 수많은 데이터를 학습하고 분석하는 기계 학습 및 AI의 활용은 다양한 분야에서 이루어지고 있다. 이러한 기술을 이용해 자율 주행 운전은 상용화를 앞뒀으며, 안면 인식 기술을 통해서 범죄 용의자를 식별하고 있으며, '휴머로이드Humanoid' 로봇 기술은 최근 급속도로 성장하고 있다. 또한 구글 딥마이드의 '알파폴드2Alphfold2'의 경우는 인류가 50년 동안 풀지 못했던 단백질 폴딩(접힘)을 예측해 여러 질병에 대응하는 데 도움을 주고 있다(윤영주, 2021). 그리고 인류만의 영역으로 여겨졌던 예술 분야에서도 AI 기술이 적극적으로 활용되고 있다는 뉴스는 이제 더 이상 놀라운 뉴스가 아닐 것이다.

이처럼 빅데이터는 기업의 경영뿐만 아니라 자연과학 및 의학 분야에서의 활용을 비롯한 사회 전역에서 활용되고 있으며, 스포츠에서의 데이터 활용 또한 예외는 아니다. 스포츠에서의 데이터 활용은 데이터의 양적인 측정에서 빅데이터뿐 아니라 적은 양의 데이터 또한 다양한 방식으로 활용되고 있으므로 이번 장에서는 데이터와 빅데이터를 따로 구분하지 않으며 스포츠에서 전반적으로 활용되고 있는 데이터에 대해서 살펴보도록 하겠다.

3. 스포츠의 데이터 활용

스포츠에서 기록은 떼려야 뗄 수 없을 정도로 중요한 부분을 차지하고 있다. 스포츠 경기마다 기록의 방식은 다양한데, 모든 스포츠 경기에서 개인 혹은 팀의 기록은 항상 기록되며 이러한 기록이 데이터이고 데이터베이스Database에 보관되어 추후 언제든 확인 및 활용할 수 있게 된다. 이러한 스포츠에서의 기록들을 '온필드On-field' 혹은 '퍼포먼스Performance' 데이터라고 한다(Fried and Mumcu, 2016). 이러한 스포츠 경기 중 생산되는 데이터와는 대조적으로 경기장 외에서 발생하는 데이터를 '오프필드Off-field' 혹은 '비즈니스Business' 데이터라고 한다. 비즈니스 데이터의 경우는 일반적인 기업의 경영에 활용되고 있는 데이터의 성격과 비슷하다고 볼 수 있고, 고객의 데이터 및 스포츠 팀 운영에 관련된 데이터를 포함한다. 이러한 퍼포먼스 및 비즈니스 데이터는 아마추어 스포츠에도 다양하게 활용되고 있지만, 프로스포츠에서 좀 더 적극적으로 사용되고 있으므로 이번 장에서는 프로스포츠에 초점을 맞춰 그들의 데이터 활용을 살펴보도록 하겠다.

1) 프로스포츠의 퍼포먼스 데이터 활용

퍼포먼스 데이터는 각 스포츠 종목별로 생산되는 데이터의 종류가 다양한 만큼 그 활용 또한 다양하다고 볼 수 있다. 우선 〈그림 14-3〉과 〈그림

〈그림 14-3〉 스핀 방향(Savant, n.d.)

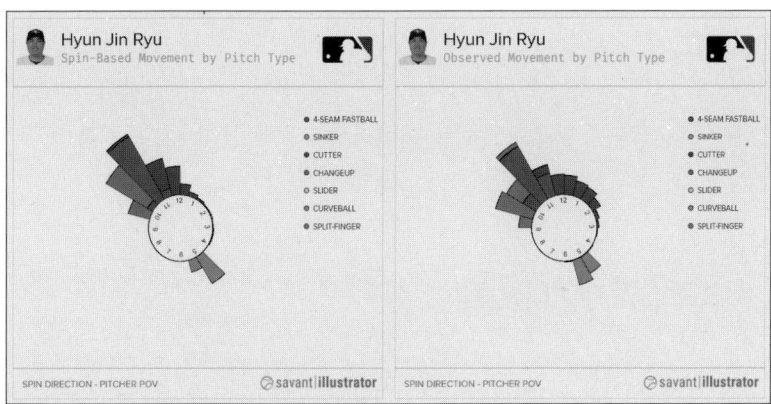

〈그림 14-4〉 스탯캐스트(Statcast) 투구 분포도(Savant, n.d.)

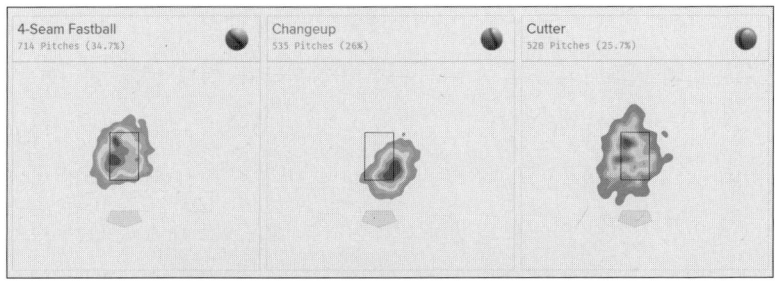

〈그림 14-5〉 앱 화면 캡처[Catapult One App(Catapult One, n.d.)]

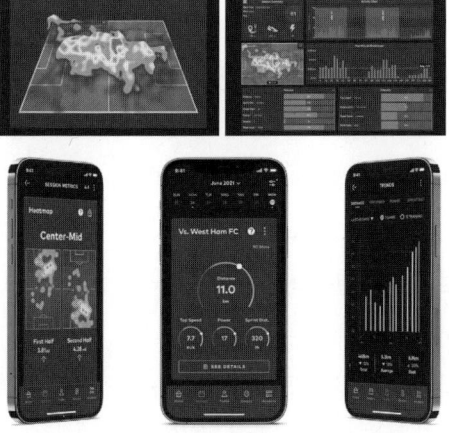

14-4〉는 토론토 블루제이스Toronto Blue Jays에서 뛰고 있는 류현진 선수의 2021년 투구 기록과 관련된 그림이다. 특히, 〈그림 14-3〉은 류현진 선수의 구종별 회전 방향, 회전 수와 공의 실질적인 움직임을 시각화한 데이터이며, 〈그림 14-4〉는 류현진 선수가 2021년 가장 많이 던진 3개 구종들의 스트라이크 존에 대한 투구 분포를 보여 준다. 〈그림 14-5〉의 경우 축구에서 훈련 및 시합 당일 선수들이 GPS를 착용해 개별 선수들의 총 뛴 거리와 순간 속도, 전력 질주 거리 등과 같은 움직임과 관련된 데이터뿐만 아니라 심박 수 등과 같이 신체 리듬 데이터 등을 실시간 확인할 수 있는 예시다.

앞서 이야기한 것처럼 종목별로 요구되는 혹은 효과적으로 이용될 수 있는 데이터는 다양하며, 그에 따라 데이터 수집 방법과 그것을 활용하는 사례는 다양하게 진화되고 있다. 특히, 스포츠에서 찰나의 시간에 선수들의 움직임을 탐지하고 감지하는 데이터는 향후 선수의 경기력을 향상시키는 데 사용될 수 있다. 고속 카메라, 고해상 카메라, 센서, 그리고 레이저 측정 등과 같은 다양한 측정 장비들의 기술 발전으로 인해 기존에 얻을 수 없었던 형태의 데이터 또한 수집할 수 있게 되었다. 이런 다양한 형태의 데이터를 '기계 학습' 등을 이용해 빠르게 분석할 수 있게 되었고 그 결과를 바로 사용자에게 제공함으로써 퍼포먼스 데이터는 경기력 향상 측면에서 중요성이 점점 커지고 있다.

퍼포먼스 데이터의 경우는 선수, 팀, 미디어뿐만 아니라 대중의 관심 또한 높으므로 데이터베이스 및 데이터 분석 서비스를 제공하는 대표 기업들인 아마존 웹 서비스AWS: Amazon Web Services, IBM 왓슨Watson, 구글 등도 주목하고 있는 분야다. 특히, 아마존 웹 서비스는 독일 분데스리가Bundesliga, 포뮬라 1F1: Formula 1 미국 미식축구리그NFL, 북미 아이스하키 리그NHL 등과 파트너십을 맺고 전통적인 경기 데이터뿐만 아니라 새로운 형태의 데이터를 실시간 수집하고 분석해 각 팀에게 제공하고 있으며, 미디어를 통해 팬들에게도 실시간 제공되고 있다. 이러한 데이터 전문 기업들의 참여로 퍼포먼스 데이터의 수집과 분석이 좀 더 정교하고 다양화될 것이며, 그로 인한 활용의 범위는 더욱 확대될 것이다.

2) 프로스포츠의 비즈니스 데이터 활용

스포츠 팀 관점에서 좋은 상품은 경기의 질이고 경기 질의 향상은 퍼포먼스 데이터가 담당하는 것이라면, 그 상품을 포장하고 판매하는 것은 비즈니스 데이터가 담당한다고 볼 수 있다. 그러한 의미에서 비즈니스 데이터의 경우는 경영의 측면에서 중요성이 있다. 스포츠 산업은 일반 산업과 다르게 사람 중심 그리고 서비스 중심의 산업이다(Lussier and Kimball, 2019). 서비스 산업에서 중요한 경영 전략은 고객이 필요로 하는 서비스를 미리 파악하고 제공하는 것이다. 스포츠 산업 또한 고객을 이해하고 고객에게 맞는 마케팅 전략을 수립하는 것이 중요하기 때문에 어느 산업보다도 '고객관계관리CRM: Customer Relationship Management'를 적용해야 하는 산업이다. 고객관계관리에서의 가장 중요한 핵심은 고객에 대한 데이터베이스를 이용해 '개별 마케팅Individual marketing', '일대일 마케팅One-to-One marketing', '관계 마케팅Relationship marketing' 등 기존의 '대중 마케팅Mass Marketing'과 차별화된 마케팅 전략을 이용하는 것이다.

통상적으로 스포츠 산업에서 퍼포먼스 데이터는 상대적으로 비즈니스 데이터에 비해 더 중요하게 간주되었다. 하지만 현재 다수의 북미 프로스포츠 팀들은 관중 수 감소 등 경영의 어려움에 직면하면서 비즈니스 데이터의 중요성을 인식하게 되었으며, 점점 고객에 대한 데이터를 이용해 고객 맞춤형 메시지나 홍보에 활용하고 있다. 비즈니스 데이터는 이러한 고객관계관리 외에도 조직 내의 문제점을 미리 파악하고, 조직의 업무 효율성을 향상하는 데 이용될 수 있을 것이다. 하지만 비즈니스 데이터의 활용은 대부분 공개되지 않고 팀, 리그에 따라 다양한 형태로 이루어지기 때문에 이번 장에서는 근래 미국 스포츠 단체 중에서 퍼포먼스 및 비즈니스 데이터 모두 적극적으로 활용하고 있는 미국 남자 프로골프 투어PGA Tour의 데이터 분석 활용 사례를 통해 스포츠 산업에서의 데이터 활용을 탐구해 보려고 한다.

먼저, 퍼포먼스 데이터 분석Performance Analytics과 관련해서 '샷링크Shotlink'라는 시스템을 운영하는 전담팀을 만들어 필드에서 발생하는 전체 선수의 모든 샷을 기록해 해당 코스의 지도Hole Map에 표시하고 이미지화해 PGA Tour 앱으로 송출하는 서비스를 시행하고 있다. 이는 모든 선수의 경기가 방송에 노출될 수는 없으므로 선수 개개인의 팬들에게 좋아하는 선수의 경기상황을 알려주는 귀한 자료로 활용된다. 샷에 대한 이미지는 단순히 이미지 송출에만 그치지 않고 샷에 대한 데이터, 즉 거리, 속도, 홀컵까지의 남은 거리 등으로 저장되어 PGA Tour 데이터 담당 부서에서 관리하고 선수 본인 또는 선수 개인의 데이터 담당 스태프에게만 제공되어 경기력 향상의 기본 자료로 활용된다. 또한, 스포츠 베팅업체와 계약을 맺고 있어 스포츠 베팅에 쓰일 수 있는 데이터를 제공하며 수익을 창출하고 있다. 참고로 베팅업체와의 계약 때문에 PGA Tour에서 대중에게 공개할 수 있는 정보의 종류에는 한계가 있어 일반 팬들은 '일반' 정보만 이용할 수 있다.

또한 비즈니스 데이터 분석Business Analytics과 관련해서 최근 플레이어 임팩트 프로그램PIP: Player Impact Program을 개발해 필드에서의 성적과는 별개로 가장 인기 있는 선수 10명을 선정해 해당 선수들에게 보너스를 제공하는 근거 자료로 활용하고 있다. 이를 가능하게 한 것은 PGA Tour 자체적으로 관련 데이터를 수집하거나 전문 업체를 통해 데이터를 구매하기 때문이다. 기본적으로 소셜 미디어(예: 트위터, 페이스북, 인스타그램)의 팔로워 수, 전 세계 포털 사이트에서의 선수 이름 검색, 기사 및 이미지 클릭 수, 광고 및 스폰서 활동을 포함한 미디어 노출 횟수 및 시간 등과 같은 데이터를 연령대별, 성별, 지역별로 구체적으로 세분화Segmentation해 각 대회에서 1, 2라운드의 가장 좋은 시간대에 방송에 중계되는 그룹의 선수를 선정하는 기준으로도 활용하고 있다. 또한 PGA Tour 내에 미디어 담당 부서는 국제 미디어 담당 부서로까지 세분화해 운영하면서 계약을 맺은 방송사 또는 포털 사이트, 언론사의 콘텐츠를 담당하며 각각의 콘텐츠에서 파생되는 데이터를 수집, 활용하고 있다.

그리고 각 대회장에서 운영하는 기념품 판매점Merchandising shop 역시 데이터를 수집, 활용하고 있는 주요한 장소 중 하나다. PGA Tour의 머천다이징 Merchandising 팀에서 PGA Tour가 주관하는 모든 대회의 기념품 판매를 담당한다. 매 대회 가장 많이 팔리는 요일, 시간대, 브랜드, 디자인, 색상, 치수 등의 데이터가 축적되어 다음 해의 상품, 디스플레이 공간 배치, 판매원의 숫자 등을 효과적으로 준비할 수 있는 근거 자료로 활용된다. 또한 모든 신용카드의 매매 정보transaction마다 지역 거주민인지 방문객인지가 구분되고 비자Visa, 마스터Master, 아멕스AMEX 등 카드사의 정보 또한 수집되어 추후 스폰서십 혹은 파트너십 등을 위한 근거 자료로 활용되기도 한다.

또한 PGA Tour는 최근 아마존 웹 서비스와 10년 계약을 체결하며 선수들의 퍼포먼스 및 비즈니스 관련 데이터 수집뿐만이 아니라 데이터 클라우드Data Cloud 시스템을 기반으로 한 데이터의 저장 및 활용을 좀 더 쉽게 이용할 수 있는 토대를 마련했다. 성공적인 사업을 위해 PGA Tour가 데이터를 얼마나 중요하게 생각하는지 알 수 있는 대목이다. PGA Tour의 예에서 볼 수 있듯이 스포츠 팬들이 경기 입장권을 구매하는 것을 시작으로 경기장 내에서 하는 모든 행동, 또는 TV와 인터넷 등의 미디어를 통해 소비되고 모든 행동이 실시간 데이터화되고 있으며 이러한 데이터는 앞으로의 비즈니스를 위해 적극적으로 활용되고 있다.

3) 다른 분야에서의 스포츠 데이터 활용

앞서 언급한 스포츠 산업에서의 데이터가 스포츠 팀 혹은 스포츠 산업에

속한 기업들이 경기력, 마케팅, 조직의 효율성 등을 향상하는 데 이용되고 있다면 스포츠 데이터 자체를 이용해 새롭게 형성되고 있는 산업이 있다. 바로 '판타지 스포츠Fantasy Sports'이며, 판타지 스포츠는 일반적으로 사용자가 가상의 팀을 구성해 개별 선수들의 실제 경기 활약도에 따라 각 사용자가 구성한 가상의 팀 성적을 계산해 다른 사용자들과 경쟁을 하는 게임의 형태라고 할 수 있다. 2019년 기준 세계 판타지 스포츠 시장은 186억 달러(약 22조 원) 규모로 2021~2027년까지 매년 13.9%씩 성장해 2027년에는 486억 달러(약 58조 원)에 이를 것으로 예상된다(Allied Market Research, 2020). 이러한 판타지 스포츠는 특히 2018년 미국 연방 법원이 스포츠 베팅의 합법화를 결정하면서 미국 시장에서 급성장하고 있다. 판타지 스포츠는 기존의 선수 혹은 팀 데이터를 이용해 경기 결과를 예측, 그에 따른 배당을 결정하게 되며, 스포츠 경기의 데이터를 실시간 반영해 고객들에게 제공된다. 이렇게 급성장하고 있는 판타지 스포츠에서 기존 기록 데이터뿐만 아니라 실시간 경기의 데이터를 수집, 분석해 예측하는 것이 중요한 부분을 차지하고 있다. 판타지 스포츠는 국내에서는 사행성에 대한 우려가 있을 수는 있으므로 조심스러운 접근이 필요하겠지만, 스포츠 데이터를 활용해 다양한 이벤트 혹은 프로모션 개발이 가능하고 그에 따른 스포츠 팬들이 기존의 경기를 관람하거나 시청하는 외에도 추가적인 스포츠에 관한 관심을 유도할 수 있는 긍정적인 요소가 있음을 간과해서는 안 된다.

아마존 웹 서비스와 더불어 대표적인 데이터 클라우드 및 분석 서비스를 제공하고 있는 IBM 왓슨은 이러한 판타지 스포츠 분야에서 적극적으로 그들의 기술력을 보여 주고 있다. 예를 들어, 미국의 대표적인 스포츠 미디어인 ESPN과 함께 ESPN 판타지 풋볼ESPN Fantasy Football 이용자의 선수를 선택하는 것에 도움이 되는 자료를 제공하고 있으며, 프로 테니스 투어의 메이저 대회인 윔블던Wimbledon과 US오픈US Open에 선수들의 기록을 바탕으로 AI 기술을 이용해 승부를 예측하고 선수별 파워랭킹 등을 계산해 사용자에게 제공하고 있다. 또한 가장 권위 있는 골프 대회 중 하나인 마스터스the Masters 대회 기간 동안 마스터스 판타지 게임the Masters Fantasy game의 모든 선수 데이터를 제공하고 있으며, 사용자가 선택한 선수들의 대회 하이라이트 등을 제공하는 등 사용자의 편의에 맞춰 정보를 제공하고 있다("IBM Sports and Entertainment", n.d.). IBM 왓슨은 앞서 언급한 판타지 스포츠뿐 아니라 미국 애틀랜타의 메르세데스 벤츠Mercedes-Benz 경기장의 모든 데이터를 관리하는 것에 기술적인 지원을 하고 있다. 예를 들어, 경기장을 방문한 관람객들은 경기가 진행되는 동안 선수, 팀과 관련된 데이터를 본인의 스마트폰을 통해서 실시간 확인할 수 있으며, 경기장 내의 편의시설에 대한 자세한 정보 또한 받을 수 있으므로 스포츠 경기 자체의 재미를 증가시킬 뿐 아니라 경기장 방문에 대한 만족도를 증가시키는 데 활용되고 있다.

이처럼 스포츠에서의 데이터 활용은 선수와 팀의 경기력 향상에 이용되고 있고 팀과 리그 혹은 스포츠 단체의 더욱 나은 비즈니스 결정 근거로 활용되고 있으며, 스포츠 팬들이 경기를 더욱 재미있게 즐길 수 있고 편리하게 경기장을 이용할 수 있는 데 도움을 주고 있다.

4. 스포츠 미디어의 데이터 활용

스포츠 경기의 소비 형태는 경기장에서 직접 관람하는 방법과 스포츠 중계를 통해 보는 방법이 있다. 직접 관람하는 것은 시간적·공간적 제약으로 인해 일부 소비자에게만 그 기회가 허용될 수 있지만, 스포츠 중계는 대중매체를 통해 더 많은 소비자에게 전달될 수 있으며, 경기 이후 재생산되는 콘텐츠 또한 스포츠 미디어를 통해 생산되고 소비되고 있다고 볼 수 있다. 이러한 관점에서 스포츠 미디어의 중요한 소비 지표는 시청률과 조회 수일 것이다. 스포츠 미디어의 콘텐츠를 생산하는 방송사 혹은 신문사 입장에서는 더 많은 소비자가 볼 수 있는 콘텐츠를 생산하고 전달하는 것이 중요하다. 이러한 개념에서 미디어의 소비 지표를 이용해 어떠한 콘텐츠가 소비자에게 더욱 관심을 받고 있는지 분석하고, 그 분석 결과는 향후 콘텐츠 생산 방향을 결정하는 것에 이용될 수 있다. 스포츠 산업에서 고객에 맞춰 서비스를 제공하는 것과 같이 스포츠 미디어 또한 개별 고객의 미디어 소비 데이터를 기초로 고객이 소비할 만한 콘텐츠를 예측하고 그에 맞게 콘텐츠를 제공하는 것은 스포츠 미디어를 포함한 미디어에서 소비자 데이터를 사용하고 있는 대표적인 예다. 이와 관련해서 이 책 "제12장 스포츠 미디어 시청자 수요"에서 미디어 시청률 데이터가 어떻게 분석되고 활용될 수 있는지 구체적으로 확인할 수 있을 것이다.

앞서 언급한 것과 같이 미디어 산업적인 측면에서 데이터가 이용되고 있는 점 외에도 미디어 콘텐츠 자체에서도 다양한 데이터가 사용되고 있다. 이러한 미디어 내에서의 데이터 활용은 스포츠 미디어 콘텐츠 자체를 풍부하게 하고 있다. 예를 들어 골프 중계에서는 선수의 드라이버로 티샷한 공은 어떠한 궤도로 날아가는지 중계를 보는 시청자로서는 알기 쉽지 않았지만, 〈그림 14-6〉과 같이 공을 추적하는 선과 속도를 화면에 동시에 보여줌으로써 시청자가 공의 궤도를 바로 인식할 수 있게 도와준다. 〈그림 14-7〉

〈그림 14-6〉 골프볼 추적

자료: Reedy(2019).

<그림 14-7> MLB의 스탯캐스트

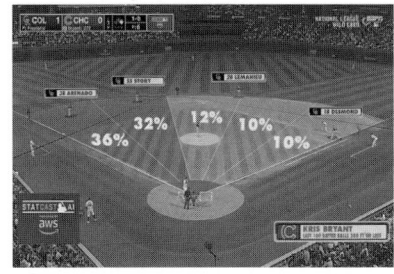

자료: Dachman(2019).

의 경우는 시청자가 경기 중 궁금해 할 수 있는 데이터를 이용해 화면에 시
각화해서 보여 주거나, 투수의 투구 혹은 타자의 타구 궤적, 속도, 방향 등
을 보여줌으로써 골프와 마찬가지로 시청자의 시각적 흥미를 증진시키는
역할을 하고 있다. 스포츠에서 퍼포먼스 데이터는 측정 장비 기술의 발전을
기초로 다양한 형태의 데이터로 수집되고 분석되어 선수와 팀의 경기력 향
상에 이용된다면 같은 기술의 발전이 스포츠 미디어에서는 시청자의 흥미
를 유도할 수 있는 다양한 시각적 자료를 제공하는 것에 이용되고 있다.

　이러한 스포츠 미디어의 시각적 효과를 증진하는 것 외에도 데이터베이
스화된 오래된 기록 데이터는 과거의 기록과 현재의 기록들을 쉽게 비교할
수 있게 되어 미디어를 통해 소개된다. 예를 들어 20세기 초반 메이저리그
MLB에서 활약했던 베이브 루스Geroge Herman "Babe" Ruth와 1세기가 지난 2021
년에 활약하고 있는 오타니 쇼헤이Ohtani Shohei를 비교하는 기사는 100여 년
간의 MLB의 기록들이 데이터베이스화되었기에 가능한 것이다. 스포츠에
서 기록이 중요한 부분을 차지하고 있는 만큼 기록은 데이터베이스화되며,
스포츠 미디어에서는 그 기록 자체가 콘텐츠로 활용되고 있다. 그러므로 실
시간 생성되는 데이터뿐만 아니라 기존의 기록 데이터는 스포츠 미디어에
서 활용되고 있는 중요한 콘텐츠라고 할 수 있다.

또한 스포츠 중계나 뉴스 등의 전통 미디어 외에도 스포츠 데이터를 활용한 미디어가 꾸준히 새로운 형태로 소비자에게 소개되어 있다. 종목별로 일반 사용자가 접근할 수 있는 데이터를 제공하고 직접 콘텐츠를 생산하는 소셜 미디어를 예로 들 수 있을 것이다. 특히 스포츠 레퍼런스Sports References LLC는 2000년 MLB(baseball-reference.com)를 시작으로 미국 프로농구NBA, NFL(pro-football-reference.com), NHL(hockey-reference.com) 등의 프로스포츠뿐만 아니라 미국 대학 스포츠NCAA 미식축구(sports-reference.com/cfb/)와 농구(sports-reference.com/cbb/)에 대한 자세한 개별 선수, 팀 및 시즌별 상세한 기록을 제공하고 있으며, 축구(fbref.com/)의 경우는 북미 지역뿐만 아니라 국가별 리그에 대한 정보를 포함하고 있다. Sport Reference LLC의 경우는 상대적으로 스포츠 데이터를 일반에게 제공하는 것에 중점을 둔 반면, 야구의 팬그래프FanGraphs.com와 축구의 트랜스퍼마켓TransferMarket.com은 야구와 축구 종목의 다양한 데이터를 제공하는 것 외에도 일반 이용자들이 데이터를 이용해 분석한 콘텐츠를 자유롭게 게시하고 서로 토론할 수 있는 공간을 마련했다. 그로 인해 해당 스포츠 마니아들의 다양하고 창의적인 콘텐츠들이 공유되고 있으며, 이 가운데 대중의 관심을 끄는 콘텐츠는 전통 미디어를 통해 다시 소개되고 있는 현상을 볼 수 있다. 이처럼 일반 이용자에 대한 데이터 접근성을 낮춤으로써 이용자가 직접 창작 콘텐츠를 만들고 다른 이용자와 의견을 교환하는 형태의 소셜 미디어가 꾸준히 도입되고 발전하고 있다.

5. 스포츠 산업에서의 데이터 연구 및 미래의 연구 방향

스포츠 산업에서 데이터 활용은 늘어났고 그에 대한 수요도 증가하고 있지만, 빅데이터를 포함한 데이터를 활용한 학술 연구는 많지 않은 것이 현실이다. 또한 스포츠 비즈니스 측면에서의 연구보다는 스포츠 퍼포먼스 데이터에 대한 분석이 대부분을 차지하고 있다(Watanabe, Shapiro and Drayer, 2021). 스지맨스키(Szymanski, 2020)는 스포츠에서의 빅데이터에 관한 연구에 대해 대규모 데이터를 분석하면서 그것에 대한 충분한 이론적 배경이 부족하며, 데이터를 이용한 이익을 주로 추구하기 때문에 지식의 축적이 방해될 수 있으며, 마지막으로 스포츠 데이터 분석의 가장 중요한 부분은 데이터를 통한 예측이지만 그 부분을 검증하기가 어렵다는 점을 지적하며 세 가지 우려 사항을 언급했다. 비록 빅데이터를 이용한 연구가 많이 존재하지는 않지만, 와타나베, 샤피로, 드레이어(Watanabe, Shapiro and Drayer, 2021)는 빅데이터를 이용한 최근의 6개 연구 중 대학 미식축구의 경기와 지역 호텔의 수요를 분석한 연구(DeSchriver et al., 2021), '호주 축구Australian Rules Football'에서의 '노쇼no show' 행동을 분석한 연구(Karg, Nguyen and McDonald, 2021), 그리고 NBA에서 방문 팀의 '고의적인 패배tanking'에 따른 홈 팀 팬들의 트위터와 관중 수의 영향을 분석한 연구(Gong et al., 2021) 등 3개의 '소비자 수요Consumer demand' 연구를 소개했다. 이를 통해 소비자 수요 분석 연구가 빅데이터를 이용한 연구들의 주요 주제임을 알 수 있다.

이러한 주제는 스포츠 팀 또는 단체의 비즈니스 개선에 도움이 될 수 있는 주제임에도 불구하고 앞서 언급한 빅데이터 연구의 세 가지 우려 사항뿐만 아니라 스포츠 비즈니스 데이터는 접근성의 한계를 가지고 있으므로 그와 관련된 많은 연구를 기대하긴 어렵다. 스포츠 산업뿐만 아니라 어떤 기업이나 조직의 사업과 관련된 데이터는 내부적으로 기밀에 해당하기 때문에 일반인의 접근이 제한되어 있는 것이 사실이다. 이러한 한계를 극복하기 위해서는 연구자와 지역 스포츠 팀 또는 단체와의 프로젝트를 통해 상호 도움을 받을 수 있는 접근이 필요할 것이다. 스포츠 팀 입장에서는 선수에 대한 퍼포먼스 데이터뿐만 아니라 경기장을 찾고 기념품을 구매하고 경기를 시청하는 그들의 소비자에 대한 다양한 비즈니스 데이터를 보유하는 반면에 그 데이터의 활용 방법에 대해서 어려움을 가질 수 있다. 실제로 한국 프로야구 현장에서의 데이터 활용에 관한 연구(박태환·이준성, 2021)에 따르면 데이터 활용에 대한 거리감, 즉 데이터 활용의 난해함, 데이터에 대한 신뢰도 부족 및 데이터 수용에 대한 부담으로 인해 데이터의 활용에 제한이 있는 것으로 확인되었다. 그에 반해 연구자는 데이터를 가공, 분석, 해석해 활용할 수 있는 방안들을 제시할 수 있으므로 현장에서의 데이터 활용에 도움이 될 수 있다. 실례로 앞서 언급한 PGA Tour의 데이터 활용의 예도 PGA Tour 본사가 위치한 지역 대학인 노스플로리다주립대학the University of North Florida과의 프로젝트를 통해 발전해 나가고 있으며, 많은 스포츠 팀이 지역 대학들과 그들의 비즈니스 환경을 개선하기 위해서 다양한 프로젝트를 진행하고 있다. 물론 데이터의 공개 제한으로 모든 프로젝트가 학문 연구로 발전할 수 있는 것은 아니겠지만, 이러한 프로젝트가 증가할수록 그들 중 일부는 학문 연구로의 발전을 기대할 수 있다.

기존의 스포츠 혹은 스포츠 미디어의 연구 방향은 '소비자 행동Consumer behavior'을 이해하는 것에 주안점을 두고 있다. 소비자 행동 연구는 소비자의 의사결정 과정과 정보처리 과정을 이해하고 소비자의 브랜드나 상품에 대한 기억 및 태도뿐만 아니라 개인적 혹은 환경적 영향 요인들이 어떻게 소비 행동에 영향을 주는지 분석해 어떠한 마케팅 전략이 효과적인지에 대해 연구한다(최병용, 2000). 특히, 스포츠만이 가진 특성이 일반 상품과는 다르므로 기존의 이론들을 스포츠에 적용해 스포츠 팬이나 일반 소비자의 스포츠 소비 행동을 설명하거나 그 이론을 수정하는 과정을 통해서 스포츠 소비 특성에 맞는 이론들을 확립했다. 기존의 연구들이 소비자가 왜 소비를 하는지 이해하는 데 도움이 된다면, 빅데이터를 이용한 소비자 연구는 현재의 소비 트렌드를 데이터를 통해서 확인하고 앞으로의 소비를 예측하는 데 도움이 된다고 볼 수 있다. 예를 들어 기존의 연구들은 고객 나이에 따른 소비 결정 과정이 다른 원인을 설명할 수 있다면, 빅데이터의 경우는 고객 나

이를 포함한 소비자 데이터를 통해 나이에 따른 실질적인 소비 현상인 결과의 차이를 확인시켜줄 수 있다. 나이뿐만 아니라 성별, 지역, 학력 등 다양한 조건에 따른 소비 현상을 분석하는 것이 가능하며, 이를 통해 앞으로의 소비를 다층적으로 예측할 수 있게 된다.

스포츠 미디어에서도 콘텐츠에 대한 시청률 및 조회 수와 빅데이터를 이용해 '소비자 수요'를 다층적으로 분석 및 예측할 수 있으며, 이를 스포츠 팀이나 선수들의 '소셜 미디어'의 이용에 대한 주제로 확대할 수 있다. 기존의 연구에서 사용되었던 소득이나 성별 등과 같은 전통적인 그룹 세분화를 대신해 특정 용어를 검색하는 것과 같은 소셜 미디어 사용의 특징에 따라 그룹을 세분화함으로써 기존과는 다른 세분화로 다른 시각에서 각 그룹의 소셜 미디어의 소비 패턴을 이해할 수 있게 된다(Watanabe, Shapiro and Drayer, 2021). 또한 소셜 미디어에서는 하루에도 엄청난 양의 콘텐츠가 생산되고 있으므로 사람의 힘으로 그것을 분석하는 것은 불가능에 가깝다. 그러므로 이러한 데이터는 '기계 학습'을 이용해 수백 만 개의 소셜 미디어 콘텐츠를 동시에 분석할 수 있다. 이렇게 분석된 데이터는 '사회망 분석Social Networking Analysis' 등을 통해 중심이 되는 특정 사용자를 확인할 수 있으며, '소시오그램Sociogram'을 통해서 관계도를 도표화할 수 있다(Hambrick, 2013). 이러한 소셜 미디어의 사용에 따른 관계도를 분석함으로써 마케팅 대상이 되는 그룹을 좀 더 효과적으로 구분할 수 있게 되며, 그에 따른 비즈니스 의사결정 과정에 도움을 받을 수 있다.

스포츠 산업과 스포츠 미디어에서는 매 순간 다양한 형태의 데이터가 생성되고 있으며, 이를 활용하는 다양한 방법이 개발되고 발전하고 있다. 스포츠 산업 전반에 퍼포먼스 데이터의 활용이 현재는 우세하지만, 비즈니스 데이터 활용의 중요성은 점점 커지고 있다. 이러한 변화에 연구자로서 스포츠 산업에 적용할 수 있는 학문적·경험적 방법들을 제시할 필요가 있으며 컴퓨터 과학과 기술의 발전이 사회 변화에 어떤 영향을 미치는지 이해하고 그 영향이 스포츠 산업에는 어떤 변화를 이끌지 생각해 볼 필요가 있다.

또한 우리 사회에서는 계속해서 데이터의 중요성이 강조될 것이다. 데이터를 이용해 사회 현상을 해석하고 예측할 것이며, 스포츠와 스포츠 미디어 현장에서도 이 현상이 예외가 될 수 없을 것이다. 하지만 스포츠만이 가지고 있는 가치가 일반 산업 및 서비스와는 차별화되어 있는 만큼 스포츠에서의 데이터의 역할은 다른 산업 혹은 분야에서의 역할과는 또 다른 모습일 것이다. 스포츠 데이터 분석 결과의 해석은 결국 스포츠와 스포츠 미디어에 대한 이해를 기초로 이루어져야 하므로 스포츠/스포츠 미디어 연구자의 역할은 앞으로 더 중요해 질 것이다. 하지만 빠르게 발전하고 있는 데이터 기술의 활용에 대해 적극적으로 이해하고 연구할 필요가 있음을 잊지 않아야 할 것이다.

Abstract

Professional Sports' Data Usage and Research

Lim, Namhun

We are living in era that is driven by the active use of data. Both people and artificial intelligence generate and reproduce data through various methods, such as machine learning. We are witnessing an exponential growth in the application of data in a wide array of academic disciplines (e.g., social science, natural science, medicine), which is also adopted in the business decision-making process of many companies. With the rising importance of data usage in the sports industry, this chapter examines the current use of data in sports and sports media. Because professional sports epitomizes a setting within the sports industry that actively utilizes data, this chapter focuses on identifying the detailed ways, in which professional sports generates and benefits from data. In addition, the current status and prospects of research using data in sports and sports media are discussed in this chapter.

참고문헌

Chapter 1

김경호. 2020. 『한국의 스포츠신문』. 서울: 글누리.

김원제. 2004. 「미디어스포츠의 기원 및 변동 과정: Elias의 결합태 이론 적용」. ≪한국스포츠 사회학회지≫, 17(2), 203~222쪽.

송해룡. 1993. 『스포츠 커뮤니케이션론』. 전예원.

_____. 1999. 『디지털 커뮤니케이션과 스포츠콘텐츠』. 서울: 커뮤니케이션북스.

_____ · 최동철. 2001. 『미디어 스포츠와 스포츠 커뮤니케이션』. 커뮤니케이션북스.

유상건. 2020. 『스포츠 저널리즘:코너스툴과 라커룸』. 서울: 지금.

_____. 2021. 10. 「저널리즘 사라진 스포츠 보도, 외설·선정 넘어 '진지한 저널리즘' 실천해야」. ≪신문과 방송≫, 610, 33~36쪽.

유상건·노광우 옮김. 2017. 『글로벌 미디어 스포츠: 흐름, 형태 그리고 미래』. 서울: 명인문화사.

유상건·폴 피더슨. 2012. 『스포츠 커뮤니케이션』. 레인보우북스.

이익주. 2009. 「한국스포츠사회학 분야에서 미디어/스포츠 연구: 개념 정립과 연구 분류」. ≪한국스포츠사회학회지≫, 22(4), 45~60쪽.

최영환·최정웅··정현태. 2007. 『미디어스포츠의 연구 동향 분석』. 한국스포츠리서치, 18(1), 179~190쪽.

Abeza, G., N. O'Reilly and J. Nadeau. 2014. "Sport Communication: A multidimensional assessment of the field's development." *International Journal of Sport Communication*, 7, pp. 289~316.

Boyle. 2006. *Sports journalism: Context and issues*. Thousand Oaks, CA:Sage.

Chaffee, S. H. and C. R. Berger. 1987. "The study of communication as a science." In C. R. Berger and S. H. Chaffee(Eds.). *Handbook of communication science*(pp. 15~19). Newbury Park, CA: Sage.

Croteau, D. and W. Hoynes. 2003. *Media society: Industries, images, and audience.* Thou sand Oaks, CA:Sage.

Hambrick, M. E. 2017. "Sport communication research: A social network analysis." *Sport Management Review*, 20(2), pp. 170~183.

Horky, T. and B. Stelzner. 2015. "Sports reporting and journalistic principles." In P. M. Pedersen(Ed.). *Handbook of Sport Communication*(pp. 118~127), NY; Routledge.

Kinkema, K. M. and J. C. Harris. 1998. "MediaSport studies: Key research and emerging issues." In L. A. Wenner(Ed.). *MediaSport*(pp. 27~54). New York: Routledge.

Kirk, M. et al. 2014. 21. "League of Denial: The NFL's concussion crisis." In D. Starkman, M. M. Hamilton and R. Chittum. *The Best Business Writing 2014*(pp. 322~382). Co lumbia University Press.

Miller, K. 2005. *Communication theories: Perspectives, processes, and contexts*(2nd ed.). New York: McGraw-Hill.

Pedersen, P. M., K. S. Miloch and P. C. Laucella. 2007. *Strategic sport communication.* Champaign, IL: Human Kinetics.

Pedersen, P. M. et al. 2017. *Strategic sport communication*(2nd Ed.). Champaign, IL: Human Kinetics.

_____. 2021. *Strategic sport communication*(3rd ed.). Champaign, IL: Human Kinetics.

Richwine, L. 2020. Aug 8. U.S. ratings for Tokyo Olympics plunge to half of 2012 Games. 〈Reuter〉. URL: https://www.reuters.com/business/media-telecom/nbc-says-tokyo-oly mpics-tv-ratings-slide-15-mln-streaming-sets-record-2021-08-09/

Ridings, J. W. 1934. "Use of slang in newspaper sports writing." *Journalism Quarterly*, 11(4). pp. 348~360.

Rosenberry, J. and L. A. Vicker. 2009. *Applied mass communication theory.* Boston: Pear son Education.

Rowe, D. 2011. *Global Media Sport: Flows, forms and futures.*

_____. 2019. "The worlds that are watching: Media, Politics, Diplomacy, and the 2018 PyeongChang Winter Olympics." *Communication and Sport*, 7(1), pp. 3~22.

Slack, T. 1998. "Is there anything unique about sport management?" *European Journal for Sport Management*, 5(2), pp. 21~29.

Trujillo, N. 2003. "Introduction." In S. B. Roberts and D. J. O'Rourke III.(Eds.). *Case studies in sport communication*(pp. xi~xv). Westport, CT: Praeger.

West, R. and L. H. Turner. 2007. *Introducing communication theory: Analysis and application*(3rd ed.). New York: McGraw-Hill.

Whannel, G. 2000. "Sport and the media." In J. Coakley and E. Dunning(Eds.). *Handbook of sport studies*(pp.291~308). NY: Sage.

Yoo, S. K., L. R. Smith and D. Kim. 2013. "Communication theories and Sport Studies." In P. M. Pedersen(2013). *Handbook of Sport Communication*(pp. 8-19). NY: Routledge.

Chapter 2

김성량. 2015. 「초고화질 영상산업 동향」. ≪방송통신전파저널≫, 4, 54~61쪽.

김용은. 2015. 「디지털 융합 환경에 따른 미디어스포츠 생산 및 유통과정의 진화」. 성균관대학교 일반대학원 박사논문.

김지균. 2017. 「지능형 미디어 서비스 R&D 추진방향」. 2017 한국방송·미디어공학회 하계학술대회.

김한수. 2020. 「4차 산업혁명에 대한 우리나라 기업의 준비 수준에 관한 연구」. ≪기술경영≫, 5(2), 151~169쪽.

김홍희. 1992. 「비디오 아트: 소통의 문제와 대중 미학」. ≪문학과 사회≫, 20, 1255~1272쪽.

박성희·한승진·서원재. 2017. 「스포츠 콘텐츠 유통의 새로운 패러다임: 스포츠의 뉴미디어화」. ≪한국유통과학회지≫, 15(10), 93~103쪽.

박정환·장경로. 2007. 「공식스폰서와 앰부시 마케팅 집행사의 인지 여부에 따른 광고태도, 브랜드태도, 기업이미지, 그리고 구매의도」. ≪한국 스포츠산업경영학회지≫, 12(2), 17~29쪽.

성동규. 2007. 『사이버커뮤니케이션』. 파주: 세계사.

원영신·함은주. 2010. 『미디어스포츠 플러스』. 서울: 대경북스.

유상건. 2020. 『스포츠저널리즘: 코너스툴과 라커룸』. 서울: 도서출판 지금.

_____·폴피더슨. 2012. 『스포츠 커뮤니케이션: 한국의 스포츠를 움직이는 사람들』. 서울: 레인보우북스.

임번장. 2012. 『스포츠사회학 개론』. 레인보우북스.

장건희. 2004. 「프로야구 구단의 조직구조특성이 커뮤니케이션 및 조직성과에 미치는 영향」.

단국대학교 대학원 박사학위논문.

장윤정·김철우. 2010. 「스마트폰 시장의 진화와 안드로이드의 영향」. ≪정보과학회지≫, 28
 (5), 48~56쪽.

전숙희. 2017. 「라디오방송의 어제와 오늘 그리고 내일」. ≪방송기술저널≫ 기획.

정승일. 2010. 「안드로이드 플랫폼과 스마트폰 기술 발전 동향」. 대한전자공학회 학술대회,
 2010, 6, 2000~2001쪽.

조용성·이남경·최동준. 2020. 「미디어와 AI 기술: 미디어 지능화」. ≪전자통신동향분석≫, 35
 (5), 92~101쪽.

한국정보화진흥원. 2020. 『2020 국가정보화백서』.

한균태 외. 2006. 『현대사회와 미디어』. 서울: 커뮤니케이션북스.

한기원. 2019. "홍주목 당시 책을 인쇄하던 '홍주간행소' 최초 언론활동." ≪홍주일보≫ 2019년
 8월 10일 자.

Berniker, H. 1996. *Intemnet Begins to Cut into TV Viewing*. Broadcasting & Cable.

Brand, S. and R. E Crandall. 1988. "The media lab: Inventing the future at MIT." *Computers
 in Physics*, 2(1), pp. 91~92.

Hybels, S. and R. L. Weaver II, 1986. *Communicating effectively*.

Kang, J. M. 1999. *Inside and Outside of Popular Culture*. Seoul, Korea: Inmul & Sasang.

Kim, S., B. K. Ahn and M. M. Mench. 2008. "Physical degradation of membrane electrode
 assemblies undergoing freeze/thaw cycling: Diffusion media effects." *Journal of Power
 Sources*, 179(1), pp. 140~146.

Mandese, J. and M. Weiner. 1996. "Spindex." *Advertising Age*, 67(46), pp. 48~48.

McDaniel, S. R. and M. Armstrong. 1994. *The symbiotic relationship between sports pro-
 gramming and new communication technology: Implications for mass communica-
 tion research*. In annual meeting of the Western States Communication Association,
 San Jose, CA.

Meenaghan, T. 1991. "The role of sponsorship in the marketing communications mix."
 International journal of advertising, 10(1), pp. 35~47.

Park, S. H. 2012. "Understanding Movie and Its Space As New Media: Space Media in Ava-
 tar." *Journal of Communication Science*, 12(1), pp. 39~67.

Pitts, B. G. and D. K. Stotlar. 2007. "Fundamentals of sport marketing." *Fitness information
 technology*.

Wenner, L. A.(ed.). 1989. *Media, sports, and society*. sage.

http://journal.kobeta.com/%EA%B8%B0%ED%9A%8D-%EB%9D%BC%EB%94%94%EC%98
%A4%EB%B0%A9%EC%86%A1-%EC%96%B4%EC%A0%9C-%EC%98%A4%EB%8A%98-
%EB%82%B4%EC%9D%BC/

http://www.heritage.go.kr/heri/cul/culSelectDetail.do?ccbaCpno=4411105110000&pageNo
=1_1_1_1

http://www.hjn24.com/news/articleView.html?idxno=35375

http://www.kyobobook.co.kr/product/detailViewKor.laf?mallGb=KOR&ejkGb=KOR&barc
ode=9788964061510#N

https://eyesofageneration.com/vladimir-zworykin-the-iconoscope-and-the-kinescope

Chapter 3

이상길. 2019. 「텔레비전의 일상적 수용과 문화적 근대성의 경험: 1960~70년대를 중심으로」.
≪언론과 사회≫, 27(1), 59~129쪽.

임종수. 2007. 「HLKZ-TV, 텔레비전과의 조우: 1956~1959」. ≪언론과 사회≫, 15(2), 57~96쪽.

손환·하정희. 2013. 「손기정의 민족의식 형성에 관한 연구」. ≪한국체육학회지≫, 52(2), pp.
19~28쪽.

정준영. 2011. 「우리들의 일그러진 영웅: 스포츠 열풍과 한국사회」. ≪한국학≫(구 정신문화
연구), 34(3), 301~337쪽.

주재원·나보라. 2009. 「올드미디어는 뉴미디어를 어떻게 재현하는가?: 텔레비전과 인터넷 관
련 신문 보도를 중심으로」. ≪언론과 사회≫, 17(2), 2~48쪽.

Abramson, A. 2003. *The history of television, 1942 to 2000*. North Carolina: McFarland &
Co., Publishers

Bjola, C. and M. Kornprobst. 2007. "Security communities and the habitus of restraint:
Germany and the United States on Iraq." *Review of International Studies*, 33(2), pp.
285~305.

Chun, W. H. K., A. W. Fisher and T. Keenan. 2004. *New media, old media: A history and
theory reader*. Milton Park: Routledge.

Crowther, N. B. 2007. *Sport in ancient times*. CT: Greenwood Publishing Group.

Devereux, E. 2013. *Understanding the media*. London: Sage Publications Ltd.

Dunning, E. 1999. *Sport matters: sociological studies of sport, violence, and civilisation*.

London: Routledge.

_____. 2010. "Figurational/process-sociological reflections on sport and globalization: Some conceptual-theoretical observations with special reference to the 'soccer'form of football." *European Journal for Sport and Society*, 7(3-4),pp. 183~194.

_____ and J. Hughes. 2012. *Norbert Elias and modern sociology: Knowledge, interdependence, power, process.* London: A&C Black.

_____ and C. Rojek(eds.). 1992. *Sport and leisure in the civilizing process: critique and counter-critique.* London: Routledge.

Elias, N. 1978. *What is sociology?.* New York: Columbia University Press.

_____ and Dunning, E. 1986. *Quest for Excitement.-Sport and Leisure in the Civilising Process.* Oxford: Blackwell Publishers.

Lefever, K. 2012. *New media and sport: International legal aspects.* The Netherlands: Springer Science & Business Media.

Leiner, B. M. et al. 2009. "A brief history of the Internet." *ACM SIGCOMM Computer Communication Review*, 39(5), pp. 22~31.

Loyal, S. and S. Quilley. 2004. *The Sociology of Norbert Elias.* Cambridge: Cambridge University Press.

García, R. S. 2018. "The development of Mixed Martial Arts: using the quest for excitement and informalization to understand sportization." *Figurational Research in Sport, Leisure and Health*(pp. 71~84). Routledge.

Gray, A. and E. Bell. 2013. *History on television.* Oxen: Routledge.

Hiebert, R. A. and S. Gibbons. 2017. *Exploring mass media for a changing world.* Oxen: Routledge.

Maguire, J. 1999. *Global sport: Identities, societies, civilizations.* Oxford: Blackwell Publishing.

_____. 2004. "Globalisation and the Marking of Modern Sport." *Sporwissenschaft: The German Journal of Sport Science*, 34(1), pp. 7~20.

_____. et al. 2002. *Sport worlds: A sociological perspective.* IL: Human Kinetics.

McQuail, D. 2013. "The media audience: A brief biography-Stages of growth or paradigm change?." *The Communication Review*, 16(1-2), pp. 9~20.

Mennell, S. 1992. *Norbert Elias.* Oxford: Blackwell.

_____ and J. Goudsblom. 1998. *Norbert Elias on civilization, power, and knowledge: selected writings*. Chicago: University of Chicago Press.

Narula, U. 2006. *Communication models*. New Delhe: Atlantic Publishers & Dist.

Negrine, R. 2008. *The transformation of political communication: Continuities and changes in media and politics*. Hampshire: Macmillan International Higher Education.

Olofsson, G. 2000. "Norbert Elias." in Heine Andersen, Lars Bo Kaspersen(ed.). *Classical and Modern Social Theory*(pp. 361~375). Malden, Mass: Blackwell Publishing.

Raymond, J. 2005. *The invention of the newspaper: English newsbooks*, pp. 1641~1649. Oxford: Oxford University Press.

Schulz, W. 2004. "Reconstructing mediatization as an analytical concept." *European journal of communication*, 19(1), pp. 87~101.

Slotten, H. R. 2006. "Universities, public service experimentation, and the origins of radio broadcasting in the United States, 1900-1920." *Historical journal of film, radio and television*, 26(4), pp. 485~504.

Spurgeon, C. 2007. *Advertising and new media*. Oxen: Routledge.

Stead, D. 2003. "Sport and the Media." In B. Houlihan(ed.). *Sport and society: A student introduction*(pp. 184~200). London: Sage.

Van Couvering, E. 2004, July. "New media? The political economy of Internet search engines." In Annual Conference of the International Association of Media & Communications Researchers, Porto Alegre, Brazil(pp. 25~30).

Warner, C. 2009. *Media selling: television, print, internet, radio*. Oxford: John Wiley & Sons.

Washbourne, N. 2010. *Mediating politics: Newspapers, radio, television and the internet*. UK: McGraw-Hill Education.

Chapter 4

강남준·정영호. 2010. 「네트워크 분석을 활용한 다채널 시대의 시청행태 분석」. ≪한국방송학보≫, 24(6), 323~363쪽.

강남준·조성동. 2008. 「수용자분극화: 채널이용 파편화 과정에서 나타난 다채널 수용자의 분극화 현상 규명을 중심으로」. ≪한국방송학보≫, 22(5), 323~361쪽.

김기한·김종호. 2019. 「올림픽의 사회적 소통 유발효과: 2016 리우하계올림픽 온라인 언론 보도와 댓글 분석」. ≪한국스포츠산업경영학회지≫, 24(1), 15~30쪽.

김기한·노예영. 2016. 「수용자 파편화와 분극화 현상 분석을 통한 스포츠방송 콘텐츠의 사회 통합 기능 검증 네트워크 분석을 중심으로」. ≪미디어 경제와 문화≫, 14(1), 7~38쪽.

_____. 2020. 「평창올림픽의 사회적 시청 이슈 분석」. ≪한국스포츠산업경영학회지≫, 25(6), 1~17쪽.

김기한·노예영·류윤지. 2016. 「공익성에 기여하는 스포츠방송 프로그램의 사회적 효용 개념 제시와 척도 개발」. ≪한국방송학보≫, 30(6), 5~38쪽.

김성길. 2007. 「융합시대 스포츠 방송의 공공성에 관한 연구」. ≪한국방송학보≫, 21(5), 38~83쪽.

김종호·김기한. 2022. 「올림픽 시청의 사회자본 형성 효과: 사회적 대화의 매개효과와 종목 다양성의 조절효과」. ≪한국스포츠사회학회지≫.

박소영. 2021. "도쿄올림픽 설문". ≪중앙일보≫. https://www.joongang.co.kr/article/25001322

송윤경. 2021. "너, 내 배구 동료가 돼라" … 2030 여성들 '배구 열풍'. ≪경향신문≫. https://n.news.naver.com/article/032/0003091827

양정애·이현우. 2013. 「크로스플랫폼 뉴스소비 유형에 따른 커뮤니케이션 효과 격차: 정치지식, 정치효능감, 정치대화를 중심으로」. ≪한국방송학보≫, 27(5), 162~203쪽.

윤고은. 2008. "베이징올림픽, 한국인이 가장 많이 시청." 연합뉴스. https://entertain.naver.com/read?oid=001&aid=0002273187

이강형·김상호. 2014. 「감정과 공론장」. ≪언론과 사회≫, 22(1), 79~113쪽.

이동근·윤영두. 2016. 「소셜미디어를 활용한 감성 커뮤니케이션 전략 연구」. ≪한국콘텐츠학회≫, 16(11), 29~37쪽.

임세정. 2021. "여자배구 브라질 준결승전, '도쿄올림픽' 최고 시청률…40% 웃돌아". ≪국민일보≫. https://n.news.naver.com/entertain/article/005/0001463380

정용준. 2006. 「보편적 서비스와 수용자 복지」. ≪방송연구≫, 겨울호, 31~58쪽.

조성동. 2010. 「텔레비전 수용자의 시청행태 변화에 대한 연구: 방송의 구조적 채널 확장과 시청자의 일상생활리듬에 따른 시간대별 시청 특성의 연도별 집단비교를 중심으로」. ≪미디어 경제와 문화≫, 8(2), 7~61쪽.

최민재·김위근. 2006. 「포털 사이트 뉴스서비스의 의제설정 기능에 관한 연구」. ≪한국언론학보≫, 50(4), 437~463쪽.

최수진. 2013. 「TV 시청흐름 변화 및 채널 간 역학관계 분석: 2009, 2012년 동일 패널 시청데이터를 중심으로」. ≪한국방송학보≫, 27(5), 285~318쪽.

최영·박창신. 2009. 「온라인 뉴스이용에 관한 연구: 조선닷컴 뉴스의 연성화 및 제목 선정성과 조회수간의 상관관계」. ≪커뮤니케이션학연구≫, 17(1), 31~53쪽.

한혜경·박선희. 2007. 「인터넷 이용자의 뉴스 주제 이용패턴과 영향요인에 관한 연구」. ≪언론과학연구≫, 7(3), 367~403쪽.

허찬행·심영섭. 2014. 「다문화사회 방송의 사회 통합적 기능에 대한 연구」. ≪방송문화연구≫, 26(2), 149~176쪽.

Appadurai, A. 1996. *Modernity at large: cultural dimensions of globalization*. Minneapolis, MN: University of Minnesota Press(vol. 1.).

Baum, M. A. 2002. "Sex, lies, and war: How soft news brings foreign policy to the inattentive public." *American Political Science Review*, 96(1), pp. 91~109.

_____. 2003. "Soft news and political knowledge: Evidence of absence or absence of evidence?" *Political Communication*, 20(2), pp. 173~190.

Berry, K. 2011. *The effects of Olympic inclusion on sport: the case of trampolining in England*. [Thesis, Loughborough University]. http://hdl.handle.net/2134/9069

Burnett, C. 2006. "Building Social Capital Through an 'Active Community Club'." *International Review for the Sociology of Sport*, 41(3-4), pp. 283~294.

Chris, G. and H. Solberg. 2007. *The Economics of Sports Broadcasting*. New York, NY: Routledge.

Cialdini, R. B. et al. 1976. "Basking in reflected glory: Three (football) field studies." *Journal of Personality and Social Psychology*, 34, pp. 366~375.

Coakley, J. 2010. "Complicating the relationship between sport and national identity: the case of post-socialist Slovenia." *Sociology of sport journal*, 27(4), pp. 371~389. doi:10.1123/ssj.27.4.371

Coalter, F. 2007. *A wider role for sport: Who's keeping the score*. Routledge.

De Cocq, S., I. Derom and V. De Bosscher. 2021. "Conceptualising the inspirational effect of elite sport: a case study of field hockey in Belgium." *European Sport Management Quarterly*, doi: 10.1080/16184742.2021.1950794

De Rycke, J. and V. De Bosscher. 2019. "Mapping the potential societal impacts triggered by elite sport: a conceptual framework." *International Journal of Sport Policy and Politics*, 11(3), pp. 485~502. doi: 10.1080/19406940.2019.1581649

Ellison, N. B., J. Vitak, R. Gray and C. Lampe. 2014. "Cultivating social resources on social

network sites: Facebook relationship maintenance behaviors and their role in social
capital processes." *Journal of Computer-Mediated Communication*, 19(4), pp. 855~870.
doi: 10.1111/jcc4.12078

Peterson, Erik M. and Raney, Arthur A. 2008. "Reconceptualizing and Reexamining Suspense as a Predictor of Mediated Sports Enjoyment." *Journal of Broadcasting & Electronic Media*, 52(4), pp. 544~562. doi: 10.1080/08838150802437263

Grix, J. and F. Carmichael. 2012. "Why do governments invest in elite sport? A polemic."
International Journal of Sport Policy and Politics, 4(1), pp. 73~90. https://doi.org/10.
1080/19406940.2011.627358

Hallmann, K., C. Breuer and B. Kühnreich. 2013. "Happiness, pride and elite sporting success: what population segments gain most from national athletic achievements?" *Sport
Management Review*, 16(2), pp. 226~235. doi:10.1016/j.smr.2012.07.001

Heere, B. et al. 2013. "The power of sport to unite a nation: the social value of the 2010
FIFA world cup in South Africa." *European Sport Management Quarterly*, 13(4), pp.
450~471. doi:10.1080/16184742.2013.809136

Hermann, U. P. et al. 2013. "Local residents' perceptions of the 2010 fifa world cup. South
African Journal for Research in Sport." *Physical Education & Recreation*, 35(1), pp. 25~
37. Retrieved from http://search.ebscohost.com/login.aspx?direct=true&db=s3h&AN=
87350411&site=ehost-live

Hogan, K. and K. Norton. 2000. "The 'price' of Olympic gold." *Journal of Science and
Medicine in Sport*, 3(2), pp. 203~218. doi: 10.1016/S1440-2440(00)80082-1

Hooghe, M. and J. Oser. 2015. "Internet, television and social capital: the effect of 'screen
time' on social capital." *Information, Communication & Society*, 18(10), pp. 1175~1199.
doi: 10.1080/1369118X.2015.1022568.

Jang, W. et al. 2017. "Does Spectatorship Increase Happiness? The Energy Perspective."
Journal of Sport Management, 31(4), pp. 333~344.

Kavetsos, G. and S. Szymanski. 2010. "National well-being and international sports events."
Journal Of Economic Psychology, 31(2), pp. 158~171. doi:10.1016/j.joep.2009.11.005

Kim, D., J. Zhang and Y. Ko. 2011. "Value of professional sport teams in the community:
reexamining the measurement properties of the community impact scale." *Journal of
Applied Marketing Theory*, 2(1), pp. 79~107.

Kim, J. and J. D. James. 2019. "Sport and Happiness: Understanding the Relations Among Sport Consumption Activities, Long-and Short-Term Subjective Well-Being, and Psychological Need Fulfillment." *Journal of Sport Management*, 33(2), pp. 119~132.

Kim, J., Kim, Y. K. and Kim, D. H. 2017. "Improving well-being through hedonic, eudaimonic, and social needs fulfillment in sport media consumption." *Sport Management Review*, 20(3), pp. 309~321.

Loland, S. and M. McNamee. 2000. "Fair play and the ethos of sports: an eclectic philosophical framework." *Journal of the Philosophy of Sport*, 27(1), pp. 63~80. doi:10.1080/00948705.2000.9714590

McMillan, David W. and David M. Chavis. 1986. "Sense of Community: A Definition and Theory." *Journal of Community Psychology*, 14, pp. 6~23.

McPherson, M., L. Smith-Lovin and J. M. Cook. 2001. "Birds of a Feather: Homophily in Social Networks." *Annual review of sociology*, 27, pp. 415~444.

Morley, D. and K. Robins. 1995. *Spaces of Identity: Global Media Electronic Landscapes and Cultural Boundarie.* New York, NY: Routledge.

Napoli, P. M. 1999. "Deconstructing the diversity principle." *Journal of Communication*, 49(4), pp. 7~34.

Okayasu, I., Y. Kawahara and H. Nogawa. 2010. "The relationship between community sport clubs and social capital in Japan: A comparative study between the comprehensive community sport clubs and the traditional community sports clubs." *International Review for the Sociology of Sport*, 45(2), pp. 163~186.

Portes, A. and J. Sensebrenner. 1993. "Embeddedness and Immigration: Notes on the social determinants of economic action." *American Journal of Sociology*, 98(6), pp. 1320~1350.

Putnam, Robert D. 1993. *Making Democracy Work: Civic Traditions in Modern Italy.* Princeton, New Jersey, USA: Princeton University Press.

Raney, Arthur A. 2006. "Why we watch and enjoy mediated sports." In A. A. Raney and B. Jennings(Eds.). *Handbook of Sports and Media*(pp. 313~330). New York, NY: Lawrence Erlbaum Associates.

Sotiriadou, K., D. Shilbury and S. Quick. 2008. "The attraction, retention/transition, and nurturing process of sport development: Some Australian evidence." *Journal of Sport*

Management, 22(3), pp. 247~272. doi: 10.1123/jsm.22.3.247

Sunstein, C. R. 2007. *Republic.com 2.0*. Princeton, NJ: Princeton University Press.

Tajfel, H. and J. C. Turner. 1985. "The social identity theory of intergroup behavior." In S. Worchel and W. G. Austin(2nd Eds.). *Psychology of intergroup relations*(pp. 7~24). Chicago, IL: Nelson-Hall.

Tom, E., P. Iosifidis and P. Smith. 2013. *The Political Economy of Television Sports Rights* (Chapter 3, The Social and Cultural Value of Sport), pp. 51~67.

Trail, G. T. and J. D. James. 2015. *Sport consumer behavior*. Seattle, WA: Sport Consumer Research Consultants Internet Publishing.

Turow, J. 1997. *Breaking up America: Advertisers and the new media world*. Chicago, IL: The University of Chicago Press.

van den Bulck, J. 2006. "Television news avoidance: Exploratory results from a one-year follow-up study." *Journal of Broadcasting & Electronic Media*, 50(2), pp. 231~252.

van Sterkenburg, J. 2013. "National bonding and meanings given to race and ethnicity: watching the football world cup on Dutch TV." *Soccer and Society*, 14(3), pp. 386~403. doi:10.1080/14660970.2013.801267

Walseth, K. 2008. "Bridging and bonding social capital in sport-experiences of young women with an immigrant background." *Sport, Education and Society*, 13(1), pp. 1~17.

Wann, D. L. 2006. "Understanding the positive social psychological benefits of sport team identification: The team identification-social psychological health model." *Group Dynamics: Theory, Research, and Practice*, 10(4), pp. 272~296. doi: 10.1037/1089-2699. 10.4.272

Webster, J. G. 1986. "Audience behavior in the new media environment." *Journal of Communication*, 36(3), pp. 77~91.

_____. 2005. "Beneath the veneer of fragmentation: Television audience polarization in a multichannel world." *Journal of Communication*, 55(2), pp. 366~382.

_____. 2008. "Structuring a marketplace of attention." In T. Joseph and T. Lokman(Ed.). *The hyperlinked society: Questioning connections in the digital age*. Ann Arbor, MI: The University of Michigan Press.

_____. and P. F. Phalen. 1997. *The mass audience: Rediscovering the dominant model*. Mahwah, NJ: Lawrence Erlbaum Associates.

Weed, M. 2009. The potential of the demonstration effect to grow and sustain participation in sport. *Centre for Sport, Physical Education and Activity Research*(SPEAR).

Weed, M. et al. 2015. "The Olympic games and raising sport participation: A systematic review of evidence and an interrogation of policy for a demonstration effect." *European Sport Management Quarterly*, 15(2), pp. 195~226. doi: 10.1080/16184742.2014.998695

Zillmann, D. 1996. "The psychology of suspense in dramatic exposition." In P. Vorderer, W. J. Wulff and M. Friedrichsen(Eds.). *Suspense: conceptualizations, theoretical analyses, and empirical explorations*(pp. 199~231). Mahwah, NJ: Lawrence Erlbaum Associates.

Chapter 5

김건희. 2018. 「스포츠중계방송에서 발견되는 공공성 보호에 관한 연구」. ≪문화·미디어·엔터테인먼트법≫, 12(1), 223~253쪽.

과학기술정보통신부. 2021.5. 무선통신서비스 가입자 통계.

그루페(Grupe, O). 2004. 『문화로서의 스포츠』. 박남환·송형석 옮김. 서울 : 도서출판 무지개사.

갤럽. 2021.6. 2012-2021 스마트폰 사용률& 브랜드. 갤럽리포트.

봉미선. 2011. 「스포츠 중계권의 패러다임 변화와 정책 방안 연구」. 성균관대학교 박사학위 논문.

심석태. 2007. 「방송법사의 '보편적 시청권'에 대한 소고」. ≪언론과 법≫, 6(1), 257~288쪽.

오마이뉴스. 2021.8.8. "비인기 보다 더했던 '비인지'설움 ⋯ 근대5종에 얽힌 비화."

윤병건. 2005. 『디지털 멀티미디어 시대의 방송과 스포츠』. 서울: 한울아카데미.

최영묵 외. 2012. 『공영방송의 이해』. 파주: 한울아카데미.

통일부. 2021.5.13. "화제의 남북 맞대결 1편"(https://blog.naver.com/gounikorea/222349098267 검색일: 2021.9.3.)

≪방송기술저널≫. 2021.7.21. 「KBS 도쿄올림픽 OTT로 빈틈없는 중계할 것, myK 6개 채널로 TV와 중복되지 않게 중계」.

＿＿＿. 2021.8.02. 「MBC, 도쿄올림픽 미방 영상 서비스 제공」.

KCA. 2021. 「미국 스포츠 생중계 시청률과 중계권 확보 경쟁」. ≪미디어 이슈&트렌드≫, 44, 64~73쪽.

inews. 2021.9.10. Emma Raducanu US Open tennis final: BBC settles-iNews.(https://inews.co.uk/news/emma-raducanu-us-open-final-tennis-watch-bbc-amazon-prime-119

2885. 검색일: 2021.9.10.)

Manheim, J. B. 1994. *Strategic Public Diplomacy and American Foreign Policy: The Evolution of Influence*. New York: Oxford University Press.

McNair, B. 2011. *An introduction to political communication*. Routledge.

Ofcom. 2010. Code on Sports and Other Listed and Designated Events.(https://www.ofcom.org.uk/__data/assets/pdf_file/0029/35948/ofcom_code_on_sport.pdf.)(검색일: 2021.9.2.)

Rowe, D. 1996. "The global love-match: sport and television". *Media, Culture & Society*, 18(4), pp. 565~82.

https://en.wikipedia.org/wiki/DAZN

https://en.wikipedia.org/wiki/Peacock_(streaming_service)

https://en.wikipedia.org/wiki/Disney%2B

https://en.wikipedia.org/wiki/Amazon_Prime_Video

https://en.wikipedia.org/wiki/Discovery%2B

http://enews.imbc.com/News/RetrieveNewsInfo/320713

Chapter 6

Baggetta, M. 2009. "Civic opportunities in associations: Interpersonal interaction, governance experience and institutional relationships." *Social Forces*, 88(1), pp. 175~199.

_____ and D. Bredenkamp. 2019. "Systematic social observation in the study of civil society organizations." *Sociological Methods & Research*. https://doi.org/10.1177/0049124119826148

_____ and K. D. Madsen. 2018. "The trouble with types: A partial test of the validity of membership association content as a proxy for structure." *Nonprofit and Voluntary Sector Quarterly*, 48(2), pp. 334~359.

Erickson, B. H. and T. A. Nosanchuk. 1990. "How an apolitical association politicizes." *Canadian Review of Sociology/Revue canadienne de sociologie*, 27(2), pp. 206~219.

Feldstein, L. and R. Putnam. 2003. *Better together*. New York: Simon & Schuster.

Gang, A. 2021. "Changing landscape of civic engagement of fans." In P. M. Pedersen, B. Ruihley and L. Bo(Eds.). *Sport and the pandemic: Perspectives on Covid-19's impact on the sport industry*(pp. 217~224). Routledge.

McFarland, D. A. and R. J. Thomas. 2006. "Bowling young: How youth voluntary asso-
ciations influence adult political participation." *American Sociological Review*, 71(3),
pp. 401~425.

Numerato, D. 2018. "The football fan activism complex." In D. Numerato(Ed.). *Football
fans, activism, and social change*(pp. 9~32). Routledge.

_____ and R. Giulianotti. 2018. "Citizen, consumer, citimer: The interplay of market and
political identities within contemporary football fan cultures." *Journal of Consumer
Culture*, 18(2), pp. 336~355.

Pedersen, P. M. et al. 2020. *Strategic sport communication*. Human Kinetics Publishers.

Perks, T. 2007. "Does sport foster social capital? The contribution of sport to a lifestyle of
community participation." *Sociology of Sport Journal*, 24(4), PP. 378~401.

Pettigrew, T. F. 1998. "Intergroup contact theory." *Annual review of psychology*, 49(1),
pp. 65~85.

Putnam, R. 1993. "The prosperous community: Social capital and public life." *The american
prospect*, 13(Spring), Vol. 4. Available online: http://www. prospect. org/print/vol/13
(accessed 7 April 2003).

_____. 1995. "Bowling alone: America's declining social capital." *Journal of Democracy*, 6
(1), pp. 65~78.

_____. 2000. *Bowling alone: The collapse and revival of American community*. Simon &
Schuster.

Totten, M. 2016. "Football and community empowerment: how FC Sankt Pauli fans orga-
nize to influence." *Soccer & Society*, 17(5), pp. 703~720.

Verba, S., K. L. Schlozman and H. E. Brady. 1995. *Voice and equality: Civic voluntarism
in American politics*. Harvard University Press.

Wicker, P. 2017. "Volunteerism and volunteer management in sport." *Sport Management
Review*, 20(4), pp. 325~337.

Chapter 7

유상건. 2021. 『스포츠스케이프 비평과 대안』. 서울: 도서출판 지금.

최명경·이준성. 2021. 「스포츠 소비자의 시간조망과 윤리 감정이 스포츠 조직의 윤리성 판단
에 미치는 영향」. ≪체육과학연구≫, 32(1), 51~64쪽.

Alhouti, S., C. M. Johnson and B. B. Holloway. 2016. "Corporate social responsibility authenticity: Investigating its antecedents and outcomes." *Journal of Business Research*, 69(3), 1242~1249쪽.

Anderson, J. R. 1976. *Memory, language, and thought.* Hillsdale, NJ: Erlbaum.

Bandura, A. et al. 1996. "Multifaceted impact of self-efficacy beliefs on academic functioning." *Child Development*, 67(3), pp. 1206~1222.

Bhattacharjee, A., J. Z. Berman and A. Reed. 2013. "Tip of the hat, wag of the finger: How moral decoupling enables consumers to admire and admonish." *Journal of Consumer Research*, 39(6), pp. 1167~1184.

Carrillat, F. A. and A. d'Astous. 2014. "Power imbalance issues in athlete sponsorship versus endorsement in the context of a scandal." *European Journal of Marketing*, 48 (5), pp. 1070~1091.

Davie, W. R., C. R. King and D. J. Leonard. 2010. "A media look at Tiger Woods-two views." *Journal of Sports Media*, 5(2), pp. 107~116.

Funk, D. C. et al. 2001. "Development of the Sport Interest Inventory (SII): Implications for measuring unique consumer motives at team sporting events." *International Journal of Sports Marketing & Sponsorship*, 3(3), pp. 291~317.

Funk, D. C., D. F. Mahony and L. L. Ridinger. 2002. "Characterizing consumer motivation as individual difference factors: Augmenting the sports interest inventory (SII) to explain level of spectator support." *Sport Marketing Quarterly*, 11(1), pp. 33~43.

Georgiev, O. and K. Belson. 2021. 7. 28. "Weight lifting, an original Olympic sport, may be dropped." *New York Times.* Retrieved from https://www.nytimes.com/2021/07/28/sports/olympics/weight-lifting-olympics.html

Huggins, M. 2018. "Match-fixing: A historical perspective." *International Journal of the History of Sport*, 35(2-3), pp. 123~140.

Jain, S. S. and Lee, J. S. 2020. "Allegations of sexual misconduct: A view from the observation deck of power distance belief." *Journal of Business Ethics*, pp. 1~20.

Jang, E. W. et al. 2020. "I still support my favorite team: The effects of an athlete's transgression and post-response strategy using visual cues on in-group bias." *Sport Marketing Quarterly*, 29(2), pp. 148~159.

Kanouse, D. E., and L. R. Hanson. 1972. "Negativity in evaluations." In EE Jones et al.

(Eds.). *Attribution: Perceiving the causes of behavior.* Morristown.

Kim, D. et al. 2021. "Does causal reasoning lead to moral reasoning? Consumers' responses to scandalized athletes and endorsements." *International Journal of Sports Marketing and Sponsorship.*

Kwak, D. H., J. S. Lee and S. Chan-Olmsted. 2018. "Athlete scandals and endorsement marketing: Research trends and introduction to topics." *Journal of Global Sport Management*, 3(2), pp. 99~106.

Lee, C., H. Bang and D. Lee. 2013. "Regaining fans' trust after negative incidents: fit between responses and nature of incidents." *Sport Marketing Quarterly*, 22(4), pp. 235~245.

Lee, J. S. and D. H. Kwak. 2016. "Consumers' responses to public figures' transgression: Moral reasoning strategies and implications for endorsed brands." *Journal of Business Ethics*, 137(1), pp. 101~113.

_____. 2017. "Can winning take care of everything? A longitudinal assessment of post-transgression actions on repairing trust in an athlete endorser." *Sport Management Review*, 20, pp. 261~272.

Lee, J. S., D. H. Kwak and D. Moore. 2015. "Athletes' transgressions and sponsor evaluations: A focus on consumers' moral reasoning strategies." *Journal of Sport Management*, 29(6), pp. 672~687.

Lee, J. S., D. H. Kwak and J. Braunstein-Minkove. 2016. "Coping with athlete endorsers' immoral behavior: roles of athlete identification and moral emotions on moral reasoning strategies." *Journal of Sport Management*, 30, pp. 176~191.

Lee, J. S. and K. Babiak. 2019. "Does your left hand know what your right hand is doing? Impacts of athletes' pre-transgression philanthropic behavior on consumer post-transgression evaluation." *Sport Management Review*, 22(4), pp. 553~565.

Lee, J. S., D. H. Kwak and R. P. Bagozzi. 2021. "Cultural cognition and endorser scandal: Impact of consumer information processing mode on moral judgment in the endorsement context." *Journal of Business Research*, 132, pp. 906~917

Lee, J. S., et al. 2021. "The scarlet letter: impacts of moral emotions and attribution type on athlete stigmatization." *European Sport Management Quarterly*, pp. 1~19.

Lohneiss, A. and B. Hill. 2014. "The impact of processing athlete transgressions on brand image and purchase intent." *European Sport Management Quarterly*, 14(2), pp. 171~ 193.

Louie, T. A., R. L. Kulik and R. Jacobson. 2001. "When bad things happen to the endorsers of good products." *Marketing Letters*, 12(1), pp. 13~23.

Lull, J. and S. Hinerman(Eds.). 1997. *Media scandals: Morality and desire in the popular culture marketplace.* Columbia University Press.

Meng, J. and P. L. Pan. 2013. "Revisiting image-restoration strategies: An integrated case study of three athlete sex scandals in sports news." *International Journal of Sport Communication*, 6(1), pp. 87~100.

Pausanias. 1959. *Descriptions of Greece, a second century A.D. work translated by W. H.S. Jones.* Cambridge, MA, and London: Loeb Classical Library.

Rowe, D. 2011. *Global media sport: Flows, forms and futures.* A&C Black.

Sato, S. et al. 2015. "Athlete reputational crisis and consumer evaluation." *European Sport Management Quarterly*, 15(4), pp. 434~453.

S. Schultz-Jorgensen. 2005. "The world's best advertising agency." *The Sports Press.* Mandagmorgen, H, 37, 1-7.

Thwaites, D. et al. 2012. "The impact of negative publicity on celebrity ad endorsements." *Psychology & Marketing*, 29(9), pp. 663~673.

Till, B. D. and T. A. Shimp. 1998. "Endorsers in advertising: The case of negative celebrity information." *Journal of Advertising*, 27(1), pp. 67~82.

Trail, G. T. and J. D. James. 2001. "The motivation scale for sport consumption: Assessment of the scale's psychometric properties." *Journal of Sport Behavior*, 24(1), pp. 108~127.

Um, N. H. 2013. "Celebrity scandal fallout: How attribution style can protect the sponsor." *Psychology & Marketing*, 30(6), pp. 529~541.

Zaccardi, N. 2017.11.27. List of Russia Olympic medals stripped; new Sochi medal standings. NBC Sports. Retrieved from https://olympics.nbcsports.com/2017/11/27/sochi-olympic-medal-standings-russia-medals-stripped-doping/

Chapter 8

강준호. 2005. 「스포츠산업의 개념과 분류」. ≪체육과학연구≫, 16(3), 118~130쪽.

김영욱. 2008. 『위험, 위기 그리고 커뮤니케이션』. 서울: 이화여자대학교출판부.

방신웅. 2012. 「스포츠조직의 위기유형과 위기대응 커뮤니케이션 전략」. 미간행 박사학위논문. 서울대학교.

_____·김기한. 2013. 「스포츠 조직의 위기의 개념과 위기유형 분류체계 개발」. ≪한국 스포츠산업경영학회지≫, 18(4), 85~99쪽.

_____·황선환. 2014. 「프로축구 승부조작 사건에 대한 프로축구연맹의 위기단계별 위기대응 커뮤니케이션 전략 분석」. ≪한국콘텐츠학회논문지≫, 14(5), 390~402쪽.

원영신·함은주. 2010. 『미디어스포츠』. 서울: 도서출판 대경북스.

Allen, M. W. and R. H. Caillouet. 1994. "Legitimation endeavors: Impression management strategies used by an organization in crisis." *Communication Monographs*, 61(1), pp. 44~62.

Benoit, W. L. 1995. *Accounts, excuses, apologies: A theory of image restoration discourse*. Albany: State University of New York Press.

Connaughton, D., J. O. Spengler and G. Bennett. 2001. "Crisis management for physical activity programs." *The Journal of Physical Education, Recreation & Dance*, 72(7), pp. 27~29.

Coombs, W. T. 1995. "Choosing the right words: The development of guidelines for the selection of the 'appropriate' crisis response strategies." *Management Communication Quarterly*, 8(4), pp. 447~476.

_____. 1998. "An analytic framework for crisis situations: Better responses from a better understanding of the situation." *Journal of Public Relations Research*, 10(3), pp. 177~191.

_____ 1999. *On-going Crisis Communication: Planning, Managing, and Responding*. Thousand Oaks, CA: Sage.

_____. 2006a. "The protective powers of crisis response strategies: Managing reputational assets during a crisis." *Journal of Promotion Management*, 12(3), pp. 241~260.

_____. 2006b. *Code red in the boardroom: Crisis management as organizational DNA*. Westport, CT, Praeger.

Cupach, W. R. and S. Metts. 1990. "Remedial processes in embarrassing predicaments." In J. A. Anderson(Ed.). *Communication yearbook*(vol. 13, pp. 323~352). Newbury Park, CA: Sage.

Dutton, J. E. and J. M. Dukerich. 1991. "Keeping an eye on the mirror: Image and identity in organizational adaptation." *Academy of Management Journal*, 34, pp. 517~554.

Elsbach, K. D. and R. I. Sutton. 1992. "Acquiring organizational legitimacy through illegitimate actions: A marriage of institutional and impression management theories." *Academy of Management Journal*, 35, pp. 699~738.

Fearn-Banks, K. 1996. *Crisis communication: A casebook approach*, Mahwah, NJ: Law rence Erlbaum.

Fink, S. 1986. *Crisis Management: Planing for the inevitable*. New York: AMACOM.

Fink, J. S., G. B. Cunningham and L. J. Kensicki. 2004. "Using athletes as endorsers to sell women's sports: Attractiveness vs. expertise." *Journal of Sport Management*, 18, pp. 350~367.

Fiske, S. T. 1980. "Attention and weight in person perception: The impact of negative and extreme behavior." *Journal of Personality and Social Psychology*, 38(6), pp. 889~906.

Goffman, E. 1959. *The presentation of self in everyday life*. New York: Doubleday.

Marcus, A. A., and R. S. Goodman. 1991. "Victims and shareholders: The dilemmas of presenting corporate policy during a crisis." *Academy of Management Journal*, 34(2), pp. 281~305.

Metts, S. and W. R. Cupach. 1989. "Situational influence on the use of remedial strategies in embarrassing predicaments." *Communication Monographs*, 56, pp. 151~162.

Scott, W. R. and J. W. Meyer. 1991. "The organization of societal sectors: Propositions and early evidence." In W. W. Powell and P. J. Dimaggio(Eds.). *The new institutionalism in organizational analysis*(pp. 108~142). Chicago: University of Chicago Press.

Sharkey, W. F. and L. Stafford, 1990. "Responses to embarrassment." *Human Communication Research*, 17, pp. 314~342.

Shilbury, D., S. Quick and H. Westerbeek. 1998. *Strategic sport marketing*. St. Leonards, NSW: Allen & Unwin.

Skowronski, J. J. and D. E. Carlston. 1989. "Negativity and extremity in impression formation: A review of explanations." *Psychological Bulletin*, 105, pp. 131~142.

Ulmer, R. R., T. L. Sellnow and M. W. Seeger. 2007. *Effective crisis communication: Moving from crisis to opportunity*. Thousand Oaks, CA: Sage.

https://terms.naver.com/entry.naver?docId=4294603&cid=47303&categoryId=47303

Chapter 9

김지원. 2021. "'성평등' 도쿄올림픽··· 여성 선수 비율 49% 역대 최다." ≪조선일보≫, 2021년 7월 22일 자.

서재철. 2016. 「쿠베르탱의 올림피즘에 대한 탈식민주의 역사학 관점의 독해 I: '유럽중심주의'와 '백인성'을 중심으로」. ≪움직임의 철학: 한국체육철학회지≫, 24(3), 105~128쪽.

_____·문민권·박찬우. 2018. 「'여성 감독'의 탄생: 미디어가 박미희/이도희 감독을 재현하는 양상에 대한 젠더 및 여성주의 관점의 비판적 논의」. ≪한국 스포츠사회학회지≫, 31(4), 43~64쪽.

이가람. 2021. 「성평등 올림픽 흥행에 대한민국만 딴 세상? 젠더 갈등 속 올림픽 두 얼굴」. ≪중앙일보≫, 2021년 8월 2일 자.

Birrell, S. 2000. "Feminist theories for sport." In J. Coakley and E. Dunning(Eds.). Women, Sport, and Culture(pp. 221~244). London, England: Sage.

Butler, J. 1990. Gender Trouble: Feminism and the Subversion of Identity. New York & London: Routledge.

Chatziefstahthiou, D. 2008. "Reading Baron Pierre de Coubertin: Issues of Race and Gender." The Journal of Sport Literature: Aethlon, 25, pp. 95~115.

Deliso, M. 2021. "Tokyo Olympics highlight strides in gender equality-and remaining hurdles." ABC NEWS, 2021. July, 23.

Foucault, M. 1977. Discipline and Punish: The Birth of the Prison translated by A. Sheridan. Allen Lane, London.

Hall, S. 1997. Representation: Cultural Representations and Signifying Practices. London; Thousand Oaks, Calif.: Sage Publication.

Heidegger, M. 1962. Being and Time. translated by J. Macquarrie and E. Robinson, New York: Harper.

International Olympic Committee. 2021.3.8. Tokyo 2020 first ever gender-balanced Olympic Games in history, record number of female competitors at Paralympic Games. https://olympics.com/ioc/news/tokyo-2020-first-ever-gender-balanced-olympic-games-in-history-record-number-of-female-competitors-at-paralympic-games

_____. 2021.7.26. New IOC guidelines to ensure gender-equal, fair and inclusive representation in sport in Tokyo. https://olympics.com/ioc/news/new-ioc-guidelines-to-ensure-gender-equal-fair-and-inclusive-representation-in-sport-in-tokyo

Lash, S. 2007. "Power after Hegemony: Cultural Studies in Mutation." *Theory, Culture & Society*, 24(3), pp. 55~78.

McKay, J., M. A. Messner and D. F. Sabo(Eds.). 2000. *Masculinities, Gender Relations, and Sport*. Newbury Park, CA: Sage.

Milner, A. N. and J. H. Braddock. 2016. *Sex Segregation in Sports: Why Separate Is Not Equal*. New York: Praeger.

Minsberg, T. 2021. "When Gender Equality at the Olympics is Not So Equal." *The New York Times*, 2021.7.5.

Orgad, S. 2012. *Media Representation and the Global Imagination*. Cambridge: Polity.

Schultz, J. 2011. "The physical activism of Billie Jean King." In S. Wagg(Ed.). *Myths and milestones in the history of sport*. London: Palgrave Macmillan.

Schantz, O. 2008. "Pierre de Coubertin's 'Civilizing Mission'." In R. Barney et al.(Eds.). *Pathways: Critiques and Discourse in Olympic Research*(pp. 53~62). Ontario: The University of Western Ontario, International Centre for Olympic Studies.

Storey, J. 2010. *Culture and Power in Cultural Studies: The Politics of Signification*. Edinburgh: Edinburgh University Press.

Theberge, N. 2000. "Gender and sport." In J. Coakley and E. Dunning(Eds.). *Handbook of sports studies*(pp. 322~333). Thousand Oaks, CA: Sage.

Verbrugge, M. H. 1988. *Able-Bodied Womanhood: Personal Health and Social Change in Nineteenth-Century Boston*. New York/Oxford: Oxford Univ. Press.

_____. 2012. *Active Bodies: A History of Women's Physical Education in Twentieth-Century America*. New York: Oxford University Press.

Vertinsky, P. A. 1990. *The Eternally Wounded Woman: Women, Exercise and Doctors in the late Nineteenth Century*. Manchester: Manchester University Press.

IOC. 2021 *Portrayal Guidelines*. https://stillmed.olympics.com/media/Documents/Beyond-the- Games/Gender-Equality-in-Sport/IOC-Portrayal-Guidelines.pdf

Chapter 10

국립국어원. 2011. 「스포츠 중계방송언어 사용실태 조사결과」. 국립국어원 공공언어지원단.

김미형. 2015. 「2015년 방송언어 개선 사업: 시사 토크 프로그램의 방송언어 평가지수 연구」.

김상준. 2008. 『한국어 아나운싱과 스피치』. 서울: 커뮤니케이션북스.

방송통신심의위원회. 2013. 「스포츠채널 프로야구 해설 프로그램의 언어사용 실태조사」.

이두원. 1995. 「TV토크쇼 진행자의 언어적 스타일에 관한 연구」. ≪방송학연구≫, 통권 6호 5~39쪽.

이용숙 외. 2012. 『인류학 민족지연구 어떻게 할 것인가』. 서울: 일조각.

임태섭. 2010. 『스피치 커뮤니케이션』. 서울: 커뮤니케이션북스.

장소원 외. 2007. 『방송화법』. 서울: 커뮤니케이션북스.

전은주. 2000. 「스포츠 중계 진행자의 화법 특성」. ≪새국어교육≫, 제60호.

최선. 1988. 「스포츠중계방송 언어표현의 문제점과 개선방향」. KBS아나운서실 한국어연구회.

한국아나운서연합회. 1989. ≪한국아나운서연합회지≫ 창간호.

카를 하우스먼(Hausman, Carl) 외. 2004. 『〈아나운싱〉: 방송 커뮤니케이터의 이론과 실제』. 서울: 커뮤니케이션북스.

Dennis S. Gouran. 1994. *MASTERING COMMUNICATION*. ALLYN & BACON.

PATRICIA HAYES ANDREWS. 1999. *Public Speaking*. Houghton Mifflin Company.

Chapter 11

곽주현. 2020. 4. 6. "롤·오버워치로 美대학 갈 거예요" 게임 꿈나무들의 아메리칸 드림. ≪한국일보≫. https://www.hankookilbo.com/News/Read/202004051782066560

김성주. 2019. 「인 미디어 게임방송 유형별 시청자 특성 연구: 시청동기, 충성도, 후원의도를 중심으로」. 추계예술대학교 대학원 석사학위논문.

김용석. 2020. 4. 28. "한국 프로축구 스포츠 중계권 등 사가는 세계 각국, 이유는 뭘까?" 뉴스핌. https://www.newspim.com/news/view/20200428000150

김지훈. 2019. 「미디어스포츠 산업으로서 e스포츠 경쟁력 제고 방안」. 연세대학교 대학원 박사학위논문.

노재웅. 2021. 1. 27. "프랜차이즈 닻올린 LCK, 올해 팀당 13억씩 나눠 갖는다". 이데일리. https://www.edaily.co.kr/news/read?newsId=04188566628921984&mediaCodeNo=257

박성주. 2020. 「e 스포츠는 '진짜'스포츠인가?」. ≪한국체육학회지≫, 59(3), 47~58쪽.

박준수. 2021. 7. 27. "e스포츠 지역연고제, 연고지·게임단 시너지 효과 '기대'". 경향게임즈. http://www.khgames.co.kr/news/articleView.html?idxno=129987

오종철·황순호. 2018. 「1인 크리에이터 방송 이용자의 시청만족 및 구독의도에 관한 연구: 자아 일치성과 소비자 혁신성의 조절효과를 중심으로」. ≪e-비즈니스연구≫, 19(6), 137~157쪽.

유승호·정의준. 2001. 「게임이용이 청소년에 미치는 영향에 대한 연구」. ≪한국청소년연구≫,

35~64쪽.

이재오. 2019.7.16. "오버워치 리그, 내년부터 진짜 '지역연고제'로 간다". 게임메카. https://www.gamemeca.com/view.php?gid=1566589

_____. 2021.8.9. "젊어진 올림픽, e스포츠 정식종목 도입 가능성 커졌다". 게임메카. https://www.gamemeca.com/view.php?gid=1665167

이정학·김재혁·이은정. 2020. 「e-Sports 방송 BJ 속성이 시청 만족, 시청몰입 및 재시청의도에 미치는 영향」. ≪한국체육과학회지≫, 29(3), 461~473쪽.

≪일간스포츠≫. 2018.1.15. "[중계권 기획④-1] KBO 중계권 수익 따져보니". ≪일간스포츠≫. https://news.jtbc.joins.com/article/article.aspx?news_id=NB11575530

정명의. 2020.2.3. "KBO 중계권료 대박…10개 구단 '연 76억원씩' 받는다". 뉴스1. https://www.news1.kr/articles/?3832083

주진우. 2006.6.2. "베컴이 많이 번다 한들 …". 시사저널. https://www.sisajournal.com/news/articleView.html?idxno=117886

한국콘텐츠진흥원. 2020. 2020 e스포츠 실태조사.

KB금융지주경영연구소. 2019. KB 지식 비타민: e스포츠, 성장할 수밖에 없는 미래시장.

Chanda, S. and K. Saha. 2021. "A drama of 72 hours: Lessons to be learnt from the failed European super league. The Law Objective". https://www.thelawobjective.com/post/a-drama-of-72-hours-lessons-to-be-learnt-from-the-failed-european-super-league

Deloitte. 2005. "Football Money League". Sports Business Group at Deloitte.

_____. 2020. Football Money League. Sports Business Group at Deloitte.

FIFA. 2018. More than half the world watched record-breaking 2018 World Cup, Retrieved September 7 2021, from https://www.fifa.com/worldcup/news/more-than-half-the-world-watch ed-recor d-break ing-2018-world-cup.

Gattuso, J. 2015.11.17. FCC: Over the Top on Internet TV. Heritage Foundation. Retrieved September 7 2021. https://www.heritage.org/government-regulation

Hutchins, B. 2014. "Sport on the move: The unfolding impact of mobile communications on the media sport content economy." *Journal of Sport and Social Issues*, 38(6), pp. 509~527.

IOC. 2019. *Olympic Marketing Fact File, 2019 Edition*. Retrieved September 7 2021. https://stillmed.olympic.org/media/Document%20Library/OlympicOrg/Documents/IOC- Marketing-and-Broadcasting-General-Files/Olympic-Marketing-Fact-File-2018.pdf.

Knight, B. 2021. "The World's 10 Highest-Paid Athletes: Conor McGregor Leads A Group Of Sports Stars Unfazed By The Pandemic." *Forbes.* Retrieved September 7 2021. https://www.forbes.com/sites/brettknight/2021/05/12/the-worlds-10-highest-paid-athl etes-conor-mcgregor-leads-a-group-of-sports-stars-unfazed-by-the-pandemic/?sh=5184 151026f4

Leonard, D. J. 2009. "New media and global sporting cultures:Moving beyond the cilches and binaries." *Sociology of Sport Journal*, 26, pp. 1~16.

Lindholm, J. 2019. "The Netflix-ication of sports broadcasting." *The International.*

Livingstone, S. 2004. "Media literacy and the challenges of new information and commu-nication technologies." *Communication Review*, 7(1), p. 314.

National Basketball Association. 2021. *RULE NO. 5: Scoring and Timing.* Nba.Com. https://official.nba.com/rule-no-5-scoring-and-timing/

Nauright, J. 2016. "Not Quite a Slam Dunk: Globalization and American Team Sports." *The Routledge History of American Sport*(pp. 447~460). Routledge.

Newzoo. 2019. *Newzoo Global Esports Market Report 2019 | Light Version.* Retrieved September 7 2021, from https://newzoo.com/insights/trend-reports/newzoo-global-es ports-market-report-2019-light-version/

_____. 2020. *Newzoo Global Games Market Report 2020.*

Noll, R. G. 2007. "Broadcasting and team sports." *Scottish Journal of Political Economy*, 54(3), pp. 400~421.

Real MR. 1998. "MediaSport: technology and the commodification of postmodern sport." in Wenner LA(ed.) *MediaSport.* Routledge, London, pp. 14~26.

Sale, C., 2017.6.9. "Premier League consider moving 22 games to 11.30am starts." Daily mail. Retrieved September 7, 2021. https://www.dailymail.co.uk/sport/football/articl e-4589516/Premier-League-consider-moving-22-games-11am-kick-offs.html

Snyman, J. H. and D. J. Gilliard. 2019. "The Streaming Television Industry: Mature or Still Growing?" *Journal of Marketing Development and Competitiveness*, 13(4), pp. 94~105.

Solberg, H. A. and P. Turner. 2010. "Exporting sports rights to overseas markets: the case of European football." *Sport in Society*, 13(2), pp. 354~366.

Statista. 2019. "Global eSports audience size by viewer type 2022 | Statistic." Retrieved Sep-tember 7, 2021. from https://www.statista.com/statistics/490480/global-esports-audie

nce-size-viewer-type/

Swanson, S. 2021. "Globalisation strategies of the NFL and NBA. Sport Business Case Studies." Loughborough University London. from https://www.lborolondon.ac.uk/research/sport-business/case-studies/nfl-nba-strategies/

Szymanski, S. 2003. "The economic design of sporting contests." *Journal of economic literature*, 41(4), pp. 1137~1187.

The Guardian. 2019. 1. 17. "How a deluge of money nearly broke the Premier League." Retrieved September 7, 2021. https://www.theguardian.com/news/2019/jan/17/how-a-deluge-of-money-nearly-broke-the-premier-league

Veronese, B. 2021. "They think it's all over ⋯ Economic dynamics behind the European Super League." *Advancing economics in business*. Oxera.

Chapter 12

Alavy, K. et al. 2010. "On the edge of your seat: Demand for football on television and the uncertainty of outcome hypothesis." *International Journal of Sport Finance*, 5(2), p. 75.

Buraimo, B. and R. Simmons. 2008. "Do sports fans really value uncertainty of outcome? Evidence from the English Premier League." *International Journal of Sport Finance*, 3, pp. 146~155.

_____. 2009. "A tale of two audiences: Spectators, television viewers and outcome uncertainty in Spanish football." *Journal of Economics and Business*, 61(4), pp. 326~338.

_____. 2015. "Uncertainty of outcome or star quality? Television audience demand for English Premier League football." *International Journal of the Economics of Business*, 22(3), pp. 449~469.

Cairns, J. A. 1987. "Evaluating changes in league structure: the reorganization of the Scottish Football League." *Applied Economics*, 19(2), pp. 259~275.

Coates, D., B. R. Humphreys and L. Zhou. 2014. "Reference-ependent preferences, loss aversion, and live game attendance." *Economic Inquiry*, 52(3), pp. 959~973.

Cox, A. 2018. "Spectator demand, uncertainty of results, and public interest: Evidence from the English Premier League." *Journal of Sports Economics*, 19, pp. 3~30.

Forrest, D., R. Simmons and B. Buraimo. 2005. "Outcome uncertainty and the couch potato audience." *Scottish Journal of Political Economy*, 52(4), pp. 641~661.

Hausman, J. A. and G. K. Leonard. 1997. "Superstars in the National Basketball Association: Economic value and policy." *Journal of Labor Economics*, 15(4), pp. 586~624.

Knowles, G., K. Sherony and M. Haupert. 1992. "The demand for Major League Baseball: A test of the uncertainty of outcome hypothesis." *The American Economist*, 36(2), pp. 72~80.

Mongeon, K. and J. Winfree. 2012. "Comparison of television and gate demand in the National Basketball Association." *Sport Management Review*, 15(1), pp. 72~79.

Paul, R. J. and A. P. Weinbach. 2007. "The uncertainty of outcome and scoring effects on Nielsen ratings for Monday Night Football." *Journal of Economics and Business*, 59(3), pp. 199~211.

_____ and A. P. Weinbach. 2015. "The betting market as a forecast of television ratings for primetime NFL football." *International Journal of Sport Finance*, 10(3), p. 284.

Pawlowski, T. 2013. "Testing the uncertainty of outcome hypothesis in European professional football: A stated preference approach." *Journal of sports economics*, 14(4), pp. 341~367.

_____ and C. Anders. 2012. "Stadium attendance in German professional football—the (un)importance of uncertainty of outcome reconsidered." *Applied Economics Letters*, 19, pp. 1553~1556.

Pérez, L., V. Puente and P. Rodríguez. 2017. "Factors Determining TV Soccer Viewing: Does Uncertainty of Outcome Really Matter?" *International Journal of Sport Finance*, 12(2), p. 124.

Rosen, S. 1981. "The economics of superstars." *The American economic review*, 71(5), pp. 845~858.

Rottenberg, S. 1956. "The baseball players' labor market." *Journal of Political Economy*, 64(3), pp. 242~258. doi.org/10.1086/257790

Schreyer, D., S. L. Schmidt and B. Torgler. 2016. "Game Outcome Uncertainty and Television Audience Demand: New Evidence from German Football." *German Economic Review*.

Sung, H., B. M. Mills and M. Mondello. 2019. "Local broadcast viewership in major league soccer." *Journal of Sport Management*, 33(2), pp. 106~118.

_____, _____ and S. Tainsky. 2017. "From schadenfreude to mitfreude? Estimating viewership loss and rivalrous relationships in otherwise neutral markets." *Sport Management Review*, 20(2), pp. 159~169.

Tainsky, S. 2010. "Television broadcast demand for National Football League contests." *Journal of Sports Economics*, 11(6), pp. 629~640.

_____ and C. McEvoy. 2012. "Television broadcast demand in markets without local teams." *Journal of Sports Economics*, 13, pp. 250~265.

_____ and M. Jasielec. 2014. "Television viewership of out-of-market games in league markets: Traditional demand shifters and local team influence." *Journal of Sport Management*, 28(1), pp. 94~108.

Xu, J. et al. 2015. "A tale of three cities: Intra-game ratings in winning, losing, and neutral markets." *International Journal of Sport Finance*, 10(2), p. 122.

Chapter 13

김동환·이준환. 2015. 「로봇 저널리즘: 알고리즘을 통한 스포츠 기사 자동 생성에 관한 연구」. ≪한국언론학보≫, 59(5), 64~95쪽.

조종엽. 2016. "[문화 실험실]놀랍다, 로봇기자기 이런 표현까지 쓰다니". https://www.donga.com/news/Culture/article/all/20160418/77635201/1

Aggarwal, P. and A. L. McGill. 2007. "Is that car smiling at me? Schema congruity as a basis for evaluating anthropomorphized products." *Journal of Consumer Research*, 34(4), pp. 468~479.

Clerwall, C. 2014. "Enter the robot journalist: Users' perceptions of automated content." *Journalism Practice*, 8(5), pp. 519~531.

Cohen, S., J. T. Hamilton and F. Turner. 2011. "Computational journalism." *Communications of the ACM*, 54(10), pp. 66~71.

De Graaf, M. M., S. B. Allouch and T. Klamer. 2015. "Sharing a life with Harvey: Exploring the acceptance of and relationship-building with a social robot." *Computers in Human Behavior*, 43, pp. 1~14.

Dietvorst, B. J., J. P. Simmons and C. Massey. 2015. "Algorithm aversion: People erroneously avoid algorithms after seeing them err." *Journal of Experimental Psychology: General*, 144(1), pp. 114~126.

Go, E., E. H. Jung and M. Wu. 2014. "The effects of source cues on online news perception." *Computers in Human Behavior*, 38, pp. 358~367.

Jang, W. et al. 2021a. "The effects of anthropomorphism on how people evaluate algorithm-written news." *Digital Journalism*, pp. 1~22.

Jang, W., D. Kwak and E. Bucy. 2021b. "Who wrote the sports news: AI or human reporter? The perspective of persuasion knowledge model." 2021 North American Society for Sport Management Conference.

Liu, B. and L. Wei. 2019. "Machine authorship In Situ: Effect of news organization and news genre on news credibility." *Digital Journalism*, 7(5), pp. 635~657.

Longoni, C., A. Bonezzi and C. K. Morewedge. 2019. "Resistance to medical artificial intelligence." *Journal of Consumer Research*, 46(4), pp. 629~650.

Morris, M. G. and V. Venkatesh. 2000. "Age differences in technology adoption decisions: Implications for a changing work force." *Personnel Psychology*, 53(2), pp. 375~403.

Napoli, P. M. 2014. "Automated media: An institutional theory perspective on algorithmic media production and consumption." *Communication Theory*, 24(3), pp. 340~360.

Sundar, S. S. 2008. *The MAIN model: A heuristic approach to understanding technology effects on credibility*(pp. 73~100). MacArthur Foundation Digital Media and Learning Initiative.

Wölker, A. and T. E. Powell. 2021. "Algorithms in the newsroom? News readers' perceived credibility and selection of automated journalism." *Journalism*, 22(1), pp. 86~103.

Chapter 14

권예슬. 2017. "알파고에 100대 0 압승 … 현존 최강 바둑기사 '알파고 제로'." 동아사이언스. https://www.dongascience.com/news.php?idx=20142

박태환·이준성. 2021. 「근거이론에 기반한 한국프로야구 현장에서의 데이터 활용에 대한 개선방안 모색」. ≪한국체육학회지≫, 60(3), 133~148쪽.

윤영주. 2021. "'이세돌 vs 알파고' 세기의 대결 이후 5년…AI 어디까지 왔나". AI타임즈. http://www.aitimes.com/news/articleView.html?idxno=137183

정용찬. 2012. 「빅데이터 혁명과 미디어 정책 이슈」. ≪정보통신정책연구원 KISDI Premium Report≫, 12(2), 1~20쪽.

최병용. 2000. 『소비자행동론의 이해와 적용』. 서울: 박영사.

최재경. 2016. 「빅데이터 분석의 국내외 활용 현황과 시사점」. ≪한국과학기술기획평가원

KISTEP Inl≫, 14, 33~43쪽.

Allied Market Research. 2020. 11. 5. "Global Fantasy Sports Market Is Expected to Reach $48.6 Billion by 2027: Says AMR." Intrado Globe Newswire. https://www.globenews wire.com/news-release/2020/11/05/2121120/0/en/Global-Fantasy-Sports-Market-Is-Ex pected-to-Reach-48-6-Billion-by-2027-Says-AMR.html

Big Data Analytics News. 2020. 4. 20. "6 Examples of Using Big Data in Business." https:// bigdataanalyticsnews.com/using-big-data-in-business/

Catapult One (n.d.). Catapult One App. CatapultSports.com https://us-store.catapult spo rts.com/products/catapult-one

Cheong, B. 2020. 2. 19. A Little Article on Big Data. Digital Marketing. https://blogg inb ryan.wordpress.com/2020/02/19/a-little-article-on-big-data/

Dachman, J. 2019. 3. 28. MLB 2019 Preview: ESPN Continues To Up Its Virtual Game With More K-Zone 3D, Statcast Graphics. Sports Video Group News. https://www. sports video.org/2019/03/28/mlb-2019-preview-espn-continues-to-up-its-virtual-game-with-m ore-k-zone-3d-statcast-graphics/

DeSchriver, T. et al. 2021. "Sporting events and the derived demand for hotels: Evidence from Southeastern Conference football games." *Journal of Sport Management*, 35(3), pp. 228~238.

Douglas, L. 2012. "The Importance of "Big Data: A Definition." *Gartner.* https://www. gar tner.com/doc/2057415

Fried, G. and C. Mumcu(Eds.). 2016. *Sport Analytics: A data-driven approach to sport business and management.* Taylor & Francis.

Gong, H. et al. 2021. "Do consumer perceptions of tanking impact attendance at National Basketball Association games? A sentiment analysis approach." *Journal of Sport Mana- gement*, 35(3), pp. 254~265.

Hambrick, M. E. 2013. "Using social network analysis in sport communication research." In P. M. Pedersen(Ed.), *Routledge handbook of sport communication*(pp. 293~302). Routledge.

IBM Sports and Entertainment.(n.d.) IBM. Retrieved September 14, 2021, from https:// www.ibm.com/sports/

Jin, X. et al. 2015. Significance and challenges of big data research. Big Data Research,

2(2), 59~64. doi:10.1016/j.bdr.2015.01.006

Karg, A., J. Nguyen and H. McDonald. 2021. "Understanding season ticket holder attendance decisions." *Journal of Sport Management*, 35(3), pp. 239~253.

Lussier, R. N. and D. C. Kimball. 2019. *Applied sport management skills*(3rd ed.) Human Kinetics.

Reedy, J. 2019.1.15. NBC to use Toptracer on all 18 holes of PGA Tour telecasts. PGA. https://www.pga.com/archive/nbc-use-toptracer-all-18-holes-of-pga-tour-telecasts

Savant.(n.d.). "Savant Player—Hyun Jin Ryu." Retrieved August 25, 2021. https://baseballsavant.mlb.com/savant-player/hyun-jin-ryu-547943?stats=statcast-r-pitching-mlb

Statistic. 2021. Volume of data/information created, captured, copied, and consumed worldwide from 2010 to 2025. https://www.statista.com/statistics/871513/worldwide-data-created/

Szymanski, S. 2020. "Sport analytics: Science or alchemy?" *Kinesiology Review*, 9(1), pp. 57~63. doi:10.1123/kr.2019-0066"

Watanabe, N., S. Shapiro and J. Drayer. 2021. "Big Data and Analytics in Sport Management." *Journal of Sport Management*, 35(3). pp. 197~202.

지은이 (가나다순)

강진호

미국 사우스캐롤라이나 군사대학(The Citadel, The Military College of South Carolina)에서 스포츠경영학 조교수로 재직 중이다. 주요 연구분야는 스포츠의 사회적 효과이며 사회자본, 문화자본, 사회참여론와 같은 이론을 중심으로 연구 활동을 진행하고 있다. 미국 오클라호마시티대학교(Oklahoma City University)에서 정치외교학을 전공했으며, 인디애나대학교(Indiana University)에서 행정학 석사 및 스포츠경영학 박사학위를 받았다. 축구선수로 유년기를 독일에서 보냈으며 한국 프로축구 K-리그 소속 인천유나이티드에서 활동했다.
_ alex.gang@midway.edu

김기한

서울대학교 체육교육과 교수로 재직 중이다. 전공은 스포츠매니지먼트다. 미주리대학교 컬럼비아캠퍼스(University of Missouri-Columbia)의 저널리즘 스쿨에서 석사학위를, 텍사스대학교 오스틴캠퍼스(The University of Texas at Austin)의 광고학과에서 박사학위를 받았다. 학부 체육교육 전공과 석사·박사 미디어 관련 전공을 융합해 현재 스포츠미디어 연구자로 활발한 활동을 하고 있다. 현재 (사)한국스포츠미디어학회 부회장 겸 사무총장, (사)한국스포츠산업경영학회 부회장, (사)한국체육학회 학술이사다. 국제학술지 *Journal of Global Sport Management*의 창간을 주도했고, 지금도 에디터(Editor-in-Chief)로 봉사 중이다. 디지털 스포츠와 미디어 기술을 중심으로 하는 미래 스포츠에 대한 관심이 크다.
_ kihan@snu.ac.kr

김지훈

한성대학교 상상력교양대학 소양핵심교양학부에서 조교수로 재직 중이다. 연세대학교 사회체육학과를 졸업하고, 같은 대학 스포츠응용산업학과에서 스포츠사회학 전공으로 석사·박사 학위를 취득했다. 주요 연구분야는 스포츠 커뮤니케이션, 미디어스포츠 콘텐츠이며 프로야구 및 e스포츠의 중계기술에 대한 연구도 진행했다. 서울시티실용전문학교(City College) 디지털미디어 계열 교수, 한국여성체육학회 편집국장, 한국스포츠미디어학회 사무국장을 역임했고, 현재 한국스포츠미디어학회 이사로 재직 중이다.
_ kimjihoon@hansung.ac.kr

방신웅

청주교육대학교 체육교육과 교수로 재직하고 있다. 서울대학교 사범대학 체육교육과에서 스포츠경영학 전공으로 박사학위를 취득했다. 중앙대학교 연구교수, 동양미래대학교 교양과 전임교수로 재직한 바 있으며, 한국스포츠산업경영학회 이사, 한국융합과학회 등에서 이사로 활동 중이다.
_ bigbbang7@gmail.com

봉미선

EBS 정책연구위원이다. 성균관대학교 통계학과·신문방송학과를 졸업하고 같은 대학 대학원에서 언론학 석사와 「스포츠 중계권의 패러다임 변화와 정책방안 연구: 스포츠의 상업화와 보편적 시청권 논의를 중심으로」로 박사학위를 받았다. 2008년부터 한국방송통신대학교, 배재대학교, 성균관대학교, 단국대학교, 건국대학교에서 방송 및 미디어 관련 강의를 했다. 2012년 이후 EBS에서 미디어 정책 관련 업무를 맡았다. 공영방송제도에 관한 논문과 미디어 전문서적을 다수 공동저술했다. 주요 관심분야는 공영방송, 공공서비스미디어, 보편적 시청권, 미디어 리터러시 및 미디어 정책 등이다.
_ misun51@gmail.com

서재철

'덕스러운 스포츠 시민', '정의로운 스포츠 사회'를 꿈꾸며 연구하고 교육하는 아마추어 스포츠 지식인이다. 서울대학교 사범대학 체육교육과에서 학사·석사 학위를 받고 박사과정을 수료했으며, 미국 아이오와대학교(University of Iowa)에서 스포츠 스터디즈(Sport Studies) 전공으로 박사학위를 취득했다. 현재 부경대학교 해양스포츠학과 교수로 재직하면서, '스포츠 인문학', '스포츠 역사·철학', '스포츠문화연구', '스포츠 공공철학 및 응용윤리', '비판적 스포츠 사회이론', '비판적 스포츠 페다고지' 등을 연구하고 가르치고 있다.
_ jaechul-seo@pknu.ac.kr

성호준

인천대학교 운동건강학부 조교수로 재직 중이다. 일리노이대학교 어바나-샴페인 캠퍼스(University of Illinois, Urbana-Champaign)에서 스포츠 매니지먼트 석사학위를, 플로리다대학교(University of Florida)에서 스포츠 매니지먼트 박사학위를 받았다. 세부 전공은 스포츠경제학이며, 스포츠 수요와 관련된 연구를 진행했다. 주요 논문으로 「K-리그 시즌 티켓 팬의 관람결정요인에 대한 분석」(2021), "Cost Sharing and Talent Investment in Major League Soccer"(2020), "Local Broadcast Viewership in Major League Soccer"(2019), "Estimation of game-level attendance in major league soccer: Outcome uncertainty and absolute quality considerations"(2018), "From schadenfreude to mitfreude? Estimating viewership loss and rivalrous relationships in otherwise neutral markets"(2017) 등이 있다.
_ hsung@inu.ac.kr

신동일

경기대학교 교육원 개발교수로 재직 중이다. 경희대학교 대학원 언론정보학과에서 휴먼커뮤니케이션을 전공했으며, 국제커뮤니케이션연구소 소장을 맡고 있다. 스피치커뮤니케이션, 휴먼커뮤니케이션 분야를 가르치고 있으며, 스피치, 토론, 방송언어, 설득 및 협상, 문화 간 커뮤니케이션, 대인 간 커뮤니케이션 분야를 연구하고 있다. 경희대학교 국제스피치토론연구소 연구원, 한국과학창의재단 스피치 자문위원, 중앙선거방송토론위원회 운영위원을 역임했다. 한국소통학회, 한국커뮤니케이션학회, 한국정치커뮤니케이션학회, 한국지역언론학회, 충청언론학회 이사를 역임하고 있다.
_ speech@khu.ac.kr

유상건

상명대학교 일반대학원(공학계열) 스포츠ICT융합학과 교수로 재직 중이다. 서울대학교 체육교육학과 졸업 후 동대학원에서 체육철학을 전공했다. 이후 ≪매일경제≫ 신문사에서 기자로 활동하다 서던일리노이대학교(Southern Illinois University)에서 매스커뮤니케이션으로 석사학위를, 인디애나대학교(Indiana University-Bloomington)에서 스포츠 커뮤니케이선으로 박사학위를 받았다. 주요 저서로 『스포트스케이프』(2021), 『스포츠 저널리즘』(2020), 『글로벌 미디어 스포츠』(2017), 『스포츠 커뮤니케이션』(2012) 등이 있다. 논문으로는 "Programming based intervention: A cross-cultural examination of the role of non-violent mediated sports content on youth aggressin reduction"(2020), 「스포츠미디어의 유통콘텐츠 결정요인으로서 스포츠 스타: 의제설정 이론의 암묵적 전제를 중심으로」(2019), "Media portrayal of foreign coaches in Korea and Vietnam"(2018), 「여성, 스포츠 그리고 미디어」(2016) 등을 발표했다. 한국소통학회 회장(2020~2021)을 거쳐 한국스포츠미디어학회 부회장, 한국e스포츠학회 부회장으로 활동 중이며, ≪국제 스포츠 커뮤니케이션 저널 IJSC: International Journal of Sport Communication≫ 편집 위원이다. 2018 평창동계올림픽 홍보위원과 2019 광주세계수영선수권대회 공식영자신문 편집 책임자(Chief Editor)를 역임했다.

_ sky69@smu.ac.kr

이명선

서강대학교 스포츠 연계전공 학과에서 스포츠커뮤니케이션을 강의하고 있다. 러프버러대학교(Loughborough University)에서 스포츠 이주의 사회학을 전공했다. 관심연구 분야는 사회학 이론, 스포츠 철학, 스포츠 커뮤니케이션이다. 주요 저술에 "Representation of Rio Olympic Games in South Korea media"(2019)가 있다. 뉴질랜드 오타고대학교(University of Otago) 스포츠 사회학 국제회의에서 한국 대학의 귀화선수에 관한 연구(2019)를 발표했다. 현재 International Review for the Sociology of Sport Reviewer, INSS(International Network for Sociology of Sport) 멤버다.

_ eastspring@sogang.ac.kr

이준성

연세대학교 스포츠응용산업학과 교수로 재직 중이다. 서울대학교 체육교육과에서 학사·석사 학위를 받았으며, 미국 미시간대학교(University of Michigan)에서 스포츠 경영 전공으로 박사학위를 취득한 후 미국 플로리다대학교(University of Florida)에서 교수로 재직했다. 운동선수 스캔들을 비롯해 스포츠와 관련된 다양한 형태의 부정적 현상에 대한 스포츠 소비자들의 행동과 심리를 중점적으로 연구하고 있다. 현재 한국스포츠산업경영학회와 한국스포츠미디어학회 이사, 그리고 *Journal of Global Sport Management*의 편집위원을 역임하고 있으며, 2021년 북미스포츠경영학회(North American Society for Sport Management)의 리서치 펠로우(Research Fellow)로 선정되었다.

_ leejs929@yonsei.ac.kr

임남헌

미국 엘리자베스시티 주립대학교(Elizabeth City State University) 스포츠 매니지먼트 조교수
로 재직 중이다. 연세대학교 재료공학과와 기계공학과를 졸업 후 LG전자와 삼성전자에서 엔
지니어로 근무했다. 미국 미네소타 주립대학교(the University of Minnesota-Twin Cities)에
서 금융수학(Financial Mathematics) 석사과정 졸업 후 인디애나대학교(Indiana University)
에서 스포츠 매니지먼트 박사학위를 받았다. 박사논문 "Examining professional baseball at-
tendance determinants: A multilevel analysis of Major League Baseball(MLB)"(2017) 등을
포함해 미국 프로스포츠 관중 수에 영향을 주는 요소를 경제학적 관점에서 분석하는 연구를
다수 진행했다. 데이터 분석을 이용한 스포츠 비즈니스 분석, 스포츠 파이낸스 및 스포츠 경
제학이 주요 연구 관심사다.

_ nalim@ecsu.edu

장원석

성균관대학교 스포츠과학과 조교수로 재직 중이다. 플로리다대학교(University of Florida)
에서 스포츠 매니지먼트 전공으로 박사학위를 받았으며 텍사스공과대학교(Texas Tech
University) 미디어와 커뮤니케이션 대학에서 2016년부터 2019년까지 조교수로 재직했다.
2020년 북미스포츠경영학회(North American Society for Sport Management)에서 리서치
펠로(Research Fellow)로 선정되었으며 2020년 저널리즘과 매스미디어 학회(커뮤니케이
션과 과학분과)와 글로벌 스포츠 컨퍼런스(Global Sports Insight Conference)에서 최우수
논문상을 수상했다.

_ wjang@skku.edu

편현웅

성균관대학교 스포츠과학과 교수로 재직 중이다. 캐나다 앨버타대학교(University of Al-
berta)와 미국 웨스트버지니아대학교(West Virginia University)에서 경제학 석사와 박사
학위를 받았다. 연구 분야는 스포츠경제학·지역경제학·노동경제학 등이며, 스포츠 경기와
경기장이 지역도시에 미치는 영향, 스포츠 선수들의 노동시장과 연봉, 지역 스포츠 팀의 성
적이 지역주민들의 운동에 미친 영향과 같은 연구들을 *Journal of Regional Science, Mana-*

gerial Economics, Empirical Economics, Applied Economics 등 다수의 학술지에 게재했다. 2016년 유럽스포츠경제협회(ESEA: European Sport Economics Association)에서 주는 최우수젊은연구원논문상(Best Young Researcher Paper Award)을 수상했다.
_ hwpyun@skku.edu

한울아카데미 2364

스포츠 커뮤니케이션 인사이트

ⓒ 김기한·유상건, 2022

기획 ㅣ 한국소통학회
엮은이 ㅣ 김기한·유상건
지은이 ㅣ 강진호·김기한·김지훈·방신웅·봉미선·서재철·성호준·신동일·유상건·이명선·
　　　　 이준성·임남헌·장원석·편현웅
펴낸이 ㅣ 김종수
펴낸곳 ㅣ 한울엠플러스(주)
편집책임 ㅣ 배소영

초판 1쇄 인쇄 ㅣ 2022년 3월 18일
초판 1쇄 발행 ㅣ 2022년 3월 25일

주소 ㅣ 10881 경기도 파주시 광인사길 153 한울시소빌딩 3층
전화 ㅣ 031-955-0655
팩스 ㅣ 031-955-0656
홈페이지 ㅣ www.hanulmplus.kr
등록 ㅣ 제406-2015-000143호

Printed in Korea.
ISBN 978-89-460-7364-7 93690 (양장)
　　　 978-89-460-8169-7 93690 (무선)

* 책값은 겉표지에 표시되어 있습니다.
* 무선제본 책을 교재로 사용하시려면 본사로 연락해 주시기 바랍니다.